지
배
와

자
치

지은이 윤해동(尹海東)

서울대 국사학과에서 학사·석사·박사학위를 취득하였다. 역사문제연구소에 간사, 사무국장, 연구원, 연구위원 등으로 참여했으며, 서울대·서원대·외국어대 등에서 강의하였다. 일본 와세다대학교에서 외국인연구원으로 있었으며, 현재 성균관대학교 동아시아학술원 연구교수로 재직 중이다.
한국 현대사회의 구조적 형성 과정을 역사적으로 추적하기 위해 촌락사회의 성격 및 산림 입회권의 변화 과정 등을 추적해왔다. 그와 아울러 식민지 근대성 및 탈식민주의 등과 관련한 문제에 관심을 가지고 있어 근대 계몽주의의 형성과 '협력'의 성격 변화를 통해 이를 검토해왔으며, 이런 관심을 동아시아를 대상으로 확대해보고자 한다. 근대 역사학의 메타역사학적 성격과 학문의 융합 및 인문학의 미래에 대해서도 관심을 가지고 있다.
주요 논문으로 「국체와 국민의 거리」(2006), 「교차와 대립─박헌영 사상의 위상」(2005), 「식민지 근대와 대중사회의 등장」(2004), 「연대와 배제─동아시아 근대 민족주의와 지식인」(2003), 「친일과 반일의 폐쇄회로에서 벗어나기」(2003) 등이 있다. 주요 저서로 『식민지의 회색지대』(2003)가 있으며, 『국사의 신화를 넘어서』(2004), 『근대의 경계에서 독재를 읽다』(2006) 등 다수의 공저가 있다.

지배와 자치 ── 식민지기 촌락의 삼국면구조

1판 1쇄 인쇄 2006년 10월 15일
1판 1쇄 발행 2006년 10월 20일

지은이 · 윤해동
펴낸이 · 김백일
책임 편집 · 최세정
기획 편집 · 조원식 김수영 정윤경
마케팅 · 정순구 황주영
디자인 · 이파얼

출력 · ING
용지 · 한서지업사
인쇄 · 한영문화사
제본 · 우진제책사

펴낸곳 · 역사비평사 출판등록 제1-669호(1988. 2. 22)
주소 · 110-260 서울시 종로구 가회동 175-2
전화 · 02-741-6123~5 팩스 02-741-6126
홈페이지 · www.yukbi.com 전자우편 · yukbi@chol.com

ISBN 89-7696-125-0 93910

이 도서의 국립중앙도서관 출판시도서목록(CIP)은 e-CIP 홈페이지(http://www.nl.go.kr/cip.php)에서 이용하실 수 있습니다.(CIP제어번호:CIP2006002266)

책값은 표지 뒷면에 표시되어 있습니다.
잘못 만들어진 책은 구입하신 서점에서 바꾸어 드립니다.

역비 한국학 연구총서
24

지배와 자치

윤해동 지음

역사비평사

책머리에

　내가 촌락(村落) 연구에 관심을 가진 지도 10년이 넘은 듯하다. 일제시기 민족운동을 공부하면서 느낀 결여의 감각이 촌락으로 나를 이끌고 간 것이 아닌가 한다. 1980년대에 시작된 일제시기 민족운동 연구가 대부분 서울을 중심으로 한 중앙의 운동에 집중되었던 것은 어쩌면 당연한 일이었는지도 모른다. 그럼에도 나는 여러 부문운동의 지역사례 연구가 민족운동 연구를 한 단계 진전시키리라는 기대를 갖고 지역운동 연구에 몰두했다. 이것이 1990년대 초반의 일이다.

　하지만 부문운동의 지역사례 연구도 나를 바로 만족시키지는 못했다. 일제시기 지역지배의 방식이 변하면서 지역 역시 복잡한 분화를 수행하고 있었기 때문에, 부문운동의 사례 연구도 변화하는 지역의 사정 위에 구축되지 않으면 불구의 것이 될 가능성이 높다는 판단이 들었던 탓이다. 이런 이유로 지역의 하부 기저조직인 촌락의 구조와 변화를 알아야 한다는 생각을 하게 되었다. 이처럼 나는 민족운동의 지역적 기반을 연구하기 위해 촌락에 관심을 가지게 되었다. 하지만 연구대상의 변화를 유도했던 결여의 감각이 채워졌는지에 대해서는 아직도 확실하게 말하기 어렵다.

　촌락은 그 나름의 존재 형식과 구조를 가지고 있었다. 그것을 나는 다음의 세 개의 국면을 통해 살펴보고자 했다. 먼저 면제(面制)를 통해 근대적 지배형식이 한국에 정착하는 과정을 살펴보려 했다. 이는 식민지 근대성의 기초를 이루는 근대적 합리성이 촌락 말단 행정에 자리잡는 과정을 이해하려는 시도였다. 두 번째는 식민지 중간층의 매개적 역할을 해명하는 것이었다. 이는 내부 식민지 또는 식민지하의 헤게모니적 지배에 대해 고찰하는 것을 의미한다. 이는 촌락의 행정적 재편 과정에서 나타나는 '부락(部落)'이 가진 독특한 성격, 곧 부락의 일본적—식민지적 성격을 분석하는 과정과 동일한 의미로 나에게 다가왔다. 세 번째로 촌락 자체를 살펴보는 것인데, 동계류조직(洞契類組織)으로 대표되는 기존 조직이 어떻게 변화하고 그것이 어떻게 다양한 조직으로 분화—발전해갔는가에 일차적으로 초점을 맞추고자 했다. 이를 통해 촌락 속의 개인이 어떻게 존재하고 연대의 형식은 어떻게 변화하는지, 궁극적으로 촌락의 일상은 어떻게 구성되는지에 대해 살펴보고 싶었다.

나는 이를 촌락의 삼국면구조(三局面構造)라고 개념화했다. 삼국면구조는 공간적 맥락에서 촌락이 구성되는 구조라고 할 수 있겠다. 한편 촌락은 시간적으로도 중기적 국면구조를 대표하는 사례가 될 수 있다고 보았다. 그리하여 중층적 의미에서 촌락은 국면사(局面史)를 구성한다고 보았다. 나의 촌락 연구를 한마디로 줄인다면, '시공간적인 중층성으로 구성되는 국면사'가 될 것이다.

이미 1995년에 「일제의 지배정책과 촌락재편」(『역사비평』 28)이라는 글을 통해 촌락에 대한 총론적 전망을 제시한 바 있고, 1997년에는 통감부 설치기의 촌락정책에 대한 글(「통감부 설치기 지방제도 개정과 지방지배정책」, 『한국문화』 20)을 통해 촌락정책이 병합 이전에 어떤 토대를 구축하고 있었는가 하는 점을 분석한 바 있다. 그럼에도 촌락 연구가 순조로웠던 것만은 아니었고, 수많은 갈림길과 우회로를 드나드는 시행착오를 거듭하지 않을 수 없었다. 대표적인 우회로는 산림의 공유권을 중심으로 한 입회권 문제와 동성촌락 등을 중심으로 한 친족문제 등이었다. 입회권 문제는 촌락의 경제적 기반과 깊은 연관을 가진 것으로 보였고, 친족문제 역시 촌락의 특성을 밝히는 데에서 돌아갈 수 없는 문제로 보였다. 그럼에도 한 번에 이 모든 문제를 다룬다는 것은 너무 벅찬 일임에 틀림없었다. 촌락과 관련한 이 두 가지 문제는 여전히 이후 나의 과제로 남아 있다. 다만 이 두 가지 문제를 찾아 나서는 과정에서 이와 관련한 자료를 상당히 찾아내어 그 문제들의 특성을 개략적으로나마 살필 수 있었다는 점이 내게는 위안으로 남아 있으며 후일을 기약하게 한다.

지금 돌이켜보면 촌락을 공부하는 과정에서 상당한 혼란을 겪었지만, 그것은 또한 또 다른 모색의 과정이었다는 생각이 들기도 한다. 이 과정에서 몇 가지 연구대상을 새롭게 설정할 수 있었다. 그 가운데 첫 번째가 근대 역사학의 기초를 이루는 민족주의에 대한 비판과 새로운 공공성에 대한 모색이었다. 근대 역사학은 기본적으로 민족주의를 인식론적 기저로 삼고 있지만, 민족주의는 이미 1990년대에는 대안으로서의 성격을 거의 상실하고 있는 것처럼 보였다. 민족주의의 폐쇄성을 극복하고 건강성을 회복할 수 있을 것인가 하는 문제보다는, 내부로부터 논리가 붕괴되어가고 있는 민족주의는 공공성의 논리에 의해 보완되어야 한다고 생각했다. 1990년대 후반부터 이에 관한 몇 편의 논문을 집필할 수 있었던 것은 이런 모색의 과정이 있었기 때문이다.

다른 하나는 식민지 근대와 탈식민에 대한 것이었다. 식민지 연구의 일면성을 극복하지 못하면 '근대 역사학'으로서의 한국 역사학이 나아갈 길이 주어지지 않을 것이라는 위기감은, 식민지에 대한 반정향(反定向)에 입각해 한국의 근대 역사학이 정립되어 있다는 생각으로부터 나온 것이었다. 이런 탈식민에 대한 관심은 국민국가를 넘어선 상위의 지역, 곧 동아시아에 대한 관심을 촉발했다. 2000년부터 '비판과 연대를 위한 동아시아 역사포럼'이라는 한일 간 연대 모임에 참여하게 된 것은 바로 이런 이유 때문이었다.

이런 지적인 여정은 머나먼 우회의 과정이었다. 민족주의적 해석에 대한 회의는 근대민족주의에 대한 나름의 해명을 요구하고 있었다. 또한 지배(수탈)-저항이라는 이원 도식에서는 누락되어 있는 것처럼 보이는 식민지 인식 구조에서의 '회색지대'에 대해서 발언하게 했다. 나로 하여금 이런 우회의 행로를 느긋하게 걸어가게 한 힘은 지독한 오만에서 비롯되었거나 아니면 편집증으로부터 나온 것이리라. 그럼에도 이런 만보(漫步)의 덕택으로 『식민지의 회색지대』(역사비평사, 2003)라는 저작을 선보일 수 있었던 것은 행운이라고 생각한다. 그리고 일본의 저명한 학술 월간지 『겐다이시소(現代思想)』에 논문이 소개되어 국제적으로 주목을 받게 된 것 또한 감사한다.

나는 이번 책을 통해 '식민지 근대'에 대한 근본적인 문제제기를 하고 싶었다. 민족주의적 식민지 해석은, 식민지가 일본제국주의의 산물이고 식민지를 통해서 한국의 민족주의가 생성되었다는 점을 간과한 것으로서, 동어반복으로 회귀하는 데 지나지 않는 것이라고 생각되었다. 한국 민족주의의 사회적 기초를 해명하기 위해 지역으로 나아가 결국 촌락으로까지 이전해간 나의 문제의식이 민족주의를 거부하게 된 것은 역설이다. 하지만 식민지의 사회적 기초는 민족주의적 열망만으로는 해석되지 않는다. 이 점을 확인한 것은 적어도 내게는 큰 수확이었다. 식민지 근대는 식민지의 사회적 기반을 해명하기 위한 틀로 제기한 것이지만, 그것은 근본적으로 근대에 대한 비판 내지는 회의를 담고 있다. 근대 비판을 통해 근대 개념을 확장하고자 한 것, 그것이 바로 식민지 근대이리라. 이런 측면에서 나는 식민지 근대란 촌락 수준에서 가장 명확하게 드러난다고 생각한다.

이 책은 박사학위논문 「일제의 면제 실시와 촌락재편정책」을 수정, 보완한 것이다. 아마 가장 중요한 원인은 게으름 때문이겠지만, 학위논문의 작성은 망각과 집착이 교차하는 과정이었다. 촌락에 대한 한 줄기 관심의 끈을 놓치지 않으려고 애썼지만, 오랫동안 단속적으로 이어진 논문 작업은 관심의 집중을 방해하기에 족했다. 이런 어려움을 극복할 수 있었던 힘은 오로지 나로부터 비롯된 것만은 아니었다. 그 힘은 논문을 지도하고 심사하신 선생님들과 내 논문을 읽어주고 비평해준 수많은 선배와 동료, 그리고 지속적인 격려를 아끼지 않은 많은 선생님으로부터 비롯된 것이었다.

먼저 이 자리를 빌려 논문을 지도해주신 권태억 선생님께 진심으로 감사의 말씀을 드린다. 논문을 지도하는 과정에서 선생님은 나의 자율성을 최대한으로 존중해주셨다. 내게 부여된 자율성과 자유로움은 다양한 학문적 시도를 할 수 있는 공간을 제공해주었다. 또한 나를 지켜보는 선생님의 따뜻한 시선은 항상 나를 본래의 궤도 위로 되돌려놓는 힘을 발휘했다. 내가 큰 혼란을 겪고 있을 때 다독여서 힘을 불어넣어주신 분도 바로 권태억 선생님이었다. 나는 선생님의 그 넓은 관용과 아량을 아직 다 헤아리지 못한다. 내가 끝까지 논문을 마칠 수 있었던 것은 선생님으로부터 얻은 힘 때문이었다.

그리고 논문 심사를 맡아주신 조동걸, 정옥자, 이태진, 김인걸, 박명규 선생님께 진심으로 송구스러움과 감사의 말씀을 전하고자 한다. 조동걸 선생님은 연로하신 몸을 이끌고 정성 어린 지도를 아끼지 않으셨다. 지금 힘겨운 투병생활을 하고 계신 선생님의 빠른 쾌유를 빌어 마지않는다. 정옥자 선생님은 나의 게으름을 넓게 포용해주셨고, 학문적 장래를 위한 격려를 아끼지 않으셨다. 이태진 선생님은 나의 학문적 불성실을 질타하시면서 내가 가야 할 학자로서의 올바른 모습을 보여주셨다. 김인걸 선생님은 내게 큰 학문이란 어떤 것이어야 하는지를 보여주셨다. 아마 앞으로도 나의 학문적 행로에 큰 격려로 남을 것이다. 박명규 선생님은 사회과학적 입장에서 역사학이 어떤 것이어야 하는지를 보여주셨다. 심사위원 선생님들의 노고가 없었다면 이런 조그마한 성과나마 거둘 수 없었을 것이다.

이와 아울러 그동안 두터운 호의와 지원을 아끼지 않으신 이이화 선생님과 원경 스님께 감사의 말씀을 드리고자 한다. 이이화 선생님의 맑은 성품은 그 존재만으로도 언제나 내게는 인생의 귀감이었다. 원경 스님은 10년을 넘게 끌어온 『이정 박헌영 전집』의 편집 과정에서 언제나 나를 넉넉한 인품으로 품어주셨다. 이이화 선생님과 원경 스님의 노익장을 빌어 마지않는다.

언제나 그렇듯이 빚을 진 사람들을 모두 거론하는 것은 불가능하다. 그럼에도 나는 '역사포럼'의 선배와 동료들에게 크나큰 도움을 받았음을 특기(特記)하지 않을 수 없다. 그 가운데서도 박환무 선생님은 내게는 언제나 따뜻하게 기댈 수 있는 언덕이자 따끔한 학문적 질책자였다. 박 선생님이 내게 그랬듯이 나 또한 선생님께 현실적 어려움을 견더낼 수 있는 힘을 돌려드리지 못하는 것이 안타까울 따름이다. 이와 아울러 서울대학교 국사학과 대학원의 동료와 후배들, 그리고 역사문제연구소의 선배와 동료들께도 감사의 말씀을 전한다. 특히 한상구, 김민철, 이용기, 한긍희, 류준범 등 안양 '마을 세미나팀'의 동료와 후배들에게 감사드린다. 내가 그동안의 어려움을 이길 수 있었던 것은 모두 이분들 덕택이었다. 또한 어려운 사정에도 기꺼이 출판을 맡아준 역사비평사의 김백일 사장님, 그리고 조원식 기획실장님과 최세정 팀장 및 직원 여러분께도 심심한 감사를 표한다.

지적 게으름과 학문적 우회의 과정은 주변의 고통으로 이어질 따름이었다. 그중에서도 나와 가까이 있는 사람이 심각한 고통을 겪었음은 물론이다. 그리하여 나는 이 책을 나의 가족과 가장 친한 벗 민우에게 바치고자 한다.

2006년 5월

윤해동

● 목차

● 표목차

일러두기

1. '里'가 첫음절로 나올 경우 한글맞춤법 원칙으로는 '이'로 표현하는 것이 맞으나 이 책에서는 임의로 '리'로 표기했다.
   예) 리(里), 리민(里民), 리동민(里洞民), 리동장(里洞長), 리사(里社), 리사전(里社錢), 리동유(里洞有), 리유재산(里有財産), 리곡(里穀), 리중계(里中契).
   단, 이장(里長)의 경우 우리가 흔히 쓰는 용어이므로 '리장'이라 표현하지 않았다.

서론

서론

1. 지배와 자치

　지배(支配)와 자치(自治)는 정확히 대응하는 개념은 아니다. 지배는 자치를 통해 그 의도를 관철하는 경우가 많으며, 자치는 지배의 한 양식일 수 있다. 그럼에도 이런 대응 구도를 통해 식민지기 촌락지배와 촌락의 존재 형식을 살펴보려는 데에는 그 나름의 이유가 있다. 지배와 저항이라는 대응 도식이 지금까지 대표적인 식민지 인식체계로 군림해왔지만, 다른 한편으로 이는 식민지 인식의 황폐화를 초래한다는 지적도 있었다.[1] 식민지 '의제국가(擬制國家)'로서의 조선총독부는 이전까지 독립적으로 작동하고 있던 모든 중간적 영역의 정치적 자원을 몰수하는 대신 경제적 영역의 자율성을 강화해 사적 경제의 이윤을 보장하는 방식으로 식민지 근대를 창출하고자 했다.[2] 식민지 근대란 바로 식민권력에 의해 확립되는 사회적 합리성과 그를 통해 출발하는 사회적 분화의 양

---

1) 윤해동, 「식민지 인식의 회색지대」, 『식민지의 회색지대』, 역사비평사, 2003 참조.
2) 식민지 근대에 대해서는 윤해동, 「식민지 근대와 대중사회의 등장」, 『국사의 신화를 넘어서』, 휴머니스트, 2004 참조.

상 속에서 해명될 수 있다.

　식민지 근대의 출발은 식민권력이 확립하려 했던 근대적 관료주의 지배에서 찾을 수 있다. 여기에 가장 중추적인 역할을 수행한 것이 바로 '면제(面制)'였다. 면제는 바로 지배의 측면을 대표한다. 한편 면제를 통해 식민권력이 포섭하려 한 촌락은 자치의 측면을 대표한다. 이처럼 지배와 자치라는 대응 도식은 촌락을 매개로 삼아 식민지 근대의 한 양상을 해명하려는 의도에서 나온 것이다. 지배와 자치는 상호 교차하면서 식민지의 사회적 기반을 형성하고 있었고, 식민지 근대의 한 양상을 대표하고 있었다.

　촌락이란 오랜 역사를 통해 형성되어온 하나의 공고한 생산과 생활과 자치의 단위, 즉 일종의 공동체로 간주할 수 있다. 촌락의 공동체로서의 성격을 구성하는 핵심적 요소는 그 자치체(自治體)로서의 성격에서 찾을 수 있다. 그러나 식민지배 이전 촌락에서 자치기능의 성격은 대개 양면성을 가진 것으로 규정돼 왔다. 즉 관치(官治)의 보조기구 또는 교화(教化)의 대상으로서의 자치와, 상호부조와 저항의 주체로서의 자치라는 양면성이 바로 그것이다. 근대적 의미에서의 자치란 공동체로서의 전근대 촌락에서는 온전한 의미를 확인하기 어렵다.

　도시로부터 비롯된 서구 근대적 맥락에서의 자치란 분권과 참여를 그 핵심으로 한다. 그러나 식민지배하 지방통치에서는 분권도 참여도 일체 부재하는 것으로 이해되어왔다. 1920년 지방제도 개정을 계기로 총독부는 '지방자치제'를 실시한다고 대대적으로 선전했지만, 그때 도입된 지방자치란 다만 지방행정을 보완하기 위한 관치 자문기구에 불과했다. 그러므로 분권과 참여의 부재라는 평가가 완전히 틀린 것은 아니다. 그럼에도 촌락 내부로 눈을 돌려보면 자치, 즉 상호부조와 의견의 교환을 위한 공간은 보존되고 있었으며, 총독부역시 이런 촌락 단위 자치기능을 지배의 일환으로 끌어들여 이용하려고 정책적 노력을 기울이고 있었다. 지배의 성과 여부는 이런 촌락 자치기능의 포섭여하에 달려 있었다고도 할 수 있을 텐데, 이런 측면에서 촌락의 자치기반이 어떤 방식으로 변용·유지되고 있었는가 하는 점은 촌락 분석의 주요한 대상이 된다. 식민지배를 통해 한국인들은 비로소 자치의 근대적 맥락에 접근할 수 있었다.

다음으로 생산과 생활공동체로서의 촌락이 변화해간 과정을 통해 사회분화의 한 양상을 이해할 수 있다. 촌락 내부의 생산과 생활기구는 식민지배시기에 심대한 변화를 경험한다. 이런 촌락 내부의 분화 과정은 한국 근대 사회분화의 한 경로를 보여주고 있는데, 여기에는 총독부 행정과 자본의 침투력이 그 주요한 동력으로 작용하고 있었다. 다른 한편으로 촌락의 내부 분화는 통합의 진행 과정이기도 했다. 총독부의 지배 과정이란 촌락을 총독부 행정으로 통합하려는 과정이었고, 자본에 의해 사회를 끊임없이 교환 과정으로 끌어들이는 과정이기도 했으므로, 촌락의 내부 분화 내지는 개별화의 양상은 통합의 이면(裏面)을 보여주는 것이기도 하다.

다른 한편 촌락의 분화와 통합이라는 문제의식은 식민지배하 한국인 중간지배층의 존재와 관련하여 중요한 문제를 제기한다. 중간지배층의 존재 양식과 그 변화 과정을 촌락 차원에서 추적하는 일은 중간지배층이 제국주의 지배의 과정에서 담당했던 역할을 구명하는 일과도 관련되어 있다. 19세기 이래 사족(士族)의 일향지배(一鄕支配)는 수령통치(守令統治)를 통해 큰 도전에 직면해 지위가 크게 약화돼왔지만, 총독부 지배를 통해 그 최종적 결별을 고한다. 즉 사족은 식민지배로 인해 향촌사회 지배층으로서의 지배력이 약화되었으며 그 전통적 지위를 이용해 지배에 참여하는 것이 불가능하게 되었다. 이 공백을 메운 것은 전통적 사족의 잔존 지배력을 포함해 새로 등장한 다양한 종류의 중간지배층이었다.

그동안 유지(有志), 유력자(有力者), 지역 명망가 등으로 다양하게 불려온 지역의 중간지배층은 하부의 촌락민에 대해서는 일정한 권위를 지니고 지배력을 행사하고 있었지만, 역시 한국 사회 지배구조라는 큰 범위에서 볼 때는 피지배층에 속한다고 볼 수밖에 없다. 중간지배층 일반이 가진 이런 이중적인 성격은 역시 촌락 차원에서 분석되어야 할 것이다. 다시 말해 촌락의 지배층이 가지는 양면성, 즉 피지배층을 대표하는 중의(衆意)의 전달자라는 역할과 함께, 통제와 교화를 담당하는 촌락민의 지배자라는 역할을 아울러 가지는 이중적 역할에 주의해야 한다. 이런 중간지배층의 이중적 역할은 식민지배가 동화(同化)를 표방한 직접지배의 방식을 구사하고 있었기 때문에 더욱 문제가 된다. 일본의 제국주의 지배가 강력한 직접지배의 방식을 취하고 있었다는 것은 주지하는 사실이지만, 이런 직접지배의 방식도 촌락 차원에까지 미치기는 어려운 일이었다. 촌락에 대한 지배는 이런 중간지배층의 매개를 거치지 않을 수 없었고, 이 매개 기능이야말로 식민지배에서 빠뜨릴 수 없는 것이었다.

2. 촌락의 삼국면구조

식민지기 촌락을 중심으로 지배와 자치가 교차하는 양상은 그 국면적 구조를 통해 이해할 수 있다. 촌락은 시간과 공간의 양 측면에서 국면사(局面史)라는 맥락에서 접근할 수 있다. 이리하여 시간의 측면에서 국면사로서의 촌락을 해명하는 것이 본 연구의 한 과제이다. 촌락의 변화란 단일한 '사건'의 역사와 같이 단기적이고 정치적인 성격을 전면에 드러내지는 않는다. 촌락사처럼 그 형성과 변화, 소멸의 과정이 명확히 드러나지 않는 대상이야말로 중기적이고 국면적 시간구조를 가진 것이 아닐까 한다. 촌락과 촌락의 변화 과정은 바로 이런 중기적 시간의 변화를 드러내는 데 적합한 대상일 수 있다. 산업화 이전 촌락의 모습을 파악하는 데 유효한 시간 단위란 바로 중기적 국면의 시간인 것이다. 여기에서는 한국 사회 변화의 한 양상으로서의 촌락의 역사를 중기적 시간의 변화로서의 국면사로 접근해보고자 한다.[3]

---

3) 페르낭 브로델 지음, 이정옥 옮김, 『역사학논고』, 민음사, 1990 참조. 주지하다시피 브로델은 역사적 시간에는 빠르고 느린 수천 가지 속도를 가진 사회적 시간이 있다고 전제하고, 심층에는 지리적·구조적 특징을 가진 아주 느린 半不動의 문명사가 존재하며, 이 반부동의 역사 위에는 사회

다음으로 공간적 의미에서의 국면구조(局面構造)이다. 식민지시기 촌락은 공간적 의미에서 삼국면구조(三局面構造)를 형성하고 있는 것으로 볼 수 있다. 삼국면구조를 설명하기 전에 먼저 촌락을 해명하기 위한 접근방법에 대해 설명하겠다. 식민지시기 촌락 연구를 위해서는 우선 '면제'의 확립에 주목해야 한다. 총독부가 면을 지방행정의 말단 기관으로 만들려고 의도했던 것이 바로 면제였다. 총독부는 면제를 통해서 사실상 면제의 내용을 이루고 있던 촌락을 그 제도 속으로 포섭-통합하고자 했다. 한국 역사상 중앙의 권력이 촌락민들의 일상생활을 이처럼 강력하게 장악하고 통제할 수 있도록 하는 제도가 갖추어진 적은 없었다. 그러나 이런 행정적인 제도화의 이면에서는 (비록 이런 행정적 제도화가 중요한 힘으로 작용하기는 했지만) 촌락 내부의 분화가 진행됨으로써 이런 위로부터의 제도화에 대응할 수 있는 힘을 갖출 수 있게 했다. 이런 중앙권력에 대응할 수 있는 힘이 생겨난 것도 촌락 단위에서는 역사상 처음 있는 일이라고 할 수 있다.

이처럼 면제를 촌락을 통합하기 위한 제도라고 한다면 이미 촌락을 보는 한 쪽의 시점이 고정되는 셈이다. 즉 면제를 통해 촌락을 분석한다는 것은 촌락을 보는 위로부터의 시점을 제공한다. 하지만 이런 위로부터의 시점으로는 촌락의 일상을 제대로 바라볼 수 없다. 그러므로 촌락 내부의 시점을 만들어내야만 촌락을 보는 온전한 양쪽의 시각이 구비된다. 촌락은 위로부터와 아래로부터의 시각이 균형을 이룰 때 제대로 모습을 드러내게 될 것이다.

먼저 위로부터의 시점이란 식민지 행정의 측면에서 보는 것으로, 면제와 행정동리(行政洞里)의 편제 그리고 행정동리[區]의 대표자로서의 구장(區長) 및 중간지배층의 성격 변화 과정을 통해서 접근하는 방식이다. 이런 접근을 통해 식민권력이 강요하는 제도와 촌락이 갈등하는 측면, 그리고 그를 매개로 한 촌

사와 집단 및 집단 형성의 역사가 있다고 본다. 그는 이 집합적 생활의 역사를 '국면의 역사'라고 규정하면서 이것을 문명사에 비해 상대적으로 짧은 지속 시간을 지닌 경제적 리듬이라는 의미에서 사용한다고 했다.

락 단위 '정치'의 성격을 이해할 수 있다. 다음으로 촌락 내부적 관점이란 촌락민의 일상생활과 그를 영위하기 위해 조직된 촌락 내부조직이라는 측면에서 접근하는 것이다. 종래의 촌락 내부 자치조직으로서의 '동계류조직(洞契類組織)' 곧 공익기구(公益機構)가 어떻게 행정적 통제에 대응하고 스스로를 변용해갔는가, 촌락 내부조직이 분화하면서 촌락민들의 삶은 어떻게 변화하고 있었는가 하는 점을 이해할 수 있게 될 것이다.

위로부터의 시점을 구성하기 위해서는 면제의 실시와 정비 과정 그리고 면장(面長) 및 면리원(面吏員)의 성격4)에 주목할 필요가 있다. 지금까지의 선행 연구에서도 면제의 실시가 일제의 지방통치에서 핵심적인 지위를 차지하고 있다는 점은 누누이 지적되어왔다. 그리하여 면제 실시의 배경과 정책의 입안 과정, 면제의 행정제도적 측면과 아울러 면장과 면리원의 계층 분석 등에 대한 연구가 축적되어왔다.

그러나 대부분의 연구는 면의 행정제도적 측면과 면 행정 담당자의 분석에 치중해왔으며, 면제가 궁극적으로 의도하고 있던 촌락의 통합이라는 측면에서 제도와 인물이 차지하고 있던 성격을 분석하는 일에는 상대적으로 소홀했다고 하겠다. 면제의 실시와 정비 과정은 하부 촌락과의 관련성 속에서 해명되어야 한다. 총독부가 전통적 군현제(郡縣制)를 해체하고5) '면제'라는 새로운 제도를 실시한 것은 궁극적으로 하부의 촌락, 나아가 촌락 속에서 생활하고

---

4) 이에 관한 논문으로는 다음이 있다. 염인호, 「일제하 지방통치에 관한 연구」, 연세대학교 사학과 석사학위논문, 1983 ; 金翼漢, 「植民地期朝鮮における地方支配體制の構築過程と農村社會變動」, 東京大學校 博士學位論文, 1995 ; 홍순권, 「일제 초기의 면 운영과 '조선면제'의 성립」, 『역사와 현실』 23, 1997.

5) 조선 후기 군현제하에서의 향촌지배질서의 변동에 대한 많은 연구가 있지만 촌락의 변화에 초점을 맞춘 연구는 그리 많지 않다. 특히 19세기 후반 20세기 초반을 대상으로 한 연구는 매우 드물다. 대표적인 참고 논문은 다음과 같다. 김인걸, 「조선 후기 鄕村社會 변동에 관한 연구」, 서울대학교 박사학위논문, 1991 ; 이해준·김인걸 외 저, 『조선시기 사회사 연구법』, 한국정신문화연구원, 1993 ; 고석규, 『19세기 조선의 향촌사회 연구』, 서울대학교출판부, 1998 ; 정진영, 『조선시대 향촌사회사』, 한길사, 1998.

있는 촌락민의 포섭-통합을 목표로 한 것이었다. 그렇다면 면의 제도화는 구획을 정리하고, 재정을 확보하며, 양질의 면리원을 충원하는 것으로만 이야기될 수는 없다. 이는 단지 촌락의 포섭이라는 궁극적인 목표를 향한 과정에 지나지 않는다. 이를 이해하기 위해서는 면의 제도화와 통합성의 강화라는 관점을 식민지배의 전 기간으로 확장해서 촌락의 내부 변화와 연관시켜 살펴보아야 한다.

이와 관련하여 지방행정과 촌락을 매개하는 존재로서, 행정동리의 행정 담당자로 자리잡은 구장을 중심으로 한 촌락 단위 '중간지배층'의 존재 방식에 대해서 살펴볼 필요가 있다. 지금까지 이런 중간지배층에 대한 연구는 각기 그 분석의 층위를 달리 설정함으로써 모호한 결과를 초래했다.[6] 군(郡) 단위 통합성이 현저하게 훼손된 데다 면제가 실시되면서 촌락의 면제로의 통합이 가장 중요한 지방통치의 과제로 등장하게 되었으므로 중간지배층의 존재 양상도 촌락을 단위로 해명해야 할 것이다.

두 번째로, 촌락 내부적 시점은 다음과 같이 설정할 수 있다. 먼저 촌락 내 자치조직으로서의 '동계류조직'[7]의 변화에 주목할 필요가 있다. 지금까지의 연구에서는 촌락 단위 조직으로 존재해온 동계류조직의 성격을 자치라는 측면에서 명확히 하지 못했으며, 총독부에 의해 형성된 정책적 집단과 기존 동계류조

---

6) 金翼漢은 「植民地期朝鮮における地方支配體制の構築過程と農村社會變動」, 東京大學校 博士學位論文, 1995에서 명망가로부터 신흥 유력자를 동원해 관치질서를 완성했다는 틀을 제시하고 있다. 마쓰모토 다케노리(松本武祝)는 『植民地權力と朝鮮民衆』(社會評論社, 1998)에서 재촌 경작 지주층을 중심으로 하는 地方有志가 1930년대에는 촌락의 '中堅人物'로 대체된다는 견해를 제시하고 있다. 반면 지수걸은 「일제하 충남 서산군의 '관료-유지 지배체제'」, 『역사문제연구』 3, 1999 등의 논문에서 '관료-유지 지배체제'라는 틀을 제시하면서 대지주나 공직자 등을 기반으로 하는 유지층의 군 단위 지배를 중시하고 있다. 명망가, 유력자, 유지 등의 다양한 개념을 내세워 지방정치의 운영 방식을 해명하려 했지만, 각기 지방정치의 영역을 달리 설정하고 있어 각각의 집단이 수행하는 역할은 모호한 채로 남아 있는 것으로 보인다.
7) 조선 후기 동계류조직에 대한 연구로는 대표적으로 김인걸, 「조선 후기 鄕村社會 변동에 관한 연구」, 서울대학교 박사학위논문, 1991 ; 이해준, 『조선시기 촌락사회사』, 민족문화사, 1996 ; 김필동, 『한국사회조직사연구』, 일조각, 1992 등이 있다.

직의 관계를 너무나 멀게만 설정함으로써 촌락 단위 조직의 성격을 제대로 이해하는 데 어려움이 있었다. 또한 촌락정책이나 촌락 외부 자본의 힘에 의해 형성되는 촌락 내부조직의 성격을 고립적으로 이해하고, 나아가 촌락 단위 조직과 촌락 내부조직의 연관을 명확히 하지 못함으로써, 촌락의 분화 현상을 파악하는 데 어려움이 있었다. 그러나 일제하 동계류조직은 일제의 정책적 변화를 수용하면서도 꾸준히 유지되고 있었다. 이 책에서는 변화된 동계류조직을 공익기구라고 명명해 그 성격을 분석하고자 한다.

기존의 연구는 정책적 고려에 의해 형성되는 이른바 '모범부락(模範部落)' 또는 농촌진흥운동이나 국민총력운동 등 식민지 권력에 의해 주도되는 관제운동이 촌락에 미친 영향만 주로 주목해왔다.[8] 촌락의 '조직화 과정'이나 촌락의 '통제'라는 방식으로 촌락정책의 변화를 이해하고자 한 것은 이런 일방적 시각 때문일 것이다. 하지만 촌락 내부조직의 변화를 살펴보아야만 촌락 내부의 지배관계와 연대의 형식, 식민지 지배하 개인의 존재 형식을 이해할 수 있다.

이런 측면에서 사사화(私事化) 이데올로기의 실천자로서의 중견인물(中堅人物)을 매개로 촌락정책의 수용 과정을 추적한 마쓰모토 다케노리(松本武祝)의 연구[9]와 중간적 성격의 촌락조직을 통해 촌락을 수직적으로 재편하는 일제의

---

8) 식민지배하의 동계에 대한 연구로는 김경일, 「朝鮮末에서 日帝下의 農村社會의 洞契에 관한 연구」, 『한국학보』 35, 1984와 박혜숙, 『일제하 농촌계에 관한 일 연구』, 숙명여자대학교 석사학위논문, 1984가 있다. 이와 관련해 공동경작에 관한 논문으로는 김경일, 「일제하의 농업과 공동노동조직」, 『현대자본주의와 공동체이론』, 한길사, 1987이 있다. 모범부락에 관한 연구로 이하나, 「1910~32년 日帝의 朝鮮農村 再編과 '模範部落'」, 연세대학교 석사학위논문, 1994가 있으며, 金翼漢, 「植民地期朝鮮における地方支配體制の構築過程と農村社會變動」, 東京大學校 博士學位論文, 1995의 논문과 松本武祝, 『植民地權力と朝鮮民衆』, 社會評論社, 1998이 촌락의 재편 과정을 다루고 있다.
   총동원체제하 농촌통제정책에 관한 연구로는 김영희, 『일제시대 농촌통제정책 연구』, 경인문화사, 2003이 있으며, 농지정책의 전개 과정에 대한 연구로는 정연태, 「일제의 한국 농지정책」, 서울대학교 박사학위논문, 1994가 있다. 농촌진흥운동 및 농업정책이나 지주제에 대해서는 많은 연구가 수행되었다. 이에 대해서는 한국역사연구회, 『한국역사입문』 3, 제6편 제1부의 연구사 정리를 참조하기 바란다.
9) 松本武祝, 『植民地權力と朝鮮民衆』, 社會評論社, 1998 참조.

정책을 '식민조합주의'라는 틀로 해명한 신기욱과 한도현의 연구[10]는 주목할
만하다. 마쓰모토 다케노리는 농민 개인 - 촌락의 윤리 - 외부 규범이라는 3층
구조 모델을 설정해 한국의 농민사회를 분석하고 있다. 이 분석의 주요한 틀은
재촌 지주층의 촌락 주도권이 1920년대 후반부터 서서히 사사화 이데올로기를
내면화하고 실천하는 중견인물에 의해 대체되어감으로써, 식민지 촌락정책이
촌락 내부로 수용될 수 있는 계기가 마련되었다고 보는 것이다. 사사화 이데올
로기란 빈곤의 문제를 구조적 문제가 아니라 개인적 차원의 문제로 해석하는
것으로, 이는 근대주의·과학주의와 관련된 것이라고 보고 있다. 유지와 중견인
물을 정책의 매개기능을 수행하는 집단으로 규정하고 이를 통해 정책의 수용
과정을 파악하는 것은 한층 진전된 문제의식이라고 할 수 있지만, 이 역시 주
로 수용의 측면만을 문제 삼는 것이다. 수용만이 아니라 적극적인 대응과 변화
의 모습도 아울러 파악할 수 있어야 한다. 일제하의 농민 개인을 적극적인 활
동의 주체로 설정할 수 있는가에 대해서도 의문의 여지가 있다.

신기욱과 한도현은 1930년대 식민 농정을 각종 관변조직을 통해 농촌사회
를 수직적으로 재편함으로써 식민 지주제를 대체할 새로운 농촌사회질서와 통
제를 구축하기 위한 정책이었다고 규정하고 있다. 지주를 견제하고 소농을 안
정시키는 타협적 정책을 구사함으로써 식민통치의 효율성을 높이고 피식민사
회의 일상에도 깊숙이 개입하려 했다는 것이다. 이 역시 식민정책의 수용과 그
를 통한 타협의 과정을 시야로 끌어들임으로써 한층 진전된 문제의식을 보여주
고 있다. 하지만 1930년대 한국에서 농업단체를 구성요소로 하는 조합주의적
국가-사회의 편성이 성립할 수 있었는지는 의문이다. 관변조직을 통한 타협책
이 유효할 수 있는 사회적 기반이 조성되어 있지 않았다는 점과, 자기완결적인
성격이 강한 다종다양한 촌락조직의 분화 양상을 감안하면 식민조합주의로부

10) Shin and Han, Colonial Corporatism: The Rural Revitalization Campaign, 1932~1940,
   Gi-wook Shin and Michael Robinson eds., *Colonial Modernity in Korea*, Harvard University
   Press, Cambridge and London, 1999.

터 배제된 집단이 훨씬 많았던 것은 아닌가 한다. 위의 두 가지 연구는 위로부터의 시각과 아래로부터의 시각을 결합하려 했다는 점에서는 중요한 시도이지만, 역시 두 시점을 유기적으로 통합하여 재구성하지 못했다는 점에서는 아쉬움이 남는다.

이런 두 시점은 유기적으로 통합되어 재구성되어야 한다. 이 책에서는 이런 두 시점을 유기적으로 구성하기 위해 촌락을 삼국면으로 연동(連動)하는 구조로 설정하고자 한다. 이를 식민지기 '촌락의 삼국면구조'라고 일단 명명해둔다.[11] 그리고 삼국면은 다음과 같이 정의하고자 한다.

먼저 제1국면은 면을 중심으로 한 것으로, 식민지배와 지배의 제도화의 측면을 대표한다. 제1국면을 이해하는 일은 근대적 효율성으로 무장한 면 단위의 행정이 어떤 식민주의적 억압성을 드러내고 있는가를 살펴보는 데 유효할 것이다. 면제 제정을 중심으로 한 면 행정의 성격을 살펴보는 것은 촌락지배의 억압성을 드러내는 지표로서 중요성을 가진다. 촌락을 이해하는 제도적인 틀을 구체적으로 이해하지 않고 촌락에 대해 기술된 자료를 독해하는 것은 불가능하다. 식민지배하 촌락과 관련한 제반 언표 행위는 면제의 실시와 분리해서는 이해할 수 없다. 면제는 식민정책뿐만이 아니라 이를 수용한 식민지민의 생활이나 언표 행위에서도 구체적이고 결정적인 중요성을 가진다.

제2국면은 협의의 촌락을 중심으로 한 것으로, 행정을 통한 지배와 하위 촌락민들의 생활 및 자치를 매개하는 측면을 지칭한다. 촌락의 행정적 재편과 면을 포함하는 촌락 단위 중간지배층의 성격을 통해 이른바 '촌락정치'가 어

---

11) 여기에서 사용하는 '村落'이라는 용어는 두 개의 범위를 가지고 있다. 하나는 면제 아래 포괄되는 지역 전체를 지칭한다. 총독부는 面을 제도화하면서 일본 町村制하의 村에 대비되는 단위로 설정했으며, 이를 촌락의 외연을 확장하여 그 하부의 모든 촌락을 행정적으로 포괄하기 위한 단위로 설정했다. 곧 면을 하나의 큰 촌락으로 설정했기 때문에 촌락을 이렇게 사용해도 무리는 없다고 본다. 촌락이 포괄하는 다른 하나의 범위는, 면 아래에 다양한 이름으로 존재하고 있던 각종 단위를 모두 포괄하는 의미로 사용한다. 곧 자연촌락-구동리-행정동리-부락으로 연계되어 갈등-협력하고 있던 각종의 촌락을 지칭하는 것으로 본다. 그러므로 '촌락의 삼국면구조'를 설정할 때에는 이 두 가지 의미의 촌락을 모두 사용하고 있는 셈이다.

떻게 변화해가는지를 이해하는 데 유효할 것이다. 양쪽을 매개한다는 것은 양쪽의 속성을 모두 가지고 있기 때문에 가능한 것이지만, 역시 양쪽 모두로부터 분리−배제될 가능성도 아울러 가진다.

제3국면은 촌락 내부조직을 중심으로 한 것으로, 촌락의 자치와 내부 분화의 측면을 대표한다. 촌락 내부조직은 시기별로 그 성격이 변화해가지만, 역시 공동성(共同性)을 바탕으로 한 자치가 기본 속성이라 하겠다.

'촌락의 삼국면구조'는 이처럼 제1국면은 면을 중심으로 지배의 측면을 대표하고, 제2국면은 촌락을 중심으로 매개의 측면을 나타내며, 제3국면은 촌락 내부조직을 중심으로 자치의 측면을 대표한다고 하겠다. 삼국면구조를 설정한 것은 세 개의 국면이 하나의 전체구조를 구성하면서 내부에서 각기 상호작용하며 변화해가는 촌락사회의 전체적 성격을 이해하는 데 유용하리라고 보았기 때문이다. 이 책에서는 식민지배하에서 촌락의 삼국면구조가 형성되는 과정을 살펴보고, 이와 아울러 이런 삼국면구조가 구조화됨으로써 어떤 효과를 낳았는가 하는 점을 이해하는 데에 중점을 두게 될 것이다.

해방 후 촌락을 중심으로 한 지방지배의 측면에서 본다면 한국 사회는 면의 제도화와 아울러 면을 중심으로 한 언표 행위 속에서 생활해왔다고 할 수 있다. 말하자면 '면의 시대'를 살아왔던 것이다. 대체로 1980년대까지도 촌락의 삼국면구조는 유지되고 있었다. 이는 탈식민주의적 상황을 잘 드러내는 것으로, 시간의 중기적 지속성을 바탕으로 한 국면사의 한 양상으로서 촌락의 역사를 자리매김할 수 있다는 사실을 보여준다. 이런 의미에서 이 연구는 이중의 의미에서 촌락을 국면사로 구성하고자 하는 것이다. 시간적 의미에서 중기적 시간의 범위에서의 국면사와 공간적 의미에서 교차하는 촌락의 삼국면구조를 해명의 대상으로 삼고 있다.

3. '식민지 근대'의 해명을 향하여

면제가 도입됨으로써 관료행정의 비인격적 지배가 성립하고, 적어도 행정 단위에서는 이전의 질적인 시간관과 공간관을 대체하는 양화(量化)되고 균질적인 시공간 관념이 성립하는 계기가 주어지게 되었다. 이것을 근대적 합리성의 제1차원이라고 명명할 수 있다. 나아가 이런 시공간관이 확산되면서 개인의 일상에서도 계산 가능성이 증가하고 생활의 탈주술화가 진행되었다. 이런 합리성의 확산은 근대적 개인의 형성을 가능하게 하는 것으로서 이를 근대적 합리성의 제2차원이라고 명명할 수 있다.[12] 근대적 합리성의 제1차원은 촌락의 제1국면과 대응하고, 제2차원은 제3국면을 통해서 그 발현 가능성을 가지게 된다. 그리고 근대적 합리성은 지배와 자치가 교차하면서 발현하는 것이었다. 식민지기 촌락연구가 식민지 근대의 해명에 기여할 수 있는 것도 바로 이런 이유 때문이다.

이 책은 면을 중심으로 촌락 단위의 행정을 구상하기 시작하는 1905년 이후 '통감부 설치기'부터 총력전체제하 총동원 메커니즘 속에서 촌락이 국가주의적 방식으로 재편되는 시기까지를 대상으로 한다. 면제와 촌락에 대한 총독부의 정책은 시기적으로 각기 다른 양상을 보인다. 면제는 1917년에 실시되어 제도화의 수준을 높여가고 있었고, 촌락의 분화도 1910년대부터 급격하게 진행되고 있었다. 이런 점에서 본다면 1910년대는 촌락정책이라는 측면에서 준비기의 성격을 명확히 드러내는 시기라고 할 것이다. 3·1운동을 거치면서 면제가 개정되고, '모범부락' 정책을 내세워 촌락을 재편하는 정책을 실시한다는 점에서 보면 1920년대를 또 하나의 정책 변화의 시기로 간주할 수 있다. 1930년대에는 읍면제(邑面制)를 도입하고 농촌진흥운동을 대대적으로 실시하면서 촌락 내부의 분화도 더욱 진전되어갔다. 하지만 그 변화가 전면적인 것이었다고 보

---

12) 윤해동, 「식민지 근대와 대중사회의 등장」, 『국사의 신화를 넘어서』, 휴머니스트, 2004 참조

기는 어렵다. 1930년대 후반 '총력전체제'가 조선에도 적용되면서 조선의 촌락 역시 '총동원체제' 아래서 국가주의적 재편의 과정을 밟는다. 면의 제도나 구성이라는 측면에서는 큰 변화가 없어 보이지만, 촌락정책은 총동원체제에 효과적으로 포섭되면서 전면적으로 전환하는 것으로 보인다.

그러나 이러한 삼국면은 시기구분이 각기 다를 수밖에 없다. 먼저 제1국면, 즉 면을 단위로 하는 변화는 면이 제도화되고 난 뒤에는 비교적 큰 변화를 겪지 않았다. 부분적으로 제도의 운영에서는 변화를 보였지만 면의 제도적 성격 자체는 바뀌지 않았다. 다음으로 제2국면, 즉 촌락 단위에서도 마찬가지로 큰 변화는 없었다. 그럼에도 촌락의 매개적 역할은 계속 운용상의 변화를 보이고 있었으며, 그 모습을 바꾸고 있었다고 할 수 있다. 그러나 제3국면, 즉 촌락 내부조직은 비교적 큰 변화를 보이고 있었고, 특히 총동원체제기에는 거의 대부분의 조직이 국가주의적으로 재편되어버렸다.

이 책에서는 국면별 접근 방식을 통해, 지방지배의 성격과 이에 대한 촌락민들의 대응 그리고 지배와 대응이 만들어낸 사회의 새로운 구성원리를 살펴보고자 한다. 첫째, 총독부 지방지배의 성격은 면－촌락－내부조직이라는 삼국면을 가진 새로운 촌락구조가 만들어지는 과정을 통해서 명확히 이해할 수 있게 될 것이다. 촌락의 삼국면구조가 새로 형성된다는 것은 촌락을 규제하는 통일적이고 통합적인 지배방식이 출현하는 것을 의미한다. 둘째, 촌락지배에 대한 촌락민들의 대응 역시 삼국면이 상호 연동하는 방식을 통해서 명확히 할 수 있다. 식민지 행정의 침투에 대응하여 촌락의 내부조직이 어떻게 재편되고 있었는가를 밝힘으로써 식민지배의 말단에서 촌락민들이 지배에 대응했던 방식을 이해할 수 있게 될 것이다. 세 번째, 새로운 사회의 구성원리란 지배와 대응의 상호작용을 통해서 만들어지는 것이다. 식민지 지배를 거치면서도 전통적인 가치는 대체로 유지되는 것으로 보이지만, 제국주의 역시 이를 해체, 변형시키기도 하고 이용하기도 했다. 총독부가 강제하는 근대적인 가치와, 이것의 수용을 거부하고 대항하려는 힘이 복합적으로 작용하고 있었던 것이다. 촌락사회의 구조가 변화하는 과정을 통해서 이런 가치의 상호작용을 살펴보는 것이 이 책의 또 하나의 목표이다.

이 책은 전체 4부로 구성되어 있다. 제1부는 1905년부터 1910년 사이 이른바 통감부 설치기에 지방행정이 재편되는 과정을 대상으로 한다. 이 시기 통감부는 지방제도를 수차 개정하여 군의 권위를 약화시키고, 면장제(面長制)를 설정해 면을 지방행정의 말단 제도로 확립하는 것을 기본적인 방향으로 확립하는 데 성공한다. 곧 도(道) - 면(面)을 기본으로 하는 지방행정의 2급제(二級制)를 식민지 지방행정의 기본 틀로 지향하는 시기이다.

제2부는 면제의 실시에 분석의 초점을 두었다. 면제를 실시하는 것은, 곧 군(郡)을 약화시키는 것이자 촌락을 면으로 포섭하는 것을 의미한다. 통감부는 면제 제정의 전체적 방향을 그렇게 설정하고 있었다. 그리하여 면을 폐합(廢合)해 구역을 획정하고, 면에 문서행정을 도입하며, 재정권을 부여하여 독립적인 행정단체로 기능할 수 있는 가능성을 열어주었다. 그렇지만 결국 식민지기의 군과 면은 모두 과도적인 단체로서의 성격을 벗어날 수 없었다. 이렇듯 면제를 중심으로 삼국면구조의 제1국면을 주요 대상으로 한 것이 제2부이다.

제3부에서는 촌락의 행정적 재편 과정과 중간지배층의 성격 변화를 주로 살펴보았다. 총독부는 구장(區長)을 중심으로 촌락을 행정동리로 재편하고 그를 촌락지배의 중심적 단위로 삼고자 했지만, 이런 시도는 거의 성공하지 못했다. '부락(部落)'이라는 명칭이 보여주는 대상의 모호함은 이런 행정적 시도가 어떤 상황에 직면했는지를 잘 보여준다. 하지만 구장을 중심으로 새로운 중간지배층을 형성하고자 하는 총독부의 시도는 새로운 촌락정치의 양상을 낳고 있었다. 제3부는 삼국면구조의 제2국면을 분석 대상으로 삼고 있다.

제4부에서는 동계류조직을 중심으로 한 촌락조직이 변화하는 양상을 이해하고자 했다. 촌락조직은 시기적으로 비교적 명백하게 구분되는 변화의 모습을 보이고 있다. 1910년대에는 동계류조직을 조합(組合)적 성격을 가진 조직으로 변화시키려는 총독부의 정책에 의하여 동계류조직은 상당히 동요하는 모습을

보인다. 1920년대 이후 촌락조직의 다양한 분화는 한편으로는 외부의 압력을 수용하고 다른 한편으로는 이에 저항하면서 만들어진 것이었다. 1930년대 후반 이후 총동원정책의 과정에서 촌락을 동원해낼 수 있었던 것은 총독부가 이런 촌락 내부의 분화를 적극적으로 이용했기 때문이다. 총독부는 한편으로 '전통적' 가치를 이용하기도 하고, 다른 한편으로는 서구 근대적 가치를 이용하기도 하면서 촌락조직을 동원할 수 있었다. 물론 제4부에서는 삼국면구조의 제3국면의 변화 양상을 서술하고자 했다.

제**1**부
———
‘면제’ 실시를 위한 제도 정비

제1장
군의 지위(1906~1907년 중반)

1. 지방제도의 개정 시도

주지하다시피 조선시기 국가의 지방지배구조는 군현제와 외관제(外官制)라는 제도적 장치를 바탕으로 한 것이었다. 조선 왕조는 중앙집권을 강화함과 아울러 군현제를 정비했으며 모든 군현에 외관(外官)을 파견했다. 16~17세기 이후 수령권은 더욱 강화되어 관 주도의 지방지배가 심화되었다. 신향(新鄕)이나 향품(鄕品) 등의 새로운 세력이 성장하고 재지사족(在地士族)의 향촌지배력은 약화되었지만 수령지배를 뒤흔드는 것은 아니었다. 오히려 18세기 이후 중앙재정의 안정적 확보를 위한 부세정책이 강화되었으며 그 운영의 주도권도 수령과 이향(吏鄕)들에게 옮겨가고 있었다. 19세기 말 고종대에는 군주권의 절대성을 강화하기 위해서 군주와 농민의 직접적 연계를 통해 농민층의 지위 향상을 위한 다양한 정책이 시도되었다. 갑오개혁기 이후 지방 수령의 권한을 약화시키는 제도적 개혁을 추진한 것은 근본적으로 이런 정책적 방향성 때문이었다.[1]

---

1) 한국역사연구회 조선시기 사회사 연구반, 『조선은 지방을 어떻게 지배했는가』, 아카넷, 2000 참조.

하지만 이 시기의 개혁은 군현제와 수령권을 근본적으로 부정하는 것은 아니었다. 이런 정책적 기조는 통감부 설치기부터 크게 변화하여 군현제와 외관제를 근본적으로 부정하는 방향으로 나아가게 된다.

식민지기 지방행정제도와 지방지배정책은 기본적으로 통감부 설치기에 이미 그 방향이 정해져 있었다. 물론 이 시기에도 한국인들의 저항과 한국 현실에 대한 무지로 인하여 통감부 정책이 시행착오를 겪었지만, 크게 볼 때 병합 후에 시행할 정책의 토대를 마련했을 뿐만 아니라 대략의 방향성을 정하는 데에는 성공했다. 통감부 설치기 지방제도 개편의 성격을 '식민지적 재편'이라고 보는 것은 이런 이유 때문이다. 또한 식민지기 지방지배정책의 저변을 이루는 촌락정책의 배경을 이해하기 위해서도 이 시기의 정책적 지향을 이해할 필요가 있다.

지방제도의 개정과 지방지배의 성격을 이해하는 데 가장 중요한 문제로 지방통치와 지역자치에서의 '지역적 통일성'2)을 들 수 있다. 여기에서 '지역적 통일성'이라는 개념은 일종의 생활권의 차원에서 제기하는 것인데, 전통적으로 이해하던 '자치'의 문제와, 이와는 조금 차이가 있는 지역사회 내의 '지배-피지배'의 문제를 하나의 시야 속에서 정리하는 데 도움을 줄 것이다. 지역적 통일성을 중시해야 하는 이유는 오랫동안 유지되어온 군현제를 통하여 조선시기의 군현에는 상당한 통일성이 있었고, 군현제를 폐지하고 새로운 제도를 도입하기 위해서는 제도적 변화만이 아니라 군현이 유지하고 있던 지역 단위의 통일성을 해체해야 했다는 사정을 감안할 필요가 있기 때문이다.

---

2) '지역적 통일성'이라는 개념은 스즈키 에이타로(鈴木榮太郞)의 문제제기로부터 시사받은 바 크다. 鈴木榮太郞는 조선에서 自然村이 '사회적 통일성'을 굳건히 지켜가지만, 郡도 현저한 통일성을 보이고 있는데 그것은 직접적으로 유교와 관련된 사회조직에 의한 것으로 파악했다. 1943년에도 郡에는 ① 文廟가 아직 유지되었고, 문묘(향교) 재산 토지에 의한 수익으로 운영되고 있었으며, ② 舊郡의 사회적 통일성은 문묘를 핵심으로 하는 유림의 사회적 결속에 의해 드러나고, ③ 문묘는 郡倂合 후에도 舊郡에 1개소씩 유지되어 舊郡이 일부 분할될 경우에도 조직은 舊郡을 단위로 유지되었다고 하여 문묘와 사회집단의 존재를 기초로 舊郡의 통일성을 보고자 했다. 鈴木榮太郞, 『朝鮮農村社會の研究』(『鈴木榮太郞著作集』 5), 未來社, 1973.

'지역적 통일성'이라는 문제에 접근하기 위해서는 먼저 지방제도의 위계구조(=계층구조)의 변화를 이해해야 할 것이다. 왕정시대의 수령통치[3]라는 지방지배의 방식을 변화시켜 나가기 위해서는 지방제도의 위계구조가 반드시 먼저 재조정·재구조화되어야 할 필요가 있다. 말하자면 수령통치의 방식을 변화시켜 행정기능과 나머지 재정·사법·치안유지의 기능을 분리시켜가는 과정은 지방제도의 위계구조의 변화 과정과 궤를 같이하는 것이기도 했는데, 이는 행정과 재정의 하위 보조기구, 즉 하위 지방제도인 면을 새로이 제도화하는 과정이기도 한 것이다.

다음으로 '행정구역의 분합(分合)'이라는 문제를 고려해야 한다. 행정구역의 분합은 단순히 행정의 대상이 되는 지역을 나누고 합치는 문제에 국한되는 것이 아니라, '통치가 구체적으로 전개되는 장(場)'으로서의 통치 대상의 문제이며 앞서 제기한 지역적 통일성이라는 문제와 직결되어 있는 문제이다. 전통적으로 유지되어오던 행정구역을 분합하는 과정에서 행정과 통치의 효율성의 문제가 일차적인 고려 대상이 되었을 수 있지만, 그런 과정의 근저에는 지역적 통합성의 해체라는 목표가 자리잡고 있었다. 구래의 통일성을 해체하는 것은 새로운 통일성을 창출하는 것을 의미하는 것이지만, 여기에는 새로운 통치의 담당자를 설정하고 통치의 효율성을 높이는 문제가 개입돼 있기도 한 것이다.

이처럼 이 시기 지방제도 개정의 성격과 방향을 이해하기 위해서는 '지방행정제도의 위계구조'와 '행정구역의 분합'을 고려한 '지역적 통일성'의 문제를 주요한 고려 대상으로 해야 할 것인바, '지역적 통일성'의 문제란 행정구역의 계층과 공간적 범위를 두 축으로 하여 구성되는 지방지배정책에서 가장 중요한 문제라고 할 것이다.[4] 특히 총독부의 통치정책이 강력한 관료행정을 바탕으로

---

3) '王權의 代行者'로서의 수령의 지위를 변화시키려는 노력은 갑오개혁기의 지방제도 개혁의 과정에서 이미 시도된 바 있어 통감부 설치기의 수령의 지위변화를 위한 시도는 사실 새로운 것은 아니다. 이에 대해서는 이상찬, 「1896년 의병운동의 정치적 성격」, 서울대학교 국사학과 박사학위 논문, 1996 참조.

한 직접통치를 통하여 '동화(同化)'를 일관되게 추진하는 것이었음을 고려한다면 지방지배에서의 '지역적 통일성'의 문제는 무엇보다도 중요한 것이라 할 것이다. 조선인의 동화를 추진하기 위해서는 군현제를 통하여 형성되어온 지역단위의 통합성을 해체해야만 했기 때문이다.

그러면 선행 연구를[5] 중심으로 갑오기의 지방제도 개혁에 대해서 간단히 검토해보겠다. 주로 징세제도의 개정과 관련하여 수령과 이서(吏胥)의 기능을 약화시키고 '국왕－수령'의 체제를 대신하여 '국왕－관찰사－수령'의 체제를 확립하려 했다. 이는 근대적 집권체제의 형성을 지향한 것으로 파악할 수 있다. 또한 관찰도(觀察道)의 구조 변화와 아울러 행정적인 군의 '분합'에 대한 논의가 갑오기에 있었는데, 그것은 1914년에 확정된 '220군체제'의 바탕이 되는 것으로 볼 수 있다. 요컨대 갑오·광무개혁기에 이미 지방지배정책의 변화를 수반하는 지방행정구역의 종횡구조를 변화시키려는 시도가 이루어지고 있었음을 확인할 수 있다.

그리고 향촌사회의 '지역적 통일성'과 관련하여 주목해야 할 것은 이른바 「향회조규(鄕會條規)」와 「향약판무규정(鄕約辦務規程)」을 제정하여 지방의 자치기능을 중앙의 통치기능에 활용하려는 시도가 있었다는 점이다.[6] 더욱이 군에

---

4) 행정기능을 어떻게 배분하느냐에 따라 행정구역의 크기가 달라지고, 또 구획된 행정구역의 광협(廣狹)에 따라 그것을 관할구역으로 하는 자치단체나 행정기관의 기능이 달라지게 된다. 여기에서 행정구역 조직에 어떤 계층관계가 발생하게 된다. 행정기능의 배분과 관련된 행정구역의 공간적 범위가 구역 간의 수평적 관계라고 한다면, 행정구역의 계층은 구역 간의 수직적 관계이다. 행정구역의 공간적 범위를 넓게 설정하면 행정 단위의 계층 수는 줄어들지만, 반대로 구역의 공간적 범위를 좁게 설정하면 행정 단위의 계층 수가 증가한다. 행정구역의 체계는 이러한 구역의 계층과 공간적 범위를 두 축으로 해서 구성되며, 이를 어떻게 짜느냐가 행정구역 조직에서 가장 중요한 문제라고 한다. 임석회, 「한국행정구역체계의 문제점과 개편의 방향」, 『대한지리학회지』 29-1, 1994.

5) 윤정애, 「韓末 地方制度 改革의 硏究」, 『역사학보』 105, 1985 ; 이상찬, 「1906~1910년의 地方行政制度 변화와 地方自治論議」, 『한국학보』 42, 1986 ; 이상찬, 「1894~5년 지방제도 개혁의 방향」, 『진단학보』 67, 1986 ; 이상찬, 「1896년 의병운동의 정치적 성격」, 서울대학교 국사학과 박사학위논문, 1996 등이 그것이다.

6) 「향회조규」와 「향약판무규정」은 추진세력과 성격에 일정한 차이가 있다는 점은 지적되어온 바이

대해서는 수령－이향체제의 기능을 해체하는 한편으로 향회(鄉會)를 설치하여 유향층(儒鄉層)과의 타협을 시도한 것은 군의 지역적 통일성에 주목한 결과이다. 다만 향촌자치의 양면성이라는 측면에서 자치체의 역할에 대해서는 문제가 남는다. 즉 조선 후기 '자치'의 양면성 문제란 주로 공동납(共同納)에 대한 대응의 형태로서 관치의 보조기관으로 인식되어온 측면과 요호(饒戶)층이 주도하여 민란의 주도적인 역할을 한 향회〔民會〕라는 저항의 주체라는 양면성을 갑오기 이후 어떤 방식으로 이해해야 하는가라는 문제이다. 관치보조기관으로서의 측면이란 역시 향회의 법제화를 주도하는 개화관료들의 인식을 드러내는 것일 터인데, 저항의 측면으로서의 향회의 자치성은 어떻게 내장되어 기능하고 있었는가 하는 문제가 될 것이다.[7]

이처럼 갑오·광무기에 이미 지방행정의 위계구조 변화와 행정구역의 분합을 통한 근대적인 중앙집권체제의 확립을 위한 시도가 이루어지고 있었음을 확인할 수 있다. 특히 향회규정은 군의 '지역적 통일성'에 내장된 관치보조적인 측면을 중앙의 통치기능에 활용하려는 시도로 주목할 수 있다.

통감부는 '시정개선(施政改善)'[8]이라는 명분 아래 본격적인 지방제도와 징

___

다. 즉 「향약판무규정」이 광무정권의 보수성을 드러내고 있다는 것이다. 하지만 두 조항에는 공통점도 있다. 이를 살펴보면, ① 군 단위까지는 관치행정에 의해 운영되고 면 이하에서만 자치를 실시하게 되어 있었다. ② 군회가 의결기구가 아니라 군수의 보조기구로 되어 있었다. 더욱이 郡會의 주재자가 군수로서 민선이 아니었다. ③ 면리도 마찬가지로 面會의 장인 執綱과 里會의 장인 尊位가 민선이긴 했으나 군이 의사기구와 집행기구를 모두 관리하게 되어 있었다. ④ 이들의 자격과 신분은 부를 기준으로 하고 있었다. 전체적으로 신분제 붕괴의 발전적인 면모를 보이기는 하나, 관치보조적 성격을 탈피하지는 못한 것이었다고 하겠다. 이상찬, 「1906~1910년의 地方行政制度 변화와 地方自治論議」, 『한국학보』 42, 1986, 49~55쪽. 더욱이 양 규정은 1890년에 시행되는 일본 町村制의 구조와 매우 흡사한 측면이 있다. 이에 대해서는 앞으로 연구가 진행되어야 할 것이다.

7) 그러나 여기에서 확인해두어야 할 것은 갑오기 향회규정의 양면성 문제인데, 위로부터의 개혁이 가지는 사족의 주도권 문제를 고려하더라도 일본식 자치의 배제와는 성격이 다른 것이라는 점이다. 나중에 보겠지만 통감부는 어떤 자치도 허용하려 하지 않았으며, 이는 통감부 설치기 향회규정의 적용을 둘러싼 통감부와 한국 관료들과의 갈등으로 드러나게 된다.

8) '施政改善'의 본질에 대해서는 권태억, 「1904~1910년 일제의 한국 침략 구상과 '시정개선'」,

세제도의 개정에 착수했다.[9] 지방제도의 개정과 관련하여 1905년 8월부터 합군(合郡)한다는 설이 파다하여 관민 사이에 논란이 되다가,[10] 1906년 3월 들어 본격적으로 논의가 시작된 것으로 보인다. 통감부가 내부(內部)에 군현 폐합안을 작성하게 했고, 이에 따라 「지방군현폐합조사안(地方郡縣廢合調查案)」이라는 구체적인 군 폐합안을 작성하여 보고하자 논란이 되었던 것이다.[11] 1906년 2월 통감부를 설치하자 바로 군 폐합을 중심으로 한 지방제도의 개정을 적극 고려하고 있었던 셈이다.

당시 내부에서 올린 폐합안인 「지방군현폐합조사안」을 보면 갑오·광무 초기의 군 폐합안을 더욱 강화한 것으로, 13도를 9성(省)으로 하고 관찰사를 도내의 중앙군(中央郡)으로 이설(移設)하는 한편 3~4개 또는 2~3개의 군현을 1개 군으로 만들어 345군을 170군으로 하는 것으로, 이전부터 제기된 군 폐합안을 훨씬 강화한 것이었다고 한다. 그러나 이러한 폐합안에 대해서는 『대한매일신보(大韓每日申報)』도 매우 비판적이었다. 인구와 호수(戶數)의 불균일, 전토(田土) 결세(結稅)의 부정제(不整齊), 산천도로(山川道路)의 부적당(不適當),

『한국사론』 31, 1994 참조.

9) 지방통치에 관한 연구로는 이상찬, 「1906~1910년의 地方行政制度 변화와 地方自治論議」, 『한국학보』 42, 1986 ; 이정은, 「일제의 지방통치체제 수립과 그 성격」, 『한국독립운동사연구』 6, 1992 ; 鄭光燮, 「統監政治下의 地方行政制度」, 富士ゼロクス小林節太郎記念基金, 1993 ; 염인호, 「일제하 지방통치에 관한 연구」, 연세대학교 사학과 석사학위논문, 1983 ; 大和和明, 「植民地期朝鮮地方行政に關する一試論」, 『歷史評論』 1988. 5 ; 손정목, 「統監治下의 都市·地方制度」, 『韓國開港期都市社會經濟史研究』, 일지사, 1982 등이 있다.
이 밖에 이와 밀접한 관련이 있는 재정개혁과 지방재정에 관한 연구로는 이윤상, 「日帝에 의한 植民地財政의 形成過程」, 『한국사론』 14, 1986 ; 이영호, 『한국 근대 지세제도와 농민운동』, 서울대학교출판부, 2001 ; 김태웅, 「1894~1910년 지방세제의 시행과 일제의 조세수탈」, 『한국사론』 26, 1991 ; 김태웅, 「개항 전후-대한제국기의 지방재정 개혁 연구」, 서울대학교 박사학위논문, 1997 ; 이윤상, 「1984~1910년 재정제도와 운영의 변화」, 서울대학교 국사학과 박사학위논문, 1996 등이 있다. 그리고 이 시기의 경찰에 관한 논문으로는 松田利彦, 「朝鮮植民地化의 過程の 警察機構」, 『朝鮮史研究會論文集』 31, 1991이 있다.

10) 『大韓每日申報』 1906. 1. 6 잡보. 結稅를 독촉하는 마당에 合郡이 되면 民邑 간에 弊瘼이 많을 것이라고 우려하는 논의가 있다고 전하고 있다.

11) 『大韓每日申報』 1906. 3. 2 잡보.

무역과 교통의 불편 등이 중앙정부로서는 큰 문제일 것이고, 지방재정과 관련해서도 군현의 대소와는 상관없이 군청의 수보(修補), 군수(郡守)의 봉급, 청역(廳役)의 요품(料稟) 등 제반 경비가 호번(豪繁)한 것이 문제이므로 군을 폐합한다는 의도에는 호의적인 태도를 보였으나, 만약 군현을 바로 폐합하면 13도 관찰부 아래에 자리에서 물러나거나 영업을 잃고 가옥을 버린 채 전전 이산하는 자가 기십만 호에 달할 것이라고 우려했던 것이다. 이어 1906년 3월 제2회 '시정개선협의회'에서 통감(統監) 이토 히로부미(伊藤博文)는 관찰사 군수의 도태와 지방정치의 개선에 착수해야 하며, 조사는 한국인 중 적당한 사람을 선정하여 조사위원을 두고, 그 조사위원이 일본인을 돕도록 해야 한다고 주장했다.[12] 1906년 4월 13일에 열린 제4회 시정개선협의회에서 처음으로 지방제도 개정에 관한 구체적인 논의가 시작되었다. 여기에서의 논의를 바탕으로 '지방제도조사소(地方制度調査所)'를 설치했는데, 그 설치 목적을 이토 히로부미는 1) 지방과 중앙 경비의 부담을 명료히 하는 문제, 2) 지방행정의 구획 설정 문제, 3) 지방업무의 지방청에의 위임 사항, 즉 공무분배법(公務分配法), 4) 조세 징수에 관한 지방청의 관장 범위, 5) 경찰관과 지방관의 충돌 회피 방법 등으로 설정해야 한다고 주장했다. 통감부는 지방제도조사소를 통하여 지방제도의 개정을 재정과 경찰업무의 개정과 관련하여 구체적으로 검토함으로써 기존 군의 통합적 성격을 해체해 나가려고 했다.

조사위원 중 한국인으로 내부(內部) 지방국장(地方局長) 최석민(崔錫敏), 탁지부(度支部) 사세국장(司稅局長) 이건영(李建榮), 종이품(從二品) 오상규(吳相奎), 삼화감리(三和監理) 이원긍(李源兢), 정삼품(正三品) 박희노(朴羲老), 전 참서관(參書官) 홍재기(洪在箕)(이상 4월 7일 임명), 내부 경무국장(警務局長) 유성준(兪星濬)(4월 21일), 육품(六品) 구연흠(具然欽), 구품(九品) 이능우(李能雨), 나헌상(羅憲庠)(4월 24일)의 10명이 임명되었고,[13] 일본인으로는 가메야마 리

12) 金正明, 『日韓外交資料集成』 8권, 巖南堂書店, 1964, 26~32쪽.

헤이타(龜山理平太) 경시(警視), 시오카와 이치다이로(鹽川一大郎) 통역관(通譯官) 등이 촉탁되었다.[14] 지방제도조사소의 한국인 위원은 대개 갑오개혁 때 하급관리로 참여했다가 통감부 설치를 전후하여 다시 등용된 자들이었다. 이 가운데 특히 핵심적 역할을 했던 유성준은 갑오개혁기 지방제도 개혁 구상의 연장선 위에서 지방제도조사소 활동에 참여하고 있었다.[15]

지방제도조사소에서는 위의 군현 폐합안을 계속 논의했는데, 1907년 7월 지방제도조사소에서 작성한 「지방제도개정청의서(地方制度改正請議書)」와 「지방구역분합설명서(地方區域分合說明書)」[16]에 군현 폐합 구상이 잘 드러나 있다. "시정개선을 잘 하려 한다면 지방구역을 반드시 빨리 개정한 연후에야 지방정부의 행정 사법이 차례로 자리를 잡을 것"이므로, 도계(道界)는 13개로 두고 부군(府郡)은 219개로 개정하여 행정구역의 균세(均勢)를 힘써 따르도록 해야 한다고 그 취지를 설명하고 있다.[17] 그리고 "각 도 각 군의 비입지(飛入地)는 속토재관(屬土在官)하고 두입지(斗入地)는 부근 읍에 할속(割屬)"하여 병소할대(倂小割大)함으로써 지방행정의 균세를 도모하여야 한다고 하여 비입지와 두입지를 정리할 것임을 천명하고 있다.[18] 비입지와 두입지를 정리하고 군을 219개로 폐합하는 것이 지방제도조사소안의 골자였던 셈이다.

그러나 1896년 13도제(道制)의 제정 당시부터 조선 정부는 행정구역의 정형이 고르지 못한 데서 오는 문제를 잘 파악하고 있었다. 다음의 인용이 이를 잘

---

13) 『舊韓國官報』 3, 424~438쪽.

14) 金正明, 『日韓外交資料集成』 6권, 195~196쪽.

15) 이상 지방제도조사소의 조선인 위원에 대한 검토로는 이상찬, 「1906~1910년의 地方行政制度 변화와 地方自治論議」, 『한국학보』 42, 1986과 鄭光燮, 「統監政治下の地方行政制度」, 富士 ゼロクス小林節太郎記念基金, 1993이 자세하다.

16) 「地方制度改正請議書」・「地方區域分合說明書」, 『地方制度調査』, 1906, 135~185쪽. 『地方 制度調査』라는 책은 조사소의 지방제도 개혁안을 정리한 보고서로서 1906년 8월 초중순경 내부에 제출된 것으로 보인다. 이 자료는 국립중앙도서관에 소장되어 있다.

17) 「地方制度改正請議書」, 『地方制度調査』, 1906.

18) 「地方區域分合說明書」, 『地方制度調査』, 1906.

보여준다.

　목부군현(牧府郡縣)이 처음에는 정제지획(定制指劃)이 없어 대읍은 3, 40면이요 소읍은 4, 5면으로 같지 않으니, 대읍은 면촌이 활원(活遠)하여 관령(官令)을 민(民)이 들어 알지 못하고 민폐를 관이 통찰(洞察)하지 못하여 징수하는 일에서는 관속(官屬)과 면임(面任)이 작간(作奸)하므로 능히 막지 못하니 이는 읍이 커서 생기는 폐이다. 소읍은 전부 면적이 4, 50리에 불과하니 그 지방의 부세로 그 지방관리의 봉급이 부족하여 타군으로부터 이획(移劃)하는 군이 많고 민정으로 보자면 많은 주구(誅求)에 간섭받으므로 읍은 점점 작아지고 민은 점점 곤궁해지니 이는 읍이 작아서 생기는 폐이다. 대저 인정(仁政)은 반드시 경계로부터 시작하는 것이니 지금 행정에서 편안함을 얻고자 하면 지방구역을 먼저 정리해야 할 것이다[19]

　이 글은 대읍과 소읍의 차이가 매우 크고, 그에 따라 민폐가 발생할 뿐만 아니라 읍의 운영이 곤란한 사태에 직면하고 있음을 지적하고 있다. 읍의 운영을 원활하게 하고 민폐를 제거하기 위해서는 지방구역을 먼저 정리해야 한다는 사실을 잘 알고 있었던 것이다. 그러나 "각 부군의 대소(大小)는 지형 방편(方便)에 따라 위치를 정한 것이므로 참차부제(參差不齊)는 그 세에 따른 것이다. 면수(面數)로 보면 면의 대소가 호(戶)의 다과(多寡)에 있는 것이 아니라 다만 지형에 따른 것으로 잔면(殘面)의 호는 불과 수촌(數村)으로 면을 칭하고, 거면(巨面)의 호는 1군에 해당하나 면을 칭"[20]하기 때문에, 군의 대소도 면의 다과에 있는 것이 아니라 호의 다과에 따르게 된다고 그 이유를 이해하고 있었다. 호의 다과에 따라 군현의 대소가 결정되었다는 것은 면의 구역 획정 역시 많은 문제를 안고 있었음을 지적하는 것이겠다. 1896년 13도를 제정하고 관하 각 군을 5등제로 정했던 것도 이런 문제를 해결하고자 하는 하나의 방편이었던 셈

---

19) 「地方行政區域說明書」, 『地方制度調查』, 1906, 40~41쪽.
20) 「府牧郡管下各面戶口結數及稅額表說明書」, 『地方制度調查』, 1906, 72쪽.

이다. 또한 비지(飛地)와 두입지에 대해서도 "구제의 행정구역은 인구(隣區)를 감시하기 위하여 서로 견제하고, 어염(魚鹽)을 공급하기 위하여 월경(越境) 점유(佔有)했으므로 행정구역이 거개 장방(長方)형으로 두입(斗入)하여 견아상제(犬牙相制)와 흡사하고, 혹은 강해산협(江海山峽)을 따라 왕왕 비입(飛入)이 산치(散置)한 바둑판과 흡사하니"[21]라고 하여 그 발생 배경을 설명하면서 문제점을 지적하고 있었다. 그럼에도 비입지와 두입지의 문제는 군현의 자생적 재생산을 위한 궁여지책으로서의 성격을 가지고 있었음도 이해하고 있었다. 이처럼 호수의 다과에 따라 군현이 유지되었으므로 많은 문제를 낳고 있었지만, 그것이 자생적인 재생산 메커니즘 위에 기반을 두고 있었기 때문에 이를 한꺼번에 변경하는 것은 그리 쉬운 일이 아니었다.

여기에서 갑오 이후 지방제도 개편(안)의 추이를 표로 정리하여 그 성격을 검토해볼 필요가 있겠다. 표 〈1-1〉에 나타난 군 폐합을 중심으로 한 행정구역 조정의 문제만으로 국한해서 보면, 갑오기 개화파의 구상은 220군이었던 데 비해, 광무정권의 실제 개편은 336군이었고, 1906년의 내부안은 170군, 지방제도조사소의 안은 219군으로 되어 있다. 지방제도조사소의 구상은 갑오기 개화파의 구상에 접근해 있었다. 말하자면 갑오기의 개화파든 광무정권이든 지방 행정구역이 가지는 문제점을 인식하고 그를 개혁하려는 의도를 가지고 있었는데, 지방제도조사소의 한국인 위원들은 그러한 인식 위에서 갑오기의 군 폐합 구상을 따르고 있었던 것이다. 이를 통해서 지방제도조사소에 참여한 한국인 위원들이 갑오기 지방제도 개혁의 연장선 위에서 지방제도 개혁을 구상하고 있었음을 확인할 수 있다.[22]

그러나 지방제도조사소의 군 폐합안은 상당한 난관에 부딪혔다. 7월까지 마

---

21) 「地方行政區域說明書」, 『地方制度調査』, 1906.
22) 1914년 군 폐합을 통하여 조선의 지방제도는 13도 220군으로 확정된다. 갑오기 개화파의 구상과 조사소의 구상이 맞닿아 있었고 일제의 군 폐합은 이 연장선 위에서 구상되고 있었던 셈이다. 이는 다음의 재정기구의 개혁을 통해서도 확인할 수 있다.

〈1-1〉 갑오 이후 지방제도 개편(안)의 추이

구분	시기	내용
1) 갑오개혁기 개화파 안	1895년	22부 220군
2) 광무정권의 지방제도 개혁	1896년	13도 336군
3) 內部 개혁안	1906년	9성 170군
4) 지방제도조사소 개혁안	1906년	13도 219군
5) 식민지기 군 폐합	1914년	13도 220군

(자료) 1)은 이상찬, 「1906~1910년의 地方行政制度 변화와 地方自治論議」, 『한국학보』 42, 1986, 175 ~176쪽.
3)은 「지방군현폐합조사안」, 『大韓每日申報』 1906. 3. 2 잡보.
4)는 『지방제도조사』.

감하기로 했던 지방제도조사소의 활동을 1개월 연장하기로 하면서 '합군' 계획
이 알려지자 대대적인 반대 여론이 일어났던 것이다. '합군' 계획을 강렬하게
반대했던 『황성신문(皇城新聞)』은 다음과 같이 군 폐합의 부적절함을 논박하
고 있다. 먼저 이속되는 군민과 병합하는 군민이 모두 두려워하고 있으며, 의병
(義兵)이 만연한 가운데 합군 조치를 단행하면 부언(浮言)과 민심의 선동과 소
란이 일어날 수 있다는 것이었다. 또한 서리(胥吏)들의 세미(歲米)를 충당하기
어려우므로 이로 인하여 민정(民情)의 소란이 일어날 수 있는데, 이는 1902년
2월 길주, 성진의 합군 사례로 잘 확인할 수 있다는 것이었다. 따라서 중앙과
지방의 내실이 갖추어진 후에 개정이 가능하다는 것이 합군안 반대의 논거였
다.[23] 또한 합군보다는 오히려 지방관을 공정하고 능력 있는 사람으로 선발하
는 것이 낫다는 비판이 제기되기도 했다.[24] 통감부로서도 이처럼 지방의 여론
이 좋지 않고, 이서들의 소란이 우려되는 상황에서 군 폐합안을 계속 추진하
기는 어려운 일이었다. 결국 통감 이토 히로부미는 합군을 잠시 정지하라고

---

[23] 『皇城新聞』 1906. 7. 23, 7. 24. 이 신문은 이후에도 합군을 반대하는 논설을 게재하면서 강하
게 반대했다. 『皇城新聞』 1906. 7. 25.
[24] 『大韓每日申報』 1906. 9. 4.

명령했고, 내부도 7월 25일 민심을 진정시키기 위하여 합군설을 부인하는 훈령을 13도에 내렸으며, 지방제도조사소의 활동 기간도 다시 2개월을 연장하게 되었다.[25]

한편 지방제도조사소는 1차 활동을 대체로 정리하면서 조사보고서를 제출했는데 『지방제도조사(地方制度調査)』가 그것이다. 『지방제도조사』에 실려 있는 「지방제도개정청의서」와 「지방구역분합설명서」는 앞서 살펴본 바와 같이 군 폐합이 중심이 되는 지방제도 개혁안이었다. 그러나 이를 참고하여 내부대신 이지용(李址鎔)이 1906년 8월 제10회 '시정개선협의회'에 제출했다는 「지방제도개정안건(地方制度改正案件)」은 군 폐합안을 취소한 것이었다. 「지방제도개정안건」의 내용을 보면 1. 경기관찰부를 한성부(漢城府)에 병합할 것, 2. 평북 관찰부를 강계(江界)로 이설할 것, 3. 각 항시(港市) 감리(監理)를 고쳐 부윤(府尹)으로 하고 지방을 겸치(兼治)하게 할 것, 4. 성진(城津) 구역은 종전대로 개정할 것, 5. 회덕(懷德)은 내지의 진수(鎭守)로써 군수를 폐지하고 부윤을 둘 것, 6. 각 부군의 봉급 및 경비, 이교(吏校), 동용(童傭)의 잡급은 원정액(元定額)에 의해 신화(新貨)로 지급할 것, 7. 관찰·부윤·군수·주사(主事)·향장(鄕長) 등의 직무권한을 제정할 것, 8. 각 군에 향약조규(鄕約條規)를 실시할 것, 9. 지방관리전고법(地方官吏銓考法)을 제정할 것, 10. 지방관리임용령을 제정할 것 등이었다.[26]

이로써 지방제도조사소의 지방제도 개혁안은 군 폐합안은 철회하고 부분적인 행정구역의 개편(1~5항)과 지방관관제 개정(6~7, 9~10항) 그리고 향약조규의 실시(8항)를 중심으로 축소되었음을 확인할 수 있다. 그러나 「지방제도개정

---

25) 『皇城新聞』, 1906. 7. 26.

26) 金正明, 『日韓外交資料集成』 6권 상. 그러나 여기에는 鄕長의 직무권한을 제정한다는 조항과 鄕約條規를 실시한다는 조항이 같이 들어 있어, 상호 모순적으로 보이는 측면이 있다. 향약조규와 그를 폐지하고 도입한 향장제를 같이 거론한다는 것은 아직 지방제도조사소의 지방제도 개혁안이 정리되지 않았다는 것을 보여주는 것이기도 하지만, 다른 한편으로는 갑오기와 광무 초기의 지방제도 개혁안을 같은 차원에서 고민하고 계승하려 했다는 것을 보여주는 것이기도 하다.

안건」에서 주목해야 할 것은 제8항으로, 이는 갑오기의 「향회조규」와 「향약판무규정」을 실시하자는 것이었다. 조사위에 참여하고 있던 한국인 위원들은 갑오기 지방제도 개혁의 정신을 이어받아 지방자치를 실시하려 했으나, 그를 위해 새로운 제도를 만들기보다 기존 「향회조규」와 「향약판무규정」을 다시 실시하고자 했던 것이다. 그러나 이토 히로부미는 한국에 지방자치를 실시할 의도가 전혀 없었기 때문에 향약조규의 실시 제안은 거부되고 말았다. 그 대신 경찰력의 증가를 기다려 관찰사와 군수를 도태시키고 그 뒤에 지방자치의 개선에 착수할 것을 지시했다.[27] 향약조규의 실시를 위한 건의는 이후에도 친일 내각에 의하여 계속되었으나 결국은 부정되고 말았다.[28]

이처럼 군 폐합안이 철회된 상태에서 9월 초가 되자 논의의 방향은 비지와 두입지의 정리를 기본으로 하는 지방행정구역의 개편으로 전환되었다.[29] 내부에서는 9월 24일 칙령 49호 「지방구역정리건(地方區域整理件)」[30]을 발포하고 10월 1일부로 시행했다. 그러나 「지방구역정리건」의 시행 내용과 앞서 본 지방제도조사소의 「지방구역분합설명서」의 구상 사이에는 상당한 차이가 있다. 애초에 「지방구역분합설명서」에서는 101개의 비지와 215개의 두입지 등 316개 지역이 정리의 대상이 되었으나, 그대로 시행된 것이 201개, 철회 50개, 추가 실시 65개소로 추가 실시를 감안하더라도 정리 대상 지역이 훨씬 축소되었음을 알 수 있다. 이러한 차이는 지방제도조사소의 안이 군 폐합을 주요 내용

---

27) 金正明, 『日韓外交資料集成』 6권 상, 169쪽. 또한 이토 히로부미는 일본인들을 참여시켜 논의를 주도하게 했다고 한다. 『大韓每日申報』 1906. 9. 12 잡보.

28) 「향회조규」와 「향약판무규정」은 지방관관제 개정이 마무리된 9월 이후에도 통감부와 한국위원 사이에 계속해서 협의되었다고 한다. 『大韓每日申報』 1906. 10. 31 잡보. 향약조규 시행이 부정되는 저간의 사정에 대해서는 이상찬, 「1906~1910년의 地方行政制度 변화와 地方自治論議」, 『한국학보』 42, 1986 ; 鄭光燮, 「統監政治下の地方行政制度」, 富士ゼロクス小林節太郎記念基金, 1993 참조.

29) 9월 3일 정부의 회의에서 행정구역 개정의 방향을 비지와 두입지의 정리로 방향을 전환했다고 한다. 『皇城新聞』, 1906. 9. 5, 9. 6.

30) 『韓末近代法令資料集』 5, 칙령 제49호 「지방구역정리건」, 1907. 9. 24, 170~184쪽.

으로 하는 것이었기 때문이다.[31]

지방제도조사소는 지방제도 개정의 실효를 거두지 못하고 1906년 9월 말 '지방관관제'의 개정과 '부분적인 군 폐합' 즉 비지와 두입지의 정리 정도로 지방제도 개혁 작업을 마무리하고 말았다. 요컨대 1906년 3월 이후 통감부는 전면적인 군 폐합을 바탕으로 한 지방제도의 개정을 의도하고 있었으나, 군 폐합에 대한 한국인들의 광범한 반대와 한국인 관리들의 지방자치 실시 주장에 막혀 이를 밀고 나갈 수 없었던 것이다. 통감부가 군 폐합을 중심으로 하여 지방제도를 광범하게 개정하려 한 이유는 군현제의 전면적 폐지를 위한 제도적 토대를 구축하기 위한 것이었다. 그럼에도 한국인들의 반대에 부딪혀 이를 실현하지는 못했다. 그 때문에 우회적인 방법을 동원할 수밖에 없었고, 군의 전면적인 폐합은 식민지배시기의 과제로 넘어가게 되었다.

2. 군의 지위 변화

통감부는 전면적인 지방제도 개정정책이 반발에 부딪히자 재정·징세권의 장악과 그를 통한 우회적인 지방제도 개정으로 방향을 전환했다. 한국인 지방제도조사 위원들의 지방자치 논의도 일본의 정촌제(町村制) 수용과 관련한 것으로 크게 방향이 전환되었다. 이런 방향 전환을 살펴보기 위하여 우선 이사청(理事廳) 설치에 잇따른 지방행정에 대한 개입 양상을 검토해보기로 하겠다. 통감부 설치와 동시에 지방에는 주한 일본영사관을 이사청으로 개편하고 개항장을 중심으로 모두 10개소의 이사청을 두어 각 구역을 담당하게 했다.[32] 또한 이사청에는 이사관(理事官)을 두어 거류민 보호라는 영사관 본래의 임무에 각

---

31) 이정은, 「일제의 지방통치체제 수립과 그 성격」, 『한국독립운동사연구』 6, 1992에서 두 안을 비교하여 비지와 두입지 정리의 내용을 밝히고 있다. 정리의 내용은 이 글에 의존했다.

32) 『통감부법령자료집』 상, 통감부령 6호, 「이사청의 위치 급 관할구역」, 1907. 1. 19, 21~22쪽.

국 공동조계와 재류 외국인에 대한 지방사무를 새로이 담당하게 했다. 또한 한국의 시정사무(施政事務)로, 조약 이행에 필요한 것에 대하여 해당 지방관헌에게 이첩하여 집행하게 하는 권한을 부여함으로써 한국 지방행정의 지도 감독의 업무를 맡도록 했다. 여기에다 이사관은 출병요청권과 경찰권을 가질 뿐만 아니라 이사청령(理事廳令)을 발할 수 있는 권한을 가지며 구류(拘留)·과료(科料) 등의 벌칙까지 부과할 수 있게 되었다.[33] 또한 「한국 지방시정에 관한 이사관의 집무규정」을 발포하여 이사관이 한국 지방관헌을 지휘 감독하고 해당 지방관헌에 대해 의견을 진술하며 그 사무의 집행을 방조(幫助)·감시(監視)할 수 있게 함으로써, 이사관으로 하여금 한국 지방관에 대한 명령 감독권을 가지게 했다.[34] 통감부의 통치가 진행되면서 13도 관찰부 소재지에도 일본인 관리를 주재시켜 지방관을 지도 감독할 필요를 느낀 통감부는 1906년 9월 각 도 관찰부 소재지에 이사청지청(理事廳支廳)을 설치하고 담당자로 부이사관을 배치했다.[35] 부이사관의 임무 역시 이사관과 마찬가지로 한국의 지방행정을 명령·감독하는 것이었다.[36]

한편 지방제도조사소의 지방제도 개혁안이 지방관관제의 개정으로 수렴되면서 9월 24일에 이와 관련한 일련의 칙령의 발포되었다.[37] 그 가운데 주목해야 할 것은 칙령 50호 「지방관관제 개정」이다. 이를 통하여 먼저 관찰사의 직급을 칙임(勅任) 2등 이하로 하여 중앙의 각부 대신보다 격을 낮게 했고, 관찰사

---

33) 『통감부법령자료집』상, 칙령 267호 「통감부 급 이사청관제」, 1905. 12. 20, 1~5쪽.
34) 『통감부법령자료집』상, 통감부령 48호 「한국 지방시정에 관한 이사관의 집무규정」, 1906. 11. 18, 240쪽.
35) 『통감부법령자료집』상, 통감부령 37호 「이사청지청분장규정」, 1906. 9. 26, 186쪽.
36) 『통감부법령자료집』상, 통감부령 46호 「이사청지청직무규정」, 1906. 11. 18, 237~238쪽.
37) 『한말근대법령자료집』5, 칙령 47호 「監理, 牧使의 폐지와 사무인계에 관한 건」, 1906. 9. 24, 168~169쪽 ; 칙령 48호 「부를 군으로, 군을 부로 개칭하는 건과 부청, 군청에 관한 건」, 169~170쪽 ; 칙령 50호 「지방관관제 개정」, 184~187쪽 ; 칙령 51호 「지방관관등 봉급령 개정」, 187~189쪽 ; 칙령 52호 「地方官詮考規程」, 189~191쪽 ; 칙령 53호 「문관임용령」, 191~193쪽. 이처럼 이때 발포된 칙령은 대부분 8월 내부대신 李址鎔이 제안했던 「지방제도개정안건」을 반영한 것이었다.

의 관장 사무를 향제(享祭)·민적(民籍)·지적(地籍)·진휼(賑恤)·토목(土木)·경찰(警察)·위생(衛生)·교육(敎育)·농림상공(農林商工) 등 일반 행정사무로 제약했다.[38] 다만 경찰사무는 아직 관찰사의 관장 아래 두었으나, 경찰사무의 집행을 각 도 경무서장이 관할하게 함으로써 관찰사의 경찰권 역시 제약하고자 했다.[39] 또한 군에는 군주사(郡主事)를 신설했는데, 군주사는 군수의 지휘를 받아 서무에 종사하며 군수 유고시 그 직무를 대리한다고 하여 군주사로 하여금 기존의 향장(鄕長)의 임무를 대신하게끔 했다. 여기에는 기존의 향임(鄕任)이나 서리가 중심이던 향장을 배제하고 새로운 지방의 유력층을 주사로 임명하고자 하는 의도가 깔려 있었다고 할 것이다. 「지방관전고규정(地方官詮考規程)」에는 지방판임관(地方判任官)의 자격으로 '유림향인(儒林鄕人) 중에서 사무에 통효(通曉)한 자'를 거론하고 있는데, 이를 통해서도 군주사에 지방의 유력한 유향층을 끌어들임으로써 군에 대한 통제를 강화하려고 했음을 알 수 있다. 그러나 당장은 향장을 바로 주사로 바꾼 것으로 이해하여 향장을 주사에 임명하는 군이 많았으며, 군수와 향장의 부정은 그대로 지속되고 있었다.[40] 그렇다고 하더라도 군주사의 신설은 군수 ─ 주사의 행정계통을 수립함으로써 수령, 향장의 폐해를 방지하려는 의도를 가진 것으로, 기존 향임층이나 이서층은 군 행정으로부터 배제될 수밖에 없었다.[41] 이는 지방행정을 장악함으로써 식민통치의

---

38) 손정목, 「統監治下의 都市·地方制度」, 『韓國開港期都市社會經濟史硏究』, 일지사, 1982 참조. 손정목은 관찰사의 직무를 종전의 包括主義로부터 列擧主義로 바꿈으로써 직무 범위를 제약하고자 했다고 보았다.

39) 관찰사로부터 최종적으로 사법권을 분리하기 위한 사법권의 제약 또는 부분적 박탈도 이루어지고 있었다. 1906년 경찰관 증원 때부터 관찰사는 경무·재무를 불문하고 民刑訴訟 사건은 경무고문 및 지부보좌관과 협의해 시행하도록 강제되었고, 이때부터 일본 경찰관은 관찰사의 재판에 관여하여 불법 판결을 내리고 있었다. 또한 1907년에는 취조를 모두 경찰이 하도록 해 경찰이 검찰관의 직무를 집행하도록 함으로써 사법권의 완전 분리를 위한 포석을 놓고 있었다. 이에 대해서는 松田利彦, 「朝鮮植民地化の過程の警察機構」, 『朝鮮史研究會論文集』 31, 1991 참조.

40) 韓國內部, 『顧問警察小誌』, 1910, 160~169쪽, 215~225쪽 참조.

41) 1908년 군주사로 타도·군 출신이 임용되기 시작한 이후 주사는 완전히 군청의 행정관리로 바뀌게 됨으로써, 군주사 설치를 통한 지방 유력자 포섭의 의미는 퇴색하게 되었다. 더욱이 1909년

기초를 수립하고자 한 조치였고, 이런 조치를 통하여 식민지로의 병합은 내부적으로 진행되고 있었다고 하겠다. 식민지로 향한 신작로를 이런 방식으로 닦아 나가고 있었던 것이다. 이는 또한 전면적인 군현의 통폐합을 통한 지방제도의 개정을 위한 사전 작업이기도 했다.

이처럼 비록 전면적인 군 폐합을 통한 지방의 장악에는 실패했지만, 이 시기 통감부의 지방지배 구상은 일본인 이사청을 통하여 도 단위의 지방행정을 감독하고 관찰사의 권한을 제한하며, 향회의 자치화를 거부하고, 이서를 배제함과 아울러 군에는 주사를 설치함으로써 지방의 지배세력을 관리화하는 데에 주요한 의도가 있었다. 이와 아울러 징세기구와 경찰기구 등을 따로 설치하여 군의 수령으로부터 이러한 권한을 박탈하는 데에 주력하게 된다.[42]

수령의 6방행정은 19세기 말 이래 상당한 변화를 겪고 있었던 것으로 보인다. 앞서 보았듯이 군주사를 설치하여 군수의 지휘를 받도록 했지만 군수의 임명권은 박탈되어 있었고, 이미 군수층의 부패는 심각한 상황이었으며 향리층의 약화 현상도 뚜렷했고 이에 따라 군수 - 향리층의 동반 구조도 붕괴되고 있었다. 군수의 인사권은 이미 형해화(形骸化)하고 있었다고 하겠다. 나아가 대한제국기 중앙군의 강화를 위한 정책은 추진되고 있었지만,[43] 지방군은 거의 붕괴된 상황이었다. 이는 동학농민전쟁 이후 군이 지방의 소요에 대응하는 능력을 거의 상실해버린 데서도 확인할 수 있다. 이처럼 군수의 군사권도 거의 유명무실한 상황이었다. 군수의 권한 가운데 가장 중요한 것이라고 할 수 있는 재판

일본인이 주사로 채용되기 시작한 이후 군주사는 통역주사의 성격을 갖기 시작했고, 군 행정도 차츰 일본인 군주사가 전담하게 되어 군수는 상징적인 지위에 머무르게 되었다. 이로써 향반이 지방행정에 참여할 수 있는 길이 봉쇄되었으며, 징세권과 경찰권 이외에 일반 행정까지 일본인이 장악할 수 있게 되었다. 이에 대해서는 이상찬, 「1906~1910년의 地方行政制度 변화와 地方自治論議」, 『한국학보』 42, 1986이 자세하다.

42) 재정고문 目賀田種太郎은 1906년 3월 대한 경영책의 2대 요무로 재정의 폐정개혁과 경찰의 확장 보급을 들고 있다. 目賀田種太郎, 「對韓私言」, 『太陽』 12권 4호, 1906, 33~34쪽, 鄭光燮, 「統監政治下の地方行政制度」, 富士ゼロクス小林節太郎記念基金, 1993, 14쪽에서 재인용.

43) 조재곤, 「대한제국기 군사정책과 군사기구의 운용」, 『역사와 현실』 19, 1996 참조.

권은 대한제국기에 법제적으로 부정되었다. 하지만 지방재판소 설치의 지연으로 군수 재판권이 현실에서는 유지되고 있었다.[44] 그러나 소급하여 언급한다면, 1907년 12월 「재판소구성법」이 공포되어 구재판소(區裁判所)가 설치됨으로써 군수의 재판권은 완전히 박탈되었다.[45] 또한 군수가 관할하고 있던 토목, 권농(勸農), 산림 등의 공공적 업무는 다음에 보듯이 경찰권의 박탈과 아울러 대부분 경찰에게 이관되고 말았다. 이리하여 수령의 6방행정 가운데 이 시기에 들어와 제도적·현실적으로 역할을 유지하고 있었던 것은 경찰권과 징세권이었다고 하겠다.[46] 여기에서는 군수의 이 두 가지 권한의 분리·박탈 과정에 대하여 검토해보고자 한다.

먼저 경찰권의 분리 과정이다. 지방관으로부터의 경찰권의 분리는 경찰권의 확장과 동전의 양면을 이루는 것이었다. 이토 히로부미는 제1차 '시정개선협의회'에서 점차 한국의 경찰력을 증가시켜 병력의 사용을 감소시키고, 군대는 국방상의 목적으로 사용하며, 치안은 될 수 있는 한 경찰을 동원하고, 일본 경찰로서 경찰력을 증진시켜야 할 것이라는 요지의 치안 구상을 거론했다.[47] 이러한 구상에 입각하여 지방경찰의 증강이 이루어지는데, 1906년 6월 제1기 경무확장과 1907년 7월 제2기 경무확장계획을 통해 치안경찰의 증원이 급속하게 이루어진다. 또한 경찰의 증원 과정에서 일본의 고문경찰(顧問警察)이 치안기구의 중축(中軸)에 위치하여 지방관의 권력배제 작업의 일단을 담당하게 된다. 이와 아울러 지방경찰의 확장 과정에서 경찰의 직무가 급격히 확대되었는데, 출판·집회·결사의 단속 등 치안경찰 고유의 업무 이외 기타 많은 직무, 즉 산림, 토목, 권업, 도량형의 응원, 교육, 징세사무, 우편의 호위, 관리의 여행 보

---

44) 군수 재판권의 변화에 대해서는 도면회, 「1894~1905년간 형사재판제도 연구」, 서울대학교 박사학위논문, 1998 참조.
45) 군수 재판권의 최종적 박탈에 대해서는 『법원사』, 대법원, 1996 참조.
46) 1908년 7월 제정되는 「형사이정에 관한 건」을 통하여 제의권도 박탈하는데, 이에 대해서는 후술한다.
47) 金正明, 『日韓外交資料集成』 6권 상.

호, 재판의 강제 집행, 서류의 송달 등 집달리 사무, 감옥 사무 등 지방관의 업무와 중복되는 많은 업무를 담당하고 있었다.[48) 또한 고문경찰의 강화와 아울러 1906년 6월에는 각 도의 경무서 아래 경무서분서와 분파소를 각 군마다 설치할 수 있게 함으로써, 경찰권을 부윤과 군수의 관할로부터 완전히 분리해버린다.[49) 이처럼 고문경찰을 중심으로 경찰이 급속하게 증원되면서 업무의 범위가 확장되고, 군수의 경찰권이 박탈됨으로써 군수의 직무 범위는 근본적으로 제약당하게 되었다.

다음으로는 징세권의 분리 문제를 검토해보고자 한다. 1906년 이전까지의 '재정정리'로 재정권을 박탈당한 채, 군수에게는 단순히 세금을 지금고(地金庫)에 납부하는 권한만이 주어졌다. 따라서 재정의 장악을 통한 특별수입은 없어지게 되었고, 특히 봉급도 이전의 1/15내지 1/20로 낮아지게 되었다.[50) 이러한 재정권 박탈은 군수에게는 일대 타격이었다. 이 과정에서 지방의 경찰은 재정권 박탈에 대한 지방관리의 불만을 억제하는 감시기능을 수행했고, 재무기관 또한 경찰과 긴밀한 연락을 유지하면서 한국 지방관리를 감시하는 것이 중요한 임무의 하나였다.

이러한 군수로부터의 재정권 박탈을 바탕으로 통감부는 징세기구를 설치하여 직접적인 징수 과정의 장악에 나섰다. 이는 의병전쟁과 민중들의 납세 거부로 인한 징수 실적의 부진을 타개하기 위한 노력이기도 했다. 1906년「관세관관제(管稅官官制)」[51)에 의해 신설된 징수기구는 탁지부대신의 관할 아래 세무감(稅務監), 세무관(稅務官), 세무주사(稅務主事) 등으로 편성되었는데 세무감은

---

48) 이상은 한국 내부,『顧問警察小誌』, 1910, 1~159쪽 ; 松田利彦,「朝鮮植民地化の過程の警察機構」,『朝鮮史研究會論文集』31, 1991 참조.

49)『한말근대법령자료집』4, 칙령 30호「지방 13도 각 관찰부 경무서 급 분서 설치에 관한 건」, 1906. 6. 19, 586쪽.

50) 1906년 이전의 재정권 박탈 과정은 이윤상,「1984~1910년 재정제도와 운영의 변화」, 서울대학교 국사학과 박사학위논문, 1996 참조.

51)『한말근대법령자료집』5, 칙령 54호「관세관관제」, 1906. 9. 24, 193쪽.

당분간 관찰사가 겸임토록 하고, 각지에 세무관을 파견하여 일체의 사무를 담당하게 하는 동시에 각 군에 주재하는 세무주사를 감독하게 했다. 새로운 징세기구의 설치는 종래 징세사무를 담당하던 부윤, 군수층과 이서, 향임층을 배제하는 데 중요한 목적이 있었던 것으로, 「관세관관제」의 실시로 군수와 이서들은 징세권을 박탈당하게 되었다.[52]

이와 아울러 재정사무 전반을 감독할 기관도 필요하게 되자, 통감부의 하부기관으로 편입되었던 재정고문부가 1907년 3월 재정감사청으로 개편되었다.[53] 재정감사청은 감사장관과 재정감사관(財政監査官)으로 구성되었는데, 감사장관인 메가타 슈타로(目賀田種太郎)는 한국의 재정 전반을 감독했다. 1907년 6월에는 서울, 평양, 대구, 전주, 원산에 재정고문감부(財政顧問監府)를 두고 재정감사관을 배치하여 지부 이하의 감독과 지방재무의 감독을 맡게 했는데, 나중에 전국의 고문지부는 13개소, 분청은 69개소에 달했다. 이는 각지에 재무관과 재무관보를 파견하여 지방세무를 감독하게 함으로써, 관세관관제에 의해 만들어진 새로운 징세기구에 대한 감독을 강화하기 위한 것이었다. 그러나 아직 일본인 관리는 소수에 지나지 않아 철저한 감독은 어려운 일이었다.[54] 이처럼 이 시기에 통감부는 수령과 이서 및 군이 가진 권한의 박탈에 관심을 집중하고 있

---

52) 통감부는 징세제도를 개정하면 군수와 이서들의 부정수입의 전부와 직책의 과반을 몰수함으로서 그들에게 대타격을 주게 될 것이라고 제도 개정 이전부터 예견하고 있었다. 『재무주보』 3호, 「실직 군리채용의 건」, 1907. 4. 29 참조. 물론 이러한 제도의 변화만으로 당장 군수나 이서층이 징세권을 포기한 것은 아니었다. 1909년까지도 군수나 이서들이 인민을 선동하여 새로운 징세기구의 활동을 방해하거나 이서들이 동맹사직하거나 징세 장부를 가지고 도망을 가기도 했으며, '불법적'으로 징세권을 행사하기도 함으로써 많은 문제를 야기하고 있었다. 따라서 세무관이나 세무주사는 거의 고립되어 있다는 지방으로부터의 보고가 많았다. 통감부는 이러한 군수나 이서들의 불법적인 활동을 경찰력을 동원하여 진압하고자 했다. 그러나 이러한 행위는 어디까지나 법령 밖의 것으로서 결국은 포기될 수밖에 없는 성질의 것이었다. 『財務週報』·『財務彙報』에 실린 각종 보고 ; 이영호, 『한국 근대 지세제도와 농민운동』, 서울대학교출판부, 2001, 261~312쪽 참조.
53) 『통감부법령자료집』 상, 칙령 19호 「통감부 재정감사청 관제」, 1907. 3. 5, 319~320쪽.
54) 이상은 이윤상, 「1984~1910년 재정제도와 운영의 변화」, 서울대학교 국사학과 박사학위논문, 1996 참조.

었으며, 아직 군의 '지역적 통합성'의 전면적인 해체에는 관심을 기울일 여력이 없었다.

이처럼 통감부는 주로 군 단위의 자치행정을 제한하는 쪽으로 지방관관제를 개정하고 수령의 권한을 박탈하는 측면에 관심을 집중하고 있었으나, 다른 한편으로 군수에게 박탈한 징세활동을 수행할 하위기구로 면의 기구화에도 관심을 가지게 되었다. 군수로부터 징세권을 박탈한 1906년 9월 이후, 면장을 징세기구로 동원하려는 움직임이 시작되었다. 통감부는 1906년 10월 「조세징수규정(租稅徵收規程)」[55]을 발포했는데 세무서에서 지세와 호세의 총액을 면장에게 부과하면, 면장은 면내(面內) 다액납세자로 구성된 5명 이상의 임원(任員)과 함께 최종 납부액을 결정하여 납입고지서를 발부하고, 최고납세자인 공전영수원(公錢領收員)이 세금을 징수하도록 규정되어 있었다. 하부 징세기구로 면장－임원(공전영수원) 체계를 구성하려 한 것이었다. 이전에는 서원(書員)에 의해 납부액이 결정되면 호수(戶首)가 징수하여 서리에게 납부했으나, 이제 징세권이 면장－임원에게 이관됨으로써 향리층의 권한도 박탈되었다. 이리하여 징세기구로서 면장이 법제화함에 따라 면장이 비로소 하부 통치기구의 하나로 주목받게 되었다.

그런데 앞서 살펴보았듯이 1908년 8월의 「지방제도개정안건」 제7항에는 이미 면장의 직무권한을 제정할 것이라는 규정이 들어 있었다. 여기에는 1895년 「향회조규」의 실시가 전제되어 있었으므로 면장의 직무권한이란 자치기구로서의 집강(執綱)의 성격을 갖는 면장이었다고 할 것이다. 그러므로 「조세징수규정」에서 하부 징세기구로 면장을 법제화하는 조치가 다른 조치에 우선하여 취해진 것은, 자치기구로서의 면장의 권한을 부정하는 측면이 강한 것이었을 뿐만 아니라 일반 지방행정의 하부기구로서의 면장의 역할에 비추어볼 때 혼란을 야기하는 것이기도 했다.

따라서 "면장은 지방의 중요한 기관으로 오직 세무에 그치지 않고 널리 지

---

55) 『한말근대법령자료집』 5, 칙령 60호 「租稅徵收規程」, 1910. 10. 16, 248쪽.

방의 행정에 관여하는 자이므로 면내에서 가장 신용과 덕망이 있고 일면(一面)의 장(長)으로 가장 적합한 자를 선임해야 한다"56)라는 지적이 면장의 지방행정의 하부기구로서의 성격을 강조하는 것이라면, "징세의 납입이 완만한 이유는 단순히 일반 인민이 납세를 경시하고 면장 등이 열심히 징수사무에 종사하지 않은 탓이므로 각 면장에게 엄하게 고유(告諭)하여 지연의 사태가 있으면 면장의 책임으로 보아 구류(拘留)한다"57)라고 한 것은 면장의 징수기구로서의 성격을 강조하는 것이었다. 이러한 면장의 성격 규정에 대한 혼란은 일반 행정기구로서의 성격을 강조하는 내부(內部)와 징수기구로서의 성격을 강조하는 탁지부(度支部) 사이에서 야기되는 것이기도 했다.

또한 징세기구로서의 면장 - 공전영수원 체계에 대한 반발이 만만찮았으므로, 면내의 유력자 가운데 면장이나 공전영수원을 선임하는 것도 쉽지 않았을 뿐만 아니라58) 면장이 징세권을 행사하지 못하는 지방도 많았던 것으로 보인다. 즉 세금은 각 군의 서기가 징수하고 있으며 면장은 조세징수의 담당자이면서도 단지 서기를 위하여 일하고 있을 뿐이라거나, 족벌의 힘이 센 지방에서는 면장이 발송하는 납입고지서가 전혀 효과가 없다는 보고가 그런 사정을 말하고 있다.59)

이처럼 면장을 하위 징세기구로 법제화하기는 했으나 면장의 성격에 대한 합의가 없었고 징세기구로서도 확실하게 자리잡지 못했으므로 면장직제를 제정할 수는 없는 일이었다. 또한 통감부는 단지 징수기구로 활용하기 위하여

---

56) 『재무주보』 1호, 「稅制改善 시설에 관한 건」, 1907. 1. 12.
57) 『재무주보』 11호, 「(의주)관내 시찰보고」, 1907. 5. 7.
58) 세무관리들은 "이서배들이 洞首 또는 공전영수원을 引致하여 취조한 것이 일일이 열거하기 어렵다"고 보고하고 있으며(『재무주보』 3호, 「재정고문 광주지부 보고」, 1907. 4. 19), "공전영수원의 선거를 천연하거나 회피하여 아직도 공전영수원을 임명하지 못한 곳도 자못 많은데, 공전영수원 역시 국세징수의 한 기관이므로 무고하게 사직해서는 안 된다"고 지적하기도 했다. 『재무주보』 9호, 「(춘천)부내 시찰보고」, 1907. 5. 1. 관리의 이런 보고나 지적들이 저간의 사정을 잘 보여주고 있다.
59) 『재무주보』 18호, 「강원도 각 군 시찰보고」, 1907. 7. 15.

'면장'에만 주목했을 뿐, 자치행정 단위로서의 면의 기능에 관심을 가졌던 것은 아니었다. 따라서 이후에도 면장의 성격이나 직제를 두고는 논란이 일었지만 '면제'의 제정에는 별다른 관심을 두지 않았다. 면이 하부 행정 단위로 자리잡는 것은 병합 이후에나 가능한 일이었다. 이로 본다면 면장제를 전면적인 지방제도 개정이라는 방식에서 우회적인 것으로 전환하는 지표로 읽을 수도 있겠다.

1. 지방제도의 정비

1907년 5월부터 통감부는 지방위원회(地方委員會)라는 것을 만들어 그것이
지방자치를 실현하기 위한 기관임을 강조했다. 지방위원회는 1906년에 시도했
던 일련의 지방제도 개정 작업을 전환하는 성격을 가진 것이었다. 1907년 5월
이토 히로부미는 메가타 슈타로 재정고문과 일본인 재무관이 초안한 「지방위원
회규칙(地方委員會規則)」을 제15회 시정개선협의회에 제시했다.[1] 지방세징수를
위하여 관민의 의사소통을 도모하는 기관을 만들고, 이를 바탕으로 나중에는 한
국 인민에게 정치 참여의 길을 열어 지방의회로서 기능하게 한다는 것을 지방
위원회 설치의 명분으로 삼았다. 그러나 민영기(閔泳綺) 탁지부대신은 한국에도
면촌리(面村里)가 있고 향원·면장·동장(洞長)의 공리(公吏)가 있으며 군수·부
윤·관찰사 등 지방관이 있으니 신세법(新稅法)을 실시할 때는 이런 관공리를 이
용하자고 하면서 지방위원회의 설치에 반대했다. 민영기의 반대 논리는 관공리

---

1) 金正明, 『日韓外交資料集成』 6권 상, 454~458쪽.

를 이용하여 새로운 세무기관을 설치하고 여기에는 이전의 향회 회원에 해당하는 향원을 위원으로 이용하자는 것이었다. 이에 이토 히로부미는 향회가 수령권에 예속되어 있으므로 새로운 자치기구를 결성하여 지방자치에 대비해야 한다고 강변하면서 이를 거부했다.[2] 이처럼 한국인 관료들은 의연히 지방자치의 실시에 집착하고 있었으나, 통감부는 지방위원회가 지방의회 설치를 위한 기관이라는 논리로 포장함으로써 한국인 관료들의 요구를 교묘히 피해 나가려고 했다.

이런 과정을 거쳐 1907년 5월 「지방위원회규칙」[3]이 제정되었다. 일본인 세무관 주재지에 지방위원회를 두기로 하고, 재무(財務)에 관한 관민의 의사소통과 법령의 주지(周知), 정부의 자문에 응답하는 일 등 세 가지를 지방위원회 활동의 주요 목적으로 정했다. 지방위원은 세무관이 지방관과 협의하여 각 부군의 상당한 자산을 가지고 민정에 통달한 자 5~10명을 세무감을 경유하여 추천하면 탁지부대신이 의촉(依囑)하게 했으며, 명예직으로 했다. 또한 6월 「지방위원회규칙시행에 관한 건(件)」[4]을 제정하여 일본인 세무관이 지방위원회 회장을 겸임하도록 했고, 지방위원회에 대한 중요 자문 사항으로는 조세 수수료 및 부역(夫役)·현품(現品)의 부과와 징수, 화폐정리, 지방금융, 금곡(金穀) 등을 축적한 기관의 설치와 조치 등 주로 재무에 관한 사항으로 정했다. 지방

---

2) 또한 지방위원회의 관할과 위원의 선정을 두고도 논란이 벌어진다. 李完用 학부대신은 伊藤博文과 같이 민영기의 제안을 반대하고 기관을 신설하는 입장에 섰으나, 위원회의 목적이 관민의 의사를 소통하고 법령의 주지를 도모하는 데 있으므로 內部 주관으로 하자고 주장했다. 이에 이토 히로부미는 한국의 급무는 재무에 관한 사항이나 내부는 조세에 관해서는 문외한이므로 지방위원회를 탁지부 소속으로 하는 것이 당연하지만 이완용의 주장에도 근거가 있으므로 兩屬으로 하자는 역제의를 하게 된다. 이는 伊藤博文이 지방위원회를 재무기관을 방조하는 기관으로 이용하려 했음을 보여주는 것이라 하겠다. 또한 이완용은 위원의 선정 과정에 세무관만 관여하게 할 것이 아니라 지방관도 관여하게 해야 한다고 주장했는데, 그에 따라 위원의 추천은 지방관과 세무관이 협의하는 것으로 결정되었다. 金正明, 『日韓外交資料集成』 6권 상, 454~458쪽 ; 시정개선협의회에서의 논의 과정은 鄭光燮, 「統監政治下の地方行政制度」, 富士ゼロックス小林節太郎記念基金, 1993에서 자세하게 분석하고 있다.
3) 『한말근대법령자료집』 5, 칙령 31호 「지방위원회규칙」, 1907. 5. 13, 507쪽.
4) 『한말근대법령자료집』 5, 탁지부령 18호 「지방위원회규칙시행에 관한 건」, 1907. 6. 6, 517쪽.

위원회의 임무를 재무에 관한 사항으로 제한하고, 일본인 세무관 산하에 두어 지방위원의 선정도 그가 담당하도록 했으며, 탁지부로 하여금 총괄하게 했다. 통감부는 지방위원회에 재정 장악을 위한 '첨병'의 역할을 기대했으며, 이를 위하여 지방의 유력자를 동원하려 했다. 말하자면 지방위원회는 지방자치는 고사하고 재무활동을 방조하는 기관 이상이 아니었다. 지방위원회의 이러한 성격은 재정고문 메가타 슈타로가 지방재무관에게 보낸 통첩(通牒)에서도 잘 확인할 수 있다. 지방 분요(紛擾)의 다수는 세무(稅務)에 말미암은 것인데, 관민 간에 의사소통이 되지 않을 뿐만 아니라 인민이 몽매하여 아직 법령을 주지하지 못한 것이 가장 큰 원인이라고 보고, 지방위원을 통하여 법령의 주지를 도모하고 관민 간 의사소통을 도모함으로써 분요를 미연에 방지하는 데 노력하라고 주의를 주고 있다.[5]

그러나 지방위원의 선정과 지방위원회의 설치 과정에서는 계속하여 지방위원회가 자치기구임을 강변하고 있다. 지방위원회도 민의를 대표하여 시정(施政)에 참여하고 정부와 인민의 의사소통을 도모한다는 점에서 문명국의 대표기관과 동일하다거나[6] 지방위원회가 바로 '자치제의 창시(創始)' 또는 '자치제의 어머니'로서 '의회의 단서(端緒)'를 여는 것이며, 민권의 공인(公認)에 새로운 국면을 열어서 그 운용 여하에 따라서는 국리민복에 크게 기여할 것이라는 등의 주장을 하고 있었다. 따라서 지방위원에게 고등관(高等官) 대우를 하고 명예직으로 한다는 것이었다.[7] 재정고문 메가타 슈타로 역시 지방위원은 정부와 인민 사이에서 한편으로는 인민의 대표 자격으로 말하고, 다른 한편으로는 정부의 기관으로서 인민을 대하게 될 것이므로 일종의 대의기관의 역할을 하고 있

---

5) 『재무주보』 13호, 「지방 분요에 관한 건」, 1907. 7. 8.
6) 평양 지방재무관이 지방위원회 개회식에서 한 발언이다. 『재무주보』 13호, 「지방위원회 개최보고」, 1907. 7. 8.
7) 이는 전주 지방위원회 발회식에서 재무관과 감사관이 한 발언에 나오는 표현이다. 『재무주보』 15호, 「전주 지방위원회 발회식 상황보고」, 1907. 7. 21.

는 셈이니 명예직이 당연하다는 논리를 폈다.[8] 그러나 지방위원은 침략의 첨병을 양성하기 위한 제도에 지나지 않는 것이었다. 그 때문에 지방위원에게는 어떤 자율성도 주어지지 않았지만 지방의 유력자를 끌어들이기 위해 최대한 노력했던 것이다.

대체로 1907년 7월까지는 각지의 지방위원회 구성을 마치고,[9] 바로 지방위원의 증원을 꾀했다. 8월에는 각 부군 단위로 1명씩을 두기로 했고,[10] 다시 9월에는 구역 내에 7인 이상의 지방위원을 두기로 했다.[11] 이에 따라 큰 군에는 지방위원이 2명 이상인 곳도 생겨나게 되었다. 그러나 지방위원의 선정 과정에서는 많은 어려움을 겪었던 듯하다. 지방위원회의 구성을 급속하게 추진하기 위하여 5월에 칙령이 발포되기 전부터 일본인 세무관이나 세무관보를 각지에 보내어 위원의 선정을 마쳤다고 하지만,[12] 지방위원에 대한 지방의 반발이 만만치 않았으므로[13] 통감부가 의도하던 인물을 선정하기는 어려운 일이었다. 군내에 주소를 둔 사람 가운데 신체강장(身體强壯)하고 상당한 학식과 자산을 가지며 민간의 신용을 가진 군내의 제1류의 인물을 선발하려 했으나 부적당한 인물임을 알고 새로 선정한 경우도 많았다고 한다.[14] 이처럼 의도하던 인물을 선정하기가

---

8) 평양 안주 지방 지방위원회 발회식에서의 연설 내용이다. 『재무주보』 10호, 「지방위원회 발회식」, 1907. 6. 17.

9) 稅務는 국가의 大政이나 아직 인민들이 세무제도의 개혁에 歸順하지 못하고 있으므로 이런 상황을 타개하기 위하여 6월 10일까지는 지방위원의 위촉을 마치도록 하라는 훈령을 내리고 있다. 『재무주보』 8호, 「지방위원회 및 지방금융조합에 관한 건」, 1907. 6. 10 ; 『재무주보』 10호, 「지방위원회 위원 선정의 건」, 1907. 6. 17 참조.

10) 일본인 세무관 구역 내에 5~10명씩 두기로 한 규정과 부군에 1명씩 선임한다는 규정이 충돌하는 부분을 고친 것으로 사실상의 증원을 가져왔다. 『한말근대법령자료집』 6, 칙령 6호 「지방위원회규칙 개정」, 1907. 8. 17, 12쪽.

11) 『한말근대법령자료집』 6, 칙령 21호 「지방위원회규칙 개정」, 1907. 9. 11, 44쪽.

12) 『隆熙二年大邱財務監督局財務一班』, 31~43쪽.

13) 지방위원으로 예정된 인원을 접견하기 위하여 소환하여도 출두하지 않는 자가 있다는 보고도 있다. 『재무주보』 15호, 「광주 지방위원회 보고」, 1907. 7. 21.

14) 『隆熙二年大邱財務監督局財務一班』, 31~43쪽. 『재무주보』 15호, 「광주 지방위원회 보고」, 1907. 7. 21 참조.

어려웠으므로, 지방위원의 교체도 매우 잦았다. 1907년 7월과 1908년 말의 두 시점을 기준으로 대구 재무감독국 산하 지방위원을 상호 비교해보면, 경북 지방의 경우 32명의 지방위원 가운데 8명이 교체되었고, 경남 지방은 29명 가운데 11명이 교체되어 약 3분의 1에 가까운 교체율을 보이고 있다.[15]

지방위원회의 설립 후 의병운동은 더욱 고양되었으며 징세활동 역시 부진할 수밖에 없었다. 따라서 치안유지 때문에 불어나는 통치비용의 조달을 위해서도 재무기관의 정비를 도모해야만 했다. 1908년 1월 재무감독국과 재무서를 설치하고, 주요 재무서에는 모두 일본인 재무관을 배치했으며, 지방위원회를 재무서에 전속하는 재무기관으로 만들고자 했다. 지방위원회는 1908년 이후 '완전한 재무기관'으로 규정되어 재무일반에 관련한 활동에만 이용되고 있었다.[16]

그러나 지방위원의 활동이 그만큼 적극적인 것은 아니었다. 통감부는 지방위원이 흡사 위원회 소재지의 재무서에 전속하여 관계하고, 다른 재무서는 겨우 한 지방에 있는 한두 명의 위원에 대하여 의례적으로 재무상에 관한 법령의 주지와 기타 하급 징세기관의 감독 등을 하는 데에 지나지 않아서 사실상의 효과는 매우 적다고 비판하면서 효과적으로 지방위원을 활용할 것을 촉구하기도 했다.

지방위원들의 이용 효과를 높이기 위하여 경비가 허용하는 한 개회 빈도를 높이기 위해서 노력하라는 훈령을 내리기도 했다. 격월에 1회씩 회의가 개최되도록 규정되어 있었으나, 대구 재무감독국 관내 지방위원회의 1908년 개회 빈도는 모두 1~3회로 매우 낮았다.[17] 이처럼 개회 빈도가 낮았다는 것은 재무기관으로서의 역할이 기대에 미치지 못했다는 것을 말하는 것이기도 하지만,

---

15) 『재무주보』 11호, 「대구 관내 각 지방위원회 위원」, 1907. 6. 24 ; 『재무주보』 12호, 「진주지방위원회 위원」, 1907. 7. 1 ; 『隆熙二年大邱財務監督局財務一班』, 31~43쪽.

16) 재무감독국관제의 제정에 대해서는 후술함. 이상은 『隆熙二年大邱財務監督局財務一班』, 31~43쪽.

17) 『隆熙二年大邱財務監督局財務一班』, 31~43쪽.

지방위원들이 군 단위의 소극적인 활동에 머무르고 있었음을 말하는 것이기도 하다. 또한 지방위원회의 기능을 강화하기 위하여 지방위원회 산하에 지방협의회 구성을 고려하기도 했고,[18] 지방위원회연합회를 개최하기도 했는데[19] 이는 모두 지방위원회의 재무기구로서의 역할을 강화하는 차원에서 제기된 것이었다. 1909년 4월에는 지방위원회에서 면장을 제외하는 규정을 두게 되는데,[20] 이는 면장협의회에 지방위원이 참여하는 경우가 많았으므로 면장협의회의 구성과도 관련이 있을 것이지만, 지방의 유력자 가운데서 지방위원을 선임하기가 어려웠음을 반증하는 것이기도 하다.

지방위원회에 자문된 사항은 재무에 관한 사항에 모두 걸쳐 있었으며, 자문 사항 이외에도 지방위원회를 다양하게 활용하고 있었다. 대구 재무감독국에서는 지방위원회에 대하여 "주요 목적인 재무에 관한 관민의 의사소통, 법령의 주지를 도모하는 일, 정부의 자문에 응답하는 일 등 세 가지 사항은 비교적 양호하게 진행되어 현저한 효과를 보고 있으나, 이 목적 이외에 이용해야 할 필요성이 있음을 인정하고 지방위원회를 이용하여 특히 효과를 본 사항으로 납세의 독려, 은결(隱結)·은둔(隱屯)의 발견, 금융조합원의 권모(勸募), 화폐정리, 농공채권(農工債券)의 권모" 등이 있다고 평가하고 있어, 지방위원회가 재무기관의 방조 역할을 일정하게 수행하고 있었음을 확인할 수 있다.[21]

---

18) 義州 지방에서는 면장, 동장 및 지방의 유지들 가운데 적임자를 선거하여 지방위원회 산하의 지방협의회를 구성하고 지방위원회에 제출할 안건을 논의하도록 하자는 제안이 있었다. 『재무주보』 30호, 「지방협의회 설치에 관한 건」, 1907. 10. 13.

19) 1908년 재무감독국관제의 시행 이후 재무감독국장이 회장이 되어 지방위원회연합회를 개회할 수 있도록 했다. 『재무주보』 41호, 「지방위원회에 관한 건」, 1908. 1. 21. 대구재무감독국은 1908년 12월 처음으로 연합회를 개최하고 있다. 『隆熙二年大邱財務監督局財務一班』 31~44쪽.

20) 『財務經過報告』 3호, 「지방위원 선임 주의의 건」, 1909. 4, 202쪽.

21) 지방위원회의 자문 사항은 자못 다기하나 중요한 것을 열거하면 아래와 같다. 재무서와 재무관리에 대한 일반 인민의 감상, 법령의 주지 방법, 作伕의 調製 방법, 納稅의 督勵 방법과 滯納矯正 방법, 隱結·隱屯의 진상, 농작물 상황, 폭도의 상황, 일반 금융 상황, 新貨 유통의 상황, 葉錢의 趨勢, 金融組合員의 모집 등 조세와 화폐, 금융 일반에 관한 사항뿐만 아니라 '폭도'의 토벌과 관련한 사항에 대해서도 자문하고 있다. 『隆熙二年大邱財務監督局財務一班』, 31~44

통감부가 지방자치의 실시를 표방하면서 설치했던 지방위원회는 이처럼 재무활동의 방조기구로서 일정한 역할을 수행했으며, 군내의 사정에 밝고 자산을 가진 유력한 한국인 가운데 일부가 지방위원으로 활동하게 됨으로서 통감부로서는 군 단위 통치의 효과를 높일 수 있었다. 또한 자치기구를 표방하는 군 중심의 기구를 새로이 설치했다는 사실은 기존의 군 단위 통합성을 약화시키는 하나의 방식이기도 했다.[22] 재정적으로 많은 경비가 소요될 뿐만 아니라 지방민의 큰 반발을 초래할 수 있으며, 나아가 토지제도나 그 밖에 많은 환경적인 사전 조치가 필요한 전면적인 지방제도의 개정이 아니라 이와 같은 징세기구를 후원하고 방조하는 기관을 설립함으로써 우회적으로 지방제도 개정의 효과를 낼 수 있기를 기대한 셈이다. 이런 통치방식은 통감부 설치기 지방제도 개정의 한 특징을 이룬다.

한편 이른바 '정미7조약'의 체결 이후 통감부는 징세권과 경찰권을 박탈당한 군의 권한을 더욱 약화시키고 도(道) - 군(郡)의 행정계통을 확립하는 조치들을 취해 나간다. 그 첫 조치가 1907년 12월 이사청지청을 모두 폐지하고[23] 지방관관제를 개정하는 것이었다.[24] 이리하여 1906년 지방관관제 개정 때에 주어졌던 부령(府令)과 군령(郡令)의 발포권을 박탈하고, 부군의 인원을 축소했으며, 사무관의 임명은 내부대신의 필요성에 따라 배치할 수 있게 했다. 이처럼 통감부는 군령권의 박탈과 인원의 축소를 통하여 군의 지위를 현저히 격하시킴

___

쪽. 이런 측면에서도 지방위원이 반동화할 수 있는 제도적 기반을 엿볼 수 있겠다.

22) 통감부가 지방위원회를 이용할 가치가 있는 것으로 보았다는 사실은 '병합' 이후 군 參事를 설치하는 데서도 확인할 수 있다. 1911년 도에는 3인, 府郡에는 2인씩의 參事를 두도록 했고, 府郡參事諮問會를 열어 道長官의 자문에 응하게 했다. 또한 부군참사자문회의 구역은 지방위원회 구역을 표준으로 결정하고, 지방위원 가운데서 선발하도록 했다. 이처럼 부군의 자문기구인 참사는 지방위원회를 잇는 기구였다. 朝鮮總督府, 『地方行政例規』, 1915, 「道府郡參事設置 및 정원에 관한 건」(1911. 2), 「府郡參事諮問會에 관한 건」(1911. 2), 「府郡參事諮問會 및 面長協議會 개최에 관한 주의의 건」, 68~70쪽.

23) 『통감부법령자료집』 상, 통감부령 45호 「이사청지청분장규정, 이사청지청집무규정, 이사청지청의 명칭 위치 급 구역 폐지」, 1907. 12. 10, 477쪽.

24) 『한말근대법령자료집』 6, 칙령 40호 「지방관관제 개정」, 1907. 12. 13, 119쪽.

으로써 군의 자치적 행정 단위로서의 성격을 완전히 박탈하려 했다. 이와 아울러 도(道)의 참서관(參書官)제를 폐지하면서 각 도 관찰사 밑에 '부관찰사'에 해당하는 서기관(書記官) 1인을 신설하여 이사청지청의 부이사관 전원을 그대로 각 도 서기관에 임명함으로써 일본인을 직접 지방관으로 임명했다. 이에 따라 이사관의 지방행정 방조·감독 임무도 폐지되었다.[25] 이로써 통감부-내부차관-각 도 서기관으로 이어지는 일본인 지배에 의한 도 단위까지의 지방행정의 일원화가 수립된 것이다. 그러나 1908년 2월에도 내부(內部) 훈령[26]을 내려 군수의 보고가 관찰사를 반드시 경유할 것을 강조하고 있는 것을 보면 아직도 도의 지위가 확립된 것은 아니었다는 사실을 확인할 수 있다.

1908년 6월에는 「군수임용령」[27]을 제정하여 군수를 관찰사의 천보(薦報)로 내부에서 임명하게 했고, 지방관관제를 개정하여 관찰사에게 부군주사(府郡主事)의 진퇴권을 부여했다.[28] 이와 아울러 관찰사의 거의 반수를 일본으로 망명했다 귀국한 인사들로 교체했다.[29] 이들이 더욱 노골적인 친일 성향을 드러내었음은 주지의 사실이다. 징세권이 관찰사나 군수에게 복구될 것이라는 유언이 나돌고 실제로 관찰사회의에서 징세기관을 지방행정청에 병합하라는 건의가 나오자,[30] 이를 기화(奇貨)로 통감부에 협력하지 않는 관찰사를 모두 교체했던 것이다. 6월 헌병보조원 제도의 실시[31]와 아울러 7월에 다시 지방관관제를 개

---

25) 『통감부법령자료집』 상, 통감부령 46호 「한국 지방시정에 관한 이사관의 집무규정 폐지」, 1907. 12. 26, 481쪽.

26) 『한말근대법령자료집』 6, 내부 훈령 116호 「부윤, 군수가 내부나 각부에 報告 質稟할 때 觀察使를 경유하는 건」, 1908. 2. 7, 264쪽.

27) 『한말근대법령자료집』 6, 칙령 35호 「군수임용령」, 1908. 6. 18, 477쪽.

28) 『한말근대법령자료집』 6, 칙령 37호 「지방관관제 개정」, 1908. 6. 18, 478쪽.

29) 『舊韓國官報』 4099호, 1908. 6. 13.

30) 舊慣에 의해 수세권을 군수에게 복구시키고, 일본인이 보좌하게 하며, 감독을 道에 위임하면 폐해를 방지할 수 있을 뿐만 아니라 收稅費도 절약할 수 있을 것이므로 징세기관을 지방행정청에 복구시키라고 관찰사회의에서 관찰사들이 연명으로 건의하고 있다. 이런 건의는 권한이 지속적으로 박탈됨으로써 불만에 차 있던 관찰사와 군수들의 의견을 대변하는 것이라 할 것이다. 『各道觀察使會議概要』, 「旣設의 徵稅機關을 地方行政廳에 合倂하는 건의」, 1908. 6. 1.

정32)하여 각 도에 경찰부를 설치하고 지방경찰의 지휘권을 관찰사에게 부여하는 조치를 취한다. 말하자면 1907년 이후 군의 권한을 더욱 약화시키면서 관찰사를 친일적인 인물로 교체하고 그에 경찰권과 인사권을 부여하는 조치를 통하여 도-군의 행정계통을 확립하려는 조치를 강화한 것이다. 이는 형식상으로는 한국의 지배체제를 존치(存置)시키면서 단계적으로 지배기구의 식민지적 재편이라는 내실을 거둠으로써, 점진적이라고 평가되는 이토 히로부미의 한국병합 노선과도 합치하는 것이었다.33) 병합으로의 길은 이런 관찰사의 친일적 인물 기용을 통해서도 확보되고 있었다고 하겠다.

이와 아울러 더욱 효율적인 재무활동의 수행을 위하여 재무기구의 완전한 정비를 강요했다. 통감부 재정감사청을 1907년 9월 폐지하고34) 12월에「재무감독국관제(財務監督局官制)」와「재무서관제(財務署官制)」를 제정하여 1908년 1월 1일부터 시행했다.35) 서울, 전주, 대구, 평양, 원산의 5개소에 재무감독국을 설치하고, 그 아래 231개소에 재무서를 두어 내국세무와 재무를 담당하게 했다.36) 1909년 3월 공주 재무감독국을 증설했고,37) 1910년 1월에는 광주 재무감독국을 증설했다.38) 이로써 재무기관과 일반 행정기관이 완전히 분리되

---

31)『한말근대법령자료집』6, 칙령 31호「헌병보조원 모집에 관한 건」, 1908. 6. 11, 443쪽. 1908년 중반 이후에는 치안경찰의 중심이 경찰로부터 헌병으로 전환하게 되는데, 헌병보조원을 모집하여 헌병을 강화하면서 형식상으로나마 관찰사에게 경찰의 지휘권을 준 것은 이런 데에 연유한 것이다.

32)『한말근대법령자료집』7, 칙령 49호,「지방관관제 개정」, 1908. 7. 20, 57쪽.

33) 이런 평가는 松田利彦,「朝鮮植民地化の過程の警察機構」,『朝鮮史研究會論文集』31, 1991 참조.

34)『통감부법령자료집』상, 칙령 299호「통감부 재정감사청 관제 급 통감부 재정감사청 직원 관등급여령 폐지」, 1907. 9. 19, 452~453쪽.

35)『한말근대법령자료집』6, 칙령 46호「재무감독국관제」, 1907. 12. 13, 131쪽 ; 칙령 47호「재무서관제」, 1907. 12. 13, 133쪽.

36)『한말근대법령자료집』6, 탁지부령 33호「재무서 명칭 위치 급 관할구역표」, 1907. 12. 18, 150쪽.

37)『한말근대법령자료집』8, 칙령 31호「재무감독국관제 개정」, 1909. 3. 15, 151쪽.

38)『한말근대법령자료집』9, 칙령 2호「재무감독국관제 개정」, 1910. 1. 17, 253쪽.

었고, 일본인들이 재무를 장악하는 중앙집중적인 통제체계가 자리잡았다. 또한 종래 대립해온 재무의 감독과 집행기관이 처음으로 일관된 구조로 자리잡게 되었고, 일본인이 한국의 재무기관을 지도·감독·관리할 수 있게 되었다.

여기에서 재무서의 설치와 군 행정구역 폐합과의 연관을 살펴볼 필요가 있다. 앞서 보았듯이 1906년 지방제도조사소에서는 219군으로 폐합할 것을 계획하고 있었는데, 1908년 재무서의 설치 개수도 231개소였으며 1909년 3월에는 226개소로 조정된다.[39] 이는 1914년 전면적인 군 통폐합 조치에 따라 취해진 220개 군체제와 유사한 숫자인 것이다.[40] 또한 재무서 관할 아래 면장협의회를 구성한 것을 고려한다면 재무기구의 설치를 통하여 군의 폐합을 이미 준비하고 있었음을 확인할 수 있다. 이런 측면에서도 이 시기 지방제도 개정의 우회적인 접근방법을 확인할 수 있다.

한편 수령과 이서로부터의 징세권의 박탈은 읍치지역(邑治地域)의 지역적 중심으로서의 지위를 박탈하는 것이기도 했다. 지세증수의 기초인 징세대장을 새로운 방식에 의해 작성하는 작업이 1907년 후반기부터 시작되었는데, 「작부부(作伕簿)」의 작성에서 「결수연명부(結數連名簿)」로 이어지는 징세대장 작성 작업이 그것이었다. 그러나 이서배와 농민들은 새로운 작부부를 불태울 것을 결의하는 등 강력히 저항했으며, 이서배를 배제하고 작부부 작성이 어려웠으므로 이서배의 작부부 작성에의 참여가 부분적으로 허용되기도 했다. 이처럼 이들의 참여에 따라 작부사업은 진행될 수 있었지만 이는 어디까지나 부분적이고 과도적인 것에 지나지 않았다. 새로운 징세대장이 만들어지면서 이서들의 징세 과정에서의 배제는 완성되었다고 할 수 있지만 이는 이서들을 중심으로 한 읍

---

39) 『한말근대법령자료집』 8, 탁지부령 13호 「재무서 명칭 급 관할구역표 개정」, 1909. 3. 12, 137쪽.

40) 갑오기의 재정개혁 과정에서도 재무기구의 수를 220여 개로 계획하고 있었다고 하는데 재무 분담의 측면에서 갑오 이후 220개 군체제 구상이 이어지고 있는 점은 주목할 만하다. 이상찬, 「1896년 의병운동의 정치적 성격」, 서울대학교 국사학과 박사학위논문, 1996 참조.

권의 약화를 의미하는 것이기도 했다. 군의 지위 약화와 아울러 군의 지역적 통일성을 결정적으로 약화시키는 것이기도 했다.[41]

이와 더불어 1906년 향장제(鄕長制)의 폐지 이후 군의 지역적 통일성의 중심을 이루고 있었던 유향층(儒鄕層)의 지방사회에서의 위상도 지속적으로 약화되어갔다. 특히 의병전쟁에 많은 유향층이 참여하게 되면서 그 위상은 더욱 약화되었다. 향교 재산(鄕校財產)은 공립소학교의 설립을 위한 기본재산으로 간주되어 1899년부터 대한제국 정부는 전용(轉用)을 요구하고 있었다. 예를 들어 공립소학교에 대해서는 정부로부터 월 30원의 보조금이 지급되었으며, 나머지는 향교 재산을 바탕으로 현지에서 재원을 조달할 것을 요구했던 것이다. 하지만 이런 정부의 조치는 지방 유생의 강력한 반발로 큰 효과를 보지는 못했다.[42] 또한 1905년 이후에도 계몽운동 세력이 요구한 의무교육의 실시 요구와 사립학교 설립 붐으로 인하여 향교 재산을 학교 설립을 위한 기반으로 전용할 것을 검토하기도 했지만, 이 역시 현실화하지는 못했다.[43]

계몽운동 과정에서 근대적인 교육기관이 양산되자, 통감부 또한 향교 재산을 교육기관으로 전용할 방도를 모색하게 되었다. 향교 재산을 학교로 이관하는 문제는 유생들의 많은 반발을 받았으나 그대로 법제화되었다. 향교 재산이나 동리 공유재산을 이용하여 학교를 설립하고 이를 공립으로 전환할 계획을 가지고 있었고, 교육의 진흥을 그 명분으로 내세우고 있었다. 하지만 이러한 계획은 유향들의 공론기구이자 향촌지배의 근거로 기능하고 있었던 향교 재산을 박탈함으로써 유향들의 위상을 격하시키고, 이를 통하여 군이 지역적 통일성을 약화시키려는 의도로 세워진 것이라 하겠다. 1910년 4월 「향교재산관리규정(鄕校財產管理規程)」[44]이 발포되어 향교 재산을 관찰사의 지도 감독을 받아 부

---

41) 이영호, 『한국 근대 지세제도와 농민운동』, 서울대학교출판부, 2001, 228~287쪽 참조.

42) 정승교, 「대한제국기 지방학교의 설립주체와 재정」, 『한국문화』 22, 1998 참조.

43) 이 시기 관료들의 사립학교 설립운동에의 참여에 대해서는 변승웅, 「한말 사립학교 설립동향과 애국계몽운동」, 『국사관논총』 18, 1990 참조.

윤, 군수가 관리하고, 향교 소재 군내의 공립학교 또는 관찰사가 지정하는 학교의 경비로 사용하게 했다.

또한 1908년 7월 「향사리정(享祀釐正)에 관한 건(件)」이 제정되었는데 이를 통하여 지방에 설치한 사직단(社稷壇)이나 문묘(文廟)는 모두 정부의 소관으로 이관되었다. 조선 전기 이래 읍치 지역에는 문묘, 사직단, 성황사(城隍祠), 여단(厲壇)을 포함하는 1묘(廟) 1사(祠) 2단(壇)을 설치하여 제향(祭享)하도록 했고[45] 제향 행위 역시 지방의 유향들이 주관하고 있었는데, 사직단이나 문묘를 정부의 소관으로 이관하는 조치는 이에 대해 일정한 제약을 가하고자 하는 의도를 가진 것이었다. 이로써 이전 수령이 가진 모든 권한은 거의 형해화되었다고 하겠다.

경찰권과 징세권이 박탈된 데다 1907년 이후 군수의 재판권과 제의권 역시 박탈됨으로써, 군에는 다만 행정의 통로로서의 권한만이 남게 되었다. 식민화를 위한 경찰권과 재정권은 독자적 기관으로 이전되었고, 기타 군 자체의 자율적인 권한도 거의 남아 있지 않게 되었다. 조선시대의 군이 지방관과 재지세력의 접점으로서 재지세력의 직접적인 활동 무대였으며 사족층의 향사조직이나 교육조직 등의 단위 역시 군이었음에 비추어본다면, 군의 권한 박탈과 지역적 통일성의 약화를 위한 통감부의 조치들은 식민화를 위한 결정적인 단계였다고 할 것이다. 여기에는 군이 아닌 면을 새로운 제도로 만들려는 의도가 반영되어 있었다. 의병투쟁의 고양 과정에서 군수의 취임 거부가 증가했다거나, 의병들에 의한 피해가 군수나 군의 관리들보다 면장이나 동리장(洞里長)에 집중되고 있었다는 지적은 이러한 군의 상황을 잘 드러내고 있다.[46]

---

44) 『한말근대법령자료집』 9, 學部令 2호, 「鄕校財産管理規程」, 1910. 4. 23, 415~417쪽. 이러한 조치에 대하여 향교 재산은 일종의 공공적 재산인데 지방유림이 '史的 共有'로 오인하여 함부로 방매하거나 써서 없애는 일이 있으므로 이를 방지하고 본래의 목적에 사용하기 위한 것이라고 그 이유를 호도하고 있다. 『한말근대법령자료집』 9, 학부 훈령 3호 「향교재산관리규정 頒布의 趣意」, 1910. 4. 26, 419~420쪽.

45) 이수건, 『조선시대 지방행정사』, 민음사, 1989, 238~240쪽.

2. 면장제의 강화

통감부에서 의도하고 있던 면제는 일본에서 이미 단행한 바 있던 지방제도인 정촌제와 깊은 연관을 가지고 있었다. 이제 일본의 정촌제가 한국에서 어떻게 수용되고 있었고, 이 제도는 면 제도의 확립과 어떤 관계를 가지고 있었는지를 살펴보겠다. 앞서 살펴보았듯이 지방제도조사소에 참가한 한국인 조사위원들의 활동은 갑오개혁기 「향회조규」의 연장선 위에 있었고, 그들은 지방제도의 개혁을 자치제 실시의 전단계 작업으로 인식하고 있었다. 그러나 1906년 후반기 이후에는 향회규정에 입각한 자치제의 시도가 억압된 채, 일본의 정촌제 수용을 둘러싸고 다양한 논의와 '지방자치'의 시도가 이루어지게 된다. 일본의 정촌제 역시 그러했듯이 사실상의 지방자치가 부정된 채 위로부터의 지방행정의 재편 논의가 이루어지게 되었던 셈이다.[47]

통감부는 지방제도 개정 논의가 시작되는 1906년 말경부터 일본의 정촌제를 본격적으로 소개하고 있었고[48] 일본의 정촌제를 잘 이해하고 있던 개화파 관료들이나 계몽운동 지식인들에 의해 정촌제에 입각한 지방자치 논의가 이루어지게 된다.[49] 특히 대한자강회가 일본의 정촌제를 이해할 필요가 있다는 논

---

46) 홍순권, 『한말 호남지역 의병운동사 연구』, 서울대학교출판부, 1994, 172~178쪽. 지방 분요의 대부분의 원인은 징세에 말미암은 것이라는 目賀田種太郎의 인식도 이와 관련하여 이해할 수 있다. 징세권을 박탈당한 군수보다는 징세활동의 전면에 나서 있는 동리장이 일반적인 분노의 대상이 되었을 수 있다.

47) 갑오기 「향회조규」가 일본의 정촌제와 유사한 측면이 있고, 지방제도조사소의 한국인 위원들도 「향회조규」와 향장제를 병치시켰듯이 일정한 혼란이 있었으며, 정촌제에도 村會가 설치되어 議員을 공선하고 있었으므로 정촌제와 지방자치를 전혀 무관한 것으로만 볼 수 없는 측면이 있었다. 이런 점이 한국에서의 지방자치 논의를 급속하게 정촌제의 수용으로 경도되게 했을 것이다.

48) 대한자강회에서는 자치하는 인민의 양성과 자주하는 국가의 조직을 위하여 자치제도의 연구가 필요하다고 하면서 尹孝定의 제의로 대한자강회의 고문이었던 일본인 오가키 다케오(大垣丈夫)의 글을 연재하고 있다. 大垣丈夫는 1906년 10월부터 1907년 7월호까지 7회에 걸쳐 일본의 정촌제를 소개하고 있다. 尹孝定, 「地方自治制度論」, 『大韓自强會月報』 4호, 1906. 10 ; 大垣丈夫, 「日本의 自治制度」, 『大韓自强會月報』 4, 5, 6, 8, 10, 11, 12호, 1906. 10 ~ 1907. 7.

49) 一歲生, 「新時代의 思潮」, 『太極學報』 14, 1907. 12 ; 閔丙斗, 「地方自治行政」, 『畿湖興學

리를 선도하고 그에 뒤이어 한성시제연구회(漢城市制研究會)가 발기되면서, 정촌제를 자치제의 귀감(龜鑑)으로 인정하고 그에 입각한 자치제도의 실시가 필요하다는 분위기가 계몽운동의 일각에서 형성되기도 했다.[50] 특히 일본에 망명한 경험이 있던 '친일관료'들은 공공연히 정촌제의 수용을 강조하고 있었다.

정촌제 소개서로는 조성구(趙聲九)의 『지방행정론(地方行政論)』[51]과 장지필(張志必)의 『지방자치제론(地方自治制論)』[52]이 있다. 조성구의 책에서는 전편에서 자치행정범론(自治行政凡論)이라고 하여 독일을 중심으로 한 대륙법 계통의 지방자치 이론을 소개하고, 후편에서 자치행정각론(自治行政各論)이라고 하여 일본의 부현제(府縣制), 시군제(市郡制), 정촌제를 각각 한국의 도제(道制), 군제(郡制), 면제(面制)와 대비시켜 법조문을 중심으로 소개하고 있다. 이러한 설명 방식은 통감부가 한국의 행정제도를 일본의 행정 계층구조와 일치시키려는 의도를 일찍부터 가지고 있었음을 보여주는 것이기도 하거니와, 다른 한편으로는 정촌제를 소개하는 의도가 면제의 강화에 있었음을 보여주는 것이기도 하다.[53] 장지필의 책 역시 정촌제의 소개가 중심이 된 지방자치제도론이지만, 단순한 법조문 해설서가 아니라 정촌제를 중심으로 자치제도 일반을 소개하고 있어, 자치제도 이해의 수준이 높아졌음을 확인할 수 있다. 1908년 후반기에

會月報』 4, 1908. 11; 鄭達永,「自治의 意義를 槪論함」,『大韓協會報』 8, 1908. 11 ; 呂炳鉉,「國民自存性의 培養」,『大韓協會報』 9, 1908. 12 ; 金陸生,「地方自治制度問答」 1·2, 『大韓協會會報』 9·10, 1908. 12, 1909. 1. 위의 글들은 1908년 하반기부터는 정촌제에 입각한 자치제의 도입으로 논리가 일관되어간다. 자치제의 전형을 정촌제로 이해했기 때문이다. 또한 이들은 대부분 한국 고래의 자치적 전통도 언급하고 있지만, 그것은 다만 정촌제 도입을 용이하게 할 것이라는 측면에서의 언급에 지나지 않았다.

50) 車宗鎬,「法律上自治의 觀念」,『西友』 9호, 1907. 12.

51) 趙聲九,『地方行政論』, 中央書館, 1908. 조성구는 우편국 주사와 내부 주사 등을 거치고 1908년 내부참서관까지 역임한 인물이었다.

52) 張之必 編述, 南宮檍 校閱,『地方自治制論』, 唯一書館, 1908. 이 책은 1908년 12월에 출판되었는데, 조성구의 『地方行政論』(中央書館, 1908)보다 약 4개월 늦은 것이었다.

53) 조성구,「自序」,『地方行政論』, 中央書館, 1908. "면장제도와 외국의 자치행정제도를 절충 조화하면, 경험이 없는 면장이 단독 처리하는 폐해를 피하고 완전한 하급행정기관을 조직하여 국가의 사무를 원만히 처리"할 수 있다고 하는 것에서도 이러한 의도를 확인할 수 있다.

나온 이 두 권의 정촌제 소개서는 이후 지방자치 논의에 매우 큰 영향을 끼치게 되는데, 특히 전자는 1909년 논의의 모범이 되었다.

한편 청말(淸末) 지방의회가 설치되자 이에 자극받아 지방자치 논의는 본격화하게 되었다. 다양한 형식의 자치단체의 설치가 시도되는데, 이것들은 민의소(民議所), 민회(民會), 방회(坊會), 군민회(郡民會), 면의소(面議所), 인민협의회(人民協議會) 등의 이름을 가지고 있었다. 그러나 이는 향회의 제도화가 무산되면서 이전의 민회나 향회가 조직적으로 정비되기 시작한 것으로 볼 수 있으나, '서회(鼠會)'로 지칭되기도 했듯이 대개는 무력한 시도에 지나지 않았다. 설립 계기도 다양했는데 향회의 전통 아래 재정 침탈에 대항하기 위하여 설립되거나, 친일적인 인사들에 의해 설립되기도 했다.[54]

동복과 고령의 사례는 이 시기 '지방자치' 실시의 성격을 잘 보여준다. 1907년 8월 25일 전라남도가 「향회조규」를 근거로 수령행정사항 제3조 '의회규칙(議會規則)'을 훈포(訓布)하여 군의회 설치를 독려하고 나서자 이를 근거로 12월 동복군에서는 군의회를 조직했다. 동복 군의회는 지방위원회의 보조기구로 구상되었다고 한다. 지방위원의 업무와 권한은 방대했지만 자문기구에 지나지 않아 수하에 행정요원이 없었기 때문에 지방 업무를 효과적으로 수행하기란 용이한 일이 아니었다. 이에 군의회의 구성을 착안했고 군의회를 하부조직으로 삼아 업무를 추진하려 했던 것이다. 설립 목적은 거폐(祛弊)·흥학(興學)·권농(勸農)·치도(治道) 등 군내의 제반 사무를 수의(收議) 실시하는 것이었다. 회원은 현임(現任) 각 면장과 일군 내 유지로 면장과 이장(里長), 향교의 장의(掌議), 재임(齋任) 등으로 구성했고, 때로는 회원 외에 임원까지 출석시켜 개회했다. 개편된 징세기구가 면장-임원-공전영수원으로 이어진 체제였으므로 군의회는 징

---

54) 자치기관의 다양한 사례에 대해서는 이상찬, 「1906~1910년의 地方行政制度 변화와 地方自治論議」, 『한국학보』 42, 1986 ; 김도형, 『대한제국기의 정치사상연구』, 지식산업사, 1994, 152~157쪽 참조. 특히 김도형은 이러한 자치단체가 계몽운동의 지회조직에 활용되기도 했다고 보았다.

세업무의 실무자로 구성되어 운영되었던 셈이다.[55] 이처럼 전남에서는 「향회조규」에 입각하여 군의회의 개설을 장려하고 있었지만 이는 의회라는 이름에 걸맞지 않는 단순한 행정기구, 즉 징세기구의 보조기구에 지나지 않았다.

고령의 민의소는 1909년 3월 기존의 향약조직을 확대 개편한 것이었다. 그러나 이는 자치적으로 설립한 것으로서 상향(上向)의 기능은 건의·질문·신소(申訴) 정도에 불과하고, 하향의 기능은 강조되었으나 통감부의 '시정개선'과 거의 같은 골격을 이루는 것이었다. 특히 '복구도채신법(復舊道採新法)'의 방법으로 향약을 고치려 했는데 이는 고령의 민의소운동이 정부의 보조기구이자 하부의 민과 정부의 중간에서 중간자적 역할을 하겠다는 일부 계층만의 민권운동이었음을 보여준다.[56]

이 시기에 오면 대부분의 지방자치 논의가 일본식 정촌제의 수용을 거론하고 있었지만 이는 침략에 부응하기 위한 것에 지나지 않았다. 통감부는 이처럼 지방자치 논의의 내용을 일본의 정촌제로 수렴하면서 그에 따르지 않을 경우에는 강제적인 방법을 사용해 직접적으로 탄압하거나 해체시켰다. 물리적인 탄압을 통해 향회나 민의소 등의 조직을 강제 해산하거나, 민회단속법령을 제정하여 신설을 제한하려 하거나 회비를 받지 못하게 했다. 또는 친일단체로의 성격 변화를 요구하는 등 간접적인 방법을 동원하기도 하고, 1909년에는 내부(內部)로 하여금 『민권자치제론(民權自治制論)』이라는 책을 간행하게 하여 민권제한론을 적극적으로 제기하기도 했다.[57] 이러한 지방자치에 관한 논의와 시도의

55) 홍성찬, 「韓末, 日帝下 鄕吏層의 變動과 文明開化論」, 『한국사연구』 90, 1995, 122~126쪽.
56) 이상찬, 「1906~1910년의 地方行政制度 변화와 地方自治論議」, 『한국학보』 42, 1986에 의함.
57) 그러나 일부 지식인들은 민권의 제도화를 통해 국권을 회복하겠다는 생각을 가지고 있었으며, 신채호는 민권자치도 자치전통을 회복하면 가능하다고 생각하여 면동의 자치적 운영과 수령에 대한 견제기능 등 조선시대 자치전통을 회복해야 한다고 하면서 고대의 자치전통도 이에 포함되므로 먼저 이를 회복할 것을 주장하기도 했다. 신채호, 「한국자치론의 약사」, 『大韓每日申報』 1909. 7. 3 ; 이상찬, 「1906~1910년의 地方行政制度 변화와 地方自治論議」, 『한국학보』 42, 1986 참조.

억압은 면장제를 강화함으로써 면의 지위를 상승시키려는 의도와도 밀접하게 관련된 것이었다.[58]

통감부는 또한 면장협의회를 설치하여 지방의 통제를 강화하려 했다. 면장협의회는 재무활동을 중심으로 일반 행정사무를 방조하는 기관이라는 점에서는 지방위원회와 상통하는 측면이 있지만, 면장의 기능을 적극 활용하려 했다는 점에서는 더욱 진전된 지방통제기구이자 지방위원회 산하기구로서의 성격을 가지는 기관이었다. 1908년 5월 열린 수원(水原) 지방위원회에서 지방위원회의 목적을 관철하려면 면장과 그 밖에 유력자로 구성된 법령 주지의 방조기관을 각 군 단위로 설치하는 것이 필요하다는 지적이 있었는데, 이런 지적을 바탕으로 7월 안성(安城)에서 면장협의회가 처음으로 설치되었다.[59] 이처럼 면장협의회는 지방위원회의 산하에서 지방위원회를 보조하는 기구로 설치되기 시작했다.[60] 이어 8월 홍주(洪州)에서도 면장협의회가 설립되어 「면장협의회칙」을 마련하고 있다.[61] 재무서 주관 아래 면장을 회원으로 하여 결성하며 각 면에 필요한 사항을 심의하는 것으로 했는데, 「면장협의회칙」을 보면 재무에 관한 관민 의사의 소통과 법령의 주지를 내용으로 하고 있어 지방위원의 임무와 흡사하다. 북청군(北青郡)의 면장협의회에는 지방위원을 회원으로 추가하고 있으며, 회령(會寧)의 경우에는 지방위원이 면장협의회 회장이 되고, 면장협의회가 지방위원회의 산하조직으로 명확히 규정되고 있다.[62]

이처럼 각 지역에서 산발적으로 설치되던 면장협의회는 1909년 8월 탁지부에서 「면장협의회규정준칙(面長協議會規程準則)」[63]을 제정함으로써 지방위원

---

58) 조성구, 「自序」, 『地方行政論』, 中央書館, 1908 참조.
59) 『탁지부공보』 24호, 「법령주지기관」, 1908. 11. 28, 129~131쪽.
60) 이런 점에서 앞서 의주에서 제안된 지방협의회와 같은 성격을 가지지만 구성원이 면장 중심이라는 점이 특징이다.
61) 『재무휘보』 10호, 「면장협의회의 정황」, 1909. 3. 10.
62) 『재무휘보』 11호, 「면장협의회의 상황」, 1909. 3. 25, 71~82쪽.
63) 『탁지부공보』 93호, 「면장협의회 개최의 건」, 1909. 8. 23, 548~549쪽.

회를 보조하는 기관으로 공식화했다. 지방위원은 각 군에 1~2명이므로 각 재무서를 관할구역으로 하여 면장협의회를 개최하고 관민의 의사소통, 법령 주지 등의 목적을 달성하며 재무서장 또는 대리인이 면장협의회장이 되고, 재무서장의 소집에 의해 개회하는 것으로 했다. 1909년 재무서 숫자가 226개소였으므로 면장협의회도 같은 숫자만큼 설치되었던 셈이다. 이는 또한 면장을 징세활동에 이용함으로써 지방위원회의 광역성을 극복함과 아울러, 면 단위 이하의 징세활동을 더욱 강화하기 위한 의도였다고 할 것이다. 이런 의도는 1909년 9월 면장협의회에 공전영수원을 열석시키는 조치로 분명하게 표현되었다. 지방위원과 면장 그리고 직접 징세활동을 담당하는 공전영수원을 면장협의회에 참가시켜 지방위원회의 하부기구로 활용하려 했던 것이다.[64]

아직 면의 활동이 자리를 잡지 못하고 그 성격이 확정되지 않은 상태에서 설치된 면장협의회는 오히려 위로부터 면장의 기능을 강화하려는 의도를 가진 것이었다. 다만 협의회라는 성격상 면장의 직제가 확정되고 면이 하부행정기구로서의 성격을 확립하면 더 이상 존속할 필요가 없는 기구였기 때문에 법제화할 필요도 없는 것이었지만, 면장의 기능을 재무활동의 하부기구로 적극 활용하려 했다는 점에서 면장 직제의 문제와 관련해 주목할 가치가 있다. 한편 이 시기에 면은 약화된 군 기능을 대부분 이양받게 되는데 군 기능 가운데 사법기구는 독립시키되, 징세와 경찰의 보조자로 면장이 규정되고, 면장은 '토지조사' 사무에도 담당 실무자로 참여하게 된다. 그러면 이 시기 면장을 중심으로 면의 운영과 기능의 변화를 검토해보겠다.

이 시기에도 면의 운영은 이전과 마찬가지로 '자치'의 기능과 '행정'의 기능으로 이원화되어 있었다. 따라서 면장은 면 행정의 최고기관이 아니었으며 면장을 선택할 경우에는 면 인민이 대회(大會)하여 면수(面首)가 작두(作頭)하고 면수·연치지차(年齒知次) 2인 합 3인이 단좌(團坐)하여 유면장물의자(有面長物

---

64) 『탁지부공보』 1909. 9. 21.

議者)를 각호일인(各呼一人)하여 비삼망성천후(備三望成薦後)에 윤우회석제인 권점(輪于會席諸人圈點)하여 면장을 선택했다는 기록이 1910년까지도 나올 정도로 면의 운영에서 면수의 존재가 면장의 선택에 영향을 주었으며, 면장의 지위는 미미한 것이었다고 할 것이다.[65]

이뿐 아니라 풍헌(風憲)이란 자가 면장의 지위에 나아가고 사존(社尊)은 그대로 존치하고 공전영수원을 새로 두었다든지,[66] 부내 각 면장의 대부분은 면내 2, 3류의 인물로 다소의 유력자는 기꺼이 면장이 되려고 하지 않는다고 도처에서 보고되고 있을 정도였다. 면장은 신분이 낮은 계층이었으며, 재산상으로도 열악하여 소작농 출신도 많았다거나[67] 세제개혁 이후 면 경비가 궁핍해 면장직을 기피하고 있다는 사실 등도 같은 사정을 말하는 것일 터이다.[68] 면장직 기피 현상은 당시의 면장이 침략의 주구로 비치고 있었기 때문이기도 했지만,[69] 더욱 중요한 이유는 앞서 본 임명 절차에서도 드러나듯이 면의 자치기능을 담당하는 직책이 유지되고 있었고, 면장은 아직 그 영향에서 벗어나지 못했음을 반영하는 것이기도 했다.

그러나 조사 시점의 문제로 볼 때는 재무서(탁지부 사세국)의 1908년 조사인 『면에 관한 조사(面に關する調査)』에서는 면장의 자질 문제보다는 임명 절차의 자율성이 강조되고 있었던 데 비해, 탁지부 임시재산정리국(臨時財産整理局)의 1909년 조사, 즉 『토지조사참고서(土地調査參考書)』(1911)에서는 면장의 자질 문제와 아울러 임명 절차의 자율성을 훼손하는 발언이 빈번한데, 이는 임명 절차를 문제 삼기 위해 면장의 자질을 거론하게 되었다고 보아야 할 것이다. 즉 통감부는 1909년 들어 면직임의 이원적 구조의 문제, 즉 행정자치 담당

65) 동래부의 사례로 이상찬, 「1906~1910년의 地方行政制度 변화와 地方自治論議」, 『한국학보』 42, 1986 참조. 또한 度支部 司稅局, 『面に關する調査』, 1908 참조.

66) 함경도 지역의 사례로 度支部 司稅局, 『面に關する調査』, 1908.

67) 朝鮮總督府 臨時土地調査局, 『土地調査參考書』 2호, 1911, 97~101쪽.

68) 『관찰사회의』에서의 전남관찰사의 보고.

69) 朝鮮總督府 臨時土地調査局, 『土地調査參考書』, 1911.

자의 이원화 현상에 대한 문제제기를 면장의 자질 문제로 돌리고 있었다고도 할 수 있다. 다시 말하면 자치 담당자의 신분이 유향이었기 때문에 일제는 유향을 면장직으로 끊임없이 유도하고 있었던 셈이기도 하거니와, 이를 통해 면장의 자율성을 약화시키고 면장을 더욱 강하게 통제권 속으로 끌어들이려 했던 것이다.

이처럼 말단 징세를 담당하도록 임명된 면장은 통감부의 기대와는 달리 유력자가 아니었고 단지 이전의 면임(面任)에 불과했는데, 이는 아직 면장의 직제가 제정되지 않았고 기능이 주로 조세징수에만 제한되어 있었기 때문이다. 이에 따라 면장과 공전영수원의 기능이 구분되지 않아 겸직하는 예가 많았으며, 임원 역시 호수(戶首)나 동임(洞任)이 맡는 경향이 지배적이었다고 한다.[70]

이러한 징수 과정의 문제점은 통감부로 하여금 1906년의「조세징수규정」을 고쳐 1909년 2월「국세징수법(國稅徵收法)」을 제정하게 했다.「국세징수법」에서는「조세징수규정」에서의 면장의 징수 범위가 좁고 구체적이지 않았던 점을 고쳐 면장의 활동을 구체화하고 체납시의 벌칙을 강화하여 조세징수의 효율성을 높이고자 했다.[71] 그러나 이러한 조치에도 불구하고 세금을 부과하는 과정에 변화가 있었던 것은 아니었기 때문에 면임을 회피하던 오랜 관습이 그대로 남아 면장직을 여전히 꺼렸고, 면장의 불법행위가 그대로 이어질 수밖에 없었다. 이처럼 면 운영에서 이전의 관습이 그대로 존재하는 한 면장은 구 면임층으로서 통감부가 의도했던 유력자도 아니었고, 실무 능력을 갖추지 못한 상태에서는 재무기구의 하부기구로서의 역할도 기대하기 어려웠다.

한편 치안의 측면에서 면장은 의병 진압을 위해 출동하는 경찰 헌병대를 안내하고, 필요 물품을 조달하며, 관내 치안 상황을 경찰 헌병대에 보고하게 되어 있었다. 특히 면장은 헌병 경찰이 주도하는 자위단(自衛團)에 '개입'할 것을 강

---

70) 이상찬,「1906~1910년의 地方行政制度 변화와 地方自治論議」,『한국학보』42, 1986.
71)「국세징수법」에 대한 강조는 鄭光變,「統監政治下の地方行政制度」, 富士ゼロクス小林節太郎 記念基金, 1993 참조.

요당했다. 그 밖에 면장은 역둔토(驛屯土) 조사사업의 안내역을 맡거나, 도로와 교량의 수리에 면민(面民)을 동원하거나, 동리장 회합을 주선하며, 개인 간 분쟁의 조정을 맡기도 했다.[72] 또한 토지조사사업이 시작되면 토지조사의 하부 단위로서의 기능이 주어지기도 했다. 말하자면 이 시기 면장은 행정 침투의 전위 역을 맡고 있었으며, 일종의 사법기능을 담당하기도 했다.

이처럼 이 시기에도 면장체제는 아주 불안정했지만 통감부는 면장체제를 고수하려 했다. 군수와 서리를 수세하는 과정에서 적극 배제하고, 면장의 작부 능력(作伕能力)이 부족함에도 불구하고 교습시켜 1908년 이후에는 면장이 작부할 수 있도록 한다는 방침을 세웠으며, 면과 동 가운데 면을 징세 단위로 할 것을 결정했다. 이러한 결정을 기준으로 1908년에는 재무감독국 - 재무서의 하부기구로서의 면 운영에 대해 본격적으로 논의하는 데에 면제 조사와 각종 회의에서의 면제에 대한 자문 등 다양한 방법을 동원한다.[73] 이처럼 통감부는 새로운 징세와 행정의 말단 기구로 면의 기능에 주목하게 되었고, 이를 위하여 면의 자치성을 약화시키면서 새로운 행정 담당자를 창출하려는 시도를 되풀이하고 있었다.

이러한 상황에서 1909년 6월 이후 행정구역 분합 조치를 일부에서나마 실시하게 되는데 그 성격은 무엇일까? 그간 통감부는 군면의 폐합이 지방자치의 기초 조건이라고 하면서 이를 지방자치 요구를 거절하는 명분으로 삼고 있었

---

72) 염인호, 「일제하 지방통치에 관한 연구」, 연세대학교 사학과 석사학위논문, 1983.

73) 이러한 면장제 개편 논의를 바탕으로 총독부는 1910년 10월 「면에 관한 규정」을 공포했다. 이로써 면은 최하급 행정 단위가 되고, 면장은 판임관 대우로, 면장 경비는 면민 부담으로 결정되었다. 이에 비해 面會 설치는 배제되었고, 최하급 행정기관인 면의 주무자로 면장을 두되 운영 경비는 자치적으로 해결한다는 것이다. 면의 성격이 이중적인데, 최하급 행정기관인 동시에 자치 행정의 단위로서, 면장의 행정은 중앙행정의 연장이지만 관리의 성격을 갖는 면장의 경비는 면이 부담한다는 것이다. 즉 공법인으로서의 권리와 의무를 가진 재정적 독립체로서 대의기구를 가진 지방단체가 아니고, 의사표시의 방법도 없고, 재정적 독립체가 아닌데도 운영 경비를 스스로 해결해야 했던 것이다. 이 시기 면장제 개편 논의에 대해서는 이상찬, 「1906~1910년의 地方行政制度 변화와 地方自治論議」, 『한국학보』 42, 1986이 자세하다.

고[74] 그에 따라 군면 폐합 조치는 일단 행정조직 위계구조의 재편 이후로 미루고 있었다. 앞서 본 것처럼 1906년 군 분합 조치를 뒤로 미룬 것도 같은 차원의 것이었다. 그러나 한국 정부는 1909년 6월 법률 20호 「지방구역급명칭(地方區域及名稱)의 변경에 관한 건」을 발포하여 행정구역의 폐치분합(廢置分合)과 명칭 변경에 관한 절차를 천명하고, 1909년 10월부터 1910년 4월에 걸쳐 일부에서나마 면 구역을 정리한다. 그리고 1909년 10월부터 1910년 3월 사이에 각(各) 도령(道令)으로 촌락 정리의 절차를 규정한 후, 이에 따라 1910년 4월부터 경기도 2개 군, 경남 13개 군, 평남 8개 군에 걸쳐 전면적인 촌락의 통폐합을 단행한다.[75]

1909년 이전의 조치에 비추어본다면 1909년 말 이후 시행한 면에 대한 일부 분합 조치와 촌락 통폐합 조치는 의외라고도 할 수 있는 것이었다. 병합을 앞두고 실시된 본격적인 행정구역 개편 작업의 준비 과정이라고도 할 수 있을 터인데, 이는 다음의 몇 가지 수준에서 이해할 수 있다. 먼저 군의 권한과 '지역적 통합성' 약화 조치와 면의 강화 조치가 어느 정도 마무리되었다고 판단한 통감부가 다음에 취할 수 있는 조치가 행정구역의 개편일 수 있다는 점이다. 말하자면 행정구역의 위계구조를 재편한 이후에 총독부가 행정구역 정리에 착수하는 것은 자연스러운 일이고, 이를 통하여 식민통치의 지역적 토대를 확립하려 했던 것이다.

다른 한편 향촌사회의 지역적 통일성 내지는 '향촌자치(鄕村自治)'의 문제에서는 면은 군의 하위 행정기구이자 징세기구로서 군과 촌락을 매개하는 기능으로서만 주목되고 있었을 뿐, 촌락의 자치기능이 문제가 되는 것이었다. 이는 조선 후기 이후의 향촌사회의 사정을 반영한 것이었다. 그러나 병합을 단행할 경우 면을 하나의 행정 단위로 만드는 작업만으로는 식민통치를 꾸려갈 수 없는

---

74) 度支部 司稅局, 『面に關する調査』, 1908, 57~58쪽.
75) 『한말근대법령자료집』 9권의 각 도 告示 참조

일이다. 그에 따라 촌락의 자치기능을 해체시키는 작업은 군의 무력화 작업을 잇는 것이었으며, 더욱이 식민지배의 토대를 구축하는 작업으로 중시되고 있던 토지조사사업을 시행하는 데에서도 면과 촌락의 구역정리와 명칭의 확정은 필수적인 과정으로 고려될 수밖에 없었다. 그리고 이 작업은 촌락의 자치기능을 배제하는 작업과 맥을 같이하는 것이기도 했다.

이제 이 장에서의 논의를 간단히 요약하고, 이를 바탕으로 '병합' 이후 군－면의 지방행정에 관한 정책이 어떤 방향으로 전개되어갈 것인가에 대해서 전망해보기로 하겠다. 1906년부터 1910년에 이르는 지방제도 개정은 주로 군의 권한을 박탈하고 그에 대신하여 면을 말단 행정구역으로 위치시키는 데 주안점이 있었다. 이는 구래의 지역적 통일성을 가지고 있는 군에 대신하여 식민통치에 적합한 말단 행정기구를 수립하려는 것이었다. 이러한 조처는 갑오기의 「향회조규」가 가진 자치성을 부정함으로써 군의 지역적 통일성을 더욱 심하게 훼손하는 것이기도 했다. 이렇게 본다면 통감 부설치기의 지방제도 개정은 정부－도－군의 지방행정제도의 위계구조를 확립하려는 측면에서는 갑오기 지방제도 개정의 연장선 위에 놓여 있는 것이지만, 면을 말단 기구로 확립하고 군을 기형적으로 약화시키는 조치를 취했다. 이러한 측면이 이 시기 지방제도 개정의 가장 현저한 특징이었다고 할 것이다.

통감부 설치기의 지방지배정책의 성격을 식민지기 지방제도의 성격 변화를 염두에 두면서 군의 '지역적 통일성'이라는 측면에서 살펴보면, 통감부 설치기 지방지배정책의 성격을 다음과 같이 정리할 수 있다. 군의 지역적 통일성에 대해서는 양면적인 고려가 가능하다. 한편으로 말단 행정기구라는 측면에서는 군의 권한이 해체된 뒤에도 군의 지위가 일정하게 유지될 필요가 있었음에 반해 다른 한편 향촌세력의 통일성이라는 측면에서는 그것이 자치이든 지배의 관계이든 해체의 대상이 될 수밖에 없었다. 통감부 역시 이를 고려하고 있었는데, 행정계층상의 지위로 볼 때는 군의 권한이 징세·경찰·사법 기능과 같이 전문기관으로 기능이 분화되거나, 상급기관인 도 또는 하급기관인 면으로 이관됨으로써, 군은 이제 면의 관할과 관련된 기능만이 중심을 이루게 된다. 이처럼 군의 주요 기능이 해체됨으로써 행정상의 지위가 현저히 격하된 후, 두 번째 측면인 향촌세력의 약화를 시도하게 된다. 이러한 향촌세력의 약화 조치는 통감부시기 이후 1910년대까지의 군 재편의 중점적인 부분을 차지하게 된다.[76]

한편 향촌자치기구로서의 통합성이 가장 약한 면은 행정·재정적 측면에서나 치안유지의 측면에서도 가장 통제가 용이한 '매력적인' 존재가 될 수밖에 없었다. 통감부가 면을 주목한 가장 중요한 이유는 바로 여기에서 찾을 수 있다. 면은 지역적 통일성의 측면에서는 군의 하위적 위상만을 차지하고 있을 뿐이었고, 자치적 통일성이란 훨씬 요원한 것이었다. 면 기능의 증대는 촌락사회의 직접적인 통제란 측면에서만 중요성이 고려되고 있었다. 일제는 오히려 면보다는 촌락의 자치기능에 주목하여 이를 변형하여 포섭하려 했다. 이처럼 통감부 설치기 지방제도 개정은 '병합' 이후 지방제도 재편의 방향을 암시하고 있을 뿐만 아니라 식민지배 전 기간에 걸친 지방지배의 성격을 틀 짓고 있었다.

---

76) 1920년대 이후에는 문묘의 기능을 일정하게 회복시키는 등 향촌의 잔여 세력을 이용한 간접통치의 가능성을 고려한 측면도 엿보인다.

제**2**부

‘면제’의 실시

제1장
지방제도 개편의 방향

1. 지방제도 개편의 전체적 성격

식민지기 지방지배정책과 지방제도 개편 가운데 촌락 단위 정책의 핵심인 면제(面制)를 실시하게 된 환경과 성격을 살펴보기 위해서는 먼저 식민지기 지방제도 개편의 전체적 방향성을 법제(法制) 그 자체에 초점을 맞추어 정리해둘 필요가 있다. 여기에서는 먼저 군(현)제를 제도적 − 현실적 − 기능적으로 완전히 폐지하고, 행정의 도−면 2급제(二級制)를 실현하고자 했던 총독부의 의도와 그 제도적 진전 과정을 식민지배하 전 시기를 대상으로 간략히 정리해두고자 한다. 일본은 한국을 병합한 후 얼마 지나지 않은 1910년 9월 「조선총독부관제(朝鮮總督府官制)」와 「조선총독부중추원관제(朝鮮總督府中樞院官官制)」 등의 법령을 발포하여 지배기구의 기본 골격을 마련하고, 이와 아울러 「조선총독부 지방관관제(朝鮮總督府地方官官制)」를 발포하여 지방지배의 기본 골격을 마련하는 작업에 착수했다. 곧이어 10월에는 「도, 부, 군의 명칭과 관할구역」, 「면에 관한 규정」 등의 총독부령을 발포하고, 이어 1911년 2월에는 도, 부, 군에 자문기관으로 참사(參事)를 두는 법령을 발포하는데, 이를 바탕으로 과도기적인 지방지배기구를 확립하게 되었다.

　이때에 이루어지는 조처로써 주목해야 할 점은 먼저 한성부를 보통의 부로 격하시켜 경기도에 소속케 했다는 사실이다. 이로써 한성부에 적용되던 지방비(地方費) 역시 폐지되었는데, 이는 이전 수부(首府)로서의 한성부의 지위를 격하시킬 필요성에서 나온 조처였다. 다음으로, 통감부설치기의 부(府)가 대체로 개항장이었던 데에 반해, 일본 이사청(理事廳)과 거류민단(居留民團)이 있던 지역을 중심으로 부를 바꾼 점이다. 그러나 아직 도시 지역으로서의 부와 일반 농촌 지역을 아우르는 군이 호칭의 차이가 있을 뿐 지위와 성격에서 차이가 있었던 것은 아니다. 부와 군이 모두 도장관(道長官)의 감독 아래 있는 지방행정 구역이며, 그 관내에 면을 두고 있었다. 군수는 대개 조선인을 임명했으나, 일본인 중심 거주 지역인 부의 경우 부윤은 모두 일본인이었다.

　이어서 말단 행정기구로서의 면의 지위를 확정했다. 지방에 따라 달리 불리던 것을 면이라는 이름으로 통일하고, 도장관이 임명하는 면장을 두어 판임관(判任官) 대우를 했으며, 종래 면장의 거주지에서 처리되던 사무를 면사무소를 설치하여 처리케 했다. 그리고 도에 3인, 부와 군에 각 2인씩의 참사를 두고, 부와 군에서는 이들을 소집하여 참사자문회(參事諮問會)라는 것을 개최하도록 했다. 이는 자문기구로서의 외형을 띤 것이었으나 실제로는 임명직으로 유명무실한 것에 지나지 않았다.[1]

　그러나 이때의 제도 변화는 과도적인 단계의 조처로서 이후 계속 '보완'되어야 할 성질의 것이었다. 이에 1911년 이후 계속하여 '지방제도' 개정에 관한 다양한 의견이 제출되었다. 이때의 개정 논의는 통감부지배기 이래 지방지배의 방향성 위에서 1910년대, 나아가 식민지배시기 전반에 걸친 제도 개정을 전망하고 있었다는 점에서 주목할 필요가 있다.

　1911년 조선총독부 내무부에서 작성한 '의견서(意見書)'[2]를 중심으로 지방

---

1) 손정목, 『한국지방제도·자치제도사 연구』(상), 일지사, 1993의 제3장 참조.

제도 개정의 방향을 살펴보도록 하겠다. 먼저 내무부에서 가장 중시하고 있었던 것은 일본인 거류민단의 처리에 관한 사항이었다. 일본인회(日本人會)는 하나의 협의단체로 존재하고 있었지만 확실한 법적 근거가 없어 행정사무 처리에 따르는 제도를 설치할 필요가 있었고, 이에 따르는 처분은 지방비(앞서 본 바와 같이 道의 '자치'적 재정 운용 단위-인용자), 부(府), 면제의 개정과 더불어 진행되어야 한다는 것이었다. 이러한 취지에서 지방제도 개정의 요점을 다음과 같이 정리하고 있다. 1) 지방비, 부, 면(면은 1급 면과 2급 면의 둘로 나눈다)의 각 단체를 법인(法人)으로 하고, 일본인 교육을 위한 학교조합(學校組合)도 법인으로 하며, 거류민단 및 일본인회(거류민단이 존재하지 않는 지역의 일본인 단체-인용자)는 폐지한다. 2) 군을 단위로 경영해야 할 하등의 사업이 없을 뿐만 아니라 그에 따르는 경제 능력도 없으므로 군은 장래에 단순히 하나의 행정구획으로만 존재하게 한다. 3) 지방비 및 면은 종래의 구역에 따라 인정하고, 부는 현재의 부 구역을 변경하되 대체로 현재의 거류민단 지역에 따르도록 하며, 거류민단의 사무는 교육에 관한 사무를 제외하고는 부가 그를 계승하게 하고, 학교조합 및 일본인회의 사무도 역시 교육에 관한 사무 외에는 면이 계승하도록 하여 일본인 교육에 관한 사항은 모두 학교조합이 경영하도록 한다. 단, 면은 구역과 인구에서 차이가 크기 때문에 적당한 표준에 의하여 이를 정리함으로써 단체로서의 면의 기초를 확립할 필요가 있으나, 아직 토지조사가 진행 중이기 때문에 그 진행을 기다려 면의 폐치분합을 단행해야 한다. 4) 지방제도에 자치주의(특히 의회제도)를 도입할 필요성에 관해서는 신중히 고려해야 하는데, 조선인에게 자치를 허용하는 것은 아직 시기가 아니라고 보아 조선인을 포용하는 단체에는 모두 의결권을 인정하지 않고, 비교적 다수의 일본인을 포용하는 단체에는 자문기관을 두고, 오로지 일본인만으로 이루어진 단체(학교조합)에는 의결기관을 둔다. 5) 각 단체를 법인으로 인정하는 데 따르는 실익은 재산 능력을 가지는

---

2) 朝鮮總督府 內務部, 『朝鮮地方制度改正ニ關スル意見』, 1911.

데 있다. 각 단체는 권리와 의무를 가지며, 기본재산 또는 적립금곡(積立金穀)을 축적함으로써 기초를 공고히 할 수 있으며, 경제상의 기초가 공고하게 되었음을 인정하면 기채권(起債權)을 부여할 수 있다. 6) 각 단체에 경제 능력을 부여하는 이유는 그 능력에 따라 지방 공동의 이익과 발달을 위한 사업을 경영할 수 있다는 데 있다. 사업의 범위는 단체의 경제 능력과 고유의 성질을 참작하여 법으로 미리 제한할 필요가 있다.(이에 따라 각 단체별 사업의 종류를 상세히 법으로 규정하고 있다.)

내무부의 의견을 장황하게 살펴보았지만, 중심 내용은 다음과 같이 요약할 수 있다. 지방비, 부, 면을 법인으로 인정하여 독자적인 재정 운용권을 부여한다. 군은 단지 행정구획으로서의 역할만 인정하여 지방단체로서의 독자성을 배제하며, 부는 일본인 거류민단을 중심으로 개편하고, 일본인 거류민단이나 일본인회는 부나 면에 흡수시키되 일본인 교육에 관한 사항은 따로 학교조합이 경영하도록 하며, 조선인의 경우 일절 자치를 허용하지 않는다는 것이었다.

이 가운데 지방비, 부, 면을 법인으로 인정하자는 제안은 부를 제외하면 1930년에 도제(道制), 읍면제(邑面制)가 발포될 때까지 실시되지 않았지만, 나머지는 대체로 1910년대 지방제도의 운영에서 관철되고 있음을 확인할 수 있다. 특히 이 의견서에서 주목해야 할 것은 지방제도 운영에서 일본인이 중심이 되어야 한다는 점을 군이 감추지 않고 있다는 점이다. 일본인의 교육은 조선인의 참여를 배제한 채 일본인의 자치에 의해 운영되도록 하고, 조선인이 참여하고 있는 지방단체에는 자치를 전혀 허용하지 않겠다는 의지를 보이고 있다.

그러면 이후 지방제도의 개편은 어떻게 진행되었을까? 부제(府制)와 면제(面制)의 실시를 중심으로 살펴보도록 하자. 앞서 본 바와 같이 1910년에 확정된 지방관관제에 의하면 부는 군과 하등의 차이가 없이 도장관의 감독 아래 있는 지방행정구역의 하나일 뿐이었다. 그러나 위의 의견서에 바탕을 둔 부제안(府制案)이 1912년 내무부로부터 제출되어 심의 결과, 1913년 제령(制令) 7호로써 '부제'가 공포되고, 이어 관계 법령이 공포됨으로써 부제는 1914년부터 시행되게 되었다. 그 요지를 보면 1) 일본인 거류민단을 폐지하여 부에 귀속시키고 부를 법인으로 하며, 2) 부 구역은 현재의 거류민단 구역 및 그와 접속하여 인가가 즐비한 지역 또는 그러할 지역으로 하고, 이 밖의 지역은 군 구역으로 편입한다는 것, 3) 부는 교육을 제외한 일반 공공사무를 처리하며, 일본인 교육을 위해서는 학교조합을 설치하고, 부윤이 직접 관치행정을 시행함으로써 종래의 면장과 같은 집행기구는 없앤다는 것 등이었다.

기존의 부는 개항장을 중심으로 설정되어 있었기 때문에 그 안에는 각국의 거류지회와 일본인 거류민단, 그리고 조선인을 대상으로 공공사무를 처리하는 기관 등이 혼재해 있었다. 그러나 합병 당시에 바로 폐지할 수 없었기 때문에 지방행정 운영에 일원화를 꾀하는 데 어려움이 있었던 것인데, 부제 시행과 더불어 일본인 거류민단과 각국 거류지회, 한성위생회(서울에 있던 일종의 자치적 청소행정기구) 등을 폐지하고 그 사무를 부와 학교조합으로 승계시켰던 것이다.

다음으로 부를 법인으로 규정함으로써 공공의 이익을 위한 공공사무를 경영할 수 있는 '보육행정권(保育行政權)', 자체의 수입과 지출을 관리할 수 있는 '재정권(財政權)', 그리고 법령이 정하는 한도 내에서 자체의 조직을 정할 수 있는 '조직권(組織權)' 등이 부여되었으며, 부조례(府條例)의 제정권도 부여되었다. 그러나 이 모두가 극히 제한된 범위의 것이었으며, 특히 의회가 없는 상태에서 조례제정권을 부여한 것은 총독부에서 시달된 조례준칙을 그대로 따르는 정도의 것이 될 수밖에 없었다.

또한 법인으로서의 '자치의회'에 해당하는 것으로 부협의회라는 것을 두었는데, 협의회원은 부 주민 중에서 총독의 인가를 얻어 도장관이 임명하는 임기 2년의 명예직이었으며, 협의회원의 정원은 총독이 정하도록 했고, 협의회의 의장은 부윤이었으며, 부의 사무에 관하여 부윤의 자문에 응하는 것을 권한으로 하는 자문기관이었다. 부협의회원의 선임은 대체로 조선인과 일본인을 반반으로 했으나 조선인은 '친일'적 성향을 노골적으로 드러내는 사람들을 중심으로 선임함으로써, 부협의회는 부제의 침략성을 은폐하려는 위장술에 지나지 않는 것이었다.

그리고 일본인 거류민단을 중심으로 하여 도시화된 지역만으로 새로운 부 구역이 설정됨으로써 부의 면적이 매우 좁아졌을 뿐만 아니라, 일본인 중심의 운영을 전제로 구역이 편성되고 있었다. 부제 시행 이후 '일선인(日鮮人) 공통 세제(共通稅制)'를 시행함으로써 오히려 조선인의 부담이 눈에 띄게 늘어났음 에도 예산은 주로 일본인 거주 지역을 중심으로 일본인의 복지를 위하여 사용 되고 있었다. 또한 거류민단의 사무 가운데 일본인의 교육에 관한 사무는 학교 조합에 인계하고 나머지는 모두 부의 사무로 인계했는데, 그 과정에서 수익성 이 있는 재산은 학교조합으로, 수익성이 없는 재산은 부로, 그리고 부채도 대부 분 부로 이관하는 정책을 시행함으로써 실제로는 일본인 거류민단의 부채 정리 의 한 방편으로 부제가 시행되었던 측면도 있었다.3)

이와 같이 1914년에 부제가 시행됨으로써 지방단체 가운데 부만이 유일하 게 법인으로 인정되는 '행운'을 누렸다. 그러나 이는 일본인을 중심으로 부를 편제한 가운데서도 일본인 중심의 운영이 관철되도록 배려한 '기만'적인 조처 에 지나지 않는 것이었다.

다음으로 1917년에 시행되는 면제의 내용을 요약하면 다음과 같다. 1) 면을 사업 경영의 주체로 규정했으며, 2) 총독이 지정하는 면은 상담역(相談役)을 두 고 부채를 얻을 수 있으며, 3) 동리장을 폐지하여 새로 구장(區長)을 두고, 4) 호별할(戶別割), 지세할(地稅割) 그 밖에 특별부과금(特別賦課金), 사용료 및 수 수료를 징수할 수 있으며, 5) 재무수속을 상세히 규정하게 하고, 6) 면조합(面 組合)을 설치하여 일부 사무를 공동으로 처리할 수 있게 한 것 등을 들 수 있 다.4)

---

3) 府制는 『朝鮮に於ける地方制度の沿革』(1926), 『齋藤實文書』 3권, 고려서림 참조. 구체적인 시 행의 의도와 경과에 대해서는 손정목, 『한국지방제도·자치제도사 연구』(상), 일지사, 1993에 많 이 의존했다.

4) 『朝鮮に於ける地方制度の沿革』(1926), 『齋藤實文書』 3권, 고려서림 참조.

면을 사업의 주체로 규정하면서도 법인으로 인정하지 않았고, 면의 조례제정권을 인정하지 않았으며, 면장이 공리(公吏)가 아니고 대우관리(판임관 대우)였다는 점에 일본의 정촌제와 차이가 있기도 했지만, 근본적으로 이 차이는 조선인에게 조금의 자치도 허용하지 않으려는 일본 내 법제국과 총독부 사이의 절충의 산물이기도 했다. 여하튼 총독이 지정(指定)하는 면(지정 면)에 대해서는 상담역을 두고 기채권을 허용함으로써 조선인이 많이 거주하는 면(보통 면)보다는 훨씬 많은 자율권을 보장해주었다. 그러나 지정 면이 아닌 일반 면의 상담역은 면내에 주소를 가지는 사람 중에서 도장관이 임명하는 임기 3년의 명예직으로 면장의 자문 사항 이외의 것은 건의하거나 결정할 수 없는 단순한 자문기관이었으며, 면장은 건의 사항을 전혀 채택하지 않아도 되는 이름만의 기관에 지나지 않았다.

이전 지방의 동리장은 흡사 동리의 일꾼처럼 간주되어 비하되거나, 동리의 유력자는 그 일을 맡는 것을 꺼려했다. 그 때문에 명칭을 고쳐서 구장으로 하고 군수가 동리 내의 주민 중에서 임명하되 무급(無給)으로 했다. 이는 동리 재산의 면으로의 이전과 면비(面費)의 절약이라는 재정적 관점과도 연결된 문제였으며, 나아가 동리의 행정기능을 구장에게 일임하고 그를 면의 직접 지휘 아래 둠으로써 동리 단위의 통제를 더욱 용이하게 하려는 데 목적이 있었다고 하겠다.[5] 요컨대 면제의 실시는 지방 말단 행정을 면으로 일원화하는 데 그 목표를 두고 있었다.

총독부는 1910년대의 행정제도 개편을 통하여 지방비 — 부·군 — 면이라는 3단계 행정체계를 구성하여 중앙집권적인 지방지배체제를 확립하려고 했다. 그러나 전통적인 지방행정의 중핵인 군은 그 기능을 완전히 박탈하고, 식민지적

---

5) 면의 운영에 대해서는 『朝鮮に於ける地方制度の沿革』(1926), 『齋藤實文書』 3권, 고려서림 ; 염인호, 「일제하 지방통치에 관한 연구」, 연세대학교 사학과 석사학위논문, 1983 ; 大和和明, 「植民地期朝鮮地方行政に關する一試論」, 『歷史評論』 1988. 5 참조. 구체적인 것은 이 책의 제2부 2장과 3장 참조.

인 지방관리로 군수를 채웠으며, 일본인 중심 지역으로 부의 구역을 축소함으로써 부의 운영에서도 조선인을 완전히 배제하고자 했다. 이어 말단 행정조직을 면으로 통합하는 조처를 취했으나, 그러한 조처도 지정 면을 중심으로 이루어지고 있었다. 물론 이러한 제도의 개편은 각급 행정 단위의 폐합 조처로 뒷받침되었다.

1919년 3·1운동 이후 새로 부임한 사이토 마코토(齋藤實) 총독은 '신시정(新施政)'의 5대 정책의 하나로 지방제도의 개혁을 내걸고서 「지방관관제」를 개정했고, 1920년에는 부제 및 면제를 개정하고 「조선도지방비령(朝鮮道地方費令)」 및 「조선학교비령(朝鮮學校費令)」을 제정했다. 1920년에 이루어진 제도의 개정을 두고 총독부는 '지방자치의 실시'로 표현하면서, 조선 지방행정사에 하나의 계선(界線)을 긋는 조치라고 표현하고 있다. 특히 자문기관의 설치를 두고 장래 자치의 시행에 대비하기 위한 것으로 선전하고 있었다. 이른바 지방제도의 개정은 '문화정치'의 중요한 수단을 이루고 있었다.[6]

그러면 1920년 시행된 지방제도 개정의 요점을 간단히 검토해보겠다. 먼저 부제와 면의 개정으로는 1) 부의 자문기관인 협의회원은 임명제에서 민선으로 고치며, 2) 지정 면뿐만 아니라 모든 면에 자문기관으로서 협의회를 두고, 지정 면에서는 협의회원을 공선하고, 보통 면에서는 군수 또는 도사(島司)가 그를 임명하며, 3) 협의회의 자문 사항은 법정으로 하고 기타 사항은 대체로 일본 내 시정촌회(市町村會)의 결의 사항에 준한다는 것으로 요약할 수 있다. 요컨대 부와 면에 이전보다 진전된 형태의 자문기관을 둔다는 것이었다.

다음으로 「조선학교비령」은 1) 이전에는 1911년에 발포된 「공립보통학교비용령」에 따라 조선인 보통교육에 관한 사무가 이루어지고 있었으나 학교비(學校費)는 부, 군, 도의 조선인 일반교육에 관한 사무를 처리하는 것으로 고쳤고,

6) 1920년 시행된 지방제도 개정의 정책적 의도에 대해서는 강동진, 『일제의 한국침략정책사』, 한길사, 1980, 제3장 참조.

2) 재정권을 인정하여 부과금 및 부역·현품의 부과, 사용료의 징수, 기채(起債) 능력을 인정했으며, 3) 학교비에 관한 자문기관으로 학교평의회를 둔다는 것으로 정리할 수 있다. 이전에는 일본인 교육을 위한 학교조합에만 인정되던 재정권을 조선인 일반교육에까지 확장하여 학교비를 설정하고, 조선인 교육기관에 자문기관을 설치한다는 것이 그 요점이다. 조선인 교육의 확장을 이른바 '신시정'의 중요한 내용으로 내걸고 있던 총독부로서는 그 노력을 표시하지 않을 수 없었다. 그러나 학제가 다를 뿐만 아니라 의무교육을 실시하고 있던 일본인 학교조합과는 합칠 수가 없었기 때문에 이러한 편법을 사용했던 것이고, 또한 조선인으로 하여금 조선인의 교육비를 조달하게 한 것이기도 했다.

1909년에 제정된 지방비법을 이어받아 제정한 것이 도지방비령으로, 주요 내용은 1) 종래의 한정된 부과금 외에 새로이 지방에서 적절한 세원(稅源)을 구할 수 있는 길을 열고, 사용료 및 수수료의 징수, 그리고 계속비(繼續費)의 설정을 인정하며, 2) 도지방비 이원(吏員)의 신분에 관한 규정을 설정하여 그 대우를 개선하며, 3) 도지방비의 예산과 그 밖에 중요 사항에 관한 자문기관으로 도평의회를 설치한다는 것이었다. 최소한의 재정권이 주어져 있던 지방비의 권한을 확장하고 그에 자문기관을 설치한다는 것이 도지방비령의 요점이었으나 지방비의 세원 확충에 그 핵심이 있었다고 하겠다.[7]

이와 같이 위의 네 지방단체의 제도를 개선하거나 새로이 제정한 것이 이른바 지방제도 개정의 핵심을 이루고 있었는데, 그 가운데서도 가장 중요한 것은 역시 자문기관의 설치였다. 자문기관은 총독부에 의해 '자치'의 '예비 단계'로 선전되고 있었지만 오히려 더 기만적인 것이었고, 따라서 분할지배를 그 본질로 하는 것이었음이 많은 연구자들에 의해 지적되어왔다. 전혀 구속력이 없는 그야말로 '참고'에 지나지 않는 자문에 그 역할이 그치는 기관이었다는 점, 자문기관의 의장은 각급 단체의 임명직 장이 겸임하도록 하고 의장이 사실상 모

---

7) 『朝鮮に於ける地方制度の沿革』(1926), 『齋藤實文書』 3권, 고려서림, 95~127쪽.

든 권한을 휘두르게 하고 있었다는 점, 그리고 극단적인 제한 선거를 실시하여 조선인의 선거권을 근원적으로 제한하고 있었으며, 이에 따라 조선인 가운데 '친일' 성향이 농후한 부류들만이 여기에 참여함으로써 일반 대중의 반감이 증가하고 있었다는 점 등을 그 예로 들고 있다.[8]

이에 더하여 지방제도 개정의 큰 목표 가운데 하나로는 지방 경비의 재원 확보였다. 학교비령과 도지방비령에서 볼 수 있는 것처럼, 한정되어 있는 부과금 외에도 사용료를 징수할 수 있게 하고, 기채 능력을 부여했으며, 계속비를 설정하는 등 세원을 개발할 수 있는 여지를 제공하여 세수의 증대를 적극적으로 꾀하고 있었다. 이에 따라 지방세의 총액이 기하급수적으로 증가하고 있었음은 선행 연구에서 지적된 바 있다.[9] 그리고 이를 위해서도 자문기관이라는 외형이 필요했음은 물론이다.

1920년대 후반 사이토 마코토 총독은 조선의 자치를 실시한다는 명분을 전면에 내걸고 민족운동 세력의 회유와 분열에 힘을 기울이고 있었다. 그리고 결국 그가 구상한 이른바 자치안은 「지방자치제확장안(地方自治制擴張案)」이란 이름이 붙여졌지만 이는 1920년에 이은 또 한 번의 '지방제도 개정'에 다름 아니었다. 그러나 이 안은 지배구조의 정착에 따른 지방지배의 구조화에 대한 자신감을 어느 정도 드러내 보여주는 것이기도 했다. 여기에서는 부제, 읍면제, 도제의 차례로 그 내용을 검토하고자 한다.[10]

그러면 먼저 부제의 변화에 대하여 검토해보겠다. 1) 부회(府會)는 부제에

---

8) 이 시기 지방제도 개정에 대한 연구로는 다음을 들 수 있다. 강동진, 『일제의 한국침략정책사』, 한길사, 1980, 제3장 ; 구영희, 『1920·30년대 일제의 지방통치정책』, 연세대학교 사학과 석사학위논문, 1986 ; 박찬승, 「일제하 '지방자치제도'의 실상」, 『역사비평』 13, 1991 ; 손정목, 『한국지방제도·자치제도사 연구』(상), 일지사, 1993, 제4장.
9) 강동진, 『일제의 한국침략정책사』, 한길사, 1980, 제3장 ; 김옥근, 『日帝下 朝鮮財政史 論考』, 일조각, 1994 ; 조경준, 『한국 지방재정사』, 유풍출판사, 1993 참조.
10) 邑面制란 면 가운데 읍을 분리하여 구분했기 때문에 종래의 면제에 대신하여 붙인 명칭이고, 道制는 道地方費라는 이름을 변경한 것이지만, 둘 다 제도의 취지 자체가 변화한 것은 아니었다.

관한 중요 사건을 의결하고, 부회 의장을 선출하며, 부의 공익에 관한 의견서를 관계 기관에 제출할 수 있으며, 회의규칙을 설정하는 권한을 갖게 되었으나, 부회의 의장은 여전히 부윤이 차지하게 했다. 2) 학교조합과 학교비를 부(府)에 통합했으나, 각각의 재정 운용은 부의 일반경제로부터 분리하여 제1, 2특별경제로 했고, 의결기관으로 제1, 2교육부회를 두기로 했다. 이에 따라 제1특별경제와 제1교육부회는 일본인의 교육을, 제2특별경제와 제2교육부회는 조선인의 교육을 담당하게 되었다. 3) 부회 의원의 임기와 정원을 늘리고, 민족별 의원수가 4분의 1 밑으로 내려가지 못하게 했으며, 납세 요건은 원래의 기준인 5원을 그대로 둠으로써 선거권을 확장하는 효과를 얻도록 했다. 4) 부윤은 부회의 의결이 부적당할 때 의결 취소, 정회, 해산 등을 명할 수 있는 권한을 가지게 됨으로써 감독권을 훨씬 강화했다.[11]

총독부는 부회에 의결권을 부여했다는 점을 강조했으나 상대적으로 감독권을 강화함으로써 이를 무력화하려 했던 것이다. 학교조합과 학교비를 부에 통합했다는 점 역시 내용상으로는 큰 변화가 없는 것으로, 특별경제와 교육부회를 따로 설치함으로써 재정권과 의결권이 분리되어 있었다는 것이 이를 증명한다. 다만 학교조합비와 학교비가 부세에 통합됨으로써 선거권의 확장에는 기여했다. 그러나 그 혜택은 대체로 학교조합비를 훨씬 많이 내던 일본인에게 돌아갔다. 따라서 부회에 의결권을 부여하면서 이와 같은 조처를 취하여 일본인 유권자의 확대를 꾀한 것은, 부제 운영에서 일종의 '안전판'을 설치하고자 한 것으로도 볼 수 있다.

다음으로 읍면제의 실시에 대하여 살펴보면 다음과 같다. 1) 종래의 면제에서 지정 면을 읍(邑)으로 하고, 보통 면을 면(面)으로 하며, 2) 읍면은 모두 법인으로 하여 법령에 의하여 공공사무와 귀속사무를 처리하게 하고, 3) 이에 따라 읍면은 규칙제정권(規則制定權)을 가지며, 4) 읍회(邑會)는 부회와 같은 정

---

11) 今村武志, 「朝鮮地方制度の改正に就て」, 『朝鮮總覽』, 1933.

도의 의결권을 가지는 반면 면협의회(面協議會)는 종래와 같은 자문기관에 그치게 했으나 면협의회의 의원도 선거에 의해 선출하도록 한 것에 차이가 있으며, 5) 부와 마찬가지로 감독 규정을 강화하도록 했다.

이어 도제의 실시에 대하여 정리해보자. 1) 도제는 도지방비를 폐지하고 신설하는 것으로서, 도지방비는 재정의 주체로서 경비의 출납만 인정되었으나, 도제는 법인으로 공공사무와 귀속사무를 처리할 능력을 가지며, 2) 도회(道會)는 부회에 준하는 의결권을 가지며, 의장은 도지사로 하고, 3) 도회 의원 가운데 3분의 1은 도지사가 임명하며, 3분의 2는 부, 읍회 의원과 면협의회원이 선거하며, 4) 감독 규정은 부에 준하는 것으로 했다.[12]

읍면제를 실시하여 종래 지정 면의 운영을 보통 면의 운영과 완전히 분리한 것은 일본인 중심 지역과 조선인 거주 지역을 분리하여 운영할 것을 전제로 한 것이었다. 다만 면에 법인격(法人格)을 부여하면서도 면협의회를 민선으로 할 뿐 자문기관으로 유지한 것은, 조선 농촌 대부분이 포함되는 면협의회를 의결기관으로 할 만한 자신감이 없었기 때문이다. 또한 도에 대해서도 대체로 면과 같은 수준의 '자치'를 허용한 것을 알 수 있는데, 이 역시 상급 지방단체로서의 도의 중요성에 비추어볼 때 추측할 수 있는 일이다.

이와 같이 1930년 제2차 지방제도 개정의 핵심은 부·읍·면을 법인으로 인정하고 그 위에 기존 자문기관을 의결기관으로 전환한 것이었다. 부회와 읍회를 제외한 도회와 면협의회에 대해서는 선거 과정이나 의결권에 많은 제약을 두고 있었고, 부회와 읍회에 대해서도 감독권을 강화함으로써 결정적인 제약을 가하고 있었지만, 선거권을 기존 조건에 그대로 묶어둔 채(납세액 5원) 자문기관을 의결기관으로 전환한 것은 앞으로 늘어날 수도 있는 조선인 선거권자를 지배조직 속에 구조화시킬 수도 있다는 자신감의 표시이기도 했다. 실제로 1934년에 실시되는 개인소득세제의 시행은 그에 부수(附隨)하는 지방세 부담의 증

---

12) 今村武志, 「朝鮮地方制度の改正に就て」, 『朝鮮總覽』, 1933.

가에 따라 조선인 선거권자가 급증하는 배경으로 작용했고, 조선인 선거권자가 급증함에 따라 조선인 당선자도 증가했다.[13]

1937년을 기점으로 전쟁이 확대되면서 조선의 전 사회가 이른바 전시하 총동원체제로 이행함에 따라 지방지배체제도 예외일 수 없었다. 이 시기가 되면 지방행정조직은 모두 전시 통제조직과 유기적인 관련을 맺거나 그 휘하에 들게 된다. 이에 따라 지방지배에서 전시통제의 효율성이 가장 강조되었으며, 지방행정조직이 전시 통제조직의 지휘 아래 들어가게 되었다. 잘 알다시피 1937년 중일전쟁 이후 총독부는 이른바 '황국신민화 정책'과 전시동원을 강화해 나갔다.

그 일환으로 추진된 것이 이른바 '국민정신총동원운동(國民精神總動員運動)'이었다. 이 운동은 인원과 물자의 총동원계획이 진행되기 위해서는 먼저 정신의 총동원이 이루어져야 한다는 취지에서 일본에서 관민합동으로 추진되고 있었는데, 조선에서도 이에 맞추어 처음부터 총독부를 중심으로 조직 결성이 준비되었다. 1938년 7월 조선연맹의 창립총회를 개최한 이래, 조직을 확충해 나갔는데, 그 조직 대강(大綱)을 보면 다음과 같다. 조선연맹－도연맹－부, 군·도, 읍면연맹－정(町)동리부락연맹, 각종 연맹－애국반이라는 단일조직 계선을 취하고 있었다. 조직의 뼈대는 역시 지방행정조직을 기본으로 하고 있었고, 이에 누락될 부분을 염려하여 각종 연맹이라는 것을 두고 관공서, 학교, 회사, 은행, 공장, 대상점 등의 소속 인원으로 그것을 구성했다. 조직의 가장 하부를 이루고 있던 애국반은 10호를 단위로 조직하도록 했는데, 애국반은 이전 농촌진흥회의 세포조직으로 기능하고 있던 5인조제도에서 바뀐 것이 많았다고 한다.

---

13) 정태헌, 『일제의 경제정책과 조선사회』, 역사비평사, 1996 참조. 이 밖에 면협의회 구성원에 대한 자세한 분석으로는 金翼漢, 「植民地期朝鮮における地方支配體制の構築過程と農村社會變動」, 東京大學校 博士學位論文, 1995 및 임대식, 「1930년대 말 경기 지역 조선인 대지주의 農外投資와 지방의회 참여」, 『한국사론』 34, 1995의 사례 분석 참조. 다만 면의 단체적 성격과 이에 연유하는 면 행정의 이중성에 대한 고려를 빠뜨리면, 면협의회의 성격 규정도 모호하게 될 것이다.

애국반에는 조선 내 거의 모든 인구가 조직되었다. 나아가 1940년에는 각급 학교에도 연맹의 지부를 결성하여 애국반의 지도를 받게 했다. 이로써 전 조선이 완벽하게 이 연맹의 조직 아래 통제될 수 있게 되었다.

그러나 일본 내의 '정신총동원운동'은 별로 성공적인 것이 되지 못했던 관계로, 1940년 대정익찬회(大政翼贊會)를 발족시키면서 이른바 '신체제운동(新體制運動)'을 일으키게 된다. 이에 발맞추어 조선에서 전개된 것이 이른바 '국민총력운동(國民總力運動)'이었고, 그를 위하여 1940년 '국민총력조선연맹(國民總力朝鮮聯盟)'이 결성되었다. 이 '운동'은 '정신총동원운동'보다 전체성이 훨씬 강화된 성격의 것이었다. 이처럼 조선의 총동원단체는 일본보다 훨씬 강력하고 효과적인 관료제적 형태를 취하고 있었다. '국민총력조선연맹'은 먼저 규약으로 '조선 내의 전 단체 및 개인으로 조직'한다는 점, 이른바 '국민조직(國民組織)'임을 명기하여 강제성을 강화했고, 총독이 총재, 정무총감이 부총재가 됨으로써 총독부의 행정조직과 일원적인 조직임을 명확히 했다. 말하자면 총독부와 '국민정신총동원조선연맹'의 활동과 조직을 하나로 합친 것이었다.

이에 따라 종래 '정신운동'을 조장하던 각종 단체의 하부조직은 정·동리·부락연맹 및 애국반으로 통합되었으며, 민간의 여러 운동도 여기로 통일되었고, 총독부 및 각 도에 '국민총력과'가 생기고, '국민총력운동지도위원회'가 총독부 내에 설치되었다. 조직은 전체적으로 '정신연맹'의 그것에 따르는 것이었지만, 행정조직과의 일원성이 강조됨으로써 각급 연맹의 회장은 모두 그 지방단체의 장이 맡도록 했다.[14]

이와 같이 행정조직과 전시 통제조직의 일원화를 지나치게 강조했던 것은 전시동원의 효율성을 높이기 위한 극단적인 형태의 동원조직을 만들어내기 위한 것이었다. 또한 통제조직으로서의 역할을 제고하기 위한 방편으로 고안되었던 것이 '애국반'이라는 형태의 하부조직이었고, 이는 권력의 지방통제 능력을

---

14) 森田芳夫, 『朝鮮に於ける國民總力運動史』, 1945.

개인 차원으로까지 확장할 수 있는 여지를 심어주는 것이었다.

2. 식민지기 군의 성격

1917년 '면제'가 제정되면서 도(=地方費)─군[府, 島]─면이라는 지방행정제도의 계열이 성립되고, 군은 중간적 행정기구로 규정되었다. 그러나 군은 제도적으로는 궁극적으로 소멸되어야 할 존재, 즉 면이 제도적으로 확립되기까지는 그에 대한 감독기능을 유지하지만 결국은 해소되어야 할 단위로 간주되었다. 다시 말하면 총독부가 도─면의 2급제를 제도적으로 지향하고 있었기에 군은 중간적이고 과도적인 존재로만 규정되었던 것이다. 식민지배하에서 군은 군고유의 본래적인 사무, 즉 독자적인 공공사무와 재정을 운영할 수 있는 권한을 가지고 있지 않았다. 총독부는 군 고유의 행정적, 단체적 자율성을 완전히 박탈하고자 했던 것이다. 이에 따라 군은 도와 면 사이의 행정을 중개하고 면의 행정을 관리 감독하는 권한만을 가지게 되었으므로, 중간적인 행정기관이자 2차적 행정기구일 뿐이었다. 군이 가진 이런 행정 권한상의 제약 때문에 군은 일종의 행정구획에 지나지 않는 것으로도 간주되었다. 이처럼 고유 사무를 가지지 못한 채 중간적이고 2차적인 업무만을 담당하는 군의 행정상의 지위는 '잠정변칙(暫定變則)'에 지나지 않는 것이었다.

하지만 현실적으로는 식민지배 말기까지도 군 제도 자체가 소멸되지 않았을 뿐만 아니라 제한적이나마 일정한 역할을 계속하여 수행하고 있었다. 군이 면행정의 각종 인허가 사항이나 면장의 임면(任免)까지도 관장하는 권한, 요컨대 면 행정 감독의 최종 책임을 지고 있었으므로 군수를 비롯한 군의 관리들과 아울러 군이 가진 지역 단위의 통합성도 유지되고 있었다. 총독부는 궁극적으로 군이 가진 통합적 결속력을 해체하려는 의도를 제도에 담았지만, 현실적으로는 취약한 면의 감독을 위한 군의 기능을 유지하고 이에 수반하여 군이 가진 지역적 통합성도 일정하게 방관할 수밖에 없었다고 하겠다. 결국 군 행정은 '제도적인 잠정성'과 '현실적인 지속성'이라는 상이한 성격을 한 몸에 지니고 있었다. 이런 잠정성과 지속성으로 구성된 군 행정의 성격을 '군의 양면성'이라고 부를 수 있겠다. 이처럼 총독부가 궁극적인 목표로 설정하고 있던 것이 지방행정의 2급제였음에도 군의 역할이 유지되고 있었다는 점에서 군의 과도적이고 양면적인 지위를 이해하는 것은, 면의 제도로서의 성공 여부, 즉 지방지배의 핵심적 제도였던 면이 수행한 역할을 살펴보기 위한 사전 작업으로서의 성격을 가지게 될 것이다. 면제는 궁극적으로 군의 통합성을 해체하고, 면을 촌락 통합을 위한 새로운 제도로 육성하려는 의도에서 실시되었기 때문이다.

이런 군 행정의 양면성을 전제로, 면제의 시행과 공식적으로 군이 잠정적 행정기구로 자리잡기까지의 과정을 간략히 살펴본 다음, 군 행정은 어떤 방식으로 운영되었는지를 알아보겠다. 다음으로 군 행정의 양면성을 둘러싸고 제기되었던 군 행정 개편 논의를 살펴본 뒤, 군의 지위를 군의 통합성이라는 측면에서 종합적으로 평가해보고자 한다.

군에 대해서는 병합 직후 1910년 9월에 칙령 357호로 발포된 「조선총독부 지방관관제」[15]에서 이미 그 정책적 지향이 명확히 규정되어 있었다. 식민지배 하 지방행정의 전체적 방향을 드러내고 있는 이 관제(官制)에서 군과 관련된 것은 직원 규정밖에 없는데, 군에는 군수, 속(屬), 기수(技手), 통역생(通譯生), 삼림주사(森林主事) 등의 직원과 명예직인 참사를 둘 수 있도록 되어 있었다. 군수는 도장관의 지휘 감독을 받아 법령을 집행하고, 관내 행정사무를 장리(掌理)하며, 부하 관리를 지휘 감독하도록 되어 있었다. 또한 군수가 명령이나 처분으로 규제에 반하거나 공익(機構)을 해치거나 권한을 침범(侵犯)하는 행위를 했다고 인정될 때 그 처분을 취소하거나 정지할 수 있는 권한은 도장관에게 부여되어 있었다. 군은 식민지배가 시작되는 시점에서 이미 단체로서의 성격을

---

15) 朝鮮總督府, 『地方行政例規』, 1915, 1~6쪽.

박탈당한 채 행정을 관리하는 직원만을 둘 수 있는 잠정적이고 허구적인 단체로 축소되어버렸다. 그러므로 군수에게는 명령을 발령할 수 있는 권한이 없었으며, 다만 법령을 집행하고 면을 지휘 감독할 권한만이 주어지게 되었다.[16]

이러한 군의 행정상의 지위는 군 경계의 통폐합을 계기로 더욱 잠정적인 것으로 변화하게 되었다. 1914년 총독부는 220개 군 제도를 확립하기 위한 군의 통폐합 작업을 전격적으로 단행했다. 군현제 아래에서 군현의 통폐합 작업이 얼마나 어려운 과제였는가를 상기한다면, 1914년에 전격적으로 단행된 군 통폐합이 가진 폭력성을 짐작하기는 어렵지 않을 것이다. 앞 장에서 살펴본 것처럼 이미 통감부 설치기에 군의 폐합이 부분적으로 진행되고 있었지만, 군 구역의 변경이 초래하는 지역민의 상이한 이해 사이의 갈등은 이를 매우 어려운 과제로 만들고 있었다. 이에 군 구역의 폐합은 위로부터, 전격적이고, 강제적인 방식으로 추진될 수밖에 없었던 측면도 있다. 여기에 지역민의 이해 갈등이 제대로 조정되어 반영되기란 어려운 일이었다.

군 구역을 신속히 폐합해야만 했던 것은 크게 보면 두 가지 이유 때문이었다. 하나는 그 시기에 진행되고 있던 토지조사사업을 원활히 진행하기 위한 것이었다. 앞서 살펴본 것처럼 군 이하 면이나 촌락의 경계가 명확하지 않았기 때문에 토지조사사업에서 토지의 경계를 사정(査定)하고 소유권을 확정하는 일도 원활하게 진행하기가 어려웠다.[17] 토지조사사업을 마감하기 위해서라도 군과 면의 구역을 폐합하여 확정해야만 했던 것이다.

다음으로는 군 행정의 재조정, 즉 잠정적 행정 단위로 군을 한정하기 위해서

---

16) 군의 행정상의 지위를 이처럼 잠정적이고 과도적인 것으로 만들려고 의도하고 있었기 때문에, 실제로 면 행정을 지휘 감독하는 군의 서기에는 일본인을 주로 임용했지만 군수는 주로 조선인으로 임용할 수 있었던 것이 아닌가 한다. 물론 군의 행정상의 양면성이 지속되자 1920년대 이후에는 일본인 군수의 임용을 늘려가지만, 식민지배 말기까지 조선인 엘리트들이 군수로 많이 임용되었다. 군수의 임용 상황에 대해서는 박은경, 『일제하 조선인 관료 연구』, 학민사, 1999 참조.

17) 토지조사사업과 군면 통폐합의 관계에 대해서는 宮嶋博史, 『朝鮮土地調査事業の硏究』, 東京大出版部 참조.

는 종래의 군이 가지고 있던 지역적 통합성을 해체할 필요가 시급했기 때문이다. 위로부터 강제적으로 단행된 군 폐합의 가장 두드러진 특징 중의 하나는, 남쪽 지방과 북쪽 지방 사이에 차이는 있지만, 40방리(方里)의 면적과 1만 명의 인구라는 균일한 기준에 맞추어 단행되었다는 점이다. 면적과 인구라는 단일한 기준을 적용하여 비교적 균일한 공간을 만들어내는 과정은, 탁상 위에서 그리고 단기간에 가능한 일이지만, 이런 방식의 구역 획정이 얼마나 불합리하게 진행되었는지를 추정하는 것 또한 어렵지 않다. 구역의 변화 폭이 심하고 강제적일수록 종래의 군이 가지는 통합성에는 부정적인 영향을 끼치게 마련이다.

하지만 군 폐합 방식이 가진 폭력성보다는 군의 통폐합이 면 및 동리의 통폐합과 연계되어 추진되었다는 점에 더 주목할 필요가 있다. 군의 폐합이 단행되지 않은 상태에서 면과 동리의 통폐합을 추진하는 것이 현실적으로 어려운 작업이었기 때문이기도 하지만, 군 폐합 이후에 면과 촌락을 대상으로 비교적 균일한 구역을 확정함으로써 초래되는 효과는 가공할 만한 것이었다. 면의 폐합은 군의 폐합을 전제로 한 것이었고, 면의 폐합 이후에야 면제를 실시할 수 있었다. 군의 폐합으로 인하여 초래되는 '공간의 양적 균일성'은 면과 촌락의 폐합이 가져오는 효과와 맞물려, 양화된 서구적 공간관을 수용할 수 있는 여지를 넓히는 역할을 하였다. 공간의 균일화는 지배의 효율성을 제고하기 위한 가장 중요한 조치 중의 하나임에 틀림없다. 각급 행정의 효율적 침투는 균일한 행정 단위를 필요로 하는 것이고, 이는 먼저 공간의 균일화를 요구했다.

1917년 면제가 시행되면서 면제 제정의 취지를 확실히 하기 위해서라도 그동안 군이 경영하고 있던 사업을 더 이상 유지할 필요가 없게 되었다. 군의 재정권을 현실적으로 그리고 최종적으로 박탈한 것은 면의 재정 운용권을 확보하기 위한 조처였다. 1918년 총독부에서는 군의 사업을 정리하는 통첩을 발령했다.

종래 군도(郡島)에서 토목(土木) 권업(勸業) 등의 사업을 시설(施設)하는 곳도 있었지만 원래 군도가 사업 주체가 되는 것은 법령이 인정하지 않는 바일 뿐만 아니라 면제도 실시되어 지방에서도 종래의 협의비사업(協議費事業)의 정리를 기하고 있는 금일, 군도의 사업을 인정하는 것은 온당하지 않으므로 그 사업 중 면의 사업으로 인정할 수 있는 것은 면으로 나머지는 지방비(地方費)로 옮기는 등의 방법으로 정리할 것.[18]

조선총독부는 이를 통해 면제 제정 이전에 군이 독자적으로 시행하고 있던 사업을 그 성격에 따라 면과 지방비(地方費＝道)로 나누어 정리한 것이었다. 이로써 군은 사업 경영의 주체가 될 수 없었으며, 1921년 이후 군이 경영하던 각종 사업은 실제로 완전히 없어지게 되었다.

이리하여 면제 시행 이후 군은 과도적 행정기관 또는 행정구획으로서의 지위를 공식적으로 부여받지만, 군에는 면을 감독하는 기능이 유지되었다. 「조선총독부지방관관제」에 규정된 군수의 권한으로 "도장관의 지휘 감독을 받아 법령을 집행하고, 관내 행정사무를 장리(掌理)하며, 부하 관리를 지휘 감독한다"라는 규정에 비추어보면, 군의 권한에는 면의 각종 행정을 최종적으로 책임지는 권한과 아울러 관내 행정사무를 장리할 권한이 주어져 있었다. 세무에 관한 사무 등 총독부의 위임사무(委任事務)를 제외하면, 잔존 관내 행정사무 가운데 가장 중요한 것은 보통학교를 운영하는 사무와 삼림조합이나 농회(農會) 등의 각종 산업단체를 관리하는 사무 두 가지였다.[19] 이후 군의 지위 변화는 이런 행정사무를 관리하거나 지휘 감독하는 권한에 초래되는 변화를 둘러싸고 평가되어야 한다.

면제 제정 이후 군 행정이 어떤 방식으로 운용되었는가에 대해서 면 행정에

---

18) 「郡島事業整理의 件」(政務總監 通牒, 內一 제435호, 1918. 3), 『朝鮮地方行政例規』, 帝國地方行政學會, 1927, 69~70쪽.

19) 이 밖에 鄕校 사무를 郡이 관리하고 있었지만, 향교 재산이 보통학교로 이관되고 난 뒤의 향교 사무는 거의 유명무실한 것에 지나지 않았다.

대한 군의 지휘 감독 방식을 통해서 좀더 구체적으로 살펴보겠다. 먼저 군에 소속된 관리를 통해서 군 행정의 상황을 짐작해보자. 「조선총독부지방관관제」 가 1920년에 개정되면서 군에 둘 수 있는 관리의 수도 늘어나게 된다.[20] 군에 서 근무하던 직원 수를 정확하게 산출하기는 어렵지만, 국비와 도지방비에서 지출되는 도-군 관리의 수가 꾸준히 늘어나고 있었던 것으로 보아 군 직원 역 시 마찬가지였을 것으로 보인다. 지방비 예산의 군에 대한 지출도 매년 증가하 고 있었는데, 이 가운데 40% 이상을 봉급이 차지하고 있었다.[21] 도(지방비)와 군의 관리는 총독부 예산의 지출 대상이었다. 이와 아울러 「군사무분장규정(郡 事務分掌規程)」을 두어 서무계(庶務係, 10명)는 면 행정과 학교조합·수리조합 에 관한 사항 등을 담당하고, 재무계(財務係, 1명)는 국세·지방세·학교비의 부 과 징수, 기타 세무 등등을 담당하도록 했다. 각 계에는 주임(主任)을 두고 속 (屬)으로 충당했다.[22] 이를 통해서도 세무 등의 위임사무만이 아니라 군의 잠 정적 감독사무도 결코 줄어들지 않았다는 사실을 확인할 수 있다.

또한 군은 면 사무(面事務)를 지휘 감독하기 위하여 면 사무에 대한 감사를 실시하고 이에 대해 책임을 지도록 했다. 진주군(晉州郡)의 「면내무사무감사규 정(面內務事務監査規程)」[23]에는 1년에 적어도 2회 이상의 면 사무 감사(監査) 를 행하고, 결과를 보고하며, 결과에 대한 행정상의 처분을 하도록 규정해놓고 있다.[24] 진주군의 감사 규정은 비록 면제가 실시되기 전의 것이지만, 면이 행

---

20) 「朝鮮總督府地方官官制」, 1920년 10월 제450호 개정, 朝鮮總督府, 『地方行政例規』, 1927,
    1~8쪽. 1920년에 개정된 관제에서 군 직원의 수를 보면 郡守 218인, 屬 2,373인, 技手 127인,
    通譯生 2인, 稅務吏 80인, 森林主事 77인 등인데 특히 屬의 수는 이전에 비하여 상당히 늘어난
    것이다.
21) 김옥근, 『일제하 조선재정사 논고』, 일조각, 1994 참조.
22) 任洪淳, 『朝鮮行政要覽』, 朝陽出版社, 1929, 59~63쪽.
23) 「면내무사무감사규정」(경상남도 훈령 2호, 1913년 1월 9일 경상남도장관), 吉村傳, 『面行政指
    針』, 1916, 88~101쪽.
24) 「면내무사무감사규정」(경상남도 훈령 2호, 1913년 1월 9일 경상남도장관), 吉村傳, 『面行政指
    針』, 1916, 88~101쪽. 감사 사항의 세목을 자세히 규정하고 있는데, 1) 일반 사항으로 면사무
    소 위치의 적부, 면동리 구역의 적부, 호구 증감의 상태, 민심의 경향, 인정풍속과 관습의 변천,

하는 모든 사무와 아울러 면이 처한 일반 상황이 모두 군의 감독 사항이 되었다. 이처럼 면 사무를 구체적으로 규정하여 감독하도록 한 것으로 보더라도, 종래의 군 행정을 활용하여 면을 제도화시킴으로써 궁극적으로 군을 폐지하고자 한 정책적 발상에는 무리한 측면이 있었고, 또한 상당한 시간이 소요되어야 할 것이라는 점을 짐작할 수 있다.

이처럼 군의 면 행정에 대한 감독기능은, 면의 일반 행정사무 곧 위임사무만이 아니라 면 구역 내의 공공사무 즉 면의 고유한 단체사무에 대해서도 적용되는 것이었다. 면 행정의 군에 대한 종속적인 성격이 가장 적나라하게 드러나는 부분은 아마 면의 재산 처분에 대한 군의 관리 규정일 것이다. 다음의 판결을 통하여 면 행정의 종속적 성격을 구체적으로 이해할 수 있다.

> 1912년 11월 25일 시행된 조선총독부 함경남도령(咸鏡南道令) 제2호 「면급동리유재산관리규정(面及洞里有財產管理規程)」 제2조 제1항 면급동리유재산의 처분을 할 때 또는 부담부증여(負擔附贈與)를 받을 때는 부윤 또는 군수의 인가를 받아야 한다는 규정은, 면과 동리유재산의 처분을 할 때는 부윤 또는 군수의 인가를 받을 것을 요하고 그 인가를 받지 않고 하는 처분은 무효로 한다는 것을 법의(法意)로 한다.[25]

이 판결에서 면 재산이나 동리 재산을 처분할 때 반드시 군수의 인가를 받도

생활 상태의 변천, 일선융화의 상황, 교통의 편부 등에 대해서 감사하도록 했다. 2) 면의 집무에 관한 사항으로는 면사무소의 상황, 문서처리의 상황, 勤怠의 상황, 吏員의 상황, 면민에 대한 接否의 상황, 면장 공전영수원 교체 때 사무인계의 상황, 公印과 물품 보관의 방법 등 변장과 面吏員의 면 사무 집행 일반에 관하여 모두 감사하도록 했다. 3) 이어 면 경제에 관한 사항으로 예산과 결산, 面費 경리의 상황, 면비 부과의 상황, 면비 이외 면민 부담의 상황 등을, 4) 다음으로 면동리유재산에 관한 사항으로 면동리유재산의 종류별 수와 액수, 관리 방법, 재산대장, 수익과 이용방법 등을, 5) 동리장 지도 감독에 관한 사항으로 동리장 집무사무 항목, 동리장 감독의 지도 방법 등에 대하여 감사하도록 했다. 6) 그 밖에 법령 주지의 상황, 근검저축의 상황, 滯納의 상황, 산업일반의 상황, 교육의 상황, 토목, 위생 등의 사항을 감사하도록 했다.

25) 「府尹郡守의 인가 없는 면과 동리유재산 처분의 효력」(1917년 12월 27일), 朝鮮高等法院, 『朝鮮高等法院判例要旨類集』, 1943, 796쪽.

록 한 것은 면 단체사무의 독립성에 대한 중대한 침해였다. 이는 또한 면의 단체로서의 독립성이 매우 취약했다는 점을 방증하는 것이기도 하다.

군이 효과적으로 면 행정을 지휘 감독하도록 하기 위하여 1910년대에는 주로 군 서기를 대상으로 집중적인 교육을 실시했다. 군과 면의 서기를 대상으로 한 '도부군도 서기강습회(道府郡島書記講習會)'는 대개 1910년대 초반에 시작하여 1918년까지 실시된 것으로 보인다.[26] 그리고 1920년대 들어서는 군수를 대상으로 '지방개량강습회(地方改良講習會)'를 실시하고 있다. 지방개량강습회는 매년 50명의 군수를 대상으로 1921년부터 1924년까지 실시되었던 것이 확인되고 있다.[27] 이는 '지방개량'을 목표로 한 강습회였으므로 군면 행정의 다양한 측면에 대한 총독부 관리들의 강습뿐 아니라 내무국장(內務局長) 등의 총독부 관리들과 군수들 사이의 간담회도 열었다. 이런 사례 역시 군의 면 행정에 대한 지휘 감독기능이 어떤 의미에서는 더욱 강화될 필요를 느끼고 있었음을 보여준다.

군이 면에 대하여 가진 권한이 매우 광범했기에, 면은 독립적 행정기관으로 규정되고는 있었지만 사실상 군 행정의 말단 사무를 담당하는 것에 지나지 않는 것으로 비칠 정도였다. 1930년 면제가 읍면제로 법제상 정비되어 1931년부터 시행되면서 읍면의 권한이 확대되었다. 면과 면장의 권한이 확대되면서 군수와는 단순 경과조치를 협의하는 수준에 머무르는 사무가 확대되었다. 그럼에도 여전히 군수가 읍면에 대한 제1차 감독자였고, 감독에 필요한 명령이나 처분을 행하는 권한과 아울러 읍면리원(邑面吏員)에 대한 징계, 읍회·면협의회의

---

26) '도부군도 서기강습회'에서 진행된 강연은 매년 자료집으로 간행되었는데, 1914년부터 1918년까지의 자료집이 확인된다. 『朝鮮總督府道府郡島書記講習會講演集』 1915~1919년, 朝鮮總督府 참조.

27) 매년 50명의 군수를 대상으로 교육을 실시했으므로 220여 명의 군수 전체에 대한 교육에는 4년 내지 5년이 소요되었겠지만, 지금으로서는 1921년부터 1923년까지 3년 동안의 자료만이 확인되고 있다. 매년 강습회가 끝난 뒤에는 『지방개량강습회』라는 자료를 남기고 있다. 朝鮮總督府, 『地方改良講習會』 1~3회, 1922~1924 참조.

정회 등의 권한도 군에 속해 있었다. 읍장(邑長)이 읍회의 의결을 재의(再議)에 부칠 경우나 읍회 의원 선거를 다시 할 경우, 면협의회가 성립되지 않아 면장이 전결처분(專決處分)을 하는 경우 등도 모두 군의 지휘를 받아 집행하도록 되어 있었다. 이처럼 읍면제 시행 이후에도 면 행정은 여전히 군의 관리 아래 놓여 있었다.[28]

이런 상황이었기에 군수는 일개 통신기관으로서 '우편국장'이고, 군 행정은 '우편행정'이라는 조롱을 들을 정도로[29] 그 정체성에 대한 의문은 집요하게 제기되었다.[30] 군은 도의 지휘를 받아 면의 행정을 감독하고 있었지만 단체로서의 독자적인 권한은 주어지지 않았으므로, 군의 행정은 도와 면을 중개하는 통신기관으로 비치고 있었다. 이와 관련하여 재미있는 사실은 군의 사무가 문서의 취급 건수로 표현되기도 했다는 점이다. 1931년 영일군의 경우 문서 취급 건수가 서무와 재무를 합쳐 1만 1,531건인데, 이는 산술적으로도 하루 평균 30건을 상회하는 것이었다.[31] 군의 사무가 면 행정에 대한 책임을 지고 있다고는 하지만, 실은 이처럼 도와 면의 사무를 매개하는 성격이 강했다.

면이 사실상 군의 말단 행정기구인 것처럼 비치는 상황과 이와는 반대로 군의 실제 업무는 대개 매개적이고 잠정적인 것뿐이었다는 이중적인 상황, 곧 군 업무에서의 제도적 잠정성과 현실적 지속성이라는 군의 양면성은 계속되었다. 곧 군은 제도적으로 폐지되어야 할 과도적인 기구로 규정되어 있었지만, 면의

---

28) 山田正浩, 「朝鮮における1914年の行政區劃改正について－郡區劃の檢討を中心に」, 『歷史地理學紀要』 17號, 1975.

29) 「郡行政組織의 改造를 要望하고 아울러 郡制의 施行을 絶叫한다」, 『地方行政公論』, 帝國地方行政學會朝鮮本部, 1928, 54~60쪽.

30) 金史良의 소설 「풀속깊이」에 나오는 다음과 같은 말은 군수의 위치를 잘 말해주고 있다. "군수라고 하면 급료는 낮고 지출은 지나치게 많은 존재이고 실권은 모두 부하인 내무주임에게 장악되고 있다. (중략) 군수는 정해진 자신의 작은 관사에서 쿨쿨 낮잠을 자거나 차만 마시고 있거나 하품을 하거나 하면서 날을 보낸다. 행정 일체는 내무주임에게 맡겼다고 보면 틀림없다. 때때로 부하가 결재를 요구하면 커다란 도장을 빵빵 서류에 찍는 것이 낙이다." 윤대석, 「식민지인의 두 가지 모방 양식」, 『식민지 국민문학론』, 역락, 2006, 109쪽에서 재인용.

31) 迎日郡, 『郡行政一般』, 1931, 104·105쪽.

취약성으로 인하여 면의 행정을 감독하는 기능을 유지할 수밖에 없어 현실적으로 군의 감독기능이 병존하는 상황의 이중성은 지속되었다. 군의 이런 상황은 군의 제도적 정체성에 대한 논란을 낳았다. 1920년대 이후 군과 관련한 논의는 대개 군제의 복구를 주장하는 것이었으며, 군제 복구를 주장하는 논의의 바탕에는 면의 발전이 느리다는 점이 가장 중요한 이유를 차지하고 있었다. 도와 면이라는 새로운 행정제도, 즉 지방행정제도의 도-면 2급제를 시행하기에는 도와 면의 발전이 너무 부진하다는 점이 군제의 복구를 요구하는 주장의 바탕에 깔려 있었다. 도와 면의 실력과 행정적 지위가 높아지기까지는, 즉 도-면 2급제가 자리를 잡기까지는 잠정적인 조치로서 군제를 복구하는 것이 유리하다는 것이었다.[32]

다른 한편 군의 역할이 매우 모호하고 또한 소모적이라는 점을 들어 군제의 복구를 요구하는 주장도 있었다. 군 행정조직과 군에서 관리하는 각종 관제단체가 형식상으로는 정비되어 있지만 실제 내용상으로는 불철저하고, 그 때문에 군민의 부담금을 남비(濫費)하는 경향이 있다는 것이다. 이에 따라 군수의 사무도 소모적으로 된다는 것이다. 다시 말하면 중앙의 위임사무인 세무 관련 사무와 각종 관제 산업단체의 사무 때문에 원래의 군 행정, 즉 면 사무의 지휘 감독에 지장을 초래하고 있으며, 이에 따라 변칙적으로 군에 부여된 학교비 사무와 향교재산 사무를 제외하면 실제로 군수는 일개 통신기관인 우편국장에 지나지 않는다고 군 행정 현황을 진단했던 것이다.[33] 이런 모호하고 소모적인 행정을 탈피하기 위해서 오히려 군제를 복구하여 군에 확실한 업무를 부여하자는 논리이다.

32) 任洪淳, 『朝鮮行政要覽』, 朝陽出版社, 1929, 374~383쪽.
33) 「郡行政組織의 改造를 要望하고 아울러 郡制의 施行을 絶叫한다」, 『地方行政公論』, 帝國地方行政學會朝鮮本部, 1928, 54~60쪽. 『地方行政公論』은 1928년 이전에 『朝鮮地方行政』이라는 잡지에 투고된 지방행정에 대한 의견을 모아 간행한 책인데, 여기에는 군·면 행정의 제도적 보완을 요구하는 내용의 글이 많다. 한편 『朝鮮地方行政』에는 1930년대에도 독자투고가 많이 게재되고 있는데, 그 내용은 학교 관리와 관제단체 관리 사무 등 군의 잔존 기능을 면으로 이전함으로써 면의 기능을 강화할 것을 요구하는 것이 많았다. 이는 1930년대가 되면 현실적으로 면이 강화되고 있었음을 반영하고 있는 것이겠다.

〈2-1〉 군 각종 단체 예산 총액과 군민 부담액 및 사무비 사례

구분	학교비	농회비	축산동업조합비	기업조합비	계	각 단체 평균액
군 예산 총액	18,149	5,029	4,614	3,979	31,771	7,943
단체 부담액 총액	5,016	1,774	1,386	2,115	10,291	2,573
사무비 총액	816	751	1,063	730	3,360	840

(자료) 河勝弼,「地方制度를 改正하라」,『地方行政公論』, 帝國地方行政學會朝鮮本部, 1928, 95~98쪽.

군의 사무 가운데 학교비 사무를 제외하면 가장 많은 부분을 차지하고 있던 것이 관제단체를 관리하는 사무였다. 위의 논의에서도 세무 관련 사무와 아울러 관제단체 사무가 군의 사무를 소모적으로 만든다는 점을 지적하고 있다. 군을 단위로 하는 농회와 산업조합(産業組合) 등의 관제단체 사무 때문에 군이 실제 수행해야 할 역할이 방해받고 있으므로 이런 사무를 군에서 분리시키거나 면으로 이양해야 한다는 논의가 군-면 행정과 관련한 논의 중에서는 가장 다수를 차지했다. 어떤 논자는 표〈2-1〉과 같은 예산의 근거를 제시하여 군제 시행의 타당성을 주장하기도 했다.

표〈2-1〉을 보면 군 예산 총액의 3분의 1 정도는 학교비를 비롯한 각 산업 단체 자체가 부담하고 있고, 사무비 총액은 단체 부담액 총액의 3분의 1(32.6%)을 차지하고 있다. 이 가운데 한국인 보통학교 예산인 학교비가 예산과 부담액 가운데 가장 큰 비율을 차지하고 있으므로, 학교비를 군에 통일해버리면 군제 실행에 불편이 없을 것이라는 주장이다.[34] 이는 한 군의 사례에 지나지 않는 것이지만, 대체로 군 행정이 관제단체로 말미암아 큰 지장을 받고 있다는 점을 확인하는 데는 무리가 없다.

이처럼 군제를 복구할 것을 요구하는 근거로는 도-면의 발달이 부진하다는 점, 군의 역할이 매우 모호하다는 점, 군에 위임된 관제단체 사무 때문에 군의

---

34)　河勝弼,「地方制度를 改正하라」,『地方行政公論』, 帝國地方行政學會朝鮮本部, 1928, 95~98쪽.

역할이 소모적이라는 점 등이 거론되었는데, 이들은 모두 상호 연관된 것으로서 군의 '양면성' 때문에 발생하는 것이었다. 그럼에도 이들은 모두 군제 복구를 잠정적인 것으로 간주하고 있었다. 즉 궁극적으로 면제의 확립을 인정하고 있었던 것이다. 이들은 군제의 복구를 요구했음에도 도-면의 2급제에 대한 정책적 지향 자체에 대해서는 의문을 제기하지 않았다. 이런 논의를 제기한 사람은 대부분 총독부 관리로 근무하던 사람들이었으므로 아마 총독부 정책의 본질을 정면에서 반대하기는 어려웠을 것이다.

이에 반하여 일본인 관리 중에서는 군제를 복구하여 도-군-면의 3계급의 자치체를 만들어 나가야 한다고 주장하는 사람도 있었다. 군회(郡會)를 설치하여 군을 자치기관으로 편성하고, 학교비령을 폐지하여 군의 예산으로 편입하여 군이 자치단체로서의 독자적 공공사업을 실행할 수 있도록 만들어 나가야 한다는 것이었다.[35] 이런 주장은 예외에 속하는 것이었지만, 군의 실제적 역할을 인정하고 이를 제도화하자는 점에서는 공통된 인식을 보여준다.

이처럼 잠정적으로라도 군제를 복구하자는 요구가 계속 제기되고 있었지만, 군제는 복구되지도 않았으며, 일본에서처럼 완전히 사라지지도 않았다.[36] 현실적으로 군의 감독기능은 여전히 필요한 상태로 남아 있었고, 면의 사회적 통합도 지체되고 있었기 때문이다. 1938년 이후 국민정신총동원운동의 과정에서도 마찬가지였지만, 1940년 국민총력조선연맹이 발족할 때에도 국민총력군연맹(國民總力郡聯盟)은 국민총력면연맹(國民總力面聯盟)과 함께 조직되었다. 국민총력군연맹은 군 전체의 단체와 개인을 단위로 조직되어 하부연맹을 감독하는

---

35) 守屋榮夫,「朝鮮 地方制度의 改善에 대하여」,『朝鮮地方行政』1929. 2, 6~10쪽. 모리야 에이오(守屋榮夫)는 조선총독부에서 事務官을 지낸 다음 일본의 衆議院 議員으로 활동하던 사람이다. 그는 일본에서 郡制를 폐지한 것은 잘못된 정책이었기에 한국에서는 그 전철을 밟아서는 안 된다고 보았다.

36) 일본에서는 군이 1921년에 완전히 폐지되었다. 조선의 경우에도 일본의 정촌제 모델을 바탕으로 도-면 2급제를 실시하고 있었기 때문에, 군은 궁극적으로 폐지되어야 할 것으로 일반적으로 간주되고 있었다.

기능이 부여되었으며, 군수는 이사장을 맡게 되어 있었다.[37] 전시 총동원체제 하에서도 여전히 군의 기능은 매개적이고 잠정적인 것으로 남아 있었다.

여기에는 군이 관리하고 있던 면과 아울러 관제단체의 발전이 지체됨으로써, 역으로 군을 구역으로 한 사회적 통일성이 여전히 강하게 기능하고 있었다는 데에도 큰 이유가 있었다. '군의 양면성'의 이면인 군의 사회적 통합성에 대하여 살펴봐야 할 까닭도 여기에 있다. 군의 지역적, 사회적 통합성은 어느 정도로 유지되고 있었던 것인가? 군이 지역적으로 통폐합되었기 때문에 신군(新郡)에 편입된 구군(舊郡) 지역과 새로 편성된 군 지역을 나누어 살펴볼 필요가 있겠다. 먼저 구군의 사회적 역할은 식민지배 말기까지도 일정하게 유지되고 있었다. 그것은 주로 양반 유림을 중심으로 하는 것이었다. 사회적 영향력이 크다고 보기는 어렵지만 구군을 단위로 향교와 문묘가 유지되고 있었고, 석전(釋奠)의 제사조직이 그대로 잔존하고 있었다. 그리고 부분적으로는 유안(儒案)이 유지되는 경우도 있었다. 이것이 가장 확실하게 남아 있는 구군의 사회적 통일성의 잔재였다. 문묘와 석전은 신군 단위로 편성되지 않았고, 통합된 군 간에 석전을 둘러싼 대립이 발생하는 경우도 있었다. 이런 현상은 바로 구군의 통합성이 일정하게 유지되고 있었음을 보여주는 것이다.[38]

하지만 구군의 사회적 통합성보다 현실적인 문제가 되는 것은 새로 편성된 군 지역의 통합성 문제일 것이다. 앞서 살펴보았듯이 군은 행정적으로도 잠정적 지위를 그대로 유지하고 있었으며, 이와 아울러 농회, 금융조합, 기타 산업조합 등의 관제단체가 주로 군을 단위로 활동을 유지하고 있었고, 군 직원이 관제의 산업단체를 관리 감독하면서 재원의 일부를 그런 단체로부터 충당하고 있었다. 군의 행정적인 역할 가운데 가장 중요한 것이 보통학교를 운영하는 것이었다. 보통학교의 설치는 학교비령으로 정해져 있었는데 설립 구역의 결정,

37) 朝鮮總督府, 『半島의 國民總力運動』, 1941, 31~33쪽.
38) 鈴木榮太郎, 「朝鮮의 農村社會集團에 대하여」, 『朝鮮農村社會의 研究』(『鈴木榮太郎著作集』 5), 未來社, 1973, 39~88쪽.

비용의 결정, 비용에 관한 사무담당, 학교평의회원의 임명 등 보통학교의 운영에 관한 거의 모든 권한은 식민통치 기간 내내 군이 관장하고 있었다. 이는 일본의 정촌제하에서 정촌의 재정 운영을 가장 곤란하게 만들고 있던 사항이 의무교육제도로 시행되고 있던 소학교의 설립 및 운영과 관련한 문제였다는 점과 비교하면 선명하게 대조된다. 식민지 한국에서는 초등교육에조차 의무교육제도가 도입되지도 않았지만, 면이 보통학교 운영을 관장한 적도 없었다. 한국의 면은 보통학교를 운영할 만한 재정적 능력을 가지고 있지 않은 것으로 간주되었고, 실제로 면의 재정은 그런 상황에 처해 있었다.

이에 따라 군을 중심으로 한 사회적 관계도 지속되고 있었으며 어떤 측면에서는 오히려 늘어나는 부분도 있었다. 그러므로 신군은 단순한 행정적 통치단위로만 기능하기보다는 관제단체를 중심으로 한 사회적 관계가 유지되는 통일적 공간으로서의 성격도 아울러 가지고 있었다.[39] 이처럼 식민지배 말기까지 군의 사회적 통합성은 상당한 정도로 유지되고 있었고, 면이 그것을 대체하지는 못한 상태였다고 할 수 있다. 제도적으로 폐지되어야 할 것으로 규정되어 있던 군이 결국 폐지되지 않았던 것은 바로 이런 이유 때문이다. 그러나 면의 행정기능이 강화되고 관제단체가 면 중심으로 점차 이전되어갔다면, 면의 통합성은 더욱 높아지게 될 것이었다. 그럼에도 면은 결국 그런 정도의 단체적 성격을 확보하지 못했다. 이처럼 군은 행정적으로 잠정적 지위를 유지하고 있었고, 지역적·사회적 통일성을 가지고 있었기 때문에 역으로 면의 행정적·사회적 통일성이 제약받고 있었다고 할 수도 있다.

해방 후 한국 사회에서 식민지기에 통폐합된 (신)군이 행정적, 사회적으로

---

39) 새로 편제된 군 역시 촌락민의 생활공간으로 일정한 통합성을 발휘하고 있었다. 대부분의 농민운동은 新郡을 단위로 수행되고 있었고, 군 폐합 이전 舊郡을 단위로 한 운동은 1920년대 후반까지만 산견될 뿐이다. 여기에는 운동을 행정구역을 단위로 수행하는 것이 효과적이라는 판단과 아울러 신군이 생활공간으로 재편되고 있었던 현실적 이유도 작용하고 있었을 것이다. 농민운동의 전개 양상에 대해서는 지수걸, 『일제하 농민조합운동 연구』, 역사비평사, 1993 참조.

상당한 통일성을 유지하면서 지방행정의 중심 역할을 수행하게 되었던 것은 바로 이런 상황을 반영한 것이었다. 1950년대 북한에서는 농업집단화를 추진하면서 면을 폐지하고 군을 행정적·사회적 통합의 중심 단위로 활용하게 된다. 북한에서 면을 폐지하고 군을 중심 단위로 활용할 수 있었던 것 역시 군과 면의 통합성의 정도를 가늠하는 지표가 될 수 있다.

이 장에서는 주로 군을 중심축으로 삼아 식민지배기에 수행된 지방행정제도 개편의 전체적인 방향에 대하여 살펴보았다. 총독부는 도-면의 행정 2급제의 확립을 궁극적 목표로 설정하고, 일단 도-군-면의 행정계열화를 현실화했다. 제도적으로 현실화된 행정제도의 내용은 군의 역할을 면의 감독기능에만 국한시킨 채, 면제를 실시하여 면의 단체로서의 역할을 제고시키려는 것이었다. 군은 제도적으로는 단체로서의 성격이 전혀 인정되지 않았지만 현실적으로는 면의 감독기능을 중심으로 유지되고 있었고, 이를 통하여 신군 역시 사회적 통합성을 일정하게 확보하고 있었다. 이처럼 군은 두 개의 얼굴을 가진 채 그 생명을 지속시키고 있었다. 군을 제도적·현실적으로 약화시키려 한 총독부의 의도는, 궁극적으로 제도화된 면에 촌락을 흡수함으로써 지방을 효과적으로 지배하려는 의도를 가진 것이었다. 두 얼굴을 가진 군의 모습을 통해서도 일제의 지방지배정책의 궤적을 그려볼 수 있지 않을까 한다.

제2장
'면제'의 근대적 성격

1. 면제 제정과 근대적 시공간의 형성

면제는 서구적 관료-행정제도의 도입을 핵심으로 하는 제도였다. 그 내용과 성격은 기본적으로 면 담당구역의 획정과 서구적 문서행정제도의 도입, 그리고 행정 담당자의 성격 변화를 통해서 이해할 수 있다. 종래의 면을 통폐합하여 면의 구역을 새로이 획정하는 작업과, 서구적 문서행정제도를 면 행정에 도입하는 작업은 면을 제도로서 확립하기 위한 기초 작업으로 간주되고 있었다. 1917년 면제를 본격적으로 실시하기 이전에, 총독부는 이미 '병합' 직후부터 면 구역의 통폐합 작업과 문서행정의 도입을 차근차근 진행하고 있었다. 1914년 군의 통폐합과 면의 전면적 통폐합이 실시되었으며, 1917년 이전에 면 행정의 문서화 작업은 거의 마무리되었던 것으로 보인다.

총독부로서는 이미 기존의 군 제도를 공허하게 만들어버린 이상 면 행정 자체의 내실을 기할 필요가 절실했으며, 이를 충족시키지 않은 채로 면제를 실시할 수는 없었다. 다시 말하면 이런 전제 위에서만 서구적 관료-행정제도로서의 면제를 전면적으로 추진할 수 있었다. 그리고 관료-행정제도의 핵심적 내용은 비인격적 관료지배 바로 그것이었다. 이제 차례로 면 구획의 획정 작업과 문서 행정의 도입 과정 그리고 면 행정 담당자의 변화와 그 성격에 대하여 살펴보기로 하겠다. 면제 실시의 의미는 이런 작업을 통해서 드러나게 될 것이다.

한국 종래의 면은 군과 마찬가지로 그 광협(廣狹)과 인구에서 큰 편차가 있었을 뿐만 아니라, 지방단체로서의 면은 제도적-현실적인 역할 수행에서도 큰 편차를 가지고 있었다. 면제를 실시하기 위해서 면 구역을 평균화하는 작업을 먼저 수행해야 한다는 것은 비단 그것이 식민권력이 아닐지라도 인식할 수 있는 문제였다. 그런 시도를 조선 후기부터 갑오개혁기까지 계속해서 확인할 수 있는 것은 바로 이런 이유 때문이다.

면 폐합을 통한 면 구역 획정의 의미를 살펴보기 위해서는 먼저 면 폐합 이전 면 구역의 일반적 상황을 살펴볼 필요가 있다. 면 폐합 이전의 면 구역은 면적의 차가 매우 크다는 점이 가장 두드러진 특징이었다. 면적이 가장 큰 면은 경상도 상주군(尚州郡) 화북면(化北面)으로 동서 30리 남북 20리 즉 3,600 평방리(平方里)이고, 작은 면의 경우 금산군(金山郡) 미곡면(米谷面)과 현풍군 (玄風郡) 모곡면(毛谷面)처럼 동서 5리, 남북 1리로 면적이 5평방리에 지나지 않는 면도 있었다. 특히 경상남도 진주군 이곡면(耳谷面)의 면적은 겨우 1평방 리에 지나지 않았는데, 이와 같이 작은 면을 북부 지역에서는 볼 수 없었다.[1]

또한 면에 포함된 동리의 수에서도 큰 차를 보이고 있었다. 경북 영천군(永川郡) 북습면(北習面)은 42동이었고 앞의 상주군 화북면은 39동이었음에 반해 현풍군 동부면(東部面)은 겨우 3동에 지나지 않았고 진주군 옥봉면(玉峯面)은 1면 1동이었다고 한다. 대체로 1면의 동수(洞數)는 10개에서 20개 사이가 보통이었다고 한다. 마찬가지로 호수(戶數)에서도 큰 차를 보이고 있었는데, 2천 여 호를 상회하는 면이 있었던 반면 50~60호에 지나지 않는 면도 있었다. 이처럼 종래의 면은 호수를 기준으로 하더라도 20배 이상의 차이를 보이고 있었

---

1) 山道襄一, 『朝鮮半島』, 1911, 1~9쪽.

다. 호수에서 차이를 보인 것은 동리의 경우에도 마찬가지였는데, 이 역시 백여 호를 상회하는 동이 있었던 반면, 수호에 지나지 않는 곳도 있었다. 이처럼 동리의 광협에도 매우 큰 차이가 있었던 것이다.[2]

면적과 인구에서의 큰 편차는 면의 재정 능력의 문제로도 이어지는 것이었다. 면적과 인구에서 규모가 적은 면은 면 재정에서도 취약성을 보일 수밖에 없으므로 면제 실시에 필수적인 조건인 재정적 안정을 도모하기 위해서도 면 구역의 폐합 작업은 절실했다. 1914년 단행된 면의 폐합 작업은 이런 상황을 배경으로 한 것이었다.

이제 면의 폐합 상황을 구체적으로 살펴보기로 하자. 구역 폐합은 군의 경우 면적 40방리, 인구는 남부 지역은 10만 명, 북부 지역은 5만 명, 1군당 10면을 기준으로 삼았다. 이에 비해 면은 면적 4방리, 호수 800호를 기준으로 폐합 작업을 단행했다. 1910년대 면 수의 변화를 보면 1910년 4,392개,[3] 1912년 4,341개, 1913년 4,337개, 1914년 2,522개, 1915년 2,521개, 1916년 2,517개[4]였다. 면 폐합 작업을 통하여 4,300여 개의 면이 2,500여 개의 면으로 조정되었다. 이때 구획된 면은 큰 변화 없이 식민통치기 내내 지속되었다.

그러나 폐합의 기준이 면적과 호수를 기준으로 정해지더라도 폐합의 과정 자체가 단순한 것일 수는 없었다. 지역의 상황을 고려해야 할 뿐만 아니라 지역민의 이해관계의 갈등도 반영해야 할 것이기 때문이다. 하지만 1914년의 폐합 작업은 그런 고려를 할 여유도 없이 단행되었다. 한 일본인 관리의 다음과 같은 발언은 폐합 작업의 실상을 잘 보여준다.

일본에서의 정촌(町村) 구획은 토지 민정(民政) 등을 고려하고, 인민 대표자를 모아 의견을 교환한 후 단행한 것이므로 제대로 할 수 있었던 반면, 조선은 그와 완전

---

2) 山道襄一, 『朝鮮半島』, 1911, 1~9쪽.
3) 善生永助, 『朝鮮の聚落』 前篇, 朝鮮總督府, 1933, 533~583쪽.
4) 朝鮮總督府 內務局, 『面經費ニ關スル調査書』, 1913~1919.

히 반대로 인민의 의향은 일체 고려하지 않고 관료가 함부로 책상에서 계선(界線)을 그었기 때문에 많은 문제를 낳았다. …… 대개는 하천을 경계로 삼았고 산악이라든가 교통은 전혀 고려하지 않았기 때문에, 면의 중앙에 산맥의 고개가 있거나 산의 정상을 중심으로 부락이 있는 곳이 많은데, 이런 부락은 분리되기도 했다. 또한 이런 방식의 경계 획정은 교통문제를 전혀 고려할 수 없기 때문에, 지역민 간의 교통도 매우 불편하게 되었다.[5]

이 일본인 관리의 발언은 면 폐합 전후의 사정을 잘 전해준다. 지방 사정에 대한 고려 없이, 또한 지역 대표자와의 협의도 생략한 채, 총독부의 일본인 관료가 지도 위에서, 주로 하천을 기준으로 삼아, 군과 면의 폐합을 전면적·전격적으로 단행했던 것이다. 이런 점을 감안하면, '전면적'이고 '전격적'이라는 작업 방식 자체에 이미 부당한 폭력성이 개입해 있다는 점을 확인할 수 있다.

이로 본다면 1914년의 면 폐합은 면적과 인구라는 형식적이고 양적인 기준만을 적용하여, 관료가 탁자 위에서 지도를 펼쳐놓고 단행했던 것이다. 그러므로 원래의 면이나 동리의 구역이 어떻게 이동했는가를 따져보는 것도 면 폐합의 구체적 면모를 이해하는 데에 도움이 될 것이다. 이제 면과 동의 구역 변경을 기준 삼아 면 폐합의 방식과 성격을 검토해보고자 한다. 여기에서는 평지의 군과 산지의 군을 대상으로 면 폐합의 방식을 검토하여 면 폐합의 방식을 유형화해보도록 하겠다. 먼저 평지의 군을 대표하여 경기도 여주군(驪州郡)을 대상으로 군면 폐합 이전과 이후의 상황을 비교해보겠다.[6] 여주군의 경우 원래 16면이 10면으로 폐합되었는데, 그 구체적 상황을 정리하면 표 〈2-2〉와 같다.

---

5) 北留良弘, 「邑面行政區劃整理에 대한 私見」, 『朝鮮地方行政』 1936. 2, 34~41쪽. 北留良弘은 당시 경기도 양주 군청의 郡屬이었다.
6) 여주군을 사례로 선정한 것은 다음과 같은 이유 때문이다. 경기도의 평탄한 농촌 지역으로서 상대적으로 군 구역의 이동이 적었고, 면의 폐합 과정에서도 이동이 적었기 때문에 구역의 이동을 파악하기가 용이하다는 점이 가장 우선된 이유이다. 이런 방식의 사례 선정은 폐합의 방식을 유형화하기 쉬운 것이 장점이지만, 이를 일반화하는 데에 어려움이 따를 수도 있다. 그러나 면 폐합 방식의 특성상 유형화 작업이 우선되어야 한다고 보았기 때문에, 일단 여주를 사례로 선정했다.

〈2-2〉 여주군의 면 폐합 상황

면명	新面과 폐합 전의 면의 관계	폐합 방식
州內面	원 州內面과 近東面의 대부분, 首界面의 일부	한 면과 다른 한 면의 대부분 및 다른 면에서 분리된 지역 일부 통합
占東面	원 占梁面과 近東面의 일부	한 면과 다른 면에서 분리된 지역 일부 통합
加南面	원 召開面, 원 近南面, 원 加西面, 首界面, 陰竹郡 近北面 일부	세 개의 면과 다른 면에서 분리된 지역 일부 통합
陵西面	首界面과 吉川面의 각 일부 통합	분리된 면 지역 사이의 통합
興川面	원 興谷面과 吉川面, 金沙面, 利川郡 夫面, 栢沙面 일부	한 면과 분리된 면의 일부 통합
金沙面	金沙面 대부분과 興谷面 일부 통합	한 면을 중심으로 다른 면에서 분리된 지역 일부 통합
介軍面	원 介軍山面 그대로, 명칭만 변경	원래 면 유지, 단 명칭 변경
大神面	원 等神面과 원 大松面, 楊平郡 南面 일부	두 개의 면과 분리된 면의 일부 통합
北內面	원 北面과 원 池內面, 康川面의 일부	상동
康川面	康川面 대부분과 강원도 原州郡 副論面 일부	한 면을 중심으로 분리된 지역 일부 통합

(자료) 越智唯七 編, 『朝鮮全道府郡面洞里名稱一覽』, 1917, 130~134쪽.

표 〈2-2〉에서 보는 바와 같이 면 폐합은 대체로 네 가지 방식으로 진행되었다. 첫 번째는 원래의 면을 그대로 유지하는 것으로, 이런 경우는 개군면(介軍面)이 유일한데, 개군면의 경우에도 명칭은 변경되었다. 두 번째 방식으로는 분리되지 않은 한 면 또는 대부분의 면역을 유지하는 한 면을 중심으로 다른 면으로부터 분리된 일부 지역을 통합하는 방식이다. 이런 방식으로 새로운 면을 구성한 사례로 주내면(州內面), 점동면(占東面), 홍천면(興川面), 금사면(金沙面), 강천면(康川面)의 5개 면이 있다. 이러한 경우에는 폐합 이후에도 통합의 중심이 된 면이 새로운 면의 중심을 구성했을 것이다. 첫 번째, 두 번째 방식의 경우 새로운 면의 명칭은 중심 면의 명칭을 그대로 사용했는데 주내면, 홍천면,

금사면, 강천면의 경우가 바로 이에 해당한다. 점동면의 경우는 두 면의 명칭을 합쳐서 새로운 이름을 만들었다.

세 번째 방식은 두 개 내지 세 개 면을 통합하면서 다른 면에서 분리된 지역 일부를 새로 편입하는 방식인데, 가남면(加南面), 대신면(大神面), 북내면(北內面)이 여기에 해당한다. 대신면과 북내면은 온전한 두 면을 통합하면서 일부 지역을 새로 편입한 경우이고, 가남면은 기존 세 개의 면을 통합하면서 다른 지역 일부를 통합한 경우이다. 마지막 네 번째 방식은 분리된 면을 통합하는 방식인데 이런 방식으로 구성된 면은 능서면(陵西面) 1개 면이 있다. 능서면의 경우 수계면(首界面)과 길천면(吉川面)의 일부가 통합된 것인데, 두 면은 일부 지역이 다른 면으로 분리되어 나갔지만 두 면 모두 대부분의 면역(面域)이 유지되고 있었으므로 두 면이 대등하게 통합되었다고 볼 수도 있다. 세 번째와 네 번째 면 통합 방식에서는 새로운 면의 명칭도 구면(舊面)의 명칭에서 한 자씩 빌려와 구성하는 것이 일반적인 방식이었다. 가남면은 근남면(近南面)과 가서면(加西面)으로부터, 대신면의 경우 등신면(等神面)과 대송면(大松面)으로부터, 북내면의 경우 북면(北面)과 지내면(池內面)으로부터 각기 한 자씩 빌려와 명칭을 조합했던 것이다. 또한 완전히 새로운 명칭을 만들기도 했는데 능서면의 경우가 이에 해당한다.

첫 번째와 두 번째 면 폐합 방식은 구면의 면역을 그대로 유지하거나 하나의 면을 중심으로 일부 지역을 편입하는 것인데, 모두 6개 면이 이런 방식으로 새로 구성되었다. 이런 경우에는 구면의 통합성이 그대로 유지되었을 것이고, 면내 갈등이 발생할 여지도 적었을 것이다. 세 번째와 네 번째 방식은 둘이나 셋 정도의 구면을 중심으로 새로운 면을 통합한 것인데, 모두 4개의 면이 이런 방식으로 구성되었다. 이런 경우 면내의 새로운 갈등이 발생할 가능성이 높았다.

이렇게 본다면 구면의 면치(面治) 지역을 완전히 분리한 경우는 거의 없고, 대부분의 경우 구면의 면역은 그대로 유지한 채 새로운 면을 구성하거나 두세 면을 통합하는 방식으로 면의 폐합을 진행했던 것이다. 면역으로 볼 때 아주

부분적이긴 하지만 군계(郡界)를 넘어 동리를 이동시킨 경우가 3개, 도계(道界)를 넘어 동리를 이동시킨 경우가 1개 있긴 한데, 여주군 전체로 볼 때 구면의 면역이 일부라도 분리된 것은 원래 16개 면 가운데 근동면과 수계면, 길천면, 금사면, 강천면의 5개에 지나지 않는다. 면역이 분리된 5개 면도 몇 개의 촌락만이 분리된 것으로서 부분적인 분리에 지나지 않았다.

다음으로 평안북도 강계군(江界郡)을 대상으로 산지(山地) 군의 면 폐합 방식을 검토해보겠다.[7] 강계의 경우 면 폐합을 통하여 전체 22개 면이 18개 면으로 축소되었다. 그 방식을 보면 첫째, 원래 면을 그대로 유지한 것이 13개로 가장 많고 둘째, 분리되지 않은 한 면을 중심으로 다른 면의 일부가 통합된 것이 3개이다. 세 번째와 네 번째 방식, 즉 두 면을 통합하고 여기에 다른 면의 일부를 통합한 것이 1개, 두 면의 일부를 통합한 것이 1개이다.[8] 강계에서도 구면을 유지하거나 원래의 면에 다른 면의 일부를 통합하는 방식이 16개로 거의 대부분을 차지하고 있다. 산지 지역의 면 통폐합 방식은 평지 지역보다 구면역의 이동이 적었고 이에 따라 대체로 훨씬 용이하게 면 폐합 작업이 수행되었던 것으로 보인다.

위 두 사례를 통해 유형화할 수 있는 폐합의 방식은 구면의 유지 또는 2개 내지 3개 구면의 상호통합이라는 방식이었다. 그러므로 구역의 분리 과정보다는 통합 과정에서 면 폐합으로 인한 갈등이 발생할 가능성이 훨씬 높았던 것이다. 1920년대 이후 면내에서 발생한 갈등의 대부분이 면장의 선임 문제나 면사무소의 위치 문제 때문이었던 것도 여기에서 근거를 발견할 수 있다.

면 구역의 획정 과정에서 원래의 의도를 어느 정도 달성했는가의 여부는 이후 면제 실시의 성과와도 관련되어 있는 문제이다. 이제 면 폐합 당시의 기준과 폐합 이후 상황을 비교해보기로 하겠다. 이를 위하여 1926년 도별 면의 면

---

7) 강계를 대상으로 선정한 이유도 앞의 여주를 선정한 이유와 유사하다. 면의 이동이 적어 폐합 방식을 유형화하기 용이하다는 점이 크게 작용했다.

8) 越智唯七 編, 『朝鮮全道府郡面洞里名稱一覽』, 1917, 878~881쪽.

〈2-3〉 도별 면의 면적과 인구(1926년)

구분	面數	1면당 면적			1면당 인구			1方里당 평균		
									호수	
		최대	최소	평균	최다	최소	평균	인구	호수	1호당 인구
경기	249	14.92	0.204	3.326	42,188	2,488	6,173	2,259	448	5.0
충북	110	12.522	0.053	4.373	16,060	4,112	7,103	1,624	312	5.2
충남	175	7.028	0.082	3.003	13,128	3,932	6,606	2,231	423	5.3
전북	188	10.328	0.139	2.941	19,689	3,158	6,792	2,309	454	5.1
전남	269	16.505	0.133	3.334	41,521	2,661	7,410	2,250	441	5.1
경북	272	26.483	0.231	4.525	22,906	3,108	7,722	1,763	329	5.4
경남	257	9.430	0.386	3.093	17,816	3,192	6,831	2,327	458	5.1
황해	226	16.451	0.706	4.800	16,692	11,649	5,950	1,239	248	5.0
평남	165	28.068	1.481	5.788	17,184	1,838	6,298	1,210	234	5.2
평북	193	56.068	0.248	9.505	13,644	1,672	6,675	710	128	5.6
강원	178	28.230	0.145	9.556	18,442	3,389	6,685	716	134	5.4
함남	141	92.248	0.154	14.702	28,037	1,599	8,794	610	102	6.0
함북	81	146.199	0.805	16.275	18,972	1,786	7,029	448	75	6.0
전국	2,504	146.199	0.053	5.548	42,188	1,599	6,921	1,262	240	5.3

(자료) 任洪淳, 『朝鮮行政要覽』, 朝陽出版社, 1929, 475~476쪽.
(비고) 면적의 단위는 方里, 인구는 名.

적과 인구 상황을 정리한 표 〈2-3〉을 검토해보기로 한다.

면 폐합 때 한 면의 기준은 면적 4방리, 호수는 8백 호였지만, 표 〈2-3〉에 의하면 1926년 현재 전체 면의 평균 면적은 5.5방리, 전체 면당 평균 호수는 약 1,306호였다.[9] 폐합 때의 기준을 면적과 인구 모두에서 상회하는 것이었다. 이후 면이 행정구획으로서는 대체로 너무 넓다는 비판이 나온 것은 이런 상황 때문이었다. 이는 4,300여 개의 면을 2,500여 개로 줄였기 때문에 당연히 초래될 수 있는 결과였지만, 다른 한편 한국에서의 면제정책이 안고 있는 근본적

---

9) 평균 호수는 폐합의 기준과 대비하기 위하여, 면당 평균 인구인 6,921명을 호당 평균 인구인 5.3명으로 나누어 환산한 것이다. 이와 마찬가지 방법으로 도별 평균 호수를 산정했다.

인 문제로부터 파생된 것이기도 했다. 종래의 면은 제도적으로 확립되기 이전의 임의단체로서의 성격이 강했으며, 편의적인 구획으로서의 의미만을 가진 지역도 많았다. 이런 상태의 면을 성급하게 제도적으로 확립하려는 시도는 무모한 것이 아닐 수 없었다. 이에 따라 면을 제도화함으로써 촌락을 면으로 통합하려는 시도 역시 난관에 부딪힐 수밖에 없었는데, 면제가 당면한 이런 곤혹스러움을 면 구역의 광활함이 보여주고 있다.

다음으로 표 〈2-3〉에서 면의 도별 평균 면적을 보면, 황해도를 포함한 남부 지역 면의 평균 면적은 전체 평균 면적에 미달하지만 대체로 폐합의 기준 면적 4방리에 근접하는 상태로 바뀌었다. 그러나 북부 지역의 면 평균 면적은 기준 면적을 훨씬 상회하고 있다. 특히 함경도 지역은 폐합 이후에도 평균 면적이 기준 면적의 3배에 달하고 있다. 남부 지역과 북부 지역의 면별 평균 면적은 이처럼 매우 큰 차이를 보이고 있다. 여기에 면별 최대 면적과 최소 면적의 차이에서는, 적어도 이 표를 통해서는, 폐합 전의 상황과 구별하기 어렵다. 매우 큰 차이를 보이고 있는 것은 도시 지역인 부(府)에 포함된 면도 포함되어 있기 때문에 나타난 현상일 것이다. 그렇다고 해도 평균 면적의 3배를 상회하는 면이 남부 지역을 포함하여 남아 있었고 함경도 지역에는 평균 면적의 30배를 상회하는 큰 면적의 면도 남아 있어, 면별 면적의 불균형은 크게 해소되지 않았음을 보여준다.

도별 평균 호수를 보면, 모든 지역을 통틀어 평균 호수에 근접한 상태를 보여주고 있다. 1926년의 전체 면당 평균 호수가 1,306호에 이르는 것은, 기준 호수가 1914년의 것이라는 점을 상기하면 그 사이에 늘어난 인구를 반영하고 있다고 볼 수도 있겠지만 그보다는 면의 면적이 기준 면적보다 늘어났기 때문일 것이다. 그러나 최저 평균 호수를 보이고 있는 함북이 면당 평균 1,171호인데 비해 최대인 함남이 1,465호로써 남북 간의 차이를 보이지 않을 뿐만 아니라 그 차이도 그리 크지 않다. 이런 점에서 인구나 호수를 기준으로 할 때, 면별 차이는 많이 해소된 것으로 볼 수 있다. 이에 따라 면별 최대 호수와 최저 호수의 차이도 그리 크지 않게 되었다. 다만 경기도의 경우에 최다 인구와 최소 인구의 면이 약 1.7배의 차이가 날 뿐이다. 그리고 최다 인구를 가진 면도 전체 평균 인구에 비하면 6배 정도에 지나지 않아서, 면별 면적에 비하면 면별 호수의 편차는 많이 줄어들었음을 확인할 수 있다.

전체적으로 폐합 이후에 면적에 비하여 인구 면에서 상대적으로 면별 균형을 이루게 되었다. 이를 면 폐합의 가장 큰 성과로 간주할 수 있다. 그리고 인구의 상대적 평준화는 아마 면 폐합 작업에서 인구 기준을 면적보다 훨씬 중시했기 때문에 나타난 결과일 것이다. 면의 폐합 작업에서는 면의 재정적 자립성이 가장 우선되어야 했기 때문에 호수를 우선적 기준으로 삼을 수밖에 없었다. 이처럼 주로 호수를 고려하면서 면 폐합 작업을 진행했기 때문에, 인구밀도가 낮은 북부 지역의 경우 면적이 넓어질 수밖에 없었다.

그렇다고 할지라도 여전히 문제는 남아 있었다. 표 〈2-3〉에서 드러나는 바와 같이 면 폐합 이후에도 면적과 인구의 불균형이 여전히 남아 있었던 것이다. 면 구역의 경우 면적의 불균형과 지역 사정을 고려하여 1920년대 초반까지는 이전 폐합 작업을 보완하는 의미에서 조정 작업을 계속했지만, 이후에는 고정되어버린다. 그리고 면별 예산을 보면 면제 실시 이후인 1918년에도 면당 예산의 불균형은 여전히 심각할 정도로 큰 차이가 났는데, 예산 총액에서 최고 면이 7,695원인 데 반해 최저 면은 285원으로 무려 27배에 달했다.[10] 그리고 앞서 보았듯 면별 면적의 불균형은 호수(인구)와 예산에서의 불균형을 훨씬 상회하는 것이었다. 이에 따라 면의 구역을 다시 조정해야 한다는 주장이 끊임없이 제기되었다.

예를 들어 남부 지역 7도(道)는 평균 4방리, 북부 지역 6도는 평균 9방리를 면적의 기준으로 삼고 인구는 평균 6천~8천 명을 기준으로 삼아 다시 분합(分合)을 단행하자는 건의안이나, 혹은 남부 지역은 평균 4방리, 북부 지역은 평균

---

10) 朝鮮總督府 內務局, 『1918年度面經費ニ關スル調査書』, 1919, 11쪽.

9방리, 인구는 평균 1,200~1,500명을 기준으로 삼아 면 구역을 새로 조정하자는 안이 제출되기도 했다. 남북 지역 간의 면적에서의 차이를 인정한 채 인구를 기준으로 면 구역을 합리적으로 재조정하자는 발상이라 하겠다.[11] 이후에 제기된 면 구획의 불합리성에 대한 많은 비판 가운데서도 가장 신랄하고 예리한 것은 한 일본인 관리의 비판이었다. 그의 말을 빌려서 폐합 이후에 남은 면 구획의 문제점을 살펴보자.

면사무소로부터 5리 정도의 높은 고개를 넘어가야 하는 동리가 있는데, 그 고개는 너무 험하여 면 직원들이 넘어갈 수 없기 때문에 다른 수개 면을 통과하고 다시 타군으로 돌아서 수십 리를 걸어야 도달할 수 있다고 한다. 그에 반하여 집단부락의 중앙에 도계(道界), 군계(郡界), 면계(面界)가 있는 곳이 많고, 소하천(小河川)을 넘어 이곳저곳에 면사무소와 학교가 나란히 있는 곳이 있으며, 하나의 분지에 1면으로 하기 좋은 곳을 구태여 구획하여 부족분을 험한 다른 군의 평지와 합쳐 두 개 면으로 만든 곳도 있다고 한다. 이에 이상적으로 면 구역을 조정하기 위해서는 시장(市場)을 중심으로 구획을 획정하고, 가능한 한 산악의 봉우리를 면의 경계로 삼으며, 분지와 평야는 되도록 1개 면으로 해야 한다고 주장하고 있다.[12]

이런 면 구획의 불합리함은 이미 폐합을 진행한 방식으로부터 충분히 예견할 수 있는 일이었다. 행정관리가 책상 위에서 졸속으로 경계를 획정했기 때문에 면 구역의 불균형을 해소하기도 힘들었지만, 다른 여러 가지 문제가 발생했

---

11) 任洪淳, 『朝鮮行政要覽』, 朝陽出版社, 1929, 474~475쪽. 任洪淳은 1910년대부터 1920년대 후반까지 활동한 전형적인 한국인 관료 중의 한 사람이었다. 1912~1917 郡書記, 1918~1922 道書記 道屬, 1923~1924년 山淸郡守, 1925~1928년 陽山郡守를 지내다가 1928년에 사망했는데, 이런 그의 경력을 보면 식민지배기에 들어 전문 관료로 육성된 사람이었음을 알 수 있다. 그가 『朝鮮地方行政』이라는 잡지에 연재한 글을 사후 묶어 발간한 것이 위의 책이다. 물론 체제 내 지식인으로서의 제약성을 가지고는 있지만, 그의 글에는 식민지 행정의 제반 측면에 대한 날카로운 비판과 아울러 한국인에 대한 애정이 드러나고 있어 주목된다.

12) 北留良弘, 「邑面行政區劃整理에 대한 私見」, 『朝鮮地方行政』 1936. 2. 앞서 살펴본 면 폐합을 탁상행정이라고 비판한 그 일본인 관리의 말이다.

던 것이다. 그 가운데 가장 큰 문제는 하천을 주로 경계로 삼았기 때문에 교통이 매우 불편하게 되었고, 이와 아울러 생활권을 고려하지 않았기 때문에 생활에 불편을 초래하게 되었다는 점이다. 이처럼 면세(面勢)의 상당한 불균형과 구역 획정의 불합리함을 그대로 안고 있는 것이 면 폐합의 결과였다. 다시 말하면 폐합 이전의 면 구획에 비하면 면세의 불균형이라는 점에서는 훨씬 진전된 면을 보여주고 있었지만 여전히 문제가 남아 있었고, 더욱이 생활권과 교통문제를 고려하지 않아서 발생한 문제는 지역민의 심각한 불만을 야기했던 것이다.

다음으로 서구적 문서행정을 면 행정에 도입하는 과정과 그 성격에 대하여 검토해보고자 한다. 갑오개혁을 계기로 서구적 문서행정제도 곧 공문서(公文書)제도가 처음으로 도입되었다. 갑오개혁 이후 법령을 공포하는 절차를 규정하는 공문식(公文式)과 아울러 각급 통치기구의 운영을 위한 공문서제도가 도입되기 시작한 것이다. 문서의 편찬과 보존 규정을 강화한 것을 제외하면 갑오개혁기부터 시작된 문서행정의 기본체계는 통감부시기를 거쳐 식민지시기에도 변하지 않고 유지되었다. 병합 이후 식민통치의 중앙행정에는 문서행정이 완전히 자리잡게 되었던 것이다.[13]

이에 지방행정의 말단 기구로 제도화하려던 면에도 역시 문서행정을 확립하는 일이 긴급한 과제가 되었다. 면제 제정 이전에 면 행정에도 공문서체계가 완전히 자리잡은 것으로 보이는데, 그 과정을 우선 병합 초기 면 사무 상황의 편린을 통해서 검토해보고자 한다. 당시의 한 구관조사보고서(舊慣調査報告書)는 다음과 같이 면 사무의 상황을 묘사하고 있다.

면사무소로서 조금의 체제를 갖춘 것은 인천의 부내면(府內面)뿐이고 개성, 안동

---

13) 갑오개혁 이후 문서행정의 확립 과정에 대해서는 권태억, 「갑오개혁 이후 공문서체계의 변화」, 『奎章閣』 17, 1994 ; 김재순, 「일제의 公文書制度 장악과 운용의 실제」, 『한국문화』 16, 1995 참조.

과 같은 곳은 구식 책상 1~2개에 연상(硯箱) 2~3개를 비부(備付)하고 있을 뿐으로, 각자 단란(團欒) 담합(談合)하여 목전(目前)의 사무를 처리할 뿐이다. 지방 관아의 훈령이나 기타 필요한 서류를 정리하는 모습을 인천에서는 조금 볼 수 있어도 나머지 지역에서는 관아별로 문서를 편철(編綴)한 곳을 희귀하게 볼 수 있을 뿐이고 나머지는 모두 잡다하게 서상(書箱)에 던져져 있을 뿐이다.[14]

이처럼 목전의 사무 처리에 여념이 없고 문서를 정리하는 곳도 드물었다는 묘사는 당시의 면 사무가 근대적 문서행정과는 거리가 멀었다는 것을 잘 보여준다. 또한 "면장의 집무를 대개의 지방에서는 면장의 자택에서 했는데 현재도 따로 사무소를 설치하는 곳은 희귀하다"라는 지적에서 확인할 수 있는 것처럼, 면사무소도 없는 마당에 면 행정사무를 제대로 처리하기는 어려웠을 것이다. 면제 시행 이전에는 면의 단체로서의 성격이 불분명했기 때문에 이런 점이 특히 두드러졌다고 할 수 있다.

하지만 문서행정제도를 확립하는 것은 면제 실시를 위한 전제조건이었다. 서구적 문서행정이란 모든 행정 절차를 문서화하는 것을 지칭하는 것인데, 그 내용은 문서의 생산, 결재, 시행, 보존-관리, 비치에 이르는 전반적인 사항을 포괄한다. 1913년의 면 행정 내용을 구체적으로 확인할 수 있는 진주군의 사례를 통해 면제 실시 이전 면 행정의 처리 과정을 살펴보자. 1913년 진주군에서는 「진주군면처무규정(晉州郡面處務規程)」[15]을 제정하여, 면 행정에서도 문서행정을 강력히 시행해 나가고자 했다. 이는 총독부 처무규정에 준한 것이었으므로 모든 면 행정에 공통되는 것이었다. 면 처무규정의 내용은 문서의 취급, 문서의 편찬, 문서의 비치, 면 관리의 집무 시간에 대한 규정까지 포괄하는 것이었다. 이 네 가지 규정 사항의 내용은 다음과 같다.

첫째, 문서의 취급규정이다. 문서의 수령, 생산, 발송에까지 자세한 세부 사

---

14) 「面及洞ニ關スル制度舊慣調査」, 『朝鮮總督府月報』 1-4, 5, 1911. 9, 10.
15) 「晉州郡面處務規程」(1913년 4월 군훈령 5호), 吉村傳, 『面行政指針』, 1916, 18~88쪽.

항을 규정하고 있다.[16] 문서의 수령, 발송, 발안(發案), 결재, 경유, 편집, 목록 작성 등 모든 면 행정사무는 문서를 통해서 이루어지도록 통제하고 있다. 다음으로 문서의 편찬규정인데, 모든 문서는 완결되면 반드시 편찬하여 보관하도록 규정하고 있다.[17] 완결문서는 반드시 목록을 작성하여 편찬하고, 편찬 연도에 따라 보관하도록 했던 것이다. 세 번째로 문서의 비치에 관한 규정이 있다.[18] 필요한 문서는 사무소에 비치하여 열람할 수 있도록 했으며, 완결문서가 아니어도 면이 수수, 발송, 경유한 모든 문서와 면 사무와 관련한 모든 문서, 그리고 면리원의 근무행적 등도 비치해두도록 했다. 면의 모든 사무는 이처럼 문서의 취급규정, 편찬규정, 비치규정에 의하여 처리되어야 했다.

한편 이런 문서행정은 면 직원이 집무 시간을 준수할 때에 지켜질 수 있는 것이었다. 이에 네 번째로 면의 집무 시간과 근무일을 상세하게 규정할 필요가 있었다. 면의 집무 시간은 조선총독부 및 소속관서의 집무 시간에 따라 엄격하게 규정했다.[19] 그러나 사무의 형편에 따라 시간 외 집무는 물론 휴일이라도 집무할 의무가 있다고 규정하고 있다.[20] 그리고 반드시 출근부에 날인하고 이

---

16) 문서수령부와 문서발송부, 면장의 문서 처리, 면리원의 처분안 작제와 면장의 결재, 발안, 결재와 발송, 문서 발송, 金券과 物品, 經由文書, 완결문서, 문서의 편집 보존, 편집문서의 목록 作製 등에 관한 자세한 규정을 포함하고 있다. 출전은 「晉州郡面處務規程」(1913년 4월 군훈령 5호), 吉村傳, 『面行政指針』, 1916.

17) 완결서류의 종류에는 예규에 관한 것, 인사, 면 경비, 권업, 교육, 토목, 위생, 국세와 지방비, 역둔토, 동유재산, 통계, 부동산 증명, 토지 이동, 인감증명, 민적에 관한 것 등이 있었다. 출전은 「晉州郡面處務規程」(1913년 4월 군훈령 5호), 吉村傳, 『面行政指針』, 1916.

18) 면에 비치해두어야 할 簿冊의 종류에는 수수부, 발송부, 송달부, 면세표, 직원 명부, 출근부, 출장명령부, 숙직일지, 예규철, 지시부, 동리장 회의록, 부책 보존대장 등이 있었다. 출전은 「晉州郡面處務規程」(1913년 4월 군훈령 5호), 吉村傳, 『面行政指針』, 1916.

19) 면의 근무 시간은 다음과 같다. 9월 11일부터 10월 31일까지는 오전 8시 30분부터 오후 4시까지(7시간 30분), 11월 1일부터 2월 말까지는 오전 9시 30분부터 오후 4시까지(6시간 30분), 3월 1일부터 7월 10일까지는 오전 8시부터 오후 4시까지(8시간), 7월 11일부터 9월 10일까지는 오전 8시부터 정오 12시까지(4시간)로 정했고, 토요일은 정오 12시까지로 한다고 했다. 그리고 휴일도 세부적으로 규정하여 이에 따르도록 했다. 출전은 「晉州郡面處務規程」(1913년 4월 군훈령 5호), 吉村傳, 『面行政指針』, 1916.

20) 당시의 휴일은 다음과 같다. 元始祭 1월 3일, 신년 연회 1월 5일, 紀元節 2월 11일, 神武天皇

를 면장이 감독하며, 면장의 결근이 많을 때에는 군수가 감독하도록 했다. 이와 아울러 면의 관리가 시간을 경시할 뿐만 아니라 출근 시간이 불규칙한 일이 매우 많으므로, 시간을 잘 지켜 근무할 것을 특히 강조하고 있다.[21] 많은 폐풍(弊風) 중에서 가장 먼저 교정을 요하는 것은 시간관념의 부족이므로, 면사무소와 같은 곳에서는 '시간의 여행(勵行)'에 더욱더 모범을 보여 시간 도비(徒費)의 폐풍을 타파해야 한다고 강조하고 있다.

이처럼 이미 면 사무에 문서행정은 체계적으로 도입되고 있었고, 강력한 근무규정을 통하여 이를 정확히 지킬 것을 요구하고 있었다. 이런 문서행정의 진전을 바탕으로 면제는 실시될 수 있었다. 그리하여 면제 제정을 통하여 문서행정은 확실하게 정착하게 되는 것이었다. 면제 실시와 아울러 재무(財務)와 관련한 문서의 처리에 대해서는 특히 엄격하게 규정하고 있다. 재무에 관한 장부로는 수납부(受納簿), 현금수불부, 세입내역부, 세출내역부를 만들도록 했다. 세금의 수납, 현금의 이동, 세입과 세출의 내역 등을 모두 문서로 처리하고, 이를 확인할 수 있도록 했다.[22] 이리하여 재무 처리의 모든 과정도 철저히 문서

祭 4월 3일, 明治天皇祭 7월 30일, 天長節 8월 31일, 始政記念日 10월 1일, 新嘗祭 11월 23일, 春季皇靈祭 춘분일, 秋季皇靈祭 추분일, 12월 29일부터 익년 1월 3일까지. 출전은 「晉州郡面處務規程」(1913년 4월 군훈령 5호), 吉村傳, 『面行政指針』, 1916. 위 10개의 국경일은 일본 내에서 1878년에 확립된 것으로, 1927년 明治 천황의 덕을 기리는 明治節이 추가되어 국경일은 모두 11개가 되었다. 이런 국경일이 1910년대부터 한국에서도 지켜지고 있었다는 것은 제국주의 일본의 국가적 기억장치가 식민지에도 요구되고 있었다는 것을 의미한다. 이에 대해서는 다카시 후지타니 지음, 한석정 옮김, 『화려한 군주』, 이산, 2003, 31~43쪽 참조.

21) 이와 관련하여 한국인은 시간관념이 없어 시간에 따라서 일을 규율하기 어려운 경우가 적지 않고, 그 때문에 시간을 허비하여 타인에게 어려움을 끼치는 일이 매우 많다고 지적하고 있다. 사회의 발달이 유치한 경우에는 시간을 허비함으로써 초래되는 得失을 느끼기 어렵지만, 사회가 발달함과 아울러 시간의 필요를 느끼는 일이 점차 증가하여 결국 分時를 다투게 되므로 시간을 귀중하게 여겨야 한다고 강조하고 있다. 이처럼 시간관념의 변화를 사회 진보의 한 측면으로 간주하고, 이를 민족성과 연관시켜 설명하고 있다. 출전은 다카시 후지타니 지음, 한석정 옮김, 『화려한 군주』, 이산, 2003. 시간관의 변화가 서구 근대적이고 식민주의적인 관념체계와 깊이 관련되어 있다는 점을 잘 보여준다고 하겠다.

22) 이는 「面制施行規則」 제 44조에 의한 것이다. (1) 收納簿(1917, 7월 총독부령 27호, 3, 4호 양식) (2) 現金受拂簿(동 10호 양식) (3) 歲入內譯簿(동 11호 양식) (4) 歲出內譯簿(12호 양식) (5)

에 의존하도록 했고, 이에 의하여 재무 관련 부정을 최소화하도록 노력하고 있었다.

면 사무의 문서행정이 진행되면서 면 사무에 대한 감독 역시 더욱 철저하게 진행되었다. 일례로 1915년 경상북도에서의 면 수납사무 감독 상황을 보면, 1면당 감사의 소요일수는 2.1일이고, 지시 사항은 면당 평균 8.1건이었다. 그 내용을 보면 과세대장(課稅臺帳)과 과세지견취도(課稅地見取圖)에 관한 건이 499건, 면 수납부에 관한 건이 639건, 납세고지서에 관한 건이 309건, 현금 취급과 현금출납부에 관한 건이 422건, 기타가 344건으로 경상북도 전체로는 2,213건에 달했다.[23] 이처럼 면 사무 감독도 주로 과세 및 세금 수납 등의 재무 관련 사항을 중심으로 진행되었다. 면 제도를 확립하기 위해서 재정의 확보에 가장 노력해야 할 필요가 있었기 때문이다.

문서행정이 도입되어 확립되는 것을 여기에서는 '문서주의(文書主義)'라고 칭하고자 한다. 문서주의가 확립되면 담당 관리가 행정에 자의적으로 개입할 가능성은 줄어들게 된다. 관리 개인의 능력이나 인간관계에 따라 달리 나타날 수 있는 결과의 차이를 최대한 줄일 수 있는 것은 문서행정을 매개로 해서 가능하고, 이를 통하여 행정의 효율성도 최대화될 수 있을 것이라고 간주되었다. 행정에서의 문서주의는 이후에도 계속 확대되어 적용되었다. 1933년 총독부는 문서행정의 확립을 위하여 「지방행정사무검열규정」을 공포했다.[24] 검열사무는 법령의 실시, 시설 상황, 관기(官紀), 직원 배치, 회계 등으로 규정되었지만, 이는 전부 문서행정의 시행을 바탕으로 한 것이었다. 이와 아울러 면 사무의 문서행정을 바탕으로 해야만, 서구적 관료행정 역시 자리잡을 수 있는 것이었다.

督促手數料整理簿(동 5호 양식) (6) 現金前渡(槪算拂)整理簿(13호) (7) 過誤納金整理簿(14호) (8) 일시차입금정리부(15호) (9) 차입금 대장(16호) (10) 기본재산 대장(17호) 등에 자세한 규정과 아울러 문서양식도 통일했다. 문서를 통해서 재무의 변화 상황을 모두 알 수 있도록 한 것이다. 朝鮮總督府, 『面制說明書』, 1917.

23) 慶尙北道, 「面受納事務監督狀況」, 『朝鮮彙報』 1916. 3, 74~84쪽.

24) 『朝鮮地方行政』, 1933. 8, 1쪽.

문서주의는 1930년대 농촌진흥운동의 전개 과정에서 중견인물(中堅人物) 양성 정책을 통해 부락 단위로 행정 실무를 위임하는 체제가 자리잡아가는 과정과, 보통학교 직원, 면 직원, 순사 등을 동원한 실무 중심의 실용주의적인 교육운동을 전개하여 호(戶) 단위로 간단한 사무를 위임하는 방식으로 지방행정의 구석 구석까지 확대되었다.[25] 문서행정의 촌락 침투는 관료체제를 촌락사회로까지 침투시키는 과정으로 이해할 수 있다. 이는 미시적인 감시와 인적·물적 자원의 효율적인 동원을 위한 것이었으며, 관료지배에서의 인격적 지배의 배제라는 측면도 아울러 가지고 있었다. 그러나 문서주의의 침투를 통하여 관료행정의 효율성이 높아지고 미시적 감시와 자원의 효율적 동원이 가능하게 되었다고 할지라도, 이는 촌락민의 입장에서는 더욱 효율적인 감시와 지배가 관철되고 있었음을 의미하는 것 이상은 아니었다.

면제에 도입된 서구적 문서행정은 이처럼 문서의 형식을 통일하고 모든 문서의 취급 절차를 제도적으로 규정함으로써, 이른바 '문서로 하여금 말하게 하는 행정'이었다. 문서행정제도를 도입함으로써 행정과 관련한 모든 인간관계는 문서 취급 절차로 환원되었으며, 행정에 종래의 인간관계나 인격적 지배가 개입할 여지는 주어지지 않게 되었다. 행정 절차에 '인격'이 배제된다는 것은 문서행정이 절차의 투명성을 높여줄 뿐만 아니라 결과의 예측 가능성도 높여준다는 것을 의미한다. 이처럼 비인격적이고 절차가 투명하며 예측 가능성이 높아진다는 점에서 문서행정은 '합리적'이다. 그렇다고 해서 관료행정의 '합리성'이 가지고 있는 이면의 어두운 측면을 무시할 수는 없다. 비인격적이라는 점에서 문서행정의 관료주의적 합리성은 바로 기계적이고 도구화된 합리성을 의미하는 것이기도 한 것이다. 문서행정에 바탕을 둔 관료행정이 인간을 얽어매는

---

25) 1920년대 이후 면 행정의 효율화 과정에 대해서는 金翼漢, 「植民地期朝鮮における地方支配體制の構築過程と農村社會變動」, 東京大學校 博士學位論文, 1995 참조. 문서행정의 촌락 침투에 대해서는 板垣龍太, 「農村振興運動における官僚制と村落―その文書主義に注目して」, 『朝鮮學報』 175, 2000 참조.

'철의 우리(iron cage)' 역할을 하며, 이른바 '관료주의'로 전락하게 된다는 점에 대해서 지금까지 많은 지적이 있어온 것은 주지의 사실이다.

2. 행정 담당자의 성격 변화

이제 면 행정에 관료제가 어떻게 도입되고 운영되었는지를 면 행정 담당자를 분석함으로써 살펴볼 차례이다. 서구적 관료-문서행정으로서의 면제의 성격은 이를 통해서 명확히 드러나게 될 것이다. 문서행정체계를 도입한 뒤 이를 정착시키기 위해서는 '합리화'된 문서행정체계를 담당할 수 있는 능력을 가진 관료집단을 확보하는 일이 요구되었다. 행정에서 문서화의 수준이 높아질수록 면 행정의 담당자에게는 전문적 행정가로서의 면모가 요구되었다. 그러므로 면 행정 담당자의 성격을 분석함으로써 면 행정의 성격을 추측할 수 있다. 면 행정에 인격적 지배의 성격이 잔존한다면 그것은 행정 합리주의의 제약성을 보여주는 지표가 될 것이기 때문이다.

면 행정 담당자를 분석할 때 주의해야 할 점도 바로 이런 측면에서 찾을 수 있다. 면내의 유지-명망가 집단이 얼마나 면 행정에 참여하느냐 하는 점은, 문서행정의 수준이 높아지고 면제가 제도적으로 착근하면 할수록 총독부에게는 별로 중요한 관심사가 아니게 될 것이다. 반면 면의 제도화 수준이 낮은 단계에 머물러 있고 문서행정이 제대로 자리를 잡지 못하는 상황이라면, 면내 유지-명망가 집단의 면 행정에의 참여는 총독부로서는 절실하게 될 것이다. 그러므로 면 행정 담당자에 대한 정책적 수준에서의 요구와, 면 행정 담장자의 실제 성격이 언제나 일치하는 것은 아니었다.

먼저 1895년 「향회조규」 시행 이후 면 행정 담당자의 변화 과정을 총독부가 어떻게 파악하고 있었는가 하는 점을 검토해보고자 한다. 이는 초기 정책적 지향을 판단하는 데 도움을 줄 것이다.

〈2-4〉 갑오개혁 이후 면 행정 담당자의 변화

구분	갑오 前	갑오제도	갑오 後
(1) 면 행정을 감시하고 風敎를 장악하는 자	都尊位, 都執綱, 都糾憲, 別糾憲, 上有司, 面首		
(2) 면 행정의 담당자	執綱, 風憲, 面任, 都尹, 約正, 檢督, 坊首, 坊長	執綱	面長
(3) 면내 조세징수 전담자	公有司, 都注比가 그에 해당		公錢領收員
(4) 면 행정의 집행을 보조하는 자	公有司, 都注比, 風憲, 社首, 約正, 副尹	書記	인천 부내면에서는 서기, 통역, 간사 등을 두고, 부산 부근의 면에서는 書記, 雇, 事務員 등을 두었다 하더라도 다수의 면에서는 이들 보조기관이 없고 단지 임시로 필요한 경우에 면에서 고용하고 있다.
(5) 면의 잡역에 복무하는 자	勸農, 有司, 下有司, 下所任, 所任, 小任, 使喚, 面隷, 面庫子, 房子	下有司	갑오 전과 같이 여러 가지 명칭을 사용
(6) 軍衙와 면 사이의 공문서 송달을 맡은 자	面主人, 坊主人, 食主人	面主人	面主人, 坊主人, 食主人

(자료)「面及洞二關スル制度舊慣調査」, 『朝鮮總督府月報』 1-4, 5, 1911. 9, 10.

표 〈2-4〉를 보면 갑오개혁 이전에는 면 행정을 감시하고 풍교(風敎)를 담당하던 존재가 있었지만 이후에는 그런 존재가 없어졌다는 사실을 확인할 수 있다. 보통 사족이 담당하던 이런 직책이 사라졌다는 것은 신분적 권위를 이용하여 면의 지도적 지위에서 군림하던 존재가 소멸했음을 의미한다. 면 행정에서 이전의 신분적 지위를 이용한 집단의 공적 개입이 불가능해진 상황은 군 단위의 사족 지배의 쇠퇴와도 관련된 것이었다. 다음으로 면 행정 담당자와 조세징수 담당자가 면장과 공전영수원(公錢領收員)으로 일원화되어간 것은 통감부 설치기 이래의 일이었다는 점을 확인할 수 있다. 면 행정의 보조집행자, 즉 서기와 면하인(面下人), 면주인(面主人) 등은 1910년대 초까지 대개 유지되고 있었으나, 조만간 소멸되어야 할 존재였다.

한편 총독부의 구관조사보고서는 면회(面會)의 존재를 인정하고 있다. "옛날에는 춘추(春秋) 2회 개최하는 것을 관례로 했다고 하나 현재는 필요에 따라 수시 집회한다. 종래 면회의 의사 사항(議事事項)은 결세 잡세의 증과(增課) 또는 신과(新課), 치도(治道)의 수리공사(修理工事)에 관한 부역, 면 직원의 추거(推擧), 면 경비의 부과 등에 지나지 않았으나, 현재도 도읍을 제외하면 종래와 큰 차이가 없다. 면회의 의사 사항으로 이해관계가 수면(數面)에 걸치는 것은 관계 각 면의 면장과 유력자가 회동하여 의사(議事)하는데 그를 대면회(大面會)라 한다"[26]라고 하여 면회가 1910년까지 유지되고 있었던 것으로 보고하고 있다. 하지만 이전 면이 단체로서는 매우 취약했다는 점에 비춰보면 이는 과장된 것으로 보인다. 그리고 일부 존재했다고 할지라도 그것은 빨리 부정되어야 할 것이었다. 면장을 중심으로 면 행정을 일원화하려는 총독부의 의도와는 정면으로 배치되는 것이었기 때문이다.

이제 초점을 면장에 맞추어 면장제 - 면제로 이어지는 과정에서 면장을 어떤 사람을 대상으로 어떤 방법으로 충원하고 있었고, 그 제도화의 수준은 어떠했는지를 살펴보기로 하겠다. 앞서 보았듯이 통감부 설치기부터 식민지배 초기까지 면장의 지위는 매우 불안정한 것이었지만, 통감부는 과도적으로 '면장제'를 확립하려 하고 있었다. 면장제는 면제를 실시하기 위한 전제조건을 마련하기 위한 단계로 설정되고 있었는데, 이를 위하여 늘어나는 면 사무를 감당할 수 있고 불안한 지방 사정을 위무(慰撫)하여 지방지배에 도움을 줄 수 있는 '우수한 인물'을 확보하기 위해 정책적 노력을 기울이고 있었다.

1910년의 총독부 통첩에 의하면, 면장은 "뜻이 있고 능히 임무를 감당할 만한 사람을 선발하되" 선발할 때는 군수의 추천서와 함께 경찰관의 신분조서를 첨부하도록 하여 면장 선임에 매우 신중하게 대처하고 있었다.[27] 아직 면이 단체로서 취약한 상태에서 면장의 선임에 면 행정의 진전만이 아니라 면의 제도

---

26)「面及洞ニ關スル制度舊慣調査」,『朝鮮總督府月報』1-4, 5, 1911. 9, 10.

27)「面長의 任免, 面事務所, 附屬員의 設置, 其他 經費의 支出負擔의 方法 等에 關한 心得의 件」
(1910. 12, 內務部長官 通牒), 朝鮮總督府,『地方行政例規』, 1915, 75~77쪽.

〈2-5〉 면제 제정 이전 면의 수와 면장의 수

시기	1912년	1913년	1914년	1915년	1916년	1917년
면의 수	4,341	4,337	2,522	2,521	2,517	2,517
면장 수	3,931	3,744	2,514	2,511	2,507	2,504

(출전) 朝鮮總督府 內務局, 『面經費ニ關スル調査書』, 1913~1919.

화 여부 자체가 달려 있었기 때문일 것이다. 더욱이 지방의 치안도 불안한 상태였기 때문에 사상적 성향이 면장 선임에 매우 중요한 기준으로 작용했다.

그러나 1910년대 들어서도 도시 지역에서는 대개 중류 이하의 자가 많았고, 벽지에서는 중류 이상의 자가 있다고는 해도 그 이하도 역시 적지 않았다고 파악하고 있었다.[28] 면장은 "자신이 스스로를 가벼이 여길 뿐만 아니라 사람들도 낮추어본다"고 한 지적도 이런 상황을 말하는 것이다.[29] 총독부의 노력에도 불구하고 대개 1910년대 면장은 지방의 하급 인물로 충원되고 있었으므로, 총독부는 지방의 유력자를 면장으로 충원하는 것이 면제 실시의 성패와 관련된 것으로 보고, 그들이 바라는 인물을 확보하기 위하여 집중적인 노력을 기울이고 있었다.[30]

면제 제정 이전 면장의 수와 보수에 관한 두 통계를 통하여 간접적인 방법으로나마 면장의 인물 정도와 면장이 처한 상황을 추정해보기로 하겠다. 먼저 1910년대 면장의 수에 관한 통계를 표 〈2-5〉를 통해 살펴보자.

1914년 면 폐합 이전에는 면장이 없는 면이 매우 많았다. 특히 1913년의 경우에는 면장이 없는 면이 593면으로 전체 면의 14%에 달할 정도였다. 면장

---

28) 「面及洞ニ關スル制度舊慣調査」, 『朝鮮總督府月報』 1-4, 5, 1911. 9, 10.

29) 吉村傳, 『面行政指針』, 1916, 1~18쪽.

30) 식민지기 면장에 대한 사례 분석으로는 金翼漢, 「植民地期朝鮮における地方支配體制の構築過程と農村社會變動」, 東京大學校 博士學位論文, 1995 참조. 하지만 일부의 사례를 중심으로 면장에 대한 위와 같은 서술적 평가와 다른 결과를 얻기는 어려울 것으로 보인다. 지방에 따른 폭넓은 편차를 확인할 수 있다.

〈2-6〉 1910년대 면장의 수당과 면리원의 급료

연도	면장 수당			회계원 급료			면서기 급료		
	최고 면	최저 면	평균	최고 면	최저 면	평균	최고 면	최저 면	평균
1912	480	20	111	240	6	91	360	12	71
1913	480	24	126	240	36	98	300	6	87
1914	300	24	139	168	48	104	300	24	98
1915	300	60	141	162	60	104	300	36	101
1916	300	48	141	144	60	107	240	36	98
1917	300	48	141	168	72	106	240	36	98
1918	300	60	153	–	–	–	188	48	106

(자료) 朝鮮總督府 內務局, 『1918年度面經費ニ關スル調査書』, 1919, 14쪽.
(비고) 수당과 급료는 年額이고, 단위는 円임.

의 수가 줄어들고 있었기 때문인데, 자세한 상황을 알기는 어렵지만 아마 식민 지배에 대한 반감으로 면장을 그만둔 사람도 있었을 테고, 면 폐합을 위한 준비 조치로써 총독부가 정책적 고려와 일치하지 않는 면장을 많이 면직시키기도 했을 것이다. 하지만 면 폐합을 계기로 면장이 없는 면은 거의 무시할 만한 수로 줄어들고 있다. 이 과정에서 적어도 전체의 3분의 1을 상회하는 1,200명 이상의 면장이 탈락된 것으로 드러나고 있지만, 새로이 선임한 면장도 있었음을 고려하면 기존 면장의 탈락률은 이보다도 훨씬 높았을 것이다. 당연히 1914년 이후 모든 면에는 면장이 선임되게 된다. 이로써 이른바 '면장제'는 1914년 면 폐합을 계기로 수립되었다고 할 수 있다. 면 행정의 담당자라는 측면에서는 면제를 실시할 준비가 완료되었던 것이다.

다음으로 총독부가 면장의 인물 정도와 깊이 관련된 조건으로 파악하고 있던 면장 보수의 변화를 통해서 면장의 인물 변화를 추정해보기로 하자. 표 〈2-6〉은 1910년대 면장과 면리원의 수당에 관한 자료를 정리한 것이다.

면장의 수당과 관련하여 두 가지 사실이 눈에 띈다. 먼저 면장 수당의 연 평균은 매년 조금씩이나마 상승하고 있는데, 1912년에 비하면 1918년에는 면당 평균 42원이나 높아지게 된다. 1918년 면장의 수당이 153원이므로 월 13원 정도에 지나지 않는 낮은 수준이었지만 평균적으로는 꾸준히 상승하고 있었다. 다음으로 수당이 최고인 면과 최저인 면의 차이도 꾸준히 줄어들고 있었다. 1912년에는 그 차이가 24배나 되었으나, 1918년에는 5배 정도로 줄어들었다.

면당 수당 평균의 상승과 수당의 최고 면과 최저 면의 차이의 축소라는 이 두 가지 사실은, 면제를 실시하기 위하여 면장을 관료화시키려는 총독부의 의도를 그대로 반영하고 있다. 면 폐합의 과정에서 1,200여 명 이상의 면장이 탈락되거나 교체되었다는 사실과 면장의 수당이 계속해서 오르고 있었다는 사실에서 지방의 유력자를 면장으로 충원하려는 총독부의 의도를 잘 읽을 수 있다. 이는 면장의 관료화를 의도한 것이기도 했다. 하지만 면장 수당의 커다란 차이를 통해서는 그런 정책적 의도가 현실에서는 상당히 제약되고 있었다는 점도 아울러 추측하기에 어렵지 않다. 면제 시행을 준비하는 과정은 면의 구역과 규모를 정비하는 과정이기도 했지만 면장의 대우를 균일화하는 과정 곧 면장의 관료화 과정이기도 했다.

1917년 제정된 면제에는 면의 직원으로 면장, 면서기, 회계원(會計員)과 구장이 명시되어 있다. 이는 면장제를 추진한 이후 총독부가 계속해서 의도해온 바였다.[31] 면장은 준관리로서, 보통의 지방관청이 아니라 행정사무의 보조집행기관으로 규정되었다. 이는 다음의 두 가지 사항과 관련한 것이었다. 첫째 도장관(道長官, 이후 道知事)이 임명하는 국가의 보조기관이자 둘째, 면장 수당을 면민의 부담으로 받는 공공단체로서의 면 사무의 이사자(理事者)이기도 하다는 것이다. 풀어 말하면 첫째 측면, 곧 면장이 국가의 보조기관이라는 것은 면이 국가의 최하급기관이라는 성격에 대응하는 것으로서 면장이 국가기관으로서의 성격을 가진다는 점을 지적한 것이다. 다음으로 면장이 면 사무의 이사자라는

---

31) 朝鮮總督府, 『面制說明書』, 1917.

것은 면이 면 구역 내의 공공사무를 처리할 능력을 가진 단체라는 성격에 대응하는 것으로서, 면장이 면 고유 사무의 담당자이기도 하다는 점을 지적하는 것이다. 면이 국가의 최하급기관이기도 하고 자체의 공공사무를 가진 공공단체이기도 한 이중성을 가진 점에 대응하여, 면장 역시 국가의 보조기관이자 면 고유 사무의 이사라는 이중성을 가지게 되었다.

다시 말하면 면은 행정적으로 이중성을 가지고 있었고, 이런 이중성은 면장의 법제상 지위의 이중성으로 반영되어 있었다. 면이 도-군-면이라는 행정계열에서 보면 제3차 행정기관으로 보이기도 하지만, 면장에게는 중앙의 위임사무를 관장하면서 이에 개입할 권한은 주어지지 않았다. 그럼에도 면에 제한적이나마 고유한 자체 공공사무를 처리할 수 있는 권한이 부여되었기 때문에 위임사무를 포함한 면장의 사무 집행에 소요되는 비용은 총독부에서 부담하지 않고 면이 부담하는 것으로 규정되었다. 이는 면을 완전히 독립적인 자치단체로 인정하지 않았기 때문이기도 하지만, 면장의 수당을 책임지지 않음으로써 총독부의 부담을 경감하기 위한 조치이기도 했다.[32]

다른 한편 면제에는 면장의 법률적 지위에 관한 직접적이고 구체적 규정이 없었다. 면장이 중앙행정사무의 보조적 집행기관으로서 준관리라는 규정은 있었지만, 단체로서의 면의 직접적인 기관으로 규정되어 있지는 않았고, 그에 따라 공공단체로서의 면의 단체사무를 관장하는 공리(公吏)로 규정되지도 않았던 것이다. 면장은 '국가사무'의 담당기관인 관리도 아니고 '단체사무'를 담당하는 공리도 아닌 준관리로 규정되어 있었다. 준관리라는 규정은 관리와 공리를 절충한 것일 테지만 그 자체로 어떤 분명한 역할을 찾아내기에는 어려움이 있다.

---

[32] 면의 이러한 이중성은 便法이므로 반드시 나중에 개혁해야 할 것이라는 평가를 지방의 조선인 관리로부터 받고 있었다. 요컨대 면에 완전한 자치를 부여하여야 한다는 지적이다. 任洪淳, 『朝鮮行政要覽』, 朝陽出版社, 1929, 64~65쪽. 이런 지적은 면을 제도적으로 보완하라는 이후의 다른 많은 요구와도 관련된 것이지만, 면에 자치를 인정하라는 훨씬 근본적인 점과 연계되어 있었다.

다만 면장의 역할을 정책적 의도에 좌우되기 쉽게 만들었을 뿐이다.

면장의 규정이 불분명하고 모호한 것은 면의 단체로서의 성격이 불분명하게 규정되어 있었기 때문이다.[33] 이에 따라 면에 속하는 사무와 면장에 속하는 사무도 구별되었다. 면이 처리해야 할 사무는 「면제시행규칙(面制施行規則)」에 정해진 사항에 한정되지만, 면장은 면 사무의 담임자임과 동시에 면이 단체로서 경영해야 할 사무와 정책과 연관된 모든 측면을 포괄하도록 규정되어 있었다. 예를 들어 근검저축의 장려, 민적사무(民籍事務), 교육사무, 각종 통계조사, 지방비 및 임시은사금사업(臨時恩賜金事業)의 보조 등의 사무는 면의 사무는 아니나 면장이 처리해야 한다고 규정되어 있었다.[34]

면장은 흡사 '면내의 수장'의 지위를 부여받은 것처럼 보였으며, 실제로 총독부에 의해 그런 역할을 요구받고 있었다. 면장에 임명되는 사람은 바로 '일향(一鄕)의 장(長)'이 되어 면민을 통솔해야 한다고 규정되었던 것이다.[35] 행정체계 내에서는 군수로부터 강력한 통제를 받아야 하는 지방행정 말단의 존재에 지나지 않았던 면장에게,[36] '면내의 수장'이나 '일향의 장'으로서의 역할이 요구되었다. 이처럼 불안정한 면 제도를 안정시키는 조건을 면장의 인선에서 찾는 것이 면제 제정 당시의 분위기였다.[37]

---

33) 면제에 규정된 면의 이중성은 어떤 면에서는 중앙집권적 행정체계 아래서의 지방단체의 고유한 이중성을 반영하는 측면도 있다. 하지만 1917년 제정된 면제는 더욱 불완전한 측면이 많았는데, 면을 사업 경영의 주체로 인정하되 法人格은 부여하지 않아 그 행위능력을 더욱 제한했던 것이다. 1931년 읍면제 시행 이후 법인격이 부여되었다고는 하나 자치단체로서는 인정되지 않았다. 이런 면의 성격은 해방 이후에도 계속 유지되었다. 면 단위의 지방행정이나 지방정치를 분석할 때는 이런 측면이 고려되어야 할 것이다.

34) 朝鮮總督府, 『面制說明書』, 1917.

35) 朝鮮總督府, 『面制說明書』, 1917.

36) 면제 제정과 아울러 「面長及面吏員服務規律」을 제정하여 면장이 관리로서의 의무를 다하도록 했고, 이를 위반할 때에는 이미 제정되어 있던 「面長懲戒規程」(1911년 9월, 총독부령 106호)에 의해 免職 또는 譴責 처분을 받도록 되어 있었다. 또한 면직 처분을 받을 때에는 2년간 관직에 나아갈 수도 없었다. 출전은 朝鮮總督府, 『面制說明書』, 1917.

37) 총독도 "조선의 面長은 國語(일본어-인용자)의 解讀이나 新敎育의 有無 등보다는 오히려 人物, 德望, 識見, 常識 등에 무게를 두어 選任해야 한다"고 지시하고 있다. 澤田豊丈, 「面制에 대하

총독부가 이처럼 '면내의 수장' 또는 '일향의 장'으로서의 지위를 가진 자를 면장으로 임명하여 면 행정에서 면민의 신뢰를 확보하는 것이 우선적인 과제라고 인식하고 있었던 것은, 면장의 인선에서는 전통적 의미의 인격적 지배의 원칙을 유지할 수밖에 없었던 정황을 반영하는 것이겠다. 하지만 이런 방식의 면장 인선은, 앞서 살펴본바 면 운영에서의 문서주의에 기반한 서구 근대적 관료행정의 확립이라는 과제와는 근본적으로 어긋나는 것이 될 수밖에 없었다. 이런 내적 모순을 빨리 청산하는 것이 초기 면제 운영의 과제가 되었음은 말할 나위도 없겠다. 면장의 인선에서 '일향의 장'이라는 덕망가가 아니라 행정 전문가가 우선될 때 면의 제도화 수준은 더욱 높아질 수 있기 때문이다. 그러나 다른 한편으로 행정 전문가가 면장으로 선임된다는 것은 면의 단체로서의 성격과 배치되는 측면을 드러낼 수도 있었다. 여기에 면제정책의 딜레마가 잠복해 있다고 할 것이다.

다음으로는 면서기〔副長, 技手 등〕제도의 확립에 대해서 살펴보기로 한다. 면에 존재하던 징세(徵稅) 관련 역원(役員)을 폐지하는 정책은 이미 통치 초기부터 추진되고 있었다. 먼저 1910년에 발령된 총독부 통첩을 통해 그 정책적 지향을 확인해보도록 하자. 기존의 「국세징수법」 규정에 의하여 설치된 공전영수원은 다음의 네 원칙에 의하여 선임하되 그 선택에 매우 주의하여야 한다고 못 박고 있다. 첫째, 공전영수원은 별도로 두되, 면장이 겸장(兼掌)하여도 무방하다. 둘째, 공전영수원에 대한 인허(認許)는 군수가 하지만 경찰의 신분조사서를 첨부해야 한다. 셋째, 2명 이상의 자산가가 보증을 서야 한다. 넷째, 면주인이나 사환(使喚) 등의 이름으로 문서 왕복이나 잡역에 종사하는 부속원을 두는 관행이 있는데, 이를 갑자기 폐지할 수는 없지만 필요 인원을 조정해야 한다.[38] 위의 네 규정은 상당히 신중한 조사를 거쳐 회계 담당 이원(吏員)을 임

여」, 朝鮮總督府 內務部, 『朝鮮總督府道府郡島書記講習會講演集』, 1918, 1~33쪽.

38) 「面長의 任免, 面事務所, 附屬員의 設置, 其他 經費의 支出負擔의 方法 等에 關한 心得의 件」 (1910. 12, 內務部長官 通牒), 朝鮮總督府, 『地方行政例規』, 1915.

명하며, 다른 잡역은 점차 줄여 나가되 결국 폐지해야 한다는 암시를 담고 있다.[39]

징세 관련 역원의 폐지에 관한 「탁지부장관 통첩」의 주요 내용은 징세 관련 역원을 폐지하는 대신 납세조합(納稅組合)을 설치한다는 것을 취지로 하고 있다.[40] 나아가 1913년의 통첩에서는 공전영수원을 완전히 폐지하도록 규정했다. 공전영수원을 폐지하고 면장 스스로 현금의 보관 출납을 취급하게 하는 것이 취지인데, 만약 사무가 번잡하거나 다른 특별한 사정이 있어 따로 현금의 보관 출납을 취급하는 자를 둘 필요가 있는 경우에는 회계원이라는 명칭으로 둘 수 있게 했다. 단 회계원의 신분은 면서기와 동일하게 취급하도록 했다.[41] 1913년 공전영수원은 회계원으로 대체되었다. 회계 담당자를 공식적으로 면의 이원(吏員)으로 규정해서 자의적인 회계사무가 더 이상 유지될 수 없도록 했다. 이처럼 면제가 제정되기 이전 면서기(면리원)에 관한 정책은 공전영수원을 폐지하되 회계원으로 변경하고, 면에서 운영하던 제반 명칭의 잡역을 폐지하는 데에 초점을 두고 있었다.

이제 면서기 정원에 관한 통계와 앞의 표 〈2-6〉에서 확인할 수 있는 면리원의 급료 변화를 통해 1910년대 면서기가 처한 상황을 우회적으로나마 살펴보

---

39) 면의 잡역을 폐지하기 위하여 각 도 단위로 상당한 노력을 기울이고 있었다는 사실은 함경북도의 사례를 통해서 확인할 수 있다. 面主人의 '弊風'을 없애기 위해 각 군 단위로 면주인들이 공동 작업을 하게 하고, 이를 저축하도록 유도함으로써 장래 이의 폐지를 의도하고 있었다. 그리고 총독부에서는 이를 다른 도에서도 본받도록 지시하고 있다. 朝鮮總督府, 『民政事績一斑』, 1912, 44~59쪽.

40) 1911년부터 징세 관련 면 단위 역원을 완전히 폐지하고 각 동리마다 「納稅獎勵組合」을 결성하여 동리민으로 하여금 직접 納稅하도록 장려한 전남 昌平의 사례가 보고되고 있다. 여기에서는 동리민이 체납 처분을 받을 때 동내(洞內)에서 일체의 교제를 단절하도록 하고, 조세를 완납할 때까지 면사무소에는 納稅旗라는 것을 내걸어 조세를 督納하도록 규정하고 있다. 조세의 납부를 촌락 단위의 공동성을 매개함으로써 독려하는 정책을 구사하고 있는 것이다. 1911년 탁지부장관의 통첩은 전남 창평의 사례를 바탕으로 한 것이다. 朝鮮總督府, 『民政事績一斑』, 1912, 110~136쪽.

41) 「면사무지도감독규정 준칙에 관한 건」(1913. 3, 정무총감 통첩), 朝鮮總督府, 『地方行政例規』, 1915, 90~96쪽.

〈2-7〉 1910년대 면서기 정원 조사표

연도	면서기 총인원	면당 인원	두지 않은 면	1인인 면	2인인 면	3인인 면	4인 이상 면
1912	4,083(2,026)	0.9	348	3,297	336	25	12
1913	6,228(596)	1.4	47	1,622	1,851	226	49
1914	5,135(275)	2.0	8	446	1,555	451	55
1915	6,119(231)	2.4	2	250	1,167	862	230
1916	7,888(229)	3.1	–	60	454	1,232	761
1917	9,265(255)	3.7	–	27	270	669	1,538
1918	11,485	4.6	–	1	43	265	2,202

(자료) 朝鮮總督府 內務局, 『1918年度面經費ニ關スル調査書』, 1919, 15쪽.
(비고) 면서기 총인원 항의 ( ) 안은 회계원의 수를 나타낸다. 1918년의 면서기 인원에는 회계원과 면서기
도 포함된다.

고자 한다. 먼저 면서기 인원의 변화 상황을 표 〈2-7〉을 통해 살펴보자.

면서기의 숫자는 1914년을 제외하고는 1910년대를 통하여 꾸준히 증가하고 있다. 1914년의 경우 면서기 숫자가 줄어든 것은 1914년 면 통폐합 과정에서 기존 면서기를 정리했기 때문일 것이다. 특히 1917년 면제 시행 이후에는 면서기의 수가 급속하게 증가하고 있으며, 면서기를 두지 않은 면도 없어지게 되었을 뿐만 아니라, 1면당 면서기의 평균 인원도 급속하게 증가하여 1918년에는 면당 4.6인에 달하게 된다. 1912년에 비하면 5배 이상 늘어난 것인데, 이는 면 사무의 증가를 반영했기 때문일 것이다. 앞의 표 〈2-6〉을 보면 면서기의 급료는 1911년 이후 거의 증가하지 않았을 뿐만 아니라 면 사이의 급료의 차이도 매우 크다. 면서기가 신분-계층적으로 하층에서 동원되고 있었고, 또 기계적인 사무를 담당하고 있었기 때문일 것이다.

다음으로 면제가 제정됨으로써 종래에는 아무런 법률적 규정이 없었던 면서기에 대해서도 자세한 규정이 더해졌다. 면서기는 군수가 임면하는 유급의 면 리원으로서 규정되었다. 회계원에 대해서도 종래에는 별도의 법규가 없었지만,

면서기 중에서 회계원을 임명하도록 하고 군수가 임면하도록 했다.[42] 한편 종래에는 회계원만이 아니라 면리원의 부정이 매우 심했으므로 면리원에 대한 규제도 매우 엄격하게 실시하도록 했다. 1916년 조사에 의하면 횡령 건수 94건, 금액 2만 7,013원이고, 1917년에는 65건, 금액 1만 2,992원이나 되었다고 한다.[43] 이처럼 면리원에 대한 규제는 강화된 반면 면리원 수는 면의 사무 증가와 단체로서의 면의 독자성이 높아질수록 더욱 많아지게 되었다.

이리하여 면 행정의 담당자, 즉 면장과 면리원은 면제에 의하여 그 신분과 역할이 법제적으로 규정되었다. 1920년대 이후 면장과 면리원의 선임과 그 역할은 어떤 방식으로 변해가고 있었는가를 검토해보자. 덕망 있는 면내의 수장을 면장에 임명한다는 원칙은 시간이 지나면서 서서히 변해가고 있었다. 경기도의 면장 임면 사정에 대한 다음의 묘사는 그런 변화의 과정을 잘 보여준다.

(이전에) 면리장(面里長)은 전부 연치(年齒)와 덕망(德望)과 노력의 자격을 갖춘 자를 면리(面里) 전체에서 추천했기 때문에 인민의 신뢰가 두터웠고, 일읍(一邑)의 행정·사법·입법의 전권이 위임되고 있었다. 관위(官位)로 본다면 최하위이지만 덕망과 연치에 의하여 상급 장관에게 독립의 체면을 유지하고 있었던 것이다. 그리고 촌락의 교섭사건에서는 주동자이고, 촌려(村閭)에 쟁의가 있을 때는 그를 재결(裁決)하고, 제사장(祭司長)이 되거나 법률의 해석자, 불문헌법의 화신자(化身者), 통치자도 되었던 것이다. 그중에는 권세 전횡을 함부로 한 가정자(苛政者)도 되고 사리사욕을 함부로 하기도 하여 면장 재직 3년이면 재산을 모은다는 말을 하기도 했다. 그러나 오늘날(1924년)에는 청년이나 중년의 독지가가 나와 면장이나 면서기가 되어 촌정(村政)을 담당하고 있다.[44]

---

42) 朝鮮總督府, 『面制說明書』, 1917.

43) 면리원 부정이 숫자상으로 보면 점차 감소하는 추세를 보이고 있고, 금전취급자에게는 보증인이 있으므로 금전상의 손해는 크지 않지만, 面吏員의 신용을 해치고 지방행정상의 일대 오점이 되므로 금후 한층 경계하여 근절하여야 한다고 하면서, 총독부에서는 면리원 부정에 특히 주의할 것을 요구하고 있다. 澤田豊丈, 「面制에 대하여」, 朝鮮總督府 內務部, 『朝鮮總督府道府郡島書記講習會講演集』, 1918, 1~33쪽.

이 글은 일향의 장으로서의 면장의 지위가 어느 정도 유지되고 있었지만 1920년대 초반부터는 서서히 신진인물의 진출로 인해 그 양상이 변화하고 있었던 저간의 사정을 잘 보여준다. 즉 교육받고 어느 정도 행정에 전문성을 가진 인물이 면장이나 면리원으로 진출하고 있던 사정을 드러내고 있다.

이후 이런 경향은 강화되어, "덕망만을 채용의 주안점으로 삼지 말고 반드시 사무적 수완가를 채용하는 것이 득책이다"라는 견해가 제출될 정도로 행정사무에 전문적인 식견을 가진 사람을 면장으로 채용해야 한다는 견해가 강력하게 대두하게 된다.[45] 1920년대 중반 이후에는 유지-명망가 집단이 아니라, 수완가 또는 행정 전문가로서의 면장이 요구되고 있었다. 이런 요구는 면 사무의 증가와 아울러 인격적 지배에 의존하는 면 행정에 대해 제기된 비판이기도 하지만, 다른 한편으로는 면 행정과 면 단위의 지배방식이 이미 인격적 지배에 의존하는 수준을 넘어 제도적 안정화의 단계로 들어섰다는 것을 의미하는 것이기도 하다.

이후 실제로 면장은 어떤 사람으로 임용되고 있었을까? 면장에 대한 지역의 사례 연구 역시 대체로 교육 수준이 높고 면내에서 명망이 있는 사람으로 임용되고 있었다는 점을 보여준다. 하지만 여기에서는 한 지방관리로 추정되는 사람과 지방관청의 인사를 관리하고 있던 총독부 담당 관리 사이에 오간 논쟁을 통해 1920년대 후반 면장 임용의 사정을 추측해보기로 한다.[46]

---

44) 京畿道 內務部 社會課, 『京畿道農村社會事情』, 1924, 48~74쪽.

45) 任洪淳, 『朝鮮行政要覽』, 朝陽出版社, 1929, 104~124쪽.

46) 「面長任命制度의 改善에 대하여」, 『朝鮮行政公論』, 1928, 42~44쪽. 『朝鮮行政公論』은 『朝鮮地方行政』이라는 월간 잡지의 「行政論壇」이라는 연재물을 정리하여 책으로 만든 것이다. 이 연재 코너는 매월 지방행정에 관한 다양한 문제점을 비판하는 독자들의 투고와 이에 대한 총독부 담당 관리의 응답으로 구성되어 있다. 투고한 사람들은 대개 한국인이었고, 군-면이나 기타 기관에 근무하고 있는 官-公吏가 중심을 이루고 있었다. 크게 투고의 논제를 나누어본다면 군-면 직원의 採用이나 昇進에 관한 사항과 地方行政 事務의 개선이나 합리화에 관한 것, 기타 지역민의 啓蒙이나 사회적 公正性 提高에 대한 요구 등으로 구성되어 있다. 그 가운데 군-면 직원의 임용이나 승진과 관련한 제도를 비판한 투고가 가장 많은 부분을 차지하고 있으며, 위의 글도 그중 하나이다.

면장 임용제도를 비판하는 글의 요지는 다음과 같다. 첫째, 현재 면장 임용제도는 군수의 추천에 의하여 도지사가 임용하게 되어 있지만, 엄격한 임용규정이 없기 때문에 정실에 빠져서 적임자를 얻기가 어렵다는 것이다. 둘째, 그리하여 사회 변화의 추세에 어둡고, 사회적 경험이 없으며, 면 사무의 정신을 이해하지 못하는 면장이 대다수를 차지하고 있다는 것이다. 셋째, 이에 대한 대안으로 새로운 임용규정을 도입하되, 먼저 주소 제한을 폐지하여 다른 군-면의 사람이라도 유자격자가 있을 때는 임용하고, 다음으로 문관임용령(文官任用令)에 합당한 자격을 가진 사람과 유급(有給) 면리원으로 6년 이상의 경험을 가진 사람을 임용하라는 것이다. 이는 면장 임용규정에서 초래되는 임용에서의 자의성(恣意性), 즉 덕망을 기준으로 하는 임용에 대한 비판이라 할 수 있다. 다시 말하면 임용제도의 문제점 때문에 무자격 면장이 다수를 차지하고 있어 면 행정의 부실화가 초래되고 있으므로 면내의 인물을 고집하지 말고 일정한 자격과 경험을 가진 사람을 중심으로 새로운 규정을 만들고 이에 따라 면장을 임용하라는 요구인 것이다. 이런 비판은 앞에서 살펴본 사무적 수완가나 행정전문가를 임용하라는 요구와 근본적으로 같은 성격의 것이라 할 수 있다.

이런 비판에 대한 총독부 관리의 반비판(反批判)의 요지는 다음과 같은 것이었다. 첫째, 면장이 사임하거나 결원이 있는 경우에 연고관계(緣故關係)를 더듬은 면장 선임운동이 대단히 치열하게 전개되고 있다는 것이다. 그 가운데에는 총독부나 도의 상급간부를 통해서 내밀한 운동을 하거나 거액의 돈을 뿌리기도 하는데, 도의 참여관 등은 특히 이런 면장 의뢰운동 때문에 고민하고 있다는 점을 지적하고 있다. 둘째, 주소 제한을 폐지하고 자유로이 인재를 추천하는 것은 이상으로서는 좋지만 면내에 희망자가 산처럼 쌓여 있는 상황에서는 이를 일축하고 다른 군-면의 사람을 채용하면 다수의 면민이 만족할 수 없으므로 현재로서는 면내 인물을 추천하는 것이 무난하고 민심을 통솔하는 데도 좋다는 것이다. 셋째, 면장으로 문관임용령의 유자격자를 추천하라고 하지만 이런 종류의 인물이 학력에서는 우수하지만 반드시 면장 적임자라고는 단정하기 어렵고, 더욱이 문관 유자격자는 면장이 되지 않아도 사관(仕官)의 길이 열려 있다는 것이다. 특히 면서기의 진로에 희망을 준다는 점에서 면서기 경력의 연한을 설정할 필요도 없다는 것이었다.[47] 이 총독부 관리의 대응을 통해서 면내에 면장 유자격자만이 아니라 면장을 희망하는 사람이 매우 많았고, 면장이 되기 위해 뇌물을 수수(授受)하는 등의 부정행위가 공공연히 이루어지고 있었다는 사실을 알 수 있다. 그럼에도 총독부의 방침은 학력을 우선하는 것이 아니라 같은 면 출신으로 면서기 경력을 가진 사람을 포함하여 민심을 통솔할 수 있는 인물을 선임한다는 정도에 머물러 있었다.

요컨대 면제 제정 이후에 면장 임면에 대해서는 다양한 요구가 교차하고 있었고, 대체로 능력에 따른 선임을 바탕으로 하고 이를 무시하지는 않았지만, 덕망을 기준으로 한 '면내의 수장'으로서의 지위를 더욱 중시하고 있었다고 하겠다. 이후에도 면장 후보자를 선거로 결정하자든지 면장 자격자를 엄격히 제한하자든지 하는 등의 다종다양한 요구가 쏟아지고 있었지만 군수가 추천하고 도지사가 임면하도록 되어 있던 면장 임용제도는 결국 바뀌지 않았다.[48]

1930년대 후반 총동원체제가 확립되면서 이른바 시국업무를 중심으로 면 사무는 폭발적으로 증가했다. 시국업무란 지원병, 징병, 징용 등의 인적자원 및 식량과 군수물자의 동원, 그리고 이를 위한 제반 행정업무를 일컫는다. 이 때문에 면 행정력 강화는 시급한 일이었고, 면 직원의 대대적 증원과 아울러 면 직원에 대한 교육이 특히 강조되었다. 그리고 면 직원에 대한 처우도 개선되었다.[49]

이런 상황에서 1943년부터는 '거물 면장(巨物面長)'[50] 곧 면내 유력자를 면

---

47) 「面長任命制度의 改善에 대하여」, 『朝鮮行政公論』, 1928.
48) 이런 면장 선임제도 개선에 대한 요구는 앞에 거론한 『朝鮮地方行政』의 「行政論壇」을 통해서 확인할 수 있다.
49) 한긍희, 「일제하 전시체제기 지방행정 강화정책」, 『국사관논총』 88, 2000 참조.
50) 이 '巨物面長'이라는 용어는 '大物面長'이라는 용어를 옮긴 것이다. 원래 大物이라는 일본어는 大人物, 중요한 사람이라는 의미를 가진 단어인데, 이는 지방의 유력자─명망가를 지칭하는 것이라 하겠다.

장으로 선임하려는 정책적 노력이 활성화되었다.[51] 거물 면장의 선임에 대해 가장 구체적으로 거론하고 있는 전북의 사례를 검토해보자. 1945년 전북에서는 그때까지 기용한 거물 면장의 성적이 대개 양호하다고 자평하고 있다. 몇 년 전부터 읍면장의 자질 향상을 외친 이래 전북에서 채용한 거물 면장은 모두 32명인데, 그 가운데 군수, 경시(警視), 도리사관(道理事官), 학교장, 군속(郡屬), 기수(技手) 등 관-공리의 전력을 가진 사람이 21명, 도회 의원으로부터 바로 면장이 된 사람이 7명, 나머지 5명은 기타 지방의 유력자라고 했다. 그 가운데 무급으로 일하는 자가 7명이었고, 일본인이 5명이었다고 한다.[52] 이른바 거물 면장이 선임된 면은 32개로, 전북 전체 면 수 188개에 비하면 약 17%에도 미치지 못한다. 하지만 군수, 도회 의원 등 행정의 위계로 볼 때는 상당한 지위에 도달했던 사람들이 면장에 취임했다는 사실은 지배체제가 총동원체제로 전개되면서 말단 행정의 중요성이 더욱 강조되었음을 말해주는 것이겠다.

그러나 전북에서 기용된 거물 면장 32명의 면모는 이른바 덕망을 기준으로 면내 유력자를 선임한다는, 1920년대까지 유지되었던 면장 선임의 원칙과도 일정한 차이를 갖는 것이었다. 32명 가운데 여러 경로의 행정 경험을 거치지 않은 순수한 지방 유력자는 5명에 지나지 않았던 것이다. '면내의 행정 경험을 가진 유력자'가 거물 면장이라는 이름 아래 집중적으로 기용되었다는 것은 덕망과 행정 수완이라는 면장 선임 원칙의 양면을 절충한 것이라고 할 수도 있지만, 언제나 이런 원칙이 적용되는 것이 아니었고 전시라는 '비상시'에 국한되는 잠정적인 것이었다고 할 수도 있겠다.

다음으로 면제 제정 이후 면리원의 상황은 어떻게 변화하고 있었는지 알아보자. 1930년대 이후 읍면 이원(吏員) 수의 변화를 표 〈2-8〉을 통해 검토해보

---

51) 거물 면장의 선임은 제3부 2장에서 살펴볼 '거물 구장'의 선임과 같은 차원에서 거론된 것이었다. 이에 대해서는 『每日新報』와 『朝鮮地方行政』 등 참조. 하지만 여기에서 그 논의의 추세를 자세히 다루지는 않았다. 정책적 함의만을 중시했기 때문이다.

52) 「末端行政을 말한다」, 『朝鮮行政』 1945, 1, 38~48쪽.

〈2-8〉 1930년대 읍면장과 읍면리원 수의 변화

연도	읍면 수(개)	읍면장 수(명)	읍면 기수(명)	읍면 서기(명)
1933	2,446	2,446	1,543	12,914
1934	2,393	2,393	1,607	13,123
1935	2,393	2,393	1,723	14,135
1936	2,374	2,374	1,780	15,464
1937	2,371	2,371	1,809	15,586
1938	2,366	2,366	1,792	15,781
1939	2,350	2,350	1,845	17,103
1940	2,337	2,337	1,857	18,204
1941	2,334	2,334	4,030	18,267
1942	2,329	2,329	4,252	19,100
1943	2,325	2,325	4,298	21,168

(자료) 『朝鮮總督府統計年報』 1943년판.

겠다.

1927년에 종전의 회계원을 폐지하고 기수제도(技手制度)를 도입하여 811명의 기수를 채용한 이후 그 숫자는 꾸준히 증가했다. 1930년대 어느 정도 정체해 있던 기수의 숫자는 1941년 폭발적으로 늘어남으로써, 읍면의 관리 수가 1941년을 계기로 팽창하게 된다. 읍면 서기 역시 1930년대를 통하여 계속 증가하여 1943년이 되면 1면당 거의 10명에 가깝게 늘어난다. 1918년 면당 평균 면리원 수가 4.6명이었음에 비하면, 1943년에는 10.9명으로 두 배 이상 증가한 것이다. 이처럼 면 행정 담당자의 수는 꾸준히 늘어나고 있었으며, 전면적이지 않았을지라도 학력과 능력에 따른 인사정책을 도입함으로써 관료행정의 효율성을 증대시키려는 노력을 계속했다.

하지만 능력 위주의 면장 선임을 전면적으로 시행할 수는 없었고, 오히려 '일향의 장'으로서의 무게를 가진 유지자(有志者) 또는 명망가의 위치에 있는 자 혹은 '거물 면장'을 임명하려는 움직임이 일어나기도 했다. 전반적인 정책적 지향이야 면장 선임에서 능력을 위주로 해야 한다는 원칙을 무너뜨리기는 힘들었다고 할지라도 제도적 측면에서의 면의 안정성이 그를 제약했던 것이다.

면장 선임에서의 이중성, 곧 능력 위주의 선임 원칙과 일향의 장으로서의 덕망을 가진 자를 선임한다는 원칙이 엇갈리고 있었지만, 능력 위주의 선임이라는 정책적 지향은 덕망 있는 면의 유지 또는 유력자를 선임해야 한다는 현실에 의해 제약을 받고 있었다. 면리원의 증가는 산업 사무를 비롯한 면 사무의 증가와 아울러 총동원체제기 이른바 시국 사무의 증가를 반영하는 것일 테지만, 면장의 선임에는 그런 현상이 뚜렷이 반영되어 있지 않다는 것은 면의 제도화 과정이 원천적으로 왜곡되어 있었다는 점이 작용하기도 했을 것이다. 면리원의 증가를 초래한 면 사무는 특히 총동원체제 이후 위임사무를 중심으로 한 것이었으며, 거물 면장의 선임을 요구한 면장 인선의 변화 역시 효과적으로 위임사무를 처리하기 위한 위압적인 측면이 강했다. 면의 단체로서의 자치적 측면은 계속해서 억압당하고 있었던 것이다. 이는 면제 제정 당시 면 행정의 이중성을 반영하는 것에 지나지 않았다. 반면 면에서의 관료행정의 진전은 식민통치의 효율성이 증가하고 있다는 것을 의미하는 것 이상은 아니었다.

이제 면제의 제정을 계기로 면민들은 이에 어떤 방식으로 대응했는가를 간단히 정리해보도록 하겠다. 면민들의 대응을 가장 명확히 확인할 수 있는 것은 이른바 면민대회를 통해서이다. 면민대회는 1920년대 중반부터 1930년대 후반까지 대개 560건 정도가 개최되었는데, 1925년부터 1927년까지가 가장 많았다. 면민대회는 면장이나 면리원의 부패나 독직, 면장 선임에 대한 불만, 세금 부과에 대한 불만, 세금 부과와 관련하여 면 폐합의 개정이나 면사무소 이전 등을 요구하는 것이 대부분이었다.[53] 면 폐합은 주로 세금 부과의 형평성과 관련하여 문제가 되었는데, 면 폐합 과정의 불합리성을 여기에서도 확인할 수 있다. 다음으로 면장 선임에 대한 불만 역시 군의 면장 선임 과정에서의 일방

---

53) 이상은 한상구, 「일제시기 시민대회의 전개양상과 성격」, 2000년 전국역사학대회 발표문에 의함.

성을 문제 삼는 것이 많았는데, 이는 면장의 자질과 관련된 것이기도 하지만 면 폐합의 불합리성과도 관련된 것이었다. 또한 면장이나 면리원의 독직이나 부패도 주요한 원인이었다. 이로 본다면 면의 폐합은 특히 면의 형평성과 관련하여 많은 불만을 야기하고 있었으며, 문서행정이 진전되고 있었지만 면장이나 면리원의 독직이나 부패가 만연해 있었다는 점도 확인할 수 있다. 면장 선임 과정에서 능력 위주의 선임 원칙을 견지할 수 없었던 것은 아마 이런 현실 때문이었을 것이다.

이제 면제의 성격과 관련하여 논의된 사항과 아울러 면제 실시가 초래한 사회적 변화를 요약해보도록 하겠다. 면 폐합을 단행하고 문서주의 행정을 도입한 것은 두 가지 측면에서 중요성을 가진다. 먼저 이는 면제 실시를 위한 제도적 바탕을 마련한 것으로, 이를 통해서만 면제가 실시될 수 있었다. 다음으로는 근대적 공간관과 시간관의 수용을 가능하게 하는 매개로 작용했다는 점을 들 수 있다. 면의 폐합을 통한 구역의 획정 작업은 서구적 공간관의 도입과 연관된 것이었으며, 행정에 문서주의를 전면적으로 도입한 것은 서구적 시간관의 도입과 관련된 것이었다. 서구적 공간관과 시간관의 도입이란 전통사회의 질적인 공간관과 시간관을 폐기처분하고, 공간관과 시간관을 균일하고 양적인 것으로 변화시키는 것을 의미한다. 개인의 특수 시간은 보편적이고 강력한 국가 시간으로 대체되었다. 이런 공간관과 시간관의 균일화와 표준화를 바탕으로 해야만 비로소 면 행정에서의 비인격적 지배를 위한 제도를 수립할 수 있었다. 다시 말하면 '시간적 동일성'과 '공간적 동질성' 곧 양화된 시공간관을 바탕으로 해야만 비인격적 지배관계이자 수단으로서의 관계가 성립하는 계기가 주어지는 것이다. 이는 면에 관료적 행정체계를 도입함으로써 식민지민을 더욱 철저하게 지배할 수 있는 제도적 장치를 마련하는 것이기도 했다. 결국 면제 제정 당시 위임사무의 담당자로서의 국가기관이라는 측면과 단체사무의 이사자로서의 자치적인 측면을 아울러 갖는 면 또는 면장의 고유한 이중성이 해소되지는 않았지만, 면에서의 관료행정은 면 행정 담당자의 수와 인적인 측면에서도 진전되고 있었다고 할 것이다.

마지막으로 언급해두고 싶은 것은 면제 실시와 관련한 폭력성의 문제이다. 면 구역을 폐합하고, 문서행정을 도입하는 과정에서 드러나는 폭력성은 이미 살펴본 바 있다. 그러나 이런 제도 도입 방식에서 드러나는 폭력성보다 더 중요한 것은 그를 통해서 수용되는 서구적 합리성과 시공간관과 관련한 폭력성이다. 양화된 시공간관은 종래의 모든 통합적 체계를 폭력적으로 해체한다. 공간을 해체·재조정하고, 전통적 시간에 따른 생활방식을 해체한다. 그러고는 해체된 공간과 시간을 다시 통합한다. 재구성된 시공간으로부터의 어떤 일탈도 허용하지 않는 새로운 통합의 체계를 구성하고자 하는 것이다. 그리고 이런 통합의 체계는 동시성의 구조 속으로 포섭된다. 동시성은 식민지적 고유성보다는 자본주의 세계체제의 동일성을 옹호한다. 근대적 시공간관의 폭력성은 이러한 해체−통합−동시성으로 포섭하는 과정을 통해 자리잡게 되는 것이다.

제3장
면의 재정권과 통합성

1. 면의 재정권

면제가 실시되면서 면에는 독자적인 재정을 운영할 수 있는 권한, 즉 재정권이 부여되었다. 재정권을 부여한다는 것은 지방단체로서의 독자성을 인정하는 것이므로 면이 단체로 성장하는 데 가장 중요한 제도적 기반이 주어졌다는 것을 의미한다. 면에 재정권이 부여된 뒤 면이 어떤 사업을 어떻게 운영할 수 있었는가를 분석함으로써 면제 실시의 궁극적 목표, 즉 하위의 촌락을 면이 얼마나 통합할 수 있었는가를 측정할 수 있다. 여기에서는 면에 재정권이 부여되는 과정과 그 성격을 살펴본 뒤, 재정 운영의 추이를 토대로 면의 통합성 수준을 헤아려보고자 한다. 이런 분석을 통하여 면의 촌락지배가 가지는 함의를 살펴볼 수 있다.

그러면 먼저 면제 제정 이전 면의 단체로서의 성격과 재정 운용 상황, 그리고 면제 제정과 함께 부여된 재정권의 성격 등을 차례로 검토해보자. 면제 제정 이전에 면은 단체로서는 매우 미숙한 상태에 있었다. 총독부는 이런 상황을 잘 알고 있었다. 한 구관조사보고는 1895년「향회조규」실시 이래 면이 동리를 포괄하는 지역단체로 성장하기 시작했지만 아직은 일부 도시화된 지역을 제외하면 단체로서의 성격은 매우 취약한 상태에 있었다고 지적하고 있다.[1] 조선총독부에서 발간한 『관습조사보고서(慣習調査報告書)』는 면의 상황을 종합하여 다음과 같이 보고하고 있다.

　　면은 종래에는 행정구획으로 인정되어 특별히 재산을 갖지 않는 것이 보통이었으나 근래에 가끔 재산을 소유한 예도 있다. 그런데 그 재산은 리동(里洞)의 공유가 아니라 면이 지방단체로서 그 주체인 것처럼 보이기도 하고, 또 면이 법률행위를 하거나 소송의 당사자가 되는 예도 전혀 없는 것은 아니다.[2]

　면이 재산을 소유하기도 하고, 재산권을 행사하기도 하며, 법인으로서의 행위능력을 가진 예도 있지만, 그런 면은 오히려 드문 상황이라는 것이다.

　이런 면의 상황은 1911년에 총독부의 표창을 받은 우량면(優良面)의 사무를 살펴보아도 바로 알 수 있는데, 대부분의 우량면에서 아무런 독자적인 단체사무를 확인할 수 없다.[3] 우량면이라고는 하지만 면이 관장하는 사무란 대개 면장이 수행하는 조세 독납(督納) 등 총독부 위임사무에 지나지 않았다. 이처럼 면제 제정 이전 면의 단체로서의 성격이 매우 취약했기 때문에 법인으로 인정되지도 않았고, 이에 따라 면이 새로운 부동산을 취득하고 증명이나 등기를 신청하는 주체가 될 수도 없었다. 단 종래 소유가 인정된 것에 한해서 면이 주체가 되어 부동산 증명 신청을 할 수 있다고 규정하고 있을 뿐이었다.[4]

　이런 상태의 면을 제도화하기 위한 노력은 1910년에 발포된 「조선총독부

---

1) 「面及洞ニ關スル制度舊慣調査」, 『朝鮮總督府月報』 1-4, 5, 1911. 9, 10.
2) 朝鮮總督府, 『慣習調査報告書』, 1910, 1912, 1913 ; 정긍식 역, 『국역 관습조사보고서』, 한국법제연구원, 1992, 106~114쪽. 여기서는 국역판을 이용했는데, 이는 1912년판을 중심으로 한 것이다.
3) 朝鮮總督府, 『優良面調査』, 1911 참조.
4) 神尾太治平, 『朝鮮不動産證明令義解』, 日韓書房, 1912, 67쪽, 220~259쪽.

지방관관제」와「면에 관한 규정」에 나타나 있다. 하지만 앞서 살펴보았듯이 이런 제령(制令)들은 우선 면장을 제도화하는 데에 관심이 국한되어 있었고, 면의 단체로서의 성격과 관련된 내용은 없었다. 그럼에도「면에 관한 규정」에서 주목해야 할 사실은 면장의 수당과 사무 집행에 필요한 비용을 면 부담으로 하게 한 점이다. 이 두 가지 사실을 종합하면, 식민통치 초기의 면에 대한 규정은 행정사무 보조집행자로서의 면장의 사무비용을 면이 부담하게 하는 것, 즉 총독부 통치행정의 비용을 면장을 매개로 하여 면의 부담으로 만든 것에 지나지 않았다. 단체로서의 면의 성질이 부정되었으므로 면은 예외적으로만 사업과 소유의 주체가 될 수 있었다. 다만 위임사무와 면 사무의 처리를 위한 면 경비는 면민의 부담이므로, 그를 위한 면비(面費)의 수입과 지출에 대해서만 면은 권리와 의무를 가질 수 있었다.

1917년 면제가 시행되면서 초래된 가장 큰 변화는 제한적이나마 면이 사업 경영의 주체로 규정된 점이다. 즉 면제는 면의 고유한 단체사무를 인정하고 그를 경영할 수 있는 권한을 면에 부여했는데, 그것은 면 이외의 단체가 공공사업을 독자적으로 운영하고 있던 현실을 적극적으로 제도에 반영한 것이라 할 수 있다. 면에 독자적 경영 능력을 부여한 것은 크게 두 가지 이유에서였다. 첫째, 비용을 통합함으로써 사업을 효율적으로 경영할 수 있다는 점과 둘째, 경비 징수에 제한을 두어 지역민의 부담을 경감시킬 수 있다는 점이 그것이다.

먼저 전자에 대해 살펴보자. 면제 제정 이전에는 면 단위의 공공사업을 동계를 중심으로 한 각종 조직이 담당하고 있었는데, 공공사업이 필요할 때마다 단체를 새로 조직하여 운영하는 것은 매우 번거로울 뿐만 아니라 경비 부담도 컸다. 이에 면을 제도화하여 그런 사업을 통일시켜 경영하면 사업의 효율성을 높일 수 있다는 점이 가장 중요한 이유였다.[5] 독자적으로 운영되고 있던 각종 단체사업을 면으로 통합하기 위하여 면에 단체사무를 경영할 수 있는 권한을 부

---

5) 澤田豊丈,「面制에 대하여」, 朝鮮總督府 内務部,『朝鮮總督府道府郡島書記講習會講演集』, 1918.

제2부 '면제'의 실시 **157**

여했던 것이다. 실제로 면제 제정 당시 지방 공공사업을 운영하기 위하여 각지에 설립된 각종 조합(組合), 계(契), 협의비(協議費) 등의 단체가 징수한 금액은 71만 원인데, 이는 면비 총액 280만 원의 약 4분의 1에 달하는 것으로 파악되고 있다.[6] 이 비용을 면비로 통합하면 훨씬 효과적으로 공공사업을 운영할 수 있다는 주장이다.

면제를 제정한 두 번째 이유는, 면에 경영 능력을 부여하면 면비 징수에 엄격한 통제를 가할 수 있지만 각종 단체를 그대로 두면 경비 징수에 제한을 가하기 어려우므로 지역민의 부담이 더욱 늘어나게 된다는 점이었다. 면민의 부담을 줄일 수 있다는 점이 면에 사업 능력을 부여하는 두 번째 이유였던 것이다. 그러나 이런 이유 때문에 면제를 제정했음에도 곧바로 지방의 모든 공공사업이 면으로 귀속되지는 않았다. 대개 지방민의 부담 능력이 면의 사업 운영에 미치지 못했던 것이다. 그리하여 면에 대해서는 처음부터 사업 경영에 많은 제한을 두게 되었다.[7]

따라서 면제가 시행되었다고 해도 실질적인 변화는 그리 크지 않았다. 면의 사업 능력, 즉 재정권과 관련하여 종래와 달라진 점은 다음 네 가지 정도를 들수 있다. 첫째로 면이 사업을 경영할 수 있도록 규정한 점, 둘째로 일본인이 많이 사는 도시화된 면 가운데 총독이 지정하는 면(이른바 지정 면)에는 상담역(相談役)을 두고 부채(負債)를 질 수 있는 능력 곧 기채권(起債權)을 부여한 점, 셋째로 호별할(戶別割)·지세할(地稅割) 외에 부과금·사용료·수수료를 징수할 수 있게 한 점, 마지막으로 재무(財務)에 관한 수속(手續)을 상세히 규정한 점 등이다.[8] 이제 이 네 규정을 구체적으로 검토해보기로 하겠다.

면제에서는 역시 면이 사업을 경영할 수 있는 능력을 부여한 점이 가장 중요한 것이었다. 그럼에도 그 규정은 그에 이은 규정에 의하여 제약되고 있었다.

---

6) 澤田豊丈, 「面制에 대하여」, 朝鮮總督府 內務部, 『朝鮮總督府道府郡島書記講習會講演集』, 1918.
7) 澤田豊丈, 「面制에 대하여」, 朝鮮總督府 內務部, 『朝鮮總督府道府郡島書記講習會講演集』, 1918.
8) 朝鮮總督府, 『面制說明書』, 1917.

먼저 총독이 지정한 면, 곧 지정 면이 아닌 보통 면에는 부채를 질 수 있는 능력 곧 기채권이 주어지지 않았던 것이다. 보통 면에 기채권을 부여하지 않은 표면적인 이유는 채무를 변제할 만한 경제적인 능력을 가지지 못했다는 것이었지만, 이는 면에 완전한 법률적 행위능력 즉 법인격(法人格)을 부여하지 않았다는 점과도 관련되어 있었다. 면의 기채권은 1931년 읍면제가 시행될 때까지 주어지지 않았다. 이에 면제 시행 직후부터 면에 기채권을 부여해야 한다는 지방관리의 요구가 빈발했다. 예를 들어 1919년과 1920년에 도지사들이 제출한 지방행정에 관한 의견을 모아놓은 자료를 보면, 각 연도 모두 3명의 도지사가 면에 기채권을 인정해야 한다는 의견을 제출하고 있다.[9]

다음, 면제에서 면은 법인으로 규정되지 않았다. 그럼에도 면은 기본재산을 소유할 수 있는 재산상의 주체였으며, 사업을 경영할 수 있는 재정권을 가짐으로써 공법적(公法的) 권능이 부여되어 있었다. 그러나 기채권은 부여되지 않았으며, 법인격도 인정되지 않았던 것이다.[10] 단체로서의 면은 그 '법률적 행위능력'과 관련하여 두 개의 관념이 교차하는 지점, 곧 "법인이기도 하고 법인이 아니기도 한" 그런 중간 지점에 위치해 있었다. 이러한 면의 제도적 불완전성은 두 가지의 결여조건을 낳았다. 앞서 보았듯이 준관료로서의 면장의 이중성과 함께, 면의 구성원인 주민에 대한 규정이 없어 주민은 공공단체의 공민(公民)으로 규정되지 못했다. 단체로서의 면이 가진 이런 불완전한 상태는 총독부가 기본적으로 면을 자치권을 가진 단체로 인정할 의도가 없었기 때문에 초래된 것이었다.

이리하여 면이 경영할 수 있는 사업도 이른바 '열거주의(列擧主義)' 방식에 의하여 최소한으로 제한되었다. 면제에서 면이 처리할 수 있는 사업의 범위는

---

9) 朝鮮總督府, 『道知事提出意見』, 1920, 1921년 참조.
10) 한국의 일반 지방제도에 한국인을 단위로 하는 공공단체를 창설하는 데 대해서는 일본과 총독부 내에서 부정적인 논의가 많았다. 면의 법인격 부여를 둘러싼 자세한 논의에 대해서는 홍순권, 「일제 초기의 면 운영과 '조선면제'의 성립」, 『역사와 현실』 23, 1997 참조.

'법령에 의하여 면에 속하는 사무'로 한정되어 있었고, 법령에 의하여 면에 속하지 않는 사무는 가령 공익상의 필요가 인정되더라도 자유로이 처리할 수 없도록 제한되어 있었다. 면이 경영할 수 있는 사무는 「면제시행규칙」에 규정된 사무뿐이었다.[11]

면이 경영할 수 있는 사무에 소요되는 비용을 충당하기 위하여 면제에는 면비 징수에 관한 구체적인 규정을 두었다. 면의 수입은 다음과 같이 정해졌다. 첫째는 면유재산(面有財産) 수익, 둘째는 사용료 및 수수료인데 이 둘이 면비의 기본 수입으로 규정되었다. 단 이들 수입만으로 부족할 경우에는 셋째, 부과금과 부역·현품을 징수할 수 있게 했다.[12]

이제 각 항목을 구체적으로 검토해보자. 첫째 재산 수입이다. 면유재산에는 첫째로 시장(市場)과 도장(屠場) 등으로 구성된 '공공의 용도로 제공하는 재산'이 있는데, 이는 사용료를 징수하는 재산이었다. 다음으로 면사무소의 건물, 부지, 비품 등 면 사무를 행하기 위해 필요한 재산인 '공용으로 제공하는 재산'이 있는데, 이것은 수입이 발생하지 않는 재산이었다. 그 다음 '수익의 용도로 제공하는 재산'으로는 전답, 산림, 대가(貸家), 금곡(金穀) 등이 있는데, 대개 일정한 수입이 있는 재산이었다. 면의 재정은 먼저 제1차 수입으로서의 재산 수입에 의하여 충족되어야 했는데, 세 번째 '수익의 용도로 제공하는 재산'이 가장 중요한 것이었다. 면 자체의 독립적인 단체사무를 얼마나 효과적으로 추진할 수 있는가는 독립적인 재원의 확보 여부와 직결된 것이었다. 그러므로 면 자체 재원의 확보에서 가장 기본적인 것이 바로 면 기본재산이었다. 따라서 면제 제

---

11) 「面制施行規則」에 규정된 사무로는 1) 도로교량, 도선, 하천제방, 관개배수, 2) 시장, 조림, 농사, 양잠, 축산, 기타 산업의 개량보급, 害鳥蟲 구제, 3) 墓地, 화장장, 屠場, 上水, 下水, 전염병 예방, 汚物의 처치, 4) 消防, 水防 등인데, 이상 열거한 사항은 원래부터 면에서 경영할 수 있었던 것을 인정한 데 지나지 않는 것이었다. 또한 모든 면이 일반적으로 이들 사무를 경영할 수 있도록 한 것은 아니었으며, 면의 실상과 사무의 정도를 참작하여 사업이 부여되었다. 朝鮮總督府, 『面制說明書』, 1917.

12) 朝鮮總督府, 「面制施行規則」, 『面制說明書』, 1917.

정 이후에 면 기본재산의 조성은 절대적인 과제가 되었다.

다음으로 사용료와 수수료가 있다. 시장, 화장장(火葬場), 도장, 도선(導船) 등의 영조물(營造物)을 설치하여 사용료를 징수할 수 있었고, 인감증명, 신원증명 등의 사무를 수행하여 그 보상으로 수수료를 징수할 수 있었다. 기타 교부금, 보조금, 기부금과 같은 것이 있었다.[13]

이상 기본재산과 사용료, 수수료의 세 가지가 기본적인 면의 재원으로 간주되었다. 그럼에도 이를 통해서는 면 재정을 운영할 수 없었으므로, 부과금과 부역·현품의 부과를 인정했다.

부과금은 면제의 취지로 본다면 2차적인 수입에 지나지 않았다. 그러므로 전 3항의 수입, 곧 기본재산과 사용료, 수수료 수입으로 경비를 조달할 수 없는 경우에만 징수하도록 했다. 부과금은 면내에 주소를 둔 자에게만 부과가 허용되었다.[14] 부과금의 종류로는 첫째 국세에 부가하는 지세할과 시가지세할(市街地稅割), 둘째 호별할, 셋째 특별부과금의 3종이 있었다. 이를 다시 나누면 부가세와 독립세가 있는데, 부가세로는 지세할과 시가지세할, 그리고 특별부과금이 있고, 독립세에는 호별할이 있다. 지세할과 시가지세할은 균일한 과율로서 지세 또는 시가지세의 납입 의무자에게 부과하는 것이었다. 특별부과금에는 영업할(營業割)과 잡종할(雜種割) 등이 있었다. 호별할은 '독립의 생계', 즉 자기의 소득으로 생계를 유지하는 자에 대하여 소득, 자산, 생활 정도를 감안하여 등급을 설정하고 부과하도록 한 독립세였다.

부과금은 2차 수입으로 규정되었지만 면 재정의 대부분을 차지하고 있었다. 그러므로 부과금의 성질을 조금 더 구체적으로 확인해둘 필요가 있다. 부과금

---

13) 기부금은 원래 재산가에게 부과된 것으로 일반 면민의 부담은 아니었다. 면제 시행 이후에도 잡다한 기부금이 유지되고 있었다. 任洪淳, 『朝鮮行政要覽』, 朝陽出版社, 1929, 289~291쪽.

14) 면 부가세의 부과 대상에 대한 규정을 조금 더 자세하게 보면 다음과 같다. 개인과 법인을 포함한 면의 주민과 면에 3개월 이상 체제한 자, 그리고 면내에 토지, 가옥, 물건을 소유하거나 영업을 하는 자가 면세의 부과 대상이 되었다. 朝鮮總督府, 『面制說明書』, 1917.

은 필요 한도에서 부과하도록 하는 '수의세(隨意稅)'로서의 성격을 가진 것이었다. 그중 독립세로 규정된 호별할은 특히 자의적인 성격이 강했는데, 그 부과의 표준을 다음과 같이 규정하고 있다. 먼저 부과 등급을 적어도 10등급 이상으로 구분할 것, 1호의 최고 과세는 최저 가액의 50배를 초과하지 않도록 할 것, 등급을 매길 때는 우선 자산을 기준으로 하고 여기에 연간 수입을 참작하여 등급 표준과 등급별 호수를 정한 뒤에 1원(圓)에 대한 등급별 부담액을 결정하도록 할 것 등이었다. 이런 표준을 정했다고는 해도 역시 모호함은 피하기 어려운 것이었다. 호별할은 다음 세 가지 성격을 아울러 가지고 있었다. 첫째 독립적 인두세(人頭稅)로서의 성격, 둘째 소득·재산세로서의 성격, 셋째 생활의 수준에 의거한 '자의적(恣意的) 견적세(見積稅)'로서의 성격이 그것이다. 특히 첫 번째 인두세적 성격과 세 번째 견적세적 성격에 의하여 그 자의성이 두드러지게 되었다. 따라서 호별할은 많은 폐단과 원성을 낳았고, 이에 대해서는 총독부도 인정하고 있었다.[15]

또 부과금의 일환으로 부역과 현품을 부과할 수 있었다. 종래부터 관행적으로 지방민들에게 부과되어왔던 부역·현품도 일종의 부과금으로 간주하여 면이 공과(公課)할 수 있도록 했던 것이다. 면비의 일환으로 부역이 포함된 사정과 아울러 면제 제정 전후 부역 부과의 내용을 검토해보겠다. 종래 관행으로 유지되던 부역을 통감부 설치기부터 지방세로 공식적으로 편입시켜 부과하고자 하는 제도화가 진행되었다. 그리하여 1909년 법제화된 지방비법(地方費法)에 의하여 부역을 공식적으로 부과할 수 있게 했다. 이어 1913년 정무총감 통첩 「부역 부과(賦役賦課)에 관한 건(件)」을 통하여 부역을 면의 호별할에 준하여 부과하도록 규정했다. 마지막으로 면제가 제정됨으로써 도지방비(道地方費)와 면에는 부역을 부과할 수 있는 권한이 공식적으로 부여되었다.[16]

---

15) 朝鮮總督府, 『朝鮮에서의 地方稅制整理經過槪要』, 1937, 6~24쪽.
16) 부역에 대해서는 박이택, 「植民地期 赴役의 推移와 그 制度的 特質」, 『경제사학』 33, 2002 참조.

이처럼 도지방비와 면이 부과할 수 있는 부역을 '부과부역(賦課賦役)'이라고 하지만, 식민지기 부역에는 이처럼 법제화되어 부과되던 부역 이외에도 관행적인 부역이 있었다. 곧 '부과부역'과 '관행부역(慣行賦役)'이라는 두 가지 부역이 계속 '부과'되고 있었던 것이다. 관행부역이란 도장관이 정한 담당구역 내의 도로에 대한 상시 수선과 유지에 동원되던 부역을 말하지만 말 그대로 관행적인 것은 아니었고 계속 '부과'되고 있었다고 할 수밖에 없는 성질의 것이었다. 부과부역이 식민지 권력에 의해 작업 과정이 감독되는 것인 반면, 관행부역은 '자발적인 출역(出役)'이라는 형태를 띤 것으로 부역의 동원에 공동체적 성격을 유지하고 있던 부역이었다. 그럼에도 관행부역의 담당구역을 도장관이 정하도록 했을 뿐만 아니라 각 도에서는 매년 도로품평회라는 것을 개최하여 성적이 우수한 '부락'을 표창하고 있었다. 심지어 관행부역에는 '협의결정상(協議決定上)의 부역'이라는 것이 있어 담당구역 내 도로 보수에 물적인 부담이 소요되는 경우에 구장 회의나 면장협의회를 통하여 도로의 사리부(砂利敷) 등을 부담하도록 했다. 이처럼 자발성으로 포장된 관행부역이라는 이름과는 달리 물적 부담과 아울러 촌락 내의 노동력 동원을 촌락에 강제적으로 부과하는 장치가 관행부역 및 그 일환을 구성하는 '협의결정상의 부역'이었던 것이다.[17]

마지막으로 면의 재정권과 관련하여 주목해야 할 점은 면비의 징수 수속에 대해서도 매우 자세하게 규정했다는 사실이다. 납부고지서의 발부 – 영수증 교부 – 독촉장 발부 – 체납자에 대한 처분 등의 절차를 엄격하게 규정하여 징수 수속을 이행하도록 했다.[18] 특히 미납자에 대한 독촉과 체납 처분 등을 상세하

---

17) 佐藤顯, 「道路維持修繕과 夫役에 대하여」, 『朝鮮地方行政』 1930. 6, 37~41쪽.

18) 부과금 현품 사용료 수수료는 納額, 納期日, 納付場所를 기재한 納付告知書를 발부하고 그를 영수할 때는 영수증을 교부하도록 했다. 미납자에게는 督促狀을 발부하여 독촉 수수료와 아울러 징수하도록 했다. 의무를 이행하지 않을 때는 국세 체납 처분의 예에 의하여 체납 처분을 행하도록 했다. 1) 상속 개시의 경우에는 상속인으로부터 징수하고 2) 공유물, 공동사업 또는 공동사업으로부터 생기는 물건에 대한 부과금은 共同人 전체로부터 징수하고 3) 부과금 過納의 경우에는 이후 동일 과목에 충당할 수 있도록 했다. 의무자가 면내에 주소 또는 거소를 두지 않을 경우에는 納入管理人, 즉 代納人을 정하여 신고하고, 부과금 또는 부역·현품은 다시 수속하도록 했

〈2-9〉 면제 시행 전후 면비 부과율

연도	부과호수	호별할(평균)	지세할	시가지세할	현품부과호수	현품 평균
1912	–	42.5(전)	–	–	–	–
1913	2,680,496	31.2	31.8	–	38,157	18.2
1914	2,756,533	24.7	16.8	–	71,569	12.8
1915	2,817,045	24.0	15.9	–	48,895	12.4
1916	2,871,118	23.3	16.0	–	44,159	11.4
1917	2,896,064	22.7	15.8	–	65,976	11.8
1918	2,937,317	35.8	20.3	40.0	–	–
1919	2,946,735	50.7	24.1	40.0	–	–
1920	2,940,017	146.2	48.3	58.9	–	–

(자료) 『朝鮮總督府統計年報』, 1920년판.
(비고) 면비 부과율은 本稅 1원에 대한 비율이다. 독립세인 戶別割도 지세를 기준으로 참작하여 부과했기
때문에 마찬가지 차원에서 볼 수 있다.

게 절차화하여 면비 증징을 노리고 있었다.

면에 재정권을 부여한 것은 앞서 살펴본 바와 같이 촌락이나 기타 단체가 담당하던 종래의 공공업무를 면으로 통합함으로써 촌락을 행정적으로 재편하고 통합하는 기초를 닦고자 하는 것이 중요한 목표였다. 면에 재정권이 부여되면서 면비의 수입과 지출에 일어난 변화를 살펴봄으로써 면제 시행이 지방사회에 어느 정도의 변화를 일으켰는지 추정해보자. 이를 위하여 우선 면제 시행 전후 면 세입구조의 변화를 이해하기 위하여, 면비 부과율의 변화를 표 〈2-9〉를 통해 살펴보기로 한다. 면비 부과율의 변화만을 제시한 것은 면 세입 자체의 변화보다는 면비 부과율의 변화가 제도 제정 전후 세입구조의 변화를 훨씬 더 선명하게 보여주기 때문이다.

표 〈2-9〉에서 눈에 띄는 것은 면제 제정 이후 도시화된 지역에 시가지세할이 부과되었지만, 농촌 지역 면에서는 호별할과 지세할이 면비에서 가장 큰 비

다. 朝鮮總督府, 『面制說明書』, 1917.

율을 차지하고 있다는 점이다. 여기에서는 부과금 과율의 변화를 눈여겨볼 필요가 있다. 면제 제정을 계기로 부과금에 대해서는 과율제한(課率制限)을 두었는데, 지세할에 대해서는 지세 1원에 대하여 평남북, 강원도, 함남북에서는 46전(錢), 기타의 도에서는 23전, 시가지세할은 시가지세 1원에 대하여 40전, 호별할은 납입 의무자 평균 1인에 대하여 45전이었다. 면제 제정 이전에 비해 과율이 현저히 증가하고 있다. 또 1918년을 계기로 호별할과 지세할의 부과 제한이 완화되고 있음을 확인할 수 있다. 면 행정 담당자에게는 세수 증징을 위한 가장 편리한 방법이 호별할과 지세할에 대한 부과 제한을 완화하는 것이었다. 예를 들어 함남의 경우 3분의 2 이상의 면이 제한 외 부과를 하지 않으면 면의 경리를 유지할 수 없는 상황이었다고 보고되고 있다. 그리고 다수의 도장관이 면 부과금에 대한 부과 제한을 완화해달라고 총독부에 요청하는 상황이었다.[19]

면에 따라 호별할의 1호당 평균 부과액에는 차이가 있었지만, 호별할의 1호당 평균 세액은 면제 제정 이전부터 증가하여 1920년에는 평균 1원 46전 2리로 증가했다. 이는 1917년의 7배로, 호별할이 지방민들에게 얼마나 큰 부담이 되고 있었는지를 짐작할 수 있다. 면의 각종 부과금 가운데 호별할에 대한 불만이 가장 높았다는 점이 이를 반증한다고 하겠다. 지세와 시가지세할의 부과 제한도 1920년에는 큰 폭으로 증가하여 촌락민들에게 큰 부담이 되고 있었다. 다음으로 면제 제정 전후 면 세출의 변화를 표 〈2-10〉을 통해 검토해보자.

1910년대 1면당 예산은 꾸준히 증가했는데, 1918년 세출 예산 평균 1,725원은 1912년 평균의 3배에 달하는 액수이다. 더욱이 1920년이 되면 면당 평균 세출 규모가 4,559원에 달하여, 앞서 보았듯이 세입 증가를 반영하고 있다. 면제 제정 이전 면 세출은 급여와 사무소비가 가장 큰 비중을 차지하고 있다. 그러나 1917년까지 70% 이상을 차지하던 급여비가 1918년 이후에는 60% 이하로 떨어지고 있으며, 사무소비도 20% 이상을 차지했으나 그 이하로 차츰

---

19) 朝鮮總督府, 『道知事提出意見』, 1920, 1921년 참조.

〈2-10〉 면제 시행 전후 면세출의 추이(예산)

연도	급여	사무소비	토목비	권업비	위생비	기본재산 조성비	잡지출	합계	1면당
1912	1,966,455(78)	474,744(19)	–	–	–	–	71,479(2.8)	2,522,521	581
1913	2,535,064(79)	453,611(14)	–	–	–	–	62,756(1.9)	3,195,786	736
1914	2,071,246(72)	493,048(17)	–	–	–	–	28,912(1.0)	2,859,289	1,135
1915	2,101,333(73)	534,321(19)	–	–	–	–	16,470(0.6)	2,856,155	1,133
1916	2,046,138(72)	552,305(20)	–	–	–	–	30,781(1.1)	2,817,360	1,119
1917	1,924,698(68)	648,067(23)	–	–	–	–	47,018(1.7)	2,820,396	1,120
1918	2,422,629(54)	829,480(19)	82,154(1.8)	82,154(1.8)	355,119(8.0)	171,729(3.8)	32,188(0.7)	4,462,946	1,725
1919	3,302,232(54)	1,111,538(18)	172,905(2.9)	281,613(4.7)	477,766(7.8)	208,729(3.4)	39,454(0.6)	6,093,816	2,355
1920	7,159,148(60)	1,727,276(15)	428,500(3.7)	419,970(3.5)	649,693(5.5)	314,058(2.6)	142,392(1.3)	11,916,583	4,559

(자료) 朝鮮總督府, 『朝鮮總督府統計年報』 각년판.
(비고) 1) ( ) 안은 전체 세출 대비 비율을 표시한 것이다.
2) 예비비 중 빠진 항목이 있어서 현재 표의 항목을 합친 것과 합계가 일치하지는 않는다.

낮아지고 있다. 대신 토목, 권업, 위생비 세 가지 항목의 비중이 차츰 높아지고 있는데, 이는 면의 고유 사업이 많아지고 있음을 말하는 것이다. 그럼에도 사업비의 지출 규모는 미미한 수준에 지나지 않았다. 그것은 토목비의 대부분을 부역이 차지하고 있기 때문이기도 했지만 면의 재정 능력이 취약했기 때문이다.

면을 지방단체로 제도화한다는 것은 면에 독자적 재정권을 부여하는 것을 의미하는 것이었다. 취약한 면 재정을 확대해 나가는 과정이란 바로 촌락의 재정권을 박탈하는 것을 통해서만 가능한 일이었다. 그러므로 면의 재정적 자립성이 제고되는 것은 바로 촌락을 통합하는 수준이 높아지는 것을 의미하는 것이기도 했다. 면제가 촌락의 상황과 관련하여 이해되어야 하는 것은 바로 이런 이유 때문이다.

2. 면의 통합성

이제 면제 실시의 성부(成否)를 가름하는 가장 중요한 요소라고도 할 수 있는 '면 통합'의 정도를 살펴보기로 하겠다. 면이 촌락과 촌락민에 대한 통합을 어느 정도로 진전시키고 있었는가 하는 점은 제도로서의 면이 어느 정도로 성공적이었는가를 판별하는 기준이 될 수 있기 때문이다. 면 통합성의 정도를 판별하기 위해 분석 대상 시기를 면제 실시 이후로 국한한다.

여기에서는 다음과 같은 세 가지의 중요한 지표를 설정하고, 이 지표의 달성 여부를 통하여 면 통합의 진전 여부를 측정해보고자 한다. 먼저 면 재정 상황이다. 면에서 독자적인 사업, 즉 고유 사무를 얼마나 충실하게 진행할 수 있는지의 여부는 면의 재정이 얼마나 충실한지에 달려 있다고 할 것이다. 면 세입 상황을 부과금만이 아니라, 촌락(부락) 재산 흡수를 통한 면 기본재산의 조성 정도와 조세 외 수입, 즉 부역이나 현품의 부과 상황을 통해 면 통합의 정도를 확인할 수 있다. 다음, 군이 중심이 되어 설립한 각종 관제 산업단체, 즉 농회, 산업조합, 삼림조합 등과 아울러 금융조합의 활동 범위를 통하여, 면의 산업활동을 중심으로 한 통합성의 정도를 측정할 수 있다. 마지막으로 학구(學區) 문제가 있다. 한국에 의무교육이 시행되지는 않았지만 보통학교 곧 조선인 초등교육의 범위와 그를 관장한 행정주체의 변화를 통해 그 통합성의 정도를 추정해볼 수도 있다.

그러나 두 번째와 세 번째 문제 즉 각종 산업단체와 학교 관리는 군의 통합성 문제와 관련하여 이미 살펴본 바와 같이 식민통치가 종식될 때까지 군이 관장하고 있었다. 특히 보통학교의 관리를 면으로 이관하라는 요구는 보통학교 증설이나 의무교육의 실시 등 초등교육의 확대에 대한 요구와 아울러 일부 한국인들 사이에서 끊임없이 제기되었음에도 불구하고 결국 면으로 이관되지 않았다.[20]

---

20) 이에 대해서는 오성철, 『식민지 초등교육의 형성』, 교육과학사, 2000 참조.

군이 제도적으로 폐지되지 않았다는 점에서 이미 면이 촌락을 제도적으로 통합하는 수준에까지 이르지는 못했다는 점을 확인할 수 있지만 여기에서는 첫 번째와 두 번째 문제를 중심으로 그것을 구체적으로 확인해보기로 하겠다.

면제 실시를 계기로 면에 재정권이 부여된 이후 지방세제는 3번에 걸쳐 개정되었다. 제1차 개정은 1926년, 제2차 개정은 1936년, 제3차 개정은 1940년에 단행되었는데 모두 국세와 지방세 사이의 조세체계를 조정하여 세수의 증징을 도모하기 위한 것이었다. 지방세는 도세(道稅), 부세(府稅), 면세(面稅) 등으로 구성되어 있지만 여기에서는 면세 곧 면의 부과금을 중심으로 그 변화의 내용을 간략히 살펴보겠다.

먼저 제1차 지방재정 정리에서는 도세로부터 호세와 가옥세(家屋稅)를 부와 면의 하급단체로 이양하여, 부세에 호별세(戶別稅)가 신설되고 면의 호별할도 계속 유지되었다. 면 부과금으로는 영업세할(營業稅割), 법인소득세할(法人所得稅割), 광세할(鑛稅割)(이상 국세부가세)과 가옥세할(家屋稅割), 특별소득세할(特別所得稅割), 수산세할(水産稅割)(이상 지방세부가세) 등이 신설되었다. 국세와 지방세 체계의 변화에 따른 면 부가세 체계의 변화가 개정의 주요 내용을 이루고 있지만 이를 통한 세수의 증징은 별무 효과였던 것으로 보인다. 다음 1936년의 2차 정리에서는 도세에 호별세를 신설한 것이 가장 큰 특징이었다. 호별세는 기존 호세가 지닌 인두세적 성격을 약화시키고 소득세의 성격을 가미한 것인데, 이에 따라 호별할이 아니라 호별세 부가세가 면세에 도입되었다. 이 밖에 각종 신세를 창설하고 기존 세의 세율을 인상하여 이후 읍면세의 수입은 상당히 증가하게 된다. 또 이 개정을 계기로 '지방재정조정보급금제도(地方財政調整補給金制度)'를 도입했는데 이를 통해 늘어나는 면의 재정 수요를 국세로부터 보충할 수 있는 길을 열어놓았다. 제3차 개정은 전시 재정 수요를 충당하기 위한 조세의 증징에 목표를 두었다. 지방세 부가세와 호별세 부가세의 과율 제한을 대폭 완화하여 읍면세의 증징을 꾀하게 된다.[21]

여기에서는 먼저 면 기본재산의 변화 상황, 부역 현품의 부과 상황을 통해

〈2-11〉 읍면 기본재산 변화 상황

연도	수량(평)	가격(원)	수입(원)
1920	–	5,526,690	297,815
1925	–	12,461,327	851,421
1930	386,398,217	21,626,057	1,067,746
1931	1,428,189,986	22,719,020	1,170,740
1932	1,757,495,448	26,991,816	1,252,791
1933	1,942,701,963	28,203,735	1,340,634
1934	2,086,085,940	32,954,699	1,354,181
1935	2,033,062,452	34,537,349	1,394,799
1936	2,004,828,993	36,951,381	1,395,114
1937	2,413,777,539	37,562,071	1,537,073
1938	2,306,046,760	40,903,002	1,674,654
1939	2,072,958,597	47,242,066	1,954,048

(자료) 朝鮮總督府 內務局,『朝鮮地方財政要覽』, 1939, 81~82쪽.

〈2-12〉 읍면 기본재산의 내역(1938년)

구분		수량(평)	가격(원)	수입(원)
토지	전	20,611,296	2,930,592	173,010
	답	7,723,274	4,280,382	281,836
	垈	2,713,454	1,585,313	81,336
	산림	2,040,299,673	14,791,466	369,133
	기타	1,570,028	200,011	14,367
가옥		40,872	738,188	61,635
현금		–	22,627,159	961,581
유가증권		–	38,955	2,150
계		2,072,958,597	47,192,066	1,945,048

(자료) 朝鮮總督府 內務局,『朝鮮地方財政要覽』, 1939, 81~82쪽.

면 재정의 자립성 정도를 검토해보겠다. 우선 1920년 이후 면 기본재산의 변화와 1930년대 말 면 기본재산의 내역을 표시한 표 〈2-11〉과 〈2-12〉를 검토해보자.

표 〈2-11〉에서 보는 것처럼 읍면의 기본재산은 1930년 이후 꾸준히 증가하고 있지만, 표 〈2-12〉에서 보는 것처럼 면 수입에서 큰 부분을 차지하지는 않았다. 그리고 증가하는 기본재산의 대부분은 산림이 차지하고 있었는데, 기본재산 가운데 토지분의 대부분과 전체 가격의 3분의 1, 그리고 수입의 19%를 차지하고 있다. 국유림을 읍면에 많이 양여하는 정책을 취했기 때문이다. 읍면당 평균 272여 정보(약 81만 6천 평, 1町步는 3천 평에 해당한다)에 해당하는 면적의 산림을 기본재산으로 소유하고 있는 셈이다.

그러면 경상남도 양산군과 경상북도 영일군의 사례를 통해 면 기본재산의 변화 양상을 좀더 구체적으로 살펴보기로 하겠다.[22] 먼저 양산군의 사례를 표 〈2-13〉을 통해 검토해보자.

표 〈2-13〉에서 보는 것처럼 양산군의 경우 1917년에 비해 1926년에는 현금을 포함하면 면 기본재산이 매우 큰 폭으로 증가하고 있으며, 이에 따라 기본재산으로부터 발생하는 수입도 크게 늘어나고 있다. 이처럼 면제 제정 이후 면의 재산 수입이 매우 큰 폭으로 증가하고 있다는 사실은 양산군의 사례에서도 확인할 수 있다. 경지, 산야 등의 부동산의 증가가 가장 큰 비중을 차지하고 있지만 현금 재산도 큰 폭으로 늘어나고 있다. 아마 부동산을 중심으로 동리유재산(洞里有財産)이 면유재산(面有財産)으로 꾸준하게 이관되고 있었을 것이다. 표 〈2-21〉과 〈2-22〉에서 확인되는바, 재산 수입이 전체 면의 세입에서 차지하는 비중은 1910년대에는 전체 세입의 2~3% 수준이었으나 1920년대에는 6~7%로 상승한 것으로 나타난다. 이렇게 본다면 재산 수입의 증가가 현저했지만 면 전체 예산의 증가에 비춰본다면 미미한 수준에 지나지 않는 것이었다.

---

21) 이상 세제의 대체적인 추이에 대해서는 김옥근, 『日帝下 朝鮮財政史 論考』, 일조각, 1994, 제2편 참조.

22) 면 기본재산의 변화 양상에 대해서는 정부기록보존소에 소장된 자료를 통해 구체적인 양상을 확인할 수 있는 가능성이 있지만, 이번에는 추적하지 못했다. 이는 앞으로의 과제로 남겨둔다.

〈2-13〉 면 기본재산의 변화 추이(양산군, 1917년 대비 1926년)

면명	1917년					1926년		
	총 재산액	1년 총수입	경지	산야	현금	1년 총수입		
						예금 수입률	부동산 수입	기타 수입
양산	657(円)	615	6,510평	10,530	788	0.0816	217	100
동	62	–	8,125	291,540	3,223	동상	444	–
상서	820	–	3,743	1,157,100	2,843	동상	150	100
하서	485	5	900	88,324	2,691	동상	394	–
상북	78	–	4,522	114,060	893	동상	196	100
하북	365	5	16,229	823,047	2,537	동상	9	300
態上	615	16	16,722	357,710	1,726	동상	642	–

(자료) 任洪淳, 『朝鮮行政要覽』, 朝陽出版社, 1929, 502~508쪽.
(비고) 수입을 가진 것 및 산야만을 기재했다.

〈2-14〉 영일군 각 면 기본재산 소유 상황(1931년)

구분	답	전	산림	대	건물	잡종지	유가 증권	현금	계	면당 평균
면적	50,836(평)	27,608	24,364,089	2,755	141	2,690	–	–	–	–
가격	15,301(원)	7,830.46	153,072.11	844.2	5,004	161.4	45	57,544.55	239,802.72	13,322.38

(자료) 迎日郡, 『郡行政一斑』, 1931, 108~109쪽.
(비고) 면의 수는 18개이다.

다음, 영일군의 기본재산 소유 상황을 표 〈2-14〉를 통해 살펴보자. 영일군의 기본재산을 현금으로 환산하면 전체 23만 9,803원으로 면당 1만 3,322원에 해당하는데 이는 상당히 큰 금액이었다. 그중 산림이 전체 8,121정보로 면당 451정보이고, 현금으로 환산하면 15만여 원으로 전체의 64%를 차지하고 있다. 나머지 대부분이 부동산이지만 수익이 가능한 전답과 현금의 비중은 그리 크지 않았다. 면 기본재산의 전체적 변화를 나타낸 표 〈2-11〉에서 1931년 기본재산 가격을 평균하면 각 면당 9천여 원인데, 영일군의 경우에는 각 면당

1만 3천 원을 상회하고 있어 기본재산의 규모가 상대적으로 크다는 것을 알 수 있다. 그리고 일반적인 상황과 마찬가지로 기본재산 가운데 산림이 가장 큰 비중을 차지하고 있었다.

면 기본재산의 조성과 관련하여 전체적인 상황과 아울러 두 군의 사례를 살펴보았지만, 면제 제정 이후 면 기본재산의 조성에서는 거의 이렇다 할 성과를 거두지 못했던 것을 확인할 수 있다. 이리하여 면 재정은 매우 취약한 상태로 유지되었으며, 면제 제정 이후에도 종래의 불평등하고 수탈적인 부과금제도를 존속시켜 나갈 수밖에 없었다.

취약한 면 재정을 보완하기 위하여 지속시킬 수밖에 없었던 것이 바로 현품과 부역의 부과제도였다. 하지만 이런 구관(舊慣)에 의존한 부과 관습은 불평등하고 수탈적인 성격을 강하게 가지고 있었기 때문에 부과 대상자들의 불만도 높았다. 또한 현품과 부역의 부과는 그 대상이 각각 현품과 노동력이었으므로 부과되는 계층에 따라 차이가 있을 수밖에 없었고, 불만의 내용과 대응의 방법도 각기 달랐다. 현품 부과는 주로 부유한 계층을 대상으로 한 것인 데 반해 부역의 부과는 촌락민 가운데 빈곤층에게 특히 큰 부담이 되었음을 미루어 짐작할 수 있다. 현품 부과에 대해서는 지주들의 불만이 높았음에 비해 부역의 부과에 대해서는 부역을 현금으로 부과할 수 없는 계층 전체에 불만이 가득 차 있었다.[23]

도지방비와 면제에 의해 부역의 부과가 제도화되었지만 도지방비 부과부역은 3·1운동을 계기로 점차 줄어들어 1927년에 완전히 폐지되었다. 그러나 면 부과부역과 관행부역만은 계속 유지되었다. 이에 따라 부과부역은 (읍)면 단위에서만 이루어지게 되었다. 1920년대 이후 면 부역 부과의 상황과 아울러 관행 부역의 추이를 살펴보자. (읍)면 부과부역의 상황을 보여주는 두 표를 통해

---

23) 현품의 과중한 부과가 부재지주를 양산하고 있다는 비판이 당시에 매우 높았다. 이에 대해서는 제4부 2장 참조.

〈2-15〉 (읍)면 부역 부과 상황(1922~1937년)

연도	부과 인원	출역 인원	대납금	연도	부과 인원	출역 인원	대납금
1922	2,216,772	–	1,2011,711	1930	1,658,017	1,436,189 (87)	–
1923	1,744,062	–	789,641	1931	1,399,246	1,250,573 (89)	–
1924	1,575,220	–	880,435	1932	1,247,172	1,132,651 (91)	–
1925	1,632,841	1,445,751 (89)	–	1933	1,570,082	1,350,433 (86)	–
1926	1,989,006	–	–	1934	1,597,634	1,308,577 (82)	53,553
1927	2,348,771	2,121,349 (90)	–	1935	2,593,776	2,146,850 (83)	134,119
1928	1,786,323	1,495,466 (84)	–	1936	2,665,247	2,211,399 (83)	141,467
1929	1,059,064	872,970 (82)	–	1937	3,156,592	2,495,591 (79)	233,188

(자료) 朝鮮總督府, 『地方財政要覽』 각년판.
(비고) ( ) 안은 부과 인원에 대한 出役 인원의 비율이다.

그 추이를 검토해보고자 하는데, 먼저 1920년대부터 1930년대에 걸친 (읍)면 부역 부과의 전체적인 상황을 알려주는 자료를 살펴보자.

표 〈2-15〉는 면 부역 부과의 전체 상황을 살펴보기 위하여 작성한 것이다. 그러므로 각 면의 상황은 물론 도별 상황도 제대로 살필 수 없는 제약이 있지만, 연도별 면 부과부역의 추이를 살필 수는 있다. 물론 도별 면 부과부역의 부과 상황에는 매우 큰 차이가 있다. 황해도의 경우 1929년 이후, 충청북도에서는 1935년 이후 면 부역이 전혀 부과되지 않은 것으로 나타나고 있지만, 다른 도에서는 대체로 비슷한 변화 양상을 보이고 있다.

부과 인원의 전체적 추이를 보면 1929년의 약 1백만 명을 최저로 1920년대에는 기복은 있지만 전체적으로 감소하고 있다. 그러나 1930년대에 들어서면 계속적으로 증가하여 1937년에는 결국 3백만 명을 상회하고 있다. 이 인원만으로도 농가 1호당 1명을 상회하는 것이었다. 대납금(貸納金)은 1925년부터 1933년까지는 자료에 나타나지 않는데, 이로 보아 이 시기에는 면 부과부역에 대해서 대납금을 인정하지 않았던 것으로 보인다. 이는 전체적으로 면 부과부역의 감소 추이와 비슷한 양상이라고 할 수 있다. 1934년 대납금이 인정된 뒤에도 큰 비중을 차지하지는 않는다. 부역은 어디까지나 촌락 단위의 노동력 동원에 일차적인 목표가 있었기 때문이다.

다음으로 부과 인원에 대한 출역 인원의 비율을 보면, 대체로 80~90% 사이에서 변화하는 양상을 보이고 있지만 결국 1937년에는 80%를 밑돈다. 하지만 출역하지 않은 인원이 대납금을 내고 출역을 면한 것으로는 보이지 않는다. 1933년까지는 대납금을 인정하지 않는 시기도 있었기 때문이다. 하지만 대납을 인정한 1934년 이후에 출역의 비율이 낮아지는 것은 대납을 인정했기 때문인지, 부역에 대한 거부감이 높아졌기 때문인지, 아니면 또 다른 이유가 있는지는 확인되지 않는다. 다만 부역 부과 인원이 갑작스럽게 상승하면서 부역을 강화하려는 의지가 발동하던 1930년대에는 이미 농촌 노동력의 외부 유출이 늘어나고 있던 시기라는 점을 감안하면, 농촌 노동력의 유동성이 높아지게 되면서 강화된 부역에 대한 일정한 반발이 있었음을 짐작하기에 어렵지 않다.

표 〈2-15〉에는 나타나지 않지만 도별 부과 상황을 분석한 연구에 의하면 경기, 전북, 전남, 경북, 경남, 평북을 중심으로 1930년대 부역 부과가 많이 늘어나고 있다고 한다. 부역이 남부 지역을 중심으로 일부 도로 집중되는 경향을 보이고 있는 것이다. 이는 노동력이 풍부한 남부 지역을 중심으로 부역을 통한 지역 개발이 집중되었기 때문일 것이다. 이에 반해 북부 지역은 부역을 통한 개발보다는 남부 지역의 인구에 의존하지 않을 수 없었기 때문에 부역노동은 원천적으로 불가능한 상황에 놓여 있었다고 할 수 있다.[24] 다음으로는 면 부과 부역의 자세한 구성을 1929년을 대상으로 살펴보기로 하겠다.

---

24) 박이택, 「植民地期 赴役의 推移와 그 制度的 特質」, 『경제사학』 33, 2002 참조.

〈2-16〉 사업별 면 부과부역 구성(1929년)

구분	道路	植林	砂防	井戶	墓地	面所
부과 인원	887,113	41,037	26,515	232	5,407	794
출역 인원	723,971	37,872	20,797	232	5,407	794
대납금	79,663	1,022	1,871	–	–	–

구분	苗圃	害蟲	堤防	橋梁	其他	合計
부과 인원	1,411	47,168	23,889	3,091	22,407	1,059,064
출역 인원	1,411	46,923	12,361	3,091	20,111	872,970
대납금	–	–	8,688	–	1,147	92,391

(자료) 朝鮮總督府 內務局 地方課, 『面夫役賦現品課表』, 정부기록보존소, 1929 ; 박이택, 「植民地期 赴役의 推移와 그 制度的 特質」, 『경제사학』 33, 2002에서 재작성.
(비고) 앞 표 〈2-15〉의 1929년 면 부과부역에는 대납금이 나타나 있지 않은 데 비해 여기에는 대납금이 있는 것으로 나타나 있다. 이것은 자료의 차이 때문이지만 위의 자료 수집 과정에서 대납금을 누락시킨 것인지 아니면 다른 이유가 있는 것인지는 분명하지 않다.

표 〈2-16〉은 1929년 면 부과부역의 사업별 상황을 나타낸 것이다. 가장 큰 부분을 차지하는 것은 역시 도로 부역이라는 것을 확인할 수 있다. 여기에 제방이나 교량 건설 등 전통적으로 공공적인 성격을 띤 사업에도 부역이 동원되고 있었지만 면사무소의 건설이나 식림, 사방사업 그리고 묘포 설치, 해충 구제 등에도 부역이 동원되고 있다. 이런 사업은 식민통치의 성격을 드러내주는 새로운 동원 분야로서, 부역이 면제의 확립과 식민통치의 기초 구축을 위하여 전방위적으로 동원되고 있었음을 확인해준다.

표 〈2-15〉와 〈2-16〉은 면 부과부역의 상황만을 보여주는 것으로, 여기에 관행부역은 완전히 누락되어 있다. 관행부역의 동원 상황을 자세히 보여주는 자료를 확인할 수는 없지만, 몇 개의 서술 자료를 통해서 그 규모를 추정해볼 수는 있다. 그러면 면 부과부역과 관행부역을 합친 부역의 부담은 어느 정도였는가를 추정해보도록 하자. 부역의 규모는 1930년대 초반에 전체적으로 대개 연 1,400만 명 정도로 추정되고 있었다.[25] 전체 한국인 2천만 명 가운데 부역이 부과되지 않는 도시 거주자와 여자와 어린이, 노약자를 제외하면 출역 가능

〈2-17〉 (읍)면의 현품 부과 상황

연도	현품 환산액	연도	현품 환산액
1922	4,252(원)	1930	17,117
1923	4,790	1931	14,453
1924	284	1932	11,348
1925	16,262	1933	13,079
1926	3,759	1934	62,937
1927	5,435	1935	30,409
1928	7,532	1936	45,188
1929	9,190	1937	28,583

(자료) 朝鮮總督府 內務局, 『地方財政要覽』, 1939, 176~177쪽.

한 사람은 약 560만 명 정도로 추정할 수 있는데, 연 부역 인원을 1,400만 명 정도로 가정하면 실제 1인당 부역 부담은 2인(人) 5보(步) 정도가 된다.[26] 당시 한국인 노무자 하루 임금 평균 1원을 기준으로 연 1,400만 명의 부역을 금전으로 환산하면, 1,400만여 원으로 전체 국세 수납액의 3분의 1에 해당하는 것이었다.[27] 일본에서는 이미 거의 사라진 부역이 한국에서는 그대로 부과되고 있었다는 점 역시 식민지 현실을 대변하는 것이라 할 것이다. 부역은 개인의 부담 능력을 고려하지 않은 것으로, 특히 빈곤층에게 불공평한 과세였는데 전체적으로 촌락민들에게 큰 부담이 되고 있었음에 틀림없다. 부역 감소론이나 전폐론(全廢論)이 계속해서 제기되었던 사정을 짐작하기에 어렵지 않을 것이다.[28]

---

25) 善生永助, 『朝鮮の聚落』 前篇, 朝鮮總督府, 1933, 74~76쪽. 젠쇼 에이스케(善生永助)는 1932년 한국 전체의 연 부역 인원을 1,400만여 명, 부역 대납금을 24만 5천 원으로 추정하고 있다. 이에 반하여 조선총독부의 토목 담당 사무관을 지낸 坂本嘉一은 연 동원 인원을 1,400만 명에서 1,600만 명 사이로 추정하고 있다. 坂本嘉一, 『朝鮮土木行政』, 1939, 269~349쪽.
26) 坂本嘉一, 『朝鮮土木行政』, 1939, 269~349쪽.
27) 박이택, 「植民地期 赴役의 推移와 그 制度的 特質」, 『경제사학』 33, 2002 참조.
28) 坂本嘉一, 『朝鮮土木行政』, 1939 참조.

<table>
<tr><td>〈2-18〉 도별 현품 부과 내역(1936년)</td></tr>
</table>

도별	경기	충북	충남	전북	전남	경북	경남	황해	평남	평북	강원	함남	함북	합계
종류	-	-	-	-	砂利	砂利	대맥, 벼	-	砂利	砂利	-	-	-	-
환산	-	-	-	-	87	2,061	1,825	-	21,866	2,744	-	-	-	28,583

(자료) 朝鮮總督府 內務局, 『地方財政要覽』, 1939, 176~177쪽.

부역이 이처럼 촌락의 하층민들에게 큰 부담이 되었음에 반해, 현품은 상대적으로 부유층의 불만을 사고 있던 면 부과금이었다. 현품의 부과 상황을 두 개의 표를 통해 검토하고자 한다.

먼저 표 〈2-17〉은 1920년부터 1937년까지의 (읍)면의 현품 부과 상황을 나타낸 것이다. 표 〈2-17〉에는 1930년대를 통해 오히려 현품 부과가 증가하는 것으로 나타나고 있다. 그러나 면 재정 전체에서 차지하는 비율은 그야말로 미미한 수준에 지나지 않았다. 그리고 현품 부과에서 도별 편차도 매우 심한 편이었다. 예를 들어 평안도에서는 현품이 계속적으로 그리고 많이 부과되었지만, 충청북도와 황해도처럼 현품 부과가 1920년대 이후 사라진 도도 있었다.[29]

이어서 1936년 도별 현품 부과 내역을 구체적으로 검토해보자. 표 〈2-18〉을 보면 현품의 종류는 대체로 대맥, 벼 등의 곡물이나 사리(砂利)나 목재 등의 건축 재료가 차지하고 있었다. 현품의 부과가 면사무소의 신축이나 보통학교 설립 등에 소요되는 자재를 수급하기 위해 필요한 경우 등에 한하여 부유한 계층을 대상으로 부과되었기 때문에 액수의 미미함에 비하면 불만 수준은 상대적으로 높았다.

그러면 촌락민들은 면제 시행으로 인해 늘어난 지방세 및 면세의 부담을 어느 정도로 지고 있었으며 이를 어떤 부담으로 느끼고 있었는지를 1930년대 후반 한국인 1인당 조세 부담액 변화를 정리한 표 〈2-19〉를 통해 살펴보자.

1940년을 경계로 직접세 부담이 급격히 증가하고 있으며, 읍면세가 부가세

---

29) 朝鮮總督府 內務局, 『地方財政要覽』, 1939, 176~177쪽.

〈2-19〉 한국인 1인당 조세 부담(1937~1942년)

연도	직접세 총액(a)	읍면세 (b)	읍면세의 비율(b/a)	직접세 총액 평균 부담액		읍면세 평균 부담액	
				1호당	1인당	1호당	1인당
1937	51,427,526	14,163,663	28(%)	13.78	2.46	3.80	0.71
1938	56,994,883	14,547,441	26	15.29	2.83	3.90	0.72
1939	55,912,502	14,331,633	26	15.02	2.78	3,85	0.71
1940	69,658,071	17,032,099	24	18.44	3.39	4.51	0.83
1941	84,485,537	21,004,670	25	21.31	4.00	5.44	1.00
1942	98,512,966	25,918,782	26	24.16	4.41	6.48	1.16

(자료)『朝鮮總督府統計年報』, 1943년판.

의 체계를 따르고 있으므로 읍면세도 급속히 증가하고 있다. 대체로 직접세 전체의 25% 전후의 비중을 읍면세가 차지하고 있다. 이에 따라 1인당 직접 부담액도 급속하게 늘어나게 되었다. 지세 부가세와 호별세 부가세[30]를 중심으로 한 면의 부과금이 매우 큰 부담이 되고 있었으며, 여기에 부역이나 현품의 부과도 고통을 주고 있었음을 확인할 수 있다.

면의 재정구조는 면 제도의 시행 당시부터 매우 불안한 상태였지만 이후에도 크게 개선되지는 못했다. 기본재산의 설정에 어려움을 겪을 수밖에 없었으므로 재정의 자립도는 매우 낮았고, 수탈적 성격의 부가세 즉 지세 부가세와 특히 수의세의 성격이 강한 호별세 부가세가 면 세입의 대부분을 차지하게 됨으로써 면의 사업 추진은 어렵게 되었다. 하지만 사업적 성격을 강화하고자 하는 노력은 면민의 부담을 늘리는 결과를 낳았으므로 면의 부담도 더욱 늘어나게 되었다.

전체적으로 면의 재정은 계속해서 취약함을 면하기 어려웠는데, 면의 재정 규모가 직원의 급여를 부담하는 정도에 머물러 있다는 지적은 그 취약함을 지적하는 것이겠다. 그러면 면제 실시 이후 면의 세입과 세출구조의 변화 상황을

30) 호별할은 1936년 戶別稅가 신설되면서 호별세 부가세로 변화했다.

〈2-20〉 면 세입구조의 추이 1(예산, 1919~1931년)

연도	면세	재산 수입	사용료	수수료	교부금	잡수입	보조금	기부금	面債	전년이월금	기타	합계
1919	4,312(70.7)	156(2.5)	462(7.8)	32	338(5.5)	161	49	152	14	402	16	6,094
1920	9,553(90.2)	238(2.0)	489(4.1)	44	420(3.5)	242	110	267	37	501	17	11,917
1921	10,563(75.5)	318(2.3)	506(3.6)	63	577(4.1)	187	499	160	204	826	81	13,984
1922	11,220(67.4)	465(2.7)	634(3.8)	60	976(5.9)	284	902	413	283	1,361	57	16,655
1923	11,565(62.7)	623(3.4)	730(4.0)	211	1,008(5.5)	516	1,079	351	364	1,943	66	18,456
1924	12,039(61.8)	774(4.0)	903(4.6)	218	1,126(5.8)	574	1,170	536	227	1,761	145	19,472
1925	11,335(63.4)	879(4.9)	950(5.3)	235	1,119(6.3)	334	916	239	307	1,429	137	17,882
1926	12,272(63.3)	1,063(5.5)	1,014(5.2)	246	1,136(5.8)	401	1,164	335	199	1,338	231	19,401
1927	12,524(61.6)	1,339(6.6)	1,052(5.2)	257	1,145(5.6)	533	1,257	438	128	1,434	230	20,338
1928	13,035(59.9)	1,560(7.2)	1,105(5.1)	268	1,184(5.4)	778	1,292	612	276	1,454	196	21,759
1929	13,387(61.6)	1,482(6.8)	1,182(5.4)	280	1,188(5.5)	694	1,285	285	422	1,313	217	21,736
1930	13,484(62.5)	1,550(7.2)	1,210(5.6)	305	1,172(5.4)	498	1,154	319	274	1,373	233	21,573
1931	13,580(59.5)	1,133(5.0)	1,068(4.6)	311	1,143(5.0)	471	1,224	227	1,363(6.0)	1,405(6.2)	246	22,808

(자료) 朝鮮總督府, 『朝鮮總督府統計年報』, 각년판.
(비고) 1) 단위 : 천 원.
    2) 표에 표시하지 않은 항목이 있어서 항목과 합계가 일치하지 않는다.

다음 여섯 개의 통계표를 통해 검토해보자. 첫 번째 표 〈2-20〉, 〈2-21〉은 1919년 이후 읍면의 세입구조의 추이를 나타낸 것이고, 두 번째 표 〈2-22〉, 〈2-23〉은 읍면의 세입 가운데 특히 조세 수입의 추이를 표시한 것이다. 세입 구조의 추이는 그 60% 이상을 차지하는 면 부과금의 구조를 통해 잘 드러날 것이다. 세 번째 표 〈2-24〉, 〈2-25〉는 1919년 이후 읍면 세출의 추이를 정리한 것이다. 면의 단체로서의 특성은 세출구조가 잘 보여줄 것이다.

먼저 읍면 세입구조의 추이를 정리한 표를 검토해보겠다. 표 〈2-20〉과 〈2-21〉은 면 세입구조의 추이를 나타낸 것인데, 1931년을 경계로 세입 항목

〈2-21〉 면 세입구조의 추이 2(예산, 1931~1943년)

연도	면세	재산 수입	사용료·수수료	교부금	이월금	보조금	기부금	面債	합계
1931	13,580 (59.5)	1,133 (5.0)	1,379 (6.0)	1,143	1,405	1,224	227	1,363 (6.0)	22,808
1932	13,617 (58.2)	1,194 (5.2)	1,497 (6.4)	1,134	1,318	1,149	266	1,853 (7.9)	23,398
1933	13,884 (58.1)	1,271 (5.3)	1,649 (6.9)	1,158	1,408	1,300	355	1,648 (6.9)	23,916
1934	14,322 (58.2)	1,328 (5.4)	1,813 (7.4)	1,178	1,490	1,411	385	1,172 (4.8)	24,602
1935	14,690 (57.0)	1,343 (5.2)	1,999 (7.8)	1,232	1,680	1,611	460	1,211 (4.7)	25,790
1936	16,099 (57.1)	1,385 (4.9)	2,079 (7.4)	1,273	2,012	2,191	622	1,002 (3.6)	28,179
1937	17,102 (56.0)	1,447 (4.7)	2,342 (7.7)	1,308	1,848	2,230	708	1,680 (5.5)	30,540
1938	17,852 (56.8)	1,574 (5.0)	2,542 (8.1)	1,390	2,090	2,170	847	1,083 (3.4)	31,417
1939	19,366 (56.5)	1,785 (5.2)	2,783 (8.1)	1,535	2,347	2,575	1,081 (3.2)	393 (1.1)	34,280
1940	20,784 (47.1)	1,960 (4.0)	3,010 (6.7)	1,643	2,354	4,355	1,568 (3.0)	1,298 (3.2)	43,608
1941	24,396 (43.6)	2,092 (3.7)	3,475 (6.2)	2,013	3,080	7,119	2,233 (4.0)	2,569 (4.6)	55,976
1942	34,795 (45.9)	2,204 (2.9)	3,732 (4.9)	2,446	4,296	12,388	2,652 (3.5)	1,494 (2.0)	75,762
1943	38,820 (39.2)	2,456 (2.5)	4,221 (4.5)	2,945	4,898	21,737	1,958 (2.0)	1,727 (1.7)	99,051

(자료) 朝鮮總督府,『朝鮮總督府統計年報』, 각년판.
(비고) 1) 단위 : 천 원.
  2) 표에 표시하지 않은 항목이 있어서 항목과 합계가 일치하지 않는다.

에 변화가 있어 두 개로 나눈 것이다.

1931년 읍면제의 제정으로 면이 기채를 할 수 있는 능력을 부여받았지만, 실제로 기채가 읍면 예산에서 차지하는 비중은 표〈2-21〉에서 보는 바와 같이 매우 미미한 것이었다. 그리고 기채를 할 수 있었던 읍면의 숫자도 1933년

〈2-22〉 읍면 조세 수입구조 1(예산, 1919~1931년)

연도	지세 계통	호세 계통	영업세 계통	임야할	잡종세	기타	합계
1919	3,096	1,068	17	306	51	-	4,450
1920	5,532	3,992	35	404	49	-	10,013
1921	5,948	4,416	77	376	57	-	10,876
1922	6,465	4,498	93	471	59	-	11,587
1923	6,401	4,869	111	242	67	-	11,693
1924	6,358	5,100	134	17	74	-	11,690
1925	6,350	4,706	139	1	76	-	11,349
1926	6,642	5,166	150	4	82	-	12,183
1927	6,719	5,356	249	1	96	-	12,511
1928	6,804	5,637	371	-	111	-	13,035
1930	6,858	5,795	458	-	129	-	13,387
1931	6,935	5,706	383	-	142	-	13,580

(자료) 朝鮮總督府, 『朝鮮總督府統計年報』, 각년판.
(비고) 1) 단위 : 천 원.
　　　2) 표에 표시하지 않은 항목이 있어서 항목과 합계가 일치하지 않는다.

122개에서 1943년 343개로 늘어나는 데 지나지 않아 전체 읍면 수 2,300여 개 가운데 15% 정도에 지나지 않았다.[31] 재산 수입 역시 전체적으로 7% 수준을 유지하지만 나중에는 현저히 하락하고 있다.

오히려 1940년대 보조금과 기부금이 증가하고 있는 것도 면 재정의 취약성을 잘 보여준다. 면세가 양적으로는 계속하여 증가하고 있지만 면 재정 수입에서 차지하는 비중은 하락하고 있다. 보조금과 기부금이 늘어남으로써 면세의 비중이 하락한 것이다. 곧 면의 재정 규모가 늘어나는 데 따르는 부담을 재정 보조금과 기부금으로 감당하고 있었던 것이다. 다시 말하면 이 시기에 늘어나는 면의 사무는 대부분이 전시 총동원정책으로 인한 위임사무였으며, 이런 사무 증가의 부담을 보조금과 기부금으로 메우고 있었다고 할 것이다. 이런 측면

───────────────

31) 『朝鮮總督府統計年報』 1943년판.

〈2-23〉 읍면 조세 수입구조 2(예산, 1931~1943년)

연도	지세 부가세	영업세 부가세	가옥세 부가세	차량세 부가세	부동산 취득세	호별세 부가세	합계
1931	6,935 (51.1)	383	–	79	–	5,706 (42.0)	13,580
1932	6,971 (51.2)	372	–	67	–	5,756 (42.3)	13,617
1933	7,020 (50.6)	383	–	85	–	5,874 (42.3)	13,884
1934	7,147 (50.4)	464	–	106	–	6,043 (42.1)이상	14,322
1935	7,233 (49.3)	529	–	184	–	6,305 (42.9)호별세	14,690
1936	7,136 (44.3)	498	579	658	205	6,375 (39.6)	16,099
1937	7,090 (41.5)	590	614	910 (5.3)	291	6,718 (39.3)	17,102
1938	7,102 (39.8)	692	664	1,046 (5.9)	351	6,968 (39.0)	17,852
1939	7,645 (39.5)	829 (4.2)	843 (434)	1,161 (6.0)	411	7,364 (38.0)	19,366
1940	9,517 (45.8)	1,409 (6.8)	1,517 (7.3)	1,129 (5.4)	540	5,387 (25.0)	20,784
1941	9,637 (39.5)	1,686 (6.9)	2,279 (9.3)	1,438 (5.9)	998 (4.1)	6,552 (26.9)	24,396
1942	10,802 (31.0)	2,307 (6.6)	2,654 (7.6)	1,419 (4.2)	1,010 (2.9)	7,982 (22.9)	34,795
1943	11,465 (29.5)	3,037 (7.8)	2,654 (7.6)	1,419 (4.2)	1,419 (4.2)	8,819 (22.7)	38,820

(자료) 朝鮮總督府, 『朝鮮總督府統計年報』, 각년판.
(비고) 1) 단위 : 천 원.
    2) 표에 표시하지 않은 항목이 있어서 항목과 합계가 일치하지 않는다.

에서도 면의 재정적 자립성은 매우 취약한 것이었으며, 면 재정 수입구조의 억압적 성격을 잘 보여준다고 할 수 있다.

표 〈2-22〉과 〈2-23〉은 면 부과금의 변화를 나타낸 것이다. 1931년을 경계로 부과금의 종류에 차이가 있어 두 표로 나누어놓았다. 1919년 이후 조세 수입구조는 지세 부가세(지세할)와 호별세 부가세(호별할)가 가장 큰 부분을 차지하고 있다. 1936년 2차 지방세제 개정으로 여타 부가세가 신설됨으로써 부담이 분산되기는 했지만, 계속하여 지세 부가세와 호별세 부가세가 큰 비중을 차지하고 있는 것이다. 1936년에 면의 호별세 부가세의 제한 외 부과를 폐지했으므로 호별세 부가세의 증가는 다소 둔화되었다.[32] 호별세 부가세의 제한 외 부과를 폐지한 이면에는 면이 아직도 단체로서의 자립적 성격이 매우 낮았다는 점이 특히 고려되고 있었다.

다음으로 1919년 이후 읍면 세출구조의 변화 추이를 나타낸 표를 살펴보도록 하자. 표 〈2-24〉와 〈2-25〉를 통해 면 세출구조의 추이를 보면, 계속하여 면 세출의 거의 대부분을 급여비와 사무비가 차지하고 있음을 확인할 수 있다. 1931년 이후에는 급여비가 사무비에 포함되었지만 이 비용은 대체로 50%를 밑돌지 않았다. 면의 단체로서의 고유 사무의 진행 정도를 보여주는 토목, 권업, 수도, 위생비는 모두 합쳐도 전체에서 차지하는 비중이 20%를 넘지 못했다. 면은 아직도 행정 담당자의 급여와 사무비용에 지출의 대부분을 소비하는 일방통치의 형태를 취하고 있었으며, 자치단체로서의 기능은 거의 가지지 못했음을 보여준다. 다만 기본재산 조성비와 읍면채 상환 비용이 늘어나는 경향을 보이고 있는 점은 주목해야 할 것이다. 여기에는 면의 자립적 재정을 향한 노력이 반영되어 있기 때문이다. 하지만 그런 비용은 전체 비용에 비하면 미미한 수준에 머물러 있을 뿐이었다. 이처럼 면 재정구조의 변화 추이를 통해 볼 때 면의 자립성과 통합성의 정도는 매우 낮았으며, 전시체제하에서 오히려 통치조

---

32) 총독부에서는 호별세 부가세의 제한 외 부과를 폐지하는 이유를 다음과 같이 설명하고 있다. 1) 면에서의 사무는 거의 국가 또는 상급 지방단체의 사무로서 면세 징수 외에 면의 고유 사무가 거의 없는 상태일 뿐 아니라, 2) 국고보조사업 등으로 국가의 은혜를 입은 것도 극히 적고 3) 또 면적 지세 등의 관계로 면의 폐합에 의한 부담 완화를 도모하기에도 적당하지 않은 곳이 많아, 거의 영구적으로 제한 외 부과를 계속해야 하므로 4) 도비로부터 재정보조를 받아 호별세 제한 외 부과를 전폐하는 것으로 하고 그때 도의 재정은 될 수 있는 한 국고보조에 의할 수 있도록 고려하도록 했다고 한다. 요컨대 면의 상황으로 보아서는 제한 외 부과를 계속하지 않으면 안될 상황이므로, 이를 폐지하고 국고의 보조를 받아 면의 재정을 운영하는 것이 낫다고 판단한 것이다. 여기에는 호별세 부가세에 대한 제한 외 부과를 더 이상 지속할 수 없을 만큼 반발이 심한 상황이라는 점이 반영되었을 것이다. 朝鮮總督府, 『朝鮮에서의 地方稅制整理經過槪要』, 1937, 29~89쪽.

⟨2-24⟩ 읍면 세출구조의 추이 1(예산, 1919~1931년)

연도	급여비	사무비	토목비	권업비	위생비	경비비	기본재산 조성비	적립금	읍면채 상환금	기타	합계
1919	3,302 (54.2)	1,112 (18.2)	173 (2.8)	282 (4.6)	478 (7.8)	72	209 (3.4)	40	5	–	6,094
1920	7,159 (60.1)	1,727 (14.5)	429 (3.6)	420 (3.5)	650 (5.5)	107	314 (2.6)	51	16	–	11,917
1921	8,354 (59.7)	1,779 (12.7)	561 (4.0)	496 (3.5)	1,054 (7.5)	126	442 (3.2)	82	26	–	13,984
1922	9,106 (54.7)	2,130 (12.8)	1,029 (6.2)	771 (4.6)	1,351 (8.1)	200	711 (4.3)	96	71	–	16,655
1923	9,587 (51.9)	2,190 (11.9)	1,077 (5.8)	1,160 (6.4)	1,739 (9.4)	280	921 (5.1)	113	97	–	18,456
1924	10,010 (51.4)	2,241 (11.5)	1,693 (8.7)	1,293 (6.6)	1,497 (7.7)	229	1,038 (5.3)	127	141	–	19,472
1925	9,281 (51.9)	1,798 (10.2)	1,500 (8.4)	1,164 (6.6)	1,218 (6.8)	182	1,237 (6.9)	188	180	–	17,882
1926	9,679 (49.9)	2,133 (11.0)	1,748 (9.0)	1,406 (7.2)	1,175 (6.1)	218	1,243 (6.4)	180	230	–	19,401
1927	10,010 (49.2)	2,127 (10.5)	1,751 (8.6)	1,535 (7.5)	1,432 (7.0)	243	1,364 (6.7)	195	187	–	20,388
1928	10,324 (47.4)	2,190 (10.1)	2,320 (10.7)	1,597 (7.3)	1,242 (5.7)	278	1,474 (6.8)	396	266	–	21,759
1929	10,541 (48.5)	2,064 (9.5)	1,518 (7.0)	1,643 (7.6)	1,536 (7.1)	279	1,502 (6.9)	438	611(2.8)	–	21,735
1930	10,496 (48.6)	1,962 (9.1)	1,594 (7.4)	1,610 (7.5)	991 (4.6)	272	1,621 (7.5)	451	494(2.2)	–	21,573
1931	10,326 (45.3)	2,121 (9.3)	2,240 (9.8)	1,499 (6.6)	796 (3.5)	285	1,603 (7.1)	498	507(2.2)	–	22,808

(자료) 朝鮮總督府, 『朝鮮總督府統計年報』, 각년판.
(비고) 1) 단위 : 천 원.
2) 표에 표시하지 않은 항목이 있어서 항목과 합계가 일치하지 않는다.

직으로서의 성격이 강화되고 있었다는 점을 잘 확인할 수 있다. 결국 총동원체제기 들어 늘어나는 면 사무의 증가에 대처하기 위해 1943년 '부읍면재정조정보급금(府邑面財政調整補給金)'제도가 도입되었다.[33] 하지만 이 또한 말단 행정사무의 증가에 따른 재정의 궁핍을 미봉하려는 궁여지책에 지나지 않는 것이었다.

---

33) 坂本利信, 「府邑面財政調整補給金의 분배요령(상)」, 『朝鮮行政』 1943. 4 참조.

〈2-25〉 읍면 세출구조의 추이 2(예산, 1931~1943년)

연도	사무비	토목비	위생비	수도비	권업비	경비비	기본재산 조성비	보조금 및 적립금	기부금	읍면채 비	합계
1931	12,483(54.7)	2,240(9.8)	796(3.5)	–	1,499(6.6)	285	1,603(7.0)	498	234	508	22,808
1932	12,401(53.0)	2,080(8.9)	855	963	1,558(6.6)	282	1,719(7.3)	556	207	647	23,398
1933	12,267(51.3)	1,796(7.5)	841	845	1,615(6.8)	308	1,841(7.6)	47	205	614	23,916
1934	12,701(51.6)	1,746(7.1)	875	1,008(4.1)	1,725(7.0)	343	1,783(7.3)	429	324	1,001	24,602
1935	13,192(51.2)	2,188(8.5)	867	870(3.3)	1,516(5.9)	362	1,812(7.0)	378	252	791	25,790
1936	14,423(51.2)	2,140(7.6)	900	1,243(4.4)	1,888(6.7)	437	1,916(6.8)	395	360	908	28,179
1937	15,326(50.1)	2,649(8.7)	982	1,117(3.7)	1,925(6.3)	455	1,790(5.9)	468	418	1,096	30,540
1938	16,206(51.6)	2,329(7.4)	1,004(3.2)	1,224(3.9)	1,816(5.8)	526	1,817(5.8)	475	415	1,118	31,417
1939	17,709(51.7)	2,305(6.7)	1,066(3.1)	928(2.7)	2,124(6.2)	606	2,006(5.9)	605	595	1,250	34,280
1940	21,276(48.8)	2,637(6.0)	1,245(2.9)	1,690(3.8)	2,743(6.3)	1,159(2.7)	2,212(5.1)	634	653	1,189	43,608
1941	28,064(50.1)	3,001(5.4)	1,462(2.6)	2,566(4.6)	3,347(6.0)	1,687(3.0)	2,257(4.0)	870	1,015	1,549	55,976
1942	44,304(58.5)	3,320(4.4)	1,562(2.1)	2,340(3.1)	3,360(4.4)	2,090(2.8)	2,229(2.9)	1,250	1,098	1,352	75,762
1943	50,903(51.4)	3,235(3.3)	1,868(1.9)	2,307(2.3)	3,432(3.5)	2,474(2.5)	3,798(3.8)	1,706	1,890	1,398	99,051

(자료) 朝鮮總督府, 『朝鮮總督府統計年報』, 각년판.
(비고) 1) 단위 : 천 원.
    2) 표에 표시하지 않은 항목이 있어서 항목과 합계가 일치하지 않는다.

이제 면의 통합성의 정도를 측정할 수 있는 두 번째 측면, 즉 각종 산업단체
의 활동과 관리 방식의 변화에 대해 살펴보자. 농회와 금융조합의 활동은 식민
지배하 농업의 성격 및 지주-소작 관계의 변화와 깊은 연관을 가지고 있었다.
이런 관제 산업단체의 활동을 군이 관리하면서 발생하는 소모적 측면에 대해서
는 계속해서 이의가 제기되고 있었다. 이에 단체의 가입 범위를 면을 중심으로
재편하고 궁극적으로 면이 산업단체의 활동을 관장해야 한다는 요구도 끈질기
게 이어지고 있었다. 이는 면을 제도적으로 착근시키기 위해서도 매우 필요한
일이었다. 촌락 단위의 조직이나 촌락 내 소농 중심의 조직은 1920~30년대를
통해 계속 확대되었다. 반면 지주가 중심이 된 면 단위 통합단체는 거의 조직
되지 못했으며, 대부분은 지양의 대상으로 지목되었던 군 단위의 지주 조직에

머물러 있었다. 군 단위 지주 중심의 단체만이 존재했다는 것은 지주의 힘이 약했음을 드러내는 것이며, 상대적으로 지방행정의 파트너로서 지주의 역할이 미미했음을 말하는 것이기도 하겠다.

면제 개정과 면의 통합성을 제고할 것을 요구하는 다음 주장은 면의 취약성을 웅변하고 있다. 다음은 1920년대 후반 면의 상황을 잘 보여주는 글이므로 인용해본다.

> 1) 보통학교를 면의 경영으로 이전하라. 보통학교는 1면 1교를 제도로 하고, 현재 시행하는 학교비는 면비에 속하게 하고, 학교 유지비와 필요비도 면비의 부담으로 하여 1면 1교를 보급하며, 아울러 의무교육령을 발포할 것을 바란다.
>
> 2) 산업의 개선 발달을 도모하라. 각 면에 농회 지소나 기타 산업단체의 지부를 설치하여 2, 3명의 직원을 배치하여 철저하게 지도 장려하면 좋은 업적을 거둘 것이다.
>
> 3) 면마다 금융기관을 설치하라 - 금융조합, 산업자금의 융통을 먼저 1면 1금융조합을 설치하지 않으면 자금 융통을 원활히 하기 어렵다.[34]

이 글은 학교, 산업단체, 금융기관을 면의 관할로 이관함으로써 면의 능력을 제고하고 통합성을 형성해 나가자는 요구를 담고 있다. 이는 군의 지위가 동요하고 있었던 것과 동전의 양면을 이루는 것이었다. 그럼에도 결국 식민지기의 면은 이런 상황에 도달하지 못했다. 이는 면의 재정적 능력이 취약한 상태에 머물러 있었던 점과 정확하게 일치하는 것이기도 하다. 면의 이런 측면은 앞서 살펴보았듯이 '거물 면장'이 요구되었던 상황과도 맞물린 것이었다. 거물 면장에 대한 요구가 면장의 행정 능력이 중요한 것이 아니라 면장의 인적인 지배능력, 즉 전통적 의미에서의 지방 유력자의 인간적인 지배 능력이 더욱 요구되었다는 점을 보여주는 것이라면, 이는 역으로 행정 단위로서의 면의 통합성은

---

34) 鄭松南, 「地方制度에 대한 要望」(1-4), 『地方行政公論』, 帝國地方行政學會朝鮮本部, 1928, 1~4쪽. 이는 『朝鮮地方行政』의 「行政論壇」에 실린 투고이다.

아직도 매우 취약했다는 것을 드러내는 것일 따름이다.

이 장에서는 결국 군과 면 모두 잠정적이고 과도적인 행정기관으로 머물러 있을 수밖에 없었다는 점을 확인했다. 군의 성격이 정책적인 잠정성을 대표한다면, 면은 현실적인 과도성을 대표한다고 할 수 있다. 군은 제도적으로 폐지를 전제한 것이었던 반면, 면은 어느 정도 독자성을 가지고 촌락을 그 하위로 포섭하는 행정기관이자 독자적 자치단체로서 구상되었다. 그러나 현실적으로 어느 것도 정책적 목표를 달성할 수 없었다. 특히 면은 그 제도적 기초인 구획의 정리나 관료행정의 수준에서도 서구 근대적 관료행정의 효율성에는 미달하는 것이었다. 이는 면에 독자적 재정 운용 권한이 어느 정도 주어졌음에도 자치기구로서의 성격은 결국 주어지지 않았다는 점에서도 확인할 수 있지만, 면 운영의 측면에서도 촌락을 현실적으로 포섭-통합할 수 있는 수준에는 미치지 못했다는 점에서도 드러나는 것이다. 여기에서는 이런 점을 면의 통합성이라는 것을 지표로 삼아 살펴보았다.

제**3**부

———

촌락의 재편과 ‘중간지배층’

제1장
촌락의 재편

1. 행정동리 편제와 '부락'

이 장의 과제는 촌락의 삼국면구조 가운데 두 번째 국면, 즉 촌락의 매개기능을 분석하는 것이다. 촌락(협의의 촌락)은 면을 통하여 정책적으로 만들어내고자 하는 촌락(면을 포함한 광의의 촌락)의 삼국면 가운데 매개적인 기능을 담당하는 것으로, 식민지 통치행정과 촌락민의 대응·대항이 교차하는 지점에 위치한다. 이와 아울러 촌락에는 구장이나 '중견인물(中堅人物)'처럼 식민행정과 촌락의 일상을 매개하는 인물이 활동하고 있었다.

1917년 면제가 확정되고 동리가 제도적으로 확정된 면의 산하로 편입되었다. 총독부는 면제를 제정하기 전인 1914년에 이미 면의 전면적인 폐합을 단행했으며, 이와 아울러 동리의 폐합도 급속하게 진행시키고 있었다. 통폐합된 동리를 바탕으로 한 행정동리에 명예직 구장이 설치되고 이것이 제도화하면서 동리는 면제의 산하에 제도적으로 편입될 것이었다. 동리의 면제로의 제도적 편입은 구획의 획정을 바탕으로 구장제도를 도입함으로써 일단 완성된다고 할 것이다. 이 장에서는 면제 실시를 계기로 변화하는 면과 촌락(동리)과의 관계를 행정동리의 창설을 통해 즉 동리 행정구획의 의미를 통해 살펴보고, 다음으로 새로 설치되는 구장과 식민행정의 보조기구로 육성되는 '중견인물'을 통해 '촌락정치'를 담당하는 중간지배층의 변화와 그 성격을 검토해보고자 한다.

그러면 먼저 이 절에서는 '행정동리' 편제로부터 출발하여 '부락'으로 귀결되는 촌락 재편의 과정과 그 변화의 양상을 살펴보고, 이어 재산 소유를 바탕으로 한 제반 법률적 행위능력이 인정되고 있던 촌락이 단체로서의 법률적 능력이 점차 약화되어 면으로 흡수되어가는 과정을 검토하고자 한다. 이러한 변화하는 촌락의 면모를 통해 단체로서의 촌락이 가진 매개기능의 변화를 이해하고자 한다.

우선 여기에서 사용하는 촌락이라는 명칭의 함의를 동리, 자연촌(락), 부락 등의 용어와 관련하여 간단히 정리해둘 필요가 있겠다. 동(洞)과 리(里) 또는 동리는 원래 집락(集落)의 구역명으로 많이 사용되었고, 촌이라는 명칭도 지역에 따라서 사용되었다.[1] 면제 실시를 계기로 행정동리가 편제됨으로써 동이나 리 또는 촌은 동이나 리로 명명된 행정동리로 재편되고 이는 면의 하위 단위로 편입되었다. 그리하여 동리는 행정적 편제를 전제한 구역명으로 사용하고, 행정동리 이전에 일종의 행정구역으로 간주되던 구역을 구동리(舊洞里)로 사용하고자 한다. 구동리이건 행정동리이건 그 하위에는 자연촌락이 존재하는 경우가 많았다. 반면 부락은 행정동리 편제 이전부터 일본인들이 사용하던 용어로서 구동리, 행정동리, 자연촌락 중 어느 하나를 편의적으로 지칭하는 것으로 사용되었다. 그리고 촌락이라는 용어는 이 모든 것을 포괄하는 것으로서 '비도시 지역의 취락(聚落)'이라는 의미에서 사용하고자 한다.

행정동리 편제정책을 살펴보기 이전에 우선 이를 위한 기초 작업으로서의 의미를 지니는 구관조사보고를 통해 총독부가 종래의 동리를 어떤 방식으로 규

---

1) 종래 한국에서는 洞, 里, 村 이외에 촌락을 지칭하는 용어가 다양하게 사용되고 있었다. 善生永助, 『朝鮮の聚落』 前篇, 朝鮮總督府, 1933에 村落에 붙어 사용하던 각종 명칭이 수록돼 있다.

정했으며 또 어떻게 재편하려 했는지에 대해 이해할 필요가 있다. 한 조사보고
서는 동리의 구관(舊慣)에 대해 "동(洞)은 리(里)와 같으며, 통속적(通俗的)으로
동리로 연호(連呼)하는데, 이는 부락을 지칭하는 것이다. 동은 면내의 토지의
구획으로서, 면을 일본의 정촌(町村)에 비한다면 동은 정촌에 있어 대자(大字)
(촌)에 대비된다"[2]라고 기술하고 있다. 이 보고에서 주목해야 할 점은 다음의
세 가지이다. 첫째, 일본의 정촌제에 한국의 동리를 비유하고 있는 점이다. 이
미 제1부에서 통감부가 일본의 정촌제에 입각하여 면제를 수립하려 했음을 확
인한 바 있는데, 여기에서도 일본의 촌과 한국의 면, 그리고 일본의 대자촌(大
字村)과 한국의 구동리를 대비시킴으로써 면제 실시의 지향을 분명히 하고 있
는 것이다. 둘째, 동리를 부락으로 지칭하고 있는 점이다. 일본에서는 정촌제가
실시된 이후 촌으로 통합된 대자촌, 소자촌 등을 부분촌락(部分村落)이라는 맥
락에서 부락(部落)이라고 부르고 있었다.[3] 이에 비춰보면 한국의 동리를 부락
이라고 지칭함으로써 동리를 면 또는 행정동리의 하위 단위로 편제하겠다는 정
책적 지향을 드러내고 있는 것이다. 세 번째는 동리를 '행정구획'이 아니라 '토
지구획'이라고 규정한 점이다.

이런 규정은 종래의 동리가 거주지를 지칭하는 데 국한되어 있던 현실을 반
영한 것이며, 또한 인적 결합으로서의 동리의 단체로서의 성격과도 관련된 것
이었다. 위 보고서는 "동은 면내의 토지구획임과 동시에 지역적 단체"[4]라고
동리의 성격을 부연하고 있는데, 이는 동리가 인적 결합을 바탕으로 한 '지역
단체'라는 점을 인정한 것이다.

그러나 총독부는 동리가 지역단체임을 인정하기는 했지만 중시하지는 않았

2)「面及洞ニ關スル制度舊慣調査」,『朝鮮總督府月報』1-4, 5, 1911. 9, 10.
3) '部落'이라는 용어는 일본의 '차별 부락'을 가리키는 것으로 사용되기도 했으며, 한국에서도 이런
   맥락에서 부락이 사용된 용례가 있음을 부정하기는 어렵다. 그럼에도 部落이 部分村落이라는 맥
   락에서 주로 사용되었다는 점은 아래의 서술에서 분명해질 것이다.
4)「面及洞ニ關スル制度舊慣調査」,『朝鮮總督府月報』1-4, 5, 1911. 9, 10.

다. 동리는 어디까지나 토지의 구획으로서 면 행정에 통합되어야 할 단위로 간주되었으므로, 총독부가 동리를 독자적인 지역단체로 인정하기에는 어려움이 있었다.

하지만 총독부는 동리가 토지구획으로서도 불완전한 측면을 가지고 있다고 보고 있었다. 아래의 보고는 당시 면과 동의 상황을 잘 묘사하고 있으므로 조금 장황하지만 인용해보자.

> 면(面)은 행정구획으로서 군(郡)의 전 면적을 분할했지만, 동(洞)은 같은 행정구획이었지만 면과 그 취지에 차이가 있었다. 즉 면을 집합한 것이 군이라고 해도 큰 차질이 없지만, 1면 중에는 어느 동에도 속하지 않는 토지가 적지 않은 것이다. 가옥 소재지 이외에 전답, 원야(原野), 산림 등의 지적(地籍)은 동이라고 하지 않고 평(坪)이나 원(員)이라는 명칭을 사용하기 때문에, 동이라는 것은 다만 인민의 거주지를 지시하는 경우에 한정하여 사용하는 것이다. 이를 극단적으로 말하면 면과 동은 행정구획으로 볼 수도 있지만, 면은 민적(民籍)·지적 모두 사용하여 불완전하지만 구획을 인정할 수 있는 데 비해, 동은 다만 민적상 사용하는 데에 지나지 않는 것으로, 촌락 소재지 이외의 지적에는 사용하지 않으므로 구획이 명확하다고는 할 수 없는 것이다.5)

이 인용문은 면과 동이 가진 행정구획과 토지구획으로서의 지위를 잘 설명하고 있다. 면은 행정구획이자 토지구획으로서의 성격을 명확히 지니고 있지만, 동은 행정구획으로서도 토지구획으로서도 불완전한 측면을 가지고 있음을 지적하고 있다. 총독부는 동이 가진 불완전한 행정구획으로서의 측면을 행정동리를 편제하고 촌락을 면으로 통합함으로써 해결하려 했다. 또한 토지구획으로서의 불완전함은 토지조사사업과 동리 폐합 작업을 통해 동리의 경계를 명확히 구획함으로써 해결하려 했다. 그러므로 종래의 동리를 행정동리로 편제하는 작

---

5) 山道襄一, 『朝鮮半島』, 1911, 1~9쪽.

업에 앞서 토지의 구획을 명확히 하는 작업을 수행해야만 했다. 이를 바탕으로 동리의 폐합을 단행함으로써 비로소 행정동리 편제 작업은 수행될 수 있는 것이었다.

그러나 이 시기에 진행된 동리 폐합은 조선 후기 이래 전개된 동리의 분화 즉 분동(分洞)의 추이를 거스르는 것이었다. 조선 후기에는 분동에 의하여 동리의 지리적 범위와 규모가 계속하여 축소되고 있었다.

1790년의 동리 총수가 3만 9,465개였던 데 비해 1910년의 총수는 6만 3,845개로, 이 기간에 분동으로 인하여 동리의 수가 60% 이상 증가했다. 물론 그 이전에도 동리는 매우 넓은 지역에 걸쳐 있었으므로 면이 점차 제도화함에 따라 동리는 분화하고 있었으나, 그 추세가 19세기 들어 매우 현저해졌던 것이다.[6]

이는 신분 지배의 동요와 해체에 따른 갈등과 친족집단을 중심으로 한 동성촌락(同姓村落)의 발전을 배경으로 한 것이었다. 농촌사회의 신분적 동요와 사회적 분화의 추세를 반영한 것이 바로 분동이었다. 그럼에도 이미 통감부 설치기에 면제 제정을 위한 기초 작업을 수행하면서 통감부는 동리의 통폐합을 부분적으로나마 추진하고 있었다. 제도적으로는 신분제가 폐지되었으므로 이를 바탕으로 동리 통폐합을 추진하고, 더 이상의 분동을 저지하며, 동리를 면으로 통합함으로써 식민지 지방통치의 효율성을 제고하고자 했던 것이다.

동리의 폐합은 우선 토지조사사업을 원활히 수행하기 위해서도 필요한 작업이었다. 총독부는 한국의 동리가 명칭과 강계(疆界) 등이 분명하지 않고 광무(廣袤, 넓이와 폭)도 일정하지 않아 그대로 행정구역으로 삼기에는 적당하지 않은 상태라고 파악하고 있었다. 또한 토지조사를 원활하게 수행하기 위해서라도 동리의 구획과 명칭을 정리하고, 토지의 표시와 소재를 명확히 하는 작업이 요구되었다.

---

6) 分洞에 관해서는 정진영, 「조선 후기 분동과 그 성격」, 『조선시대 향촌사회사』, 한길사, 1998 ; 이해준, 「조선 후기 촌락의 분화와 분동」, 『조선시기 촌락사회사』, 민족문화사, 1996 ; 이영훈, 「18~19세기 大渚里의 신분구성과 자치질서」, 『맛질의 농민들』, 일조각, 2001 등 참조.

그래서 토지조사국(土地調査局)에서는 우선 다음 사항에 해당하는 동리에 대해서는 동리의 명칭과 강계, 광협(廣狹)을 적당히 조정하도록 했다. 즉, 첫째 동리의 명칭이 분명하지 않을 때, 둘째 인접 면에 속하는 동리로서 명칭을 같게 하고자 하는 2동리 이상이 근접해 있을 때, 셋째 동리의 강계가 분명하지 않거나 강계가 매우 착종(錯綜)할 때, 넷째 한 동리의 면적이 협소하여 행정상 불편이 있을 때, 다섯째 다른 면이나 동리 내에 비지(飛地)가 있을 때, 여섯째 시가지와 준시가지 내에 두 가지 종류의 호칭이 있는 것이나 도로의 양측이 그 호칭을 달리하는 경우에는 조정토록 했다.[7] 이런 동리 정리의 기준 조항을 통해서 동리 폐합이 주로 두 개 이상의 동리를 통합하는 방식으로 추진되었음을 확인할 수 있다. 이어 1914년 총독부에서는 「동리 폐합 표준(標準)의 건(件)」을 통첩하여 다음과 같이 동리 폐합의 표준을 설정했다.

대개 면적, 호수(戶數), 지세액(地稅額) 등을 주요한 표준으로 삼아 일반적으로 그 대소(大小)를 완화하고 자력(資力)의 균형을 도모하도록 하지만, 반드시 대소나 자력을 획일화할 필요는 없다. 동리장의 급여를 증액하기 위하여 폐합할 필요도 있지만, 동리장은 필요 비용 변상 외에 될 수 있으면 무급(無給)으로 하고 장래 점차 명예직으로 할 방침이다. 이후 폐합 때에는 주로 지형(地形), 교통(交通), 민정(民情), 취락(聚落) 등의 관계에 무게를 두어야 한다.[8]

동리의 폐합 역시 면 폐합과 마찬가지로 동리의 면적과 인구 및 경제력의 균형을 이루는 것을 목표로 삼고 있었다. 또한 동리장의 급여를 원활히 지급하기 위해서도 통폐합할 필요성이 있지만, 장래에 구장을 무급으로 만들 의도를 가지고 있었기 때문에 이것이 그리 중요한 이유가 되지는 않았다. 이제 1914년 단행된 동리 폐합의 개황(槪況)을 검토해보겠다.

---

7) 朝鮮總督府臨時土地調査局, 『朝鮮土地調査事業槪覽』, 1915, 1~2쪽.
8) 「洞里廢合 標準의 件」(1914. 10, 內務部長 通牒), 朝鮮總督府, 『地方行政例規』, 1915.

〈3-1〉 동리 폐합 정리표(1914년)

도명	조사 전의 구동리 수	조사 후의 신동리 수	증감 비율
경기도	4,808	2,586	4.62(할)
충청북도	3,898	1,553	6.01
충청남도	7,185	2,250	6.86
전라북도	6,817	1,779	7.39
전라남도	10,143	3,232	6.81
경상북도	7,401	3,225	5.64
경상남도	4,330	2,692	3.78
황해도	3,664	1,755	5.20
평안남도	2,229	1,827	1.80
평안북도	837	847	0.11(증가)
강원도	1,348	864	3.59
함경남도	1,227	1,177	0.40
함경북도	581	475	1.82
합계	54,468	24,262	5.63

(자료) 朝鮮總督府臨時土地調査局, 『朝鮮土地調査事業槪覽』, 1915, 1~2쪽.

토지조사사업을 진행하는 과정에서 이미 많은 동리가 폐합의 길을 밟고 있었다. 그래서 1910년 6만 3,845개로 파악되던 구동리 수(표 〈3-2〉 참조)가 1914년의 폐합 전에 표 〈3-1〉에서처럼 5만 4,468개로 감소해 있었다. 1910년의 동리 수를 기준으로 9,300여 개의 동리, 곧 전체의 약 15%에 해당하는 동리가 1914년 이전에 이미 폐합되었던 것이다. 여기에 1914년 전면적인 폐합 작업을 통하여 구동리 5만 4,468개가 2만 4,262개의 신동리가 됨으로써 약 56%의 동리가 줄어들었다. 황해도 이남 지역에서는 큰 폭의 감소를 보이고 있으나 평안남도와 함경남북도 3개 도는 감소폭이 매우 적었으며, 평안북도에서는 오히려 증가하고 있다. 동리의 폐합을 통해 면적과 인구의 균형을 유지하려 했기 때문이다.

이처럼 1914년 군면 폐합과 아울러 실시된 동리 폐합으로 인하여 동리 수가

〈3-2〉 시기별 동리 수의 변화

시기	1910년	1912년	1914년	1916년	1917년	1933년
면의 수	4,392(개)	4,341	2,522	2,517	2,517	2,446(면 2,397, 읍 49)
동리 수	63,845	62,532	54,376	38,412	27,713	28,336(도시 町 포함)

(자료) 1910, 1933년의 수치는 善生永助, 『朝鮮の聚落』 前篇, 朝鮮總督府, 1933, 533~583쪽, 나머지 연도의 수치는 朝鮮總督府 內務局, 『面經費ニ關スル調査書』, 1913~1919에 의함.

대거 줄어들었지만 동리의 폐합은 이 시기 전후에도 꾸준히 진행되었다. 1910년대 연도별 동리 수의 변화를 개괄해보자.

1910년의 동리 수는 1910년 10월 「조선총독부관제」가 실시되기 이전의 것으로서, 1912년의 동리 수보다 조금 많다. 1910년부터 1912년 사이에 면은 51개가, 동리는 1,313개가 감소했다. 1912년과 1914년 사이에도 8,156개의 동리가 줄어들었다. 표 〈3-2〉에서 보는 것처럼 1914년에 단행된 동리 폐합은 1917년에야 일단락되었다. 1912년과 1917년의 동리 수를 비교하면 3만 4,819개가 감소하여 전체 동리 수의 약 56%가 줄어들었다. 이리하여 '면제'가 실시되는 1917년을 경계로 면의 수는 2,500개 전후로, 동리의 수는 2만 8천 개 전후로 고정되었다.

동리 폐합의 구체적 정황과 그 특징을 살펴보기 위하여 경기도 여주군에서 진행된 동리 폐합 상황을 표 〈3-3〉으로 정리했다. 이 표를 통해 동리 폐합의 방식을 이해할 수 있다. 여주군의 240개 구동리가 159개로 폐합되어, 81개 동리 곧 전체의 34%에 해당하는 구동리가 감소했다. 그 가운데 구동리가 그대로 유지된 것이 47개, 구동리가 분리되어 그 일부가 신동리로 편제된 것이 18개로, 이 둘을 합치면 65개로, 행정동리 수의 41%를 차지한다.

한편 구동리 2~3개를 통합한 것이 39개, 구동리 1~3개와 자연촌락 1~3개를 통합한 것이 55개인데, 이 둘을 합치면 94개로써 행정동리 전체의 59%를 차지한다. 전자의 방식, 즉 구동리 2~3개를 통합한 것은 대등한 통합이라고 볼 수 있다. 후자의 경우에는 여러 가지 사례가 포함되는데, 구동리와 자연

〈3-3〉 여주군의 동리 폐합 상황

구분	동리 수	구동리 수	동리 폐합의 방식					
			1) 구동리 유지	2) 구동리 일부	1)+2)	3) 2~3개 구동리 간 통합	4) 구동리와 자연촌락 간 통합	3)+4)
주내면	19	29	7	1	8	7	4	11
점동면	15	25	2	2	4	4	7	11
가남면	20	32	4	2	6	4	10	14
능서면	13	19	7	0	7	4	2	6
흥천면	15	23	3	2	5	2	8	10
금사면	17	21	7	3	10	4	3	7
개군면	13	17	5	3	8	2	3	5
대신면	18	29	4	1	5	3	10	13
북내면	19	31	4	2	6	7	6	13
강천면	10	14	4	2	6	2	2	4
합계	159	240	47(30)	18(11)	65(41)	39(24)	55(35)	94(59)

(자료) 越智唯七 編,『朝鮮全道府郡面洞里名稱一覽』, 1917, 130~134쪽.
(비고) 구동리의 숫자에는 약간의 차이가 있을 수 있다. ( ) 안은 비율을 나타낸다.

촌락이 통합된 사례, 2개 이상의 구동리와 2개 이상의 자연촌락이 통합된 사
례, 자연촌락과 자연촌락이 통합된 사례 등이 있다. 그 가운데는 구동리의 통합
성이 유지되면서 자연촌락을 흡수한 사례도 있고, 다수의 구동리나 자연촌락이
통합한 사례도 있을 것이다. 이를 다시 정리하면 구동리의 통합성이 훼손되지
않은 채 유지된 것이 전체의 41%를 차지하고, 어떤 방식으로든 서로 다른 구
동리에 소속되어 있던 동리 사이의 통합이 59%를 차지한다. 특히 후자의 경우
에는 행정동리의 통합성을 새로 형성해야 하는 과제를 안고 있었다.

동리 폐합은 곧바로 행정동리를 편제하는 것을 의미했다. 면제 제정 이후의
행정동리는 그저 면 처무의 편의상 구획을 나누어 설치한 것에 지나지 않았던
것이다. 동리는 '행정구획'으로 폐합-재편되었고, 행정상으로는 면장의 보조기
관인 구장을 통해서 통치-인식되었다. 구장이 담당하는 구역 곧 동리=행정구

〈3-4〉 대동군의 분구 상황(1926년)

면명	리명	구역과 호수				구역과 호수			
		구별	배당 부락 ·	호수	인구	구별	배당 부락	호수	인구
고평면	평천리	제1구	정촌, 한이정	200	900	제2구	명촌	280	1,200
상동	서성리	제1구	강촌	300	1,150	제2구	토성과 감옥의 서부	270	1,200
용산면	당상리	제1구	당동 산천동 객산동	127	624	제2구	보통강 연안 토성 쪽	116	501
대동강면	선교리	제1구	제당회사부터 영제교까지	913	2,648	제2구	전흥회사부터 북비석동까지	355	1,904
추을미면	미림리	제1구	미림리2동	261	1,419	제2구	묵동	53	312
상동	사동리	제1구	휴암동 신양동 이동	140	656	제2구	대천동 원사동 돈여동 산외동 소룡동	294	1,277
		제3구	평양광업부관사 전부	277	1,046				
임원면	기림리	제1구	고려동 유재궁동 신가	239	890	제2구	경창문부터 임업묘포장 이남	431	2,015
대보면	팔청리	제1구	동화동 어은동 오소파	125	617	제2구	진대동 문동 개시동 우산동 신동 청천동 서재동 개동교	143	713

(자료) 平安南道大同郡硏究會,『面制提要』, 1926, 주 17) 40쪽에 의함.
(비고) 기림리는 당시 평양부 소속이었으므로 착오이다.

(行政區)는 촌락을 행정적으로 편제하는 방편으로 사용되었다. 면제가 실시되고 구동리보다 확대된 새로운 행정동리＝구(區)가 편제되면서 구동리는 자치체로서의 독자적인 기능이 부정되었고, 새로 성립한 면 또는 행정동리 중의 부분집락 즉 부분촌락에 지나지 않게 되었다. 행정동리가 편제되어 동리의 구역이 확대되면서 종래의 자치적 권역과 촌락의 행정적 구성 사이에는 큰 괴리가 생기게 되었다.

이리하여 행정동리 또는 행정구는 단지 구장이 관리하는 구역으로'만' 간주되었다. 구장은 동리에 한 명을 두는 것을 원칙으로 하지만 군수가 특별한 사정, 즉 한 사람의 구장이 담당하는 구역으로는 동리가 협소하거나 호구가 적은 경우 또는 그에 반하여 구역이 지나치게 광활하고 호구가 많다고 인정하는 경우에는 두 개 이상의 동리에 한 명의 구장을 두거나 한 동리에 두 명의 구장을 둘 수 있도록 규정했다.[9] 이런 규정은 동리 폐합 곧 행정동리의 편제로 발생하는 문제점을 구장의 수를 조정하거나 동리를 분구(分區)하는 방식으로 해결하고자 했기 때문에 만들어진 것이다.

그러면 1920년대 중반 평안남도 대동군(大同郡)의 사례를 통해 분구의 실상을 검토해보겠다. 대동군에는 구장이 2명인 동리가 7개이고 3명인 동리는 1개로, 2명 이상의 구장이 있는 동리는 모두 8개이다. 분구는 대부분 1924년부터 1926년에 시행되었다. 대동군에는 군-면 폐합 당시 모두 17개의 면과 258개의 동리가 있었으나 1939년에는 15개 면 233개 동리로 축소되었다. 이는 평양의 시가지가 확장되면서 평양으로 편입된 지역이 있었기 때문이다.[10] 표〈3-4〉에 나오는 동리는 모두 호수가 200호 이상이고 인구도 천 명을 넘는데, 행정동리가 이처럼 대규모로 편성된 것은 이 지역의 도시화 때문일 것이다. 분구 이전 동리 폐합의 상황을 보면, 2개 내지 3개의 동리가 폐합되어 구성된 동리는 평천리, 서성리, 선교리, 미림리의 4개이고, 나머지 4개 동리는 모두 구동리가 그대로 유지된 경우이다. 구동리 폐합으로 구성된 동리가 분구하는 경우에는 모두 구동리가 그대로 구로 구획되었지만, 구동리가 유지되었던 경우에는 물론 자연촌락이 구를 구획하는 기준이 되었다. 촌락 행정의 합리화를 위해서는 구역이나 인구를 감안하여 분구할 필요가 있었다. 분구는 행정동리의 편제가 가진 문제를 인정하고 이를 해결할 필요에서 추진되었다.

그러면 1930년대 초반 경상북도 영일군의 사례를 통해 분구의 추이를 검토해보자. 1931년 현재 영일군 전체의 동리 수는 226개, 구의 수는 309개, 구장의 수는 225명이었다.[11] 구의 수는 동리 수에 비해 83개나 늘어나 있지만 구장의 수는 전혀 늘어나지 않았다. 이로 볼 때 행정동리가 기능 부전에 빠져 분

---

9) 「面制施行規則」에 의거한 것이다. 平安南道大同郡研究會, 『面制提要』, 1926, 36~37쪽.
10) 朝鮮總督府, 『地方行政區域名稱一覽』, 1939, 235~238쪽.
11) 迎日郡, 『郡行政一班』, 1931, 10~11쪽, 105~106쪽.

구를 할 수밖에 없었지만, 분구에 따라 구장을 늘리기에도 어려움이 있었음을 알 수 있다. 구장이 명예직이라고는 하나 실제로는 구장에게 급여가 지급되는 사례가 많았으므로, 구의 수만큼 구장을 늘리는 것은 총독부로서도 부담이 되었을 것이다.

다른 한편 이처럼 면제가 실시되고 행정동리가 새로 편제되었지만 어느 것도 종래의 촌락 자치기능을 제대로 흡수할 수는 없었다. 그 때문에 촌락의 자치기능을 수행하는 단위를 부락이라고 지칭하고 이를 정책적으로 이용하기 위한 노력이 기울여졌다. 이런 노력은 행정동리를 분구하는 정책과 표리를 이루는 것이었다. 부락이라는 명칭은 공식적인 문서나 법령에서도 일찍부터 사용되고 있었다. 구관조사 과정에서 이미 각종 촌락을 부락으로 통칭하고 있었으며, 부락유재산(部落有財産)이나 부락유림(部落有林)이라는 용어도 일상적으로 사용되었다. 그러나 부분촌락이라는 용례에 따른다고 하더라도 부락은 적어도 1917년 이전의 한국에는 적절한 용어가 아니다. 총독부는 동리 폐합을 전제하고서 부락이라는 용어를 선취했던 셈이다.

1917년 이후에도 부락은 행정동리와 아울러 동리의 하부 자연촌락에 대하여 혼용되고 있었다. 이런 경우 부락은 행정동리, 구동리, 자연촌락에 모두 사용되고 있었으므로 상대적으로 그 함의(含意)를 확정하기 어렵다. 그러나 대개는 행정 단위로서의 동리와 구별하는 의미에서 구동리나 자연촌락을 지칭하는 것으로 주로 사용되고 있었다. 따라서 부분촌락으로서의 부락은 적어도 공동체성을 지니고 있는 단위를 지칭한 것으로 보아도 좋을 듯하다. 부락은 촌락민의 생활을 구성하는 실체로서의 공동체를 지칭하는 것이었으며, 식민지 권력은 이런 부락을 행정 단위로 사용하면서 통제하려 했던 것이다. 부락이라는 개념으로 다기(多岐)한 촌락의 형태를 자유자재로 포괄할 수 있기 때문에 행정적으로는 오히려 유용할 수도 있었다. 촌락이 어차피 행정적으로 일률적인 규제의 대상이 될 수 없는 것이라면, 이런 개념의 무정형성은 행정적인 필요에 의해 자유로운 변형이 가능한 개념이 될 수 있으므로 훨씬 효율적일 수 있었다. 이런 맥락에서 다음의 인용문은 부락에 대한 총독부 관료의 딜레마를 잘 보여준다.

면제 실시 이래 부락은 현저히 그 기능을 잃어버리게 되었다. 소유 재산은 면에 빼앗기고 자치 행위는 면장의 직권이 되고, 그뿐이 아니라 부락은 피차를 분합(分合)하여 새로운 동리(洞里)가 되고 말았다. 그러나 …… 부락을 인정한다는 것은 도리어 면치(面治) 관념을 저해할 염려가 없지 않다고 하여 부락 운위를 기피하는 이무가(吏務家)들도 그 행정구역을 기준으로 한 제반의 시설계획은 필경은 면장, 구장 등의 손을 거쳐서 부락에 내어 미는 습관이 있다. 부역 출동으로부터 상묘(桑苗) 배부에 이르기까지 이런 식의 정책이 응용되지 않는 것이 없다. 현금 군면에서 하는 일로 '이건 좀 어떨까'라고 생각된 것도 결국 그럭저럭 잘 처리되어가는 것은 대개 피치자(被治者)에게 '부락심(部落心)'이라는 잠재력이 있음으로써니…….[12]

이런 맥락에서 '부락'이 1930년대 이후 정책적으로 어떻게 활용되고 있었는가를 추적해보고자 한다. 1930년대 '농촌진흥운동'이 진행될 때 7만여 개를 전후한 촌락을 대상으로 갱생부락(更生部落)이 설정되었는데, 이는 1910년의 동리 수 6만 3천여 개를 상회하는 것이었다. 농촌진흥운동에서는 부락 단위의 갱생이 강조되었는데, 이때의 부락이란 전통적인 자치 단위를 의미하는 것이어야 했다. 1930년대 중반 총독부가 파악한 자치 단위는 1910년 병합 당시 구동리의 수를 상회하는 것이었다. 구동리 역시 그 안에는 몇 개의 하위 자연촌락을 포괄하는 경우가 많았으므로, 구동리조차 자연스럽게 자치 단위로 기능하기에는 어려움이 있었다. 하물며 행정동리와 자치 단위의 괴리는 매우 큰 것이었다. 농촌진흥운동의 일환으로 추진된 농가갱생계획(農家更生計劃)의 구체적 사례를 통해 이를 확인할 수 있다.

위 사례에서 행정동리를 단위로 한 '농가갱생부락'은 전체의 20% 정도에

---

12) 李覺鍾, 「部落의 사회적 연구」, 『新民』 64, 1931, 71~72쪽.

〈3-5〉 강원도 농가갱생계획 부락의 단위별 상황(1933년)

농가갱생부락 수	행정동리	區, 舊洞里, 自然村落
176(개)	38(22)	138(78)

(자료) 朝鮮總督府, 『道參與官會同諮問事項答申書』, 1934, 「강원」항의 17~35쪽. 「농가경제갱생계획
부락 상황」(1)에서 재작성.
(비고) ( ) 안의 숫자는 전체 농가갱생부락 수에 대한 비율이다.

지나지 않는다. 행정동리는 농촌진흥운동의 주요한 추진 단위가 아니었던 것이
다. 대부분의 농가갱생부락은 구나 구동리에 설정되었고, 더욱이 자연촌락을
단위로 한 것도 상당히 많았다. 여기에서 다음 두 가지 사실을 확인할 수 있다.

첫째, 농촌진흥운동의 정책 단위는 행정동리보다는 주로 구동리를 중심으
로 설정되었다는 점이다. 행정동리 가운데는 구동리를 그대로 설정한 것도 있
고 여기에 구가 주로 구동리를 단위로 설정되었음을 감안한다면, 새로이 편제
된 행정동리보다는 구동리가 오히려 농촌진흥운동 정책 단위의 중심으로 간주
되고 있었던 것이다. 둘째, 부락의 단위가 행정동리를 포함한 구, 구동리, 자연
촌락에 걸쳐 있었다는 점이다. 부락은 정책적으로 이용하기 편리한 단위로서,
생산과 생활의 공동체적 기능이 유지되는 지역을 대상으로 통칭되었다. 이는
이후 부락으로 통칭되는 단위가 정책의 단위로 전면적으로 이용될 것임을 암시
하는 것이기도 했다.

1938년부터 설치되기 시작한 근로보국단(勤勞報國團)의 상황을 통해 부락의
과도적 이용을 살펴보자. 1938년 경기도 여주군의 근로보국단 설치 상황을 표
로 나타내면 표 〈3-6〉과 같다. 1938년부터 결성되기 시작한 근로보국단은 부
락 단위의 '생산력확충계획(生産力擴充計劃)'과 밀접한 관련을 맺으면서 추진
되고 있었다.[13] 근로보국단은 주로 면을 단위로 구성되었지만, 분단(分團)은
부락 단위로 구성되었다. 여주군에는 모두 294개의 분단이 만들어지는데 이

---

13) 勤勞報國團과 生産力擴充計劃에 대해서는 제4부 3장 참조.

〈3-6〉 여주군 근로보국단 설치 상황(1938년)

면명	分團 數	총단원 수	진흥회 수
주내면	30	1,063	30
점동면	24	839	24
가남면	37	998	37
능서면	25	760	25
흥천면	28	837	28
금사면	24	1,271	24
개군면	21	532	21
대신면	45	1,104	45
북내면	39	1,011	39
강천면	21	632	21
계	294	9,036	294

(자료) 土持生, 「근로봉사하는 젊은이를 방문하고 - 경기도 여주군 근로보국단 시찰기」(2), 『朝鮮地方行政』 1938. 11, 46~51쪽.

수는 구동리의 수를 상회하는 것이다. 표 〈3-3〉과 〈3-6〉을 비교해보면 점동면을 제외한 모든 면에서 분단의 수는 구동리의 수를 상회하고 있다. 여주군 전체로 보면 구동리는 240개였고, 행정동리는 1938년에도 1917년과 마찬가지로 159개로 그대로 유지되고 있었던 반면,[14] 정책단위로서의 부락은 294개로 설정되어 있었다. 이런 차이는 물론 비율에서는 차이가 있지만, 앞서 살펴보았듯이 한국 전체의 구동리 6만 3천여 개, 행정동리 2만 8천여 개, 그리고 1930년대 정책 단위로서의 부락의 수 7만여 개와 대응되는 것이 아닌가 한다.

다음으로 1940년대 초 총동원단체의 하위 연맹으로 결성된 '부락연맹'이 함의하는바 그 정책적 성격을 검토해보겠다. 전시 총동원체제하에서 총독부는 행정동리와 부락의 차이를 명확히 인정했을 뿐만 아니라 그 차이를 적극적으로 정책에 반영하고자 했다. 1940년에 결성된 국민총력조선연맹은 대개 행정동리

14) 朝鮮總督府, 『地方行政區域名稱一覽』, 1939, 14~15쪽.

를 단위로 삼지 않고 구동리나 자연촌락을 단위로 부락연맹을 결성했다. 이제 이와 관련된 한 촌락조사보고를 검토해보자.

일본의 사회학자 스즈키 에이타로(鈴木榮太郞)의 1943년 조사에 의하면, 충북 제천군 금성면에는 21개의 동리가 있었으나 동리의 사회적 기능이 점차 감쇠(減衰)하여 당시에는 31개 구의 기능이 점차 강화되고 있었다고 한다. 국민총력부락연맹(國民總力部落聯盟)의 분구에 따라 구장이 연맹의 이사장을 겸하는 것이 원칙으로 되어 연맹의 활동이 점차 활발하게 되었다는 것이다. 구는 대체로 50호를 표준으로 자연적·사회적 결합을 고려하여 나누어지고 있었다고 한다.[15] 대체로 구동리를 단위로 행정동리가 분구되고, 구장이 부락연맹의 이사장을 겸임하면서 구장의 활동이 활발하게 되었다고 보고 있다.

그러나 부락을 단위로 나눈 것은 아니고, 다만 구장의 기능에 비추어 동리 편제가 불합리한 경우에 한하여 구장을 설치하면 그게 바로 구가 되는(2명의 구장) 방식으로, 편의적인 것에 지나지 않았다. 또한 구장이 한 명밖에 없으나 부락연맹이 둘 이상인 경우에는(즉 구로 나누어지지 않은 경우에는) 동리에도 동리연맹(洞里聯盟)을 결성함으로써 행정동리도 부정하는 것은 아니었으나, 정책적으로 중시된 것은 구장이었다.[16] 행정적으로는 부락에 구장을 두게 되면서 비로소 부락이 행정구획으로 주목받게 된 것이다.[17]

---

15) 鈴木榮太郞,「朝鮮の村落」,『朝鮮農村社會の硏究』(『鈴木榮太郞著作集』 5), 未來社, 1973, 11~38쪽.

16) 大久保淸和,「府邑面의 新體制 - 地方行政下部組織의 整備에 대하여」,『朝鮮行政』 1941. 1.

17) 총독부의 한 일본인 사무관은 결국 1부락 1구장제로 나아갈 것이며, 더욱이 部落이 어떤 형태로든 法人으로 인정되는 방향으로 총동원체제하 한국의 지방행정이 전개될 것이라고 전망했다. 이처럼 부락은 법인으로 인정되어야 할 자치의 단위로 인식되고 있었다. 大久保淸和,「府邑面制大意(9)」,『朝鮮行政』 1943. 3.

2. 동리의 관습법적 성격

총독부가 구동리를 기준으로 행정동리를 편제했지만 그 법률적 성격을 명확히 하는 데에는 여러 가지 어려움이 있었다. 동리에 재산 소유 능력과 행위능력 등의 법적 능력을 인정하는 문제는 면제의 실시와 깊은 연관이 있었기 때문이다. 면을 성공적으로 제도화하기 위해서는 동리의 법률적 능력을 약화시켜갈 수밖에 없었을 것이다. 여기에서는 동리의 법률적 성격을 규정하는 과정을 살펴봄으로써 총독부가 촌락을 규정하고 통제했던 방식에 대한 이해를 넓혀보고자 한다. 이를 위해 우선 동리에 관한 구관조사와 관습의 확정 과정을 살펴봄으로써 동리의 법률적 성격이 변화하는 추이를 검토해보겠다. 이어서 동리유재산의 소유권 규정이 변화하는 과정과 함께 동리유재산의 소유 실태를 검토해보겠다.

식민지에서의 구관조사는 조사 그 자체가 이미 구관을 확정하는 과정이기도 했다. 그리고 조사 과정에서 확정된 관습은 일정한 법률적 효력도 가지고 있었다. 구관조사의 성격을 이해하기 위해 통감부 설치기에 부동산법조사회(不動産法調查會)를 설치하여 한국의 관습법 조사를 총괄하고 있던 우메 겐지로(梅謙次郎)가 표명한 동리의 법률적 능력에 대한 견해를 먼저 검토할 필요가 있다.[18] 이에 대한 우메 겐지로의 의견은 아래 인용을 통해 살펴볼 수 있다.

리사(里社)는 신당(神堂)이라고도 하는데 각 리의 숲에 설치한 것이 많고, 신의주의 것은 격식이 특히 높아 도(都) 성황단(城隍壇)이라고 한다. 촌민의 기부로 건립한 소사(小舍)로 농작을 기원하고 재액의 면제를 기원하는 것을 목적으로 한다. 매년

---

18) 한국의 관습조사와 관련한 梅謙次郎의 역할에 대해서는 鄭鍾休, 『韓國民法典の比較法的研究』, 創文社, 1989 ; 大河純夫, 「外國人の私權と梅謙次郎(1)」, 『立命館法學』 1997. 3 ; 大河純夫, 「外國人の私權と梅謙次郎(2)」, 『立命館法學』 1997. 5 참조. 총독부가 한국에서 실시한 구관제도 조사사업을 개괄한 연구로는 박현수, 「일제의 朝鮮調査에 관한 연구」, 서울대학교 인류학과 박사학위논문, 1993 참조.

춘하추동 사계에 제사를 지낸다. 대개 20~30원의 기본재산을 가지고 있는데 이를 리사전(里社錢)이라고 한다. 이는 소비할 수 없다.[19]

이처럼 우메 겐지로는 평안북도 의주(義州) 지역의 관습조사를 통해 리사(里社, 洞里)가 기본재산을 가지고 있으며 독립의 인격이 인정되는 재단법인의 하나임을 인정했다. 우메 겐지로는 이처럼 동리의 법인격을 인정했을 뿐만 아니라 향교, 학숙(學塾), 사정(射亭), 사원 등이 모두 재단법인으로의 자격을 가지고 있다고 간주했다. 관습조사 초기에는 한국의 각종 단체에 대해 상당히 폭넓게 법인격을 인정하고 있었던 것이다.

관습조사의 결과를 집약하여 1910년 조선총독부에서 발간한 『관습조사보고서』에서는 동리를 법률적으로 어떻게 규정하고 있는가를 검토해보자.[20] 관습조사를 수행하기 위해 작성한 질문지의 아홉 번째 질문은 "법인(法人)을 인정하는가"라는 것이었다. "(한국에) 물론 법인이라는 명칭은 없지만 개인 이외에 재산의 주체가 되어 계약 등 법률행위의 당사자로 되거나 소송의 원고·피고로 될 수 있는 단체를 인정하는가, 않는가. 만약 그런 것이 있다면 어떠한 종류의 것이 있는가"[21]라는 것이 법인의 존재를 조사하기 위한 질문의 내용이었다. 여기에 대해 종래 한국에서 자연인 이외에 재산의 주체가 될 수 있는 것은 국가, 왕실, 부락, 기타 종교, 학술, 또는 기예를 목적으로 하는 영조물(營造物) 등이 있었는데, 특히 부락과 영조물은 일찍부터 법률행위와 소송의 당사자로 인정되었다고 보았다. 특히 부락은 리·동·촌 등으로 불리고 있으며, 산야·전답·제언(堤堰) 등의 재산을 소유하는 예가 많고, 혼구(婚具)나 장구(葬具)를 갖추고서 현금을 대부하여 이식(利殖)을 꾀하는 예도 드물게 존재한다고 했다. 그리고 부락의 법률적 행위능력에 대해서는 다음과 같이 설명하고 있다.

---

19) 梅謙次郎, 「法人に關する韓國慣習法一斑」, 『法學協會雜誌』 27권 5호, 1908.
20) 정긍식 역, 『국역 관습조사보고서』, 한국법제연구원, 1992, 106~114쪽.
21) 정긍식 역, 『국역 관습조사보고서』, 한국법제연구원, 1992, 106~114쪽.

부락이 계약 등의 법률행위를 할 필요가 있을 때는 리동장(里洞長)이 부락을 대표하여 이를 하는 것이 통례이나, 드물지만 두민(頭民) 등 중심이 되는 주민의 이름을 열거하는 예도 있다. 소송에 대해서는 때로는 리동장의 명의로 하기도 하고 때로는 주민의 연명(連名)으로 하기도 하며, 때로는 리동장과 주민의 연명으로 하기도 하는 등 일정치 않다. 리동(里洞)이 소송을 하여 재산의 처분과 기타 중요한 법률행위를 하는 것에 대해 리동민(里洞民) 전부 또는 중심이 되는 자와 협의를 거치는 것을 예로 한다.22)

이처럼 『관습조사보고서』에서는 부락이 재산을 소유함으로써 소유권을 가지고 있으며, 이를 행사할 수 있는 법률적 행위능력과 소송의 당사자가 될 수 있는 당사자능력도 가지고 있다고 보았다. 물론 법률행위와 소송행위에 대해서는 부락이라는 단체 자체의 능력이 아니라 동리장이나 주민의 연명으로 행위한다고 함으로써 부락의 법적 능력을 제약할 수 있는 여지를 제공하고 있기는 했다.

서구적 의미에서 근대법적 법인이 될 수 있는 근거로는, 첫째 재산 소유의 주체일 것, 둘째 이를 근거로 계약 등의 법률행위를 할 수 있는 행위능력을 가질 것, 셋째 소송행위를 할 수 있는 당사자능력을 가질 것 등의 요건을 들 수 있다. 위의 조사보고서는 부락이 재산 소유의 주체라는 점은 당연한 것으로 인정했으나 법률적 행위능력과 당사자능력에서는 조건이 미비하다고 보았다. 요컨대 구관조사 과정에서 종래의 각종 단체에 대해서 법인격을 폭넓게 인정하려는 움직임이 있었고, 동리에 대해서도 행위주체로서 법률적 능력을 가진 점을 인정하고 있었지만, 동리 자체의 법인격으로서의 성격은 명확히 규정하지 않았던 것이다.

다음으로 관습의 확정 과정에서 변화해가는 동리의 법률적 성격에 대해 살펴보자. 1912년에 발포된 「조선민사령(朝鮮民事令)」에서는 일본 민법을 한국

---

22) 정긍식 역, 『국역 관습조사보고서』, 한국법제연구원, 1992, 106~114쪽.

에도 의용(依用)하도록 했지만 한국인의 능력, 한국인 상호 간의 법률행위, 부동산 물권(物權)의 종류와 효력 및 친족 상속 등에 대해서는 한국의 관습에 위임한다고 규정했다. 마찬가지로 촌락과 관련한 법률행위도 종래의 관습에 폭넓게 위임되었다. 그러나 관습을 확정하는 과정은 위에서 본 것처럼 구관을 조사하는 과정과 아울러 법률기관에 위임되었다. 관습을 확정하는 권한이 위임된 법률적 과정은, 첫째로 조선총독부 취조국(取調局)과 참사관실(參事官室), 중추원(中樞院) 등 관습조사기관의 회답(回答), 둘째로 법원의 판결, 셋째로 정무총감의 통첩 등 세 가지로 국한되었다.[23] 이를 차례로 살펴보자.

첫째, 관습조사기관의 회답을 검토해보겠다. 1911년 취조국장의 회답에서는 동리의 소송능력을 인정하고 있다. 리(里)는 재판 및 재판 외의 경우에 독립된 단체로 인정된다는 것이다. 리는 그 이름으로 소송을 하는 관습이 있는데, 리가 소송을 하는 경우에 대표자는 이장이 되거나 이장 및 두민이 되거나 또는 두민 중 중요한 자가 된다고 했다. 종전에는 등소(等訴)라고 하여 리민(里民) 다수가 연명하여 출소하는 사례가 많았으며, 그 대표자의 선정은 리민의 협의에 의한다고 했다. 그리고 리유재산(里有財産)은 리민의 공유(共有)로서 리가 소송을 하는 것은 리민 공동(共同)의 소송이 된다는 설이 있지만 통설은 아니라고 부인하고 있다.[24] 이와 아울러 취조국장은 동산(洞山)에 관한 소유권을 묻는 질문에 대한 1911년의 회답에서, 리동(里洞)은 관습상 소유권의 주체가 되어 법률행위 또는 소송의 당사자가 될 수 있으므로 리동을 법인으로 해석하는 것이 지당하다고 했다. 그러나 리동유(里洞有)의 재산을 처분하는 수속에 대해서는 종래의 관례에 의할 수밖에 없고 일반적으로 정한 표준은 없다고 보았다.[25]

---

23) 鄭鍾休, 『韓國民法典の比較法的研究』, 創文社, 1989 참조.

24) 「里의 訴訟能力에 관한 件」(1911년 1월 11일 咸興地方裁判所民事部裁判長 照會, 3월 9일 朝發 제122호 取調局長官 回答), 朝鮮總督府 中樞院, 『民事慣習回答彙集』, 1933, 43~44쪽, 81~82쪽. 法典調査局, 朝鮮總督府 取調局, 參事官室, 中樞院으로 이어지는 관습조사기관이 각 관청의 照會에 대하여 回答한 것을 편찬한 것이 『民事慣習回答彙集』이다. 여기에는 1909년부터 1933년까지의 민사관습에 관한 회답이 수록되어 있다.

이 두 개의 회답의 내용은 『관습조사보고서』와 대동소이한 것이었다. 그럼에도 여기에서 주의해야 할 점은 리유재산이 공유이므로 동리의 대표자를 통한 소송은 리민 공동의 소송이 된다는 학설, 즉 소송에 있어 동리 대표자의 대표성을 제한하는 학설을 인정하지 않았다는 점이다. 요컨대 동리유재산에 대해서는 재산의 분할이 가능한 공유를 인정하지 않았고, 이를 통하여 동리장의 대표성을 제한하고자 했던 것이다. 또한 소송의 대표자를 동리장에게만 국한시키지 않고 오히려 두민의 중요성을 부각시킴으로서 당시 동리의 대표성이 이원화되어 있었던 현실을 적극적으로 인정하고 있었다.

두 번째로 동리의 성격 규정과 관련한 고등법원의 판결을 검토해보겠다. 동리의 법인격에 대한 고등법원의 1920년 판결은 다음과 같다.

> 면내의 동리가 재산을 소유할 수 있는 것은 조선의 관습을 인정한 바로, 각 도에서 「면급동리유재산관리규정(面及洞里有財產管理規程)」을 정하게 한 것은 이런 동리유재산이 존재하는 것을 인정한 바에 의한 것이라면 동리가 그 재산을 소유하고 재산권의 주체일 수 있는 범위에서 동리는 종래부터 법인이라는 사실을 인정할 수 있는 것으로 한다.[26]

1920년의 고등법원 판결 역시 동리를 재산권의 주체인 한에서 법인으로 인정한다는 것이었다.

관습을 확정하는 세 번째 과정인 정무총감의 통첩에서도 동리의 법률적 능력은 인정되었다. "종래부터 소유하던 동리유재산이나 새로 기부받은 재산 등 동리민의 부담에 의하지 않고 취득한 재산에 대해서 그 동리의 명의로서 권리보존 또는 이전증명이나 등기를 할 수 있다고 해석할 수 있는가"라는 경기도장

---

25) 「洞山에 관한 件」(1911년 11월 28일 天安區裁判所 照會, 12월 12일 朝發 제377호 取調局長官 回答), 朝鮮總督府 中樞院, 『民事慣習回答彙集』, 1933, 81~82쪽.

26) 「洞里와 法人格」(1920년 6월 18일), 朝鮮高等法院, 『朝鮮高等法院判例要旨類集』, 1943, 6~7쪽.

관의 질의에 대하여, 정무총감은 통첩에서 "질문의 요지와 같이 할 수 있다"고 하여 동리의 재산 소유권과 등기능력을 인정하고 있다. 즉 정무총감도 동리가 재산의 소유 주체이고 법인으로 인정되었기 때문에 동리 명의로 권리를 보존하거나 이전증명이나 등기를 할 수 있다고 통첩한 것이다.[27]

이처럼 통치 초기에는 동리의 법인격으로서의 자격이 비교적 폭넓게 인정되는 방식으로 관습을 확정하고 있었다. 그러나 이런 방식의 관습 확정은 1917년 면제가 실시되기까지만 유지되었다. 종래의 동리장과는 달리 면제 제정으로 제도화된 구장에게 소송 당사자능력은 전혀 인정되지 않았다. 1917년 고등법원의 판결을 검토해보자.

이장 또는 동장이 리(里) 또는 동(洞)을 대표하여 소송행위를 해온 관습은 1917년 10월 1일 제령(制令) 제1호 면제 및 조선총독부령 제24호 면제시행규칙의 시행부터 폐지되는 것으로 한다. 전기 면제시행규칙 제4조 1항에는 정동리(町洞里)에 구장을 두도록 규정했으나, 구장은 단지 면의 사무로서 정동리에 관한 사무를 보조하는 것에 지나지 않는다면, 정동리를 대표하여 소송행위를 할 수 있는 자격을 가진 것은 아니다.[28]

이처럼 종래의 동리장과 달리 구장에게는 동리를 대표하여 소송행위를 할 수 있는 능력이 없다고 판결했던 것이다. 행정동리의 행정을 담당하는 구장은 행정동리의 단체적 성격을 대표하는 자가 아니라 다만 면 행정을 보조하는 기구에 지나지 않는다는 점을 법원에서도 인정한 것이다.

이처럼 동리의 소송능력이 부정되면서 이후 동리의 법인격은 재산권의 주체

---

27) 「洞里有財産의 證明 또는 登記 및 私立學校代表者 名義에 의한 證明 또는 結數連名簿의 登錄에 관한 件」(1914년 11월 3일 官通牒 397호 政務總監), 早川保次, 『朝鮮不動産登記ノ沿革』, 大成印刷社出版部, 1921, 附錄.

28) 「洞里長의 代表權과 訴訟行爲를 하는 權限 및 그 慣習의 消滅 그리고 區長의 權限」(1917년 12월 27일), 朝鮮高等法院, 『朝鮮高等法院判例要旨類集』, 1943, 6~7쪽.

라는 범위 안에서만 인정되었다. 동리의 법률적 행위능력과 소송의 당사자능력을 축소 해석함으로써 동리의 법적 능력을 제한하려 했던 것이다. 1921년 중추원은 병합 전 한국에서는 외국 법인을 제외하면 자연인이 아니고서는 소유권의 주체를 인정할 수 있는 것이 적었다고 회답했다.[29] 이 회답은 각종 단체의 법인격을 비교적 폭넓게 인정하려 했던 이전의 흐름과는 다른 것이었다. 이후 이런 흐름은 계속되었다.

먼저 동리장의 행위능력을 축소하는 해석이 제시되었다. 동리유재산에 대한 이장의 처분권 여부에 대한 1924년 임야조사위원장(林野調査委員長)의 조회에 대하여, 리유재산의 처분은 리(里)의 주민 또는 중요한 자의 협의에 의하여 대표자인 이장 또는 이장과 중요한 주민의 연명으로 처분하는 것을 통례로 하므로 이장 전단(專斷)의 처분은 무효가 되어야 한다고 중추원은 회답했다.[30] 그러나 이장 전단의 처분이 무효라는 회답은, 1925년 고등법원 판결에 의하여 바로 부정되었다. 이 판결에서는 동리민의 동의가 없이도 동리장은 동리유재산을 유효하게 처분할 수 있다고 규정했다.[31] 이런 고등법원의 판결은 동리유재산의 소유 규정이 변해갈 것임을 예고하는 것이었다.

그런데 1910년대에도 공유자(共有者)의 재산권에 대해서는 심각한 제한을 가하고 있었다. 이에 대한 1916년의 고등법원 판결을 보자. "공유자가 공유자 중 1인의 단독 명의로 사정(査定)이나 재결(裁決)을 받았을 때 공유자는 위 사정명의인(査定名義人)에 대해 공유권(共有權)을 주장할 수 있지만 제3자에 대해서는 공유권을 주장할 수 없다"[32]라고 하여, 공유자가 제3자에 대항하여 공

29) 「倂合前 韓國에서 法人格 認許의 有無에 관한 件」(1921년 3월 外事課長 照會, 3월 9일 朝樞 제111호 中樞院書記官長 回答), 朝鮮總督府 中樞院, 『民事慣習回答彙集』, 1933, 393쪽.

30) 「里有財産의 處分에 관한 件」(1924년 1월 31일 林野調査委員會委員長 照會, 2월 29일 朝樞發 제46호 中樞院書記官長 回答), 朝鮮總督府 中樞院, 『民事慣習回答彙集』, 1933, 441~442쪽.

31) 「洞里의 法人格과 洞里長의 權限」(1925년 7월 7일), 朝鮮高等法院, 『朝鮮高等法院判例要旨類集』, 1943, 6~7쪽.

32) 「共有者中 1인의 單獨名義의 査定이나 裁決과 다른 共有者의 査定名義者 및 제3자에 대한 權

유권을 주장할 수 있는 권리를 부정함으로써 명의수탁자(名義受託者)가 소유권을 변동시켜도 다른 공유자가 이에 대항하는 권리를 제한함으로써 공유지(共有地)의 해체를 촉진하는 역할을 했음에 틀림없다고 하겠다. 또한 여기에서 나중에 도입되는 명의신탁(名義信託) 이론[33]의 폭력성을 감지할 수 있겠다. 물론 이는 동리의 소유권 규정과도 무관하지 않았다.

동리유재산에 대한 동리장의 처분권에 대한 변화는 소유 규정의 변화와 관련된 것이었다. 이전에도 동리유재산을 공유(共有)로 규정하지는 않았지만, 합유(合有) 또는 총유(總有)라는 소유 규정은 단체 재산의 분할을 방지할 필요성 때문에 수용되었다. 동리유재산을 분할하지 않은 채 면 기본재산으로 이관하여 면의 재정적 자립성을 제고시키는 것이 면제 제정의 가장 중요한 이유 중의 하나였다는 것은 이미 앞 장에서 살펴본 바 있다. 단체 소유 규정의 변화와 관련한 1927년 고등법원의 판결은 다음과 같다.

합유(合有)는 통상 그 권리 주체의 총원(總員)으로 구성되는 공동단체의 이익을 위하여 공동사업의 경영 수행을 가능하게 하는 것을 목적으로 하기 때문에, 각 원

利」(1916년 5월 16일), 朝鮮高等法院, 『朝鮮高等法院判例要旨類集』, 1943, 106~107쪽.

33) 조선부동산등기령이 1930년 개정되어 종중과 문중, 기타 법인이 아닌 사단 또는 재단에 속하는 부동산의 등기에 관해서는 사단이나 재단을 등기권리 의무자로 보아 그 대표자나 관리인이 이를 신고토록 했다.(2조의 4) 이 개정 규정에 의하여 개인 명의로부터 종중 명의로 소유권 이전 등기의 절차를 밟은 경우도 있었으나, 대부분은 그렇지 않았다. 소유권이 개인 명의라는 점을 기화로 그 명의권자가 이를 처분하여 분쟁이 빈번히 일어났으므로, 이를 해결하기 위하여 '명의신탁'이라는 새로운 법리를 창출했다. 高翔龍, 「名義信託論의 재검토 소고」, 『곽윤직교수화갑기념민법학논총』, 1985 참조. 심희기는 명의신탁 이론을 다음과 같이 비판하고 있다. 민법상으로는 단체의 법인격을 인정하지 않으면서 종중 명의의 등기능력과 소송의 당사자능력을 인정하는 것은 모순적인 입법 태도라는 것이다. 등기능력과 소송 당사자능력은 권리능력의 핵심에 속하는 사항으로서, 그러한 능력이 인정된다는 것은 비법인인 종중에 대하여 거의 법주체성을 인정한 것이나 마찬가지인데도 민법상으로는 여전히 단체성을 띤 종중이 법인격 없는 사단으로 인정되는 것이다. 즉 사단법인과 법인격 없는 사단의 구별이 애매해지고 법인격 없는 사단의 소유관계를 총유의 모델로 상정하게 되는 이상한 입법이라는 것이다. 심희기, 「종중재산 분쟁의 원인」, 『민족문화논총』 14, 1993 참조.

214

(各員) 개유(個有)의 지분(持分)이 존재하지 않는다. 따라서 각 원이 독립하여 그가 가지는 권리를 양도하고 담보에 제공하는 등의 처분을 할 수 없는 것은 물론, 각 원 개개의 이익을 위하여 목적물을 사용하는 권리를 가지지 않는다. 단일 소유권이 불가분적으로 복수 주체에게 귀속되는 상태를 총유(總有) 또는 합유라고 하는바, 이는 보통 공유(共有)와 그 성질을 달리한다. 합유에 속하는 물(物) 또는 권리(權利)의 관리와 처분에 관해서는 특별한 규정이 없을 때는 일반의 관습, 기타 단체 내에서 행해지는 규약 등에 따라 그를 결정해야 한다.[34]

이 판결의 요지는 단체의 공동사업을 수행하기 위하여 존재하는 물(物)의 소유권은 각자의 지분이 존재하지 않는 것으로써, 단일 소유권이 불가분하게 복수(複數) 주체에게 귀속되는 것으로 보고, 이를 합유 또는 총유라고 한다는 것이다. 이 판결은 단체 소유의 관념을 공유로부터 합유(또는 총유)로 바꾸는 '시초(始初) 판결'로 주목할 만하다. 1927년 이 판결 이후 합유 규정과 관련한 고등법원의 판결이 이어진다.

2인 이상이 한 개의 물(物)을 공동 소유하는 경우에는 하나의 소유권이 '분수적(分數的) 비율에 의해 수인(數人)에게 속하는 상태'와 전연 단일불가분(單一不可分)의 것으로 '포괄적으로 수인에게 속하는 상태'가 있다. 전자는 공유, 후자는 합유에 속한다. 합유는 공유자 전원이 공동의 목적을 수행하기 위하여 발생한 것이지만, 공유와 달리 목적물에 대한 각인 각개의 지분이라는 것이 존재하지 않고 그 목적물에 대하여 각인 각개의 권리는 그를 임의로 처분할 수 없다.[35]

이 고등법원의 판결 역시 앞의 판결을 보완하고 있다. 이제 동리유재산이

---

34) 「物 또는 權利의 合有 및 그 性質」(1927년 4월 19일), 朝鮮高等法院, 『朝鮮高等法院判例要旨類集』, 1943, 109쪽.
35) 「共有와 合有」(1927년 9월 23일), 朝鮮高等法院, 『朝鮮高等法院判例要旨類集』, 1943, 109~110쪽.

"포괄적으로 수인에게 속하는 상태"라는 합유로 규정되었으므로, 분할 불가능한 것이 되었다.

이어 합유 부동산에 대하여 등기 규정을 정하고, 그 처분을 엄격히 규정했다. 1928년과 1929년에 나온 두 개의 고등법원 판결을 검토해보자. 1928년의 판결에서는 "합유 부동산에 대해서는 문중(門中)의 규약, 기타 합유물 처분에 관한 관습(예를 들어 문중의 3분의 2 이상의 합의)에 따라 권리를 제3자 또는 합유자의 일원이나 전원에게 신탁양도(信託讓渡)하여 대외 관계에서는 수탁자의 단독 소유 또는 공유로 함으로써 그 권리의 보존 또는 득상(得喪)에 대하여 등기를 받을 수 있는 것으로 한다"[36]고 하여 등기를 명의신탁 또는 공유로 할 수 있는 것으로 했다. 이런 조치는 곧 합유론을 도입하는 것이 바로 재산의 이전을 부정하는 것은 아니라는 것을 말한다. 대외적인 권리관계는 그대로 명의신탁자 또는 공유자의 소유가 됨으로써 이런 대외적인 권리관계가 바로 내부적인 권리관계인 합유와 배치되는 것은 아니기 때문이다. 이어 1929년의 판결에서는 "합유는 보통의 공유와 달리 권리자 각자는 공유에서처럼 공유의 지분을 가지지 않으므로 그 권리의 처분은 권리자 전원의 승낙 또는 규약이나 관습에 의하여 정하는 결의 등에 의할 것을 요한다. 각자 임의로 그 처분을 할 수 없는 것으로 한다"[37]고 하여, 합유 개념을 도입한 가장 중요한 이유가 공동체적 소유권의 분할을 최대한 억제하기 위한 것이지 소유권의 이전 자체를 막기 위한 것은 아니었음을 확인할 수 있다.

그러면 공유, 합유, 총유의 법률적 성격은 어떤 것이었을까? 다수인의 소유관계에는 근본적으로 상이한 두 가지 형태의 권리가 존재한다. 하나는 게르만 법계의 총유권(總有權)이고 다른 하나는 로마법계의 공유권(共有權)이다. 공유

---

36) 「合有不動産의 信託과 登記 방법」(1928년 7월 27일), 朝鮮高等法院, 『朝鮮高等法院判例要旨類集』, 1943, 111쪽.

37) 「合有에 關係된 權利의 處分要件」(1929년 2월 19일), 朝鮮高等法院, 『朝鮮高等法院判例要旨類集』, 1943, 111쪽.

권은 개인주의적 법제에서 나온 다수 소유의 형태이고, 총유권은 개인주의적 법제가 아닌 조직법상의 다수 소유의 형태이다.[38] 대체로 당시 일본의 법학 이론에서는 단체적 결합관계가 강한 것은 총유권으로, 미약한 것은 공유권으로, 합유권은 양자의 중간에 위치한 것으로 보았다. 요컨대 개인 소유와 법인 소유는 모두 단독 소유의 형태이며, 양자의 중간에 공유권, 총유권, 합유권이 있다고 간주되었다. 또한 공유권은 순수 개인 소유권이고, 총유권은 단체 소유권이며, 합유권은 그 중간에 있는 것으로서 각 주체가 지분을 자유로이 처분할 수 없다는 것을 지분권의 결합을 근거로 설명하려 한 점에 특징이 있었다.[39] 이처럼 촌락 공동재산의 법적 성질은 공유로부터 합유로 변해갔던 것이다. 촌락의 공동재산을 합유로 규정함으로써, 동리유재산이 모두 면유로 귀속되지는 않았지만, 동리유재산은 이제 더 이상 분할 불가능한 재산이 되었다.

---

[38] 공유권과 총유권의 법적 성질에 대해서는 조금 더 부연해둔다. 공유권은 단독 소유권의 分數的 일부로서 다수의 주체는 아무런 단체를 구성하지 않는다. 각 주체는 각자의 지분에 따라 分數的으로 분할된 소유권의 일부를 가진다. 공유자가 가지는 지분권은 2분의 1의 소유권, 3분의 1의 소유권이라고 하는 것처럼 완전한 소유권의 분수적 일부분으로, 관리·처분·사용 수익과 같은 소유권의 전 권능의 일부분을 포장하고 있다. 소유권과 지분권의 차이는 성질의 차이에 있는 것이 아니고 분량의 차이에 있다. 공유자는 각자가 가지는 지분권을 독립적으로 소유권 법규에 따라 자유로이 양도 등의 처분을 할 수 있다. 공유자는 언제라도 공유물의 분할을 청구할 수 있다. 이런 소유권의 분량적 분할은 '개인 본위에 기초한 법제상의 분할의 형태'로서 공유권은 개인주의적 법제에서 다수 소유의 형태라고 할 수 있다. 이에 반하여 총유권은 단체 소유권의 형태이고, 다수의 주체가 결합하여 조직적인 단체를 구성하고 그 단체가 단체로서 物을 소유하는 경우이다. 이 경우에는 소유권은 단체의 조직법에 의하여 질적 분할을 하고, 소유권 중에 포장된 관리, 처분과 같은 지배적 권능은 단체의 권능으로서 주체의 전체에 귀속하고, 사용 수익과 같은 경제적 권능은 개체적 권능으로서 각 구성원에게 귀속한다. "단체의 권능과 성원의 권능이 단체의 조직법에 의하여 조직적으로 결합하여 총유권이라는 단체 소유권을 형성하고 있다." 이런 소유권의 질적 분할은 조직법상 비로소 가능한 분할의 형태이기 때문에 총유권은 개인주의적 법제가 아닌 조직법상의 다수 소유의 형태이다. 위는 石田文次郞, 「合有論」, 『司法協會雜誌』 10-5, 1931.

[39] 石田文次郞, 「合有論」, 『司法協會雜誌』 10-5, 1931 참조. 당시 일본에서는 게르만법계의 總有 이론을 수입하면서 合有 이론을 일본 특유의 권리 이론으로 정착시켰으며, 이에 관한 다양한 논쟁이 이어지고 있었다. 해방 후 한국에도 일본의 총유 이론이 수용되어 현재까지 이어지고 있다. 이에 대해서는 정종휴, 「獨逸과 日本의 總有理論史」, 『法史學研究』 14, 1993 참조.

이와 아울러 구장이 동리유재산을 관리하는 능력 역시 박탈당했다. 1931년 고등법원 판결은 "조선 고래의 관습에 의하면 동리는 재산을 소유할 수 있기 때문에 그 재산의 주체인 범위에서는 법인이 될 수 있다. 따라서 그 범위 내에서 동리는 소송의 당사자로서의 적격(適格)을 가지고 그 대표자는 그 동리가 속하는 면장이 그를 담당하는 것으로 한다"[40]라고 하여 동리의 소유 능력은 인정하지만, 동리의 소송능력은 면장에게 있음을 규정했다. 이는 면제 실시의 의도에 합치하는 것이었다. 이로 인하여 구장의 지위는 행정의 보조자로 명확히 규정된 셈이고, 종래 인정되던 동리장의 소송능력 등의 법적 권리는 최종적으로 완전히 부정되었다. 이에 따라 동리유재산은 계속하여 '공공적' 재산으로 남게 되었으며, 면에 의하여 관리되었다.

이제 동리로 대표되는 한국의 촌락에 대한 총독부의 법적 규정의 변화 과정을 정리해보자. 첫째, 동리의 단체적 소유의 실상을 인정하고 있었으나 이를 확인하는 어떤 법률적 조치도 취하지 않았다. 이에 따라 '명의신탁'이라는 폭력적 이론이 도출될 수 있는 근거가 주어지게 되었다. 이는 근원적으로 단체적 소유의 불구화를 위한 것이었다. 둘째, 동리에 부분적이나마 법인으로서의 성격을 인정하는 조치와 구장의 대표권을 부정하는 조치를 병행함으로써, 동리유재산의 더 이상의 분할을 막고 이를 이용하는 정책으로 나아갔다. 1927년 이후 공동 소유지에 대해서 합유를 인정함으로써 이런 조치는 법률적 근거를 확보했다. 그러나 합유 이론을 도입한 것이 바로 재산의 이전을 부정하는 것은 아니었다. 즉 합유권의 도입은 소유권의 분할을 막으려는 조치에 지나지 않는 것이었으며, 이는 촌락적 소유관계에 더욱 유효한 것이었다. 셋째, 촌락에는 1930년 등기령 개정으로 권리능력이 인정되었다. 동리유재산의 등기를 인정한 것은 그를 법적으로 보호하는 조치의 일환이었다.

---

40) 「法人으로서의 洞里와 訴訟資格」(1931년 3월 6일), 朝鮮高等法院, 『朝鮮高等法院判例要旨類集』, 1943, 459쪽.

그러면 동리유재산의 현실은 어떠했을까? 총독부는 면제 제정 이전 이미 1913년 「면동리유재산관리규정(面洞里有財產管理規程)」을 제정했는데, 동리유재산은 면장이 관리하되 처분은 군수의 인가를 얻도록 하여 동리유재산의 처분이나 이동을 억제하고 있었다. 동리유재산으로부터 생기는 수입에 대해서도 군수의 인가를 얻어야 동리의 공공 비용에 쓸 수 있도록 규정하고 있다.[41] 이어 1914년 동리 폐합이 본격적으로 실시되면서 동리 내의 소부락(小部落) 즉 자연촌락 소유의 토지는 면·동리유로 편입시키도록 지시하고 있다. "동리 내 소부락유(小部落有)의 토지에 대해서는 동리유(洞里有)나 면유(面有)로 편입시킬 것"[42]을 명령한 것이다. 이때 자연촌락의 토지는 대부분 면유 또는 동리유 토지로 편입된 것으로 보인다.

하지만 모든 동리유재산을 면유재산으로 편입시킨 것은 아니었다. 동리유재산을 존치(存置)하면 그 재산을 기초로 스스로 지방적 단체를 형성하여 면의 통일을 방해할 우려가 있으므로 될 수 있는 한 그를 통일하는 것이 좋지만 재산관리 이용의 면에서 보면 오히려 통일하는 것이 불가능한 경우가 많다는 점을 인정했던 것이다. 예를 들어 산림과 같은 것은 보호와 관리라는 측면에서 동리유로 두는 것이 나을 것이라고 보았다. 또한 동리유재산은 직접적으로 면의 수입이 되지 않지만 간접적으로는 도움을 얻을 수도 있다고 보았다. 1917년 현재 동리유재산으로부터 생기는 수입은 10만여 원으로 면유재산 수입의 3배를 조금 상회한다고 파악되었다. 그런데 이 수입을 공공적 비용으로 사용할 수 있다면 간접적으로 면비(面費)에 도움이 되므로 면민의 부담을 경감시킬 수 있다는 것이었다.[43] 동리유재산은 면 기본재산으로 궁극적으로 귀속시키되, 사

---

41) 吉村傳, 『面行政指針』, 1916, 221~253쪽.
42) 「面洞里 廢合의 경우 舊面洞里有地 整理에 관한 件」(1914. 5, 內務部長 通牒), 朝鮮總督府, 『地方行政例規』, 1915.
43) 澤田豊丈, 「面制에 대하여」, 朝鮮總督府 內務部, 『朝鮮總督府道府郡島書記講習會講演集』, 1918, 1~33쪽.

〈3-7〉 동리유재산의 규모(1932년)

종별	면적(평)	가액(円)	수입액(円)
답	1,674,756	422,983	25,421
전	3,082,811	213,658	14,391
垈	278,059	64,953	2,788
산림	373,169,362	1,131,895	5,510
잡종지	846,953	9,820	601
건물	16,238	117,480	3,492
곡물	71,447(석)	2,774	133
池沼	100,256	1,612	64
社寺地	12,433	340	–
분묘지	813,654	12,085	–
현금	–	132,451	11,336
기타	4,813	758	155
합계	–	2,110,809	63,891

(자료) 善生永助, 『朝鮮の聚落』 前篇, 朝鮮總督府, 1933, 76~78쪽.
(비고) 재산을 가진 동리 수는 5,908개이다.

정에 따라 동리가 관리하고 공공사업에 이용하려 했던 것이다. 아마 동리유재산의 면 기본재산으로의 편입에 따르는 동리의 저항을 우려한 조치일 것이다. 그리하여 동리유재산은 이후에도 일정 부분 유지되었다. 1932년 당시 한국 전체 동리유재산의 소유 상황을 나타낸 표 〈3-7〉을 검토해보겠다.

재산을 가진 동리의 수는 5,908개로 보고되어 있다. 이는 전체 행정동리 2만 8천여 개의 약 20%에도 미치지 못하는 것이다. 대부분의 동리는 이미 자기 소유의 재산을 가지지 않은 상태에 있었던 것이다. 많은 동리유재산이 면유재산으로 이관되었거나, 다음 장에서 보는 것처럼, 동유재산의 형태로 있었다면 아마 분배되기도 했을 것이다. 구체적으로 보면 전답의 경우 합계 475만 7,567평인데, 이를 정보(町步)로 환산하면 약 1,586정보에 지나지 않는 것으로 아주 적은 면적이다. 전답의 가액(價額)은 63만 6,641원이고, 그로부터 얻는 수입액은 3만 9,812원이다. 동리당 평균을 보면 전답 면적 약 805평(약 0.27정

〈3-8〉 영일군 동리유재산 소유 상황(1931년)

구분	건물	집종지	답	전	산림	垈	현금	계	평균
면적	1,767(평)	4,311	71,825	32,299	7,775	12,576	–	–	–
가격	4,841.3(원)	105.83	19,188.69	2,933.08	387.21	2,120.97	15,874	45,451.08	201.11

(자료) 迎日郡, 『郡行政一班』, 1931, 107~108쪽.
(비고) 영일군 전체의 동리 수는 226개이다.

보), 전답 가액 약 108원, 수입액 6.7원에 지나지 않는다. 산림은 3억 7,316만 9,362평, 약 12만 4,389정보이고, 가액은 113만 1,895원, 수입액 5,510원으로 동리당 평균은 각각 면적 약 21정보, 가액 약 192원, 수입액 약 1원이다. 전답은 동리당 평균 약 0.27정보에 지나지 않지만 산림은 21정보에 달한다. 산림에서 얻는 수입액은 미미한 것이지만 평균 21정보에 달하는 동리유림(洞里有林)의 존재는 의미 있는 것일 수 있다. 재산의 전체 가액은 211만 809원, 동리당 평균 가액은 357원이지만, 전체 수입액은 6만 3,891원으로 평균 수입액 약 11원에 지나지 않는다. 1930년대까지도 동리유재산을 소유한 촌락이 일정하게 유지되고 있었고, 그런 촌락의 경우 내부 구성도 어쩌면 크게 변하지 않았음을 시사하고 있는 것이다.

경상북도 영일군 사례를 통해 조금 더 구체적인 상황을 검토해보겠다. 표 〈3-8〉에 나타나 있듯 영일군 전체의 동리유재산을 현금으로 환산한 금액은 전체 4만 5,451.08원인데 그 가운데 현금이 1만 5,874원이고 나머지는 부동산이 차지하고 있다. 현금으로 환산한 동리당 평균 금액은 201원으로 매우 적은 금액이다. 이 금액은 표 〈3-7〉의 1932년 한국 전체의 상황과 비교하면 전체 평균 357원에 미달하는 금액이다. 전답을 합하여 10만 4,124평이고, 동리당 평균 소유 면적은 460여 평으로 대략 2두락(斗落)[44] 정도의 면적이다. 이자와 소

---

44) 斗落은 마지기를 말하며, 한 마지기는 볍씨 한 말의 모 또는 씨앗을 심을 만한 넓이로, 지방마다 다르나 논은 약 150~300평, 밭은 약 100평 정도를 일컫는다.

〈3-9〉 지주 종별 소작인 수(1932년)

구분	조선인 농장	일본인 농장	일선인 농장	일본인 개인	寺領地	宗契地	契有地	鄕校地	面有地	部落有地	부재지주
호수	35,590	176,755	8,086	143,559	22,559	60,220	4,445	19,272	20,935	16,499	778,787
천분비	16	79	4	65	10	27	2	9	9	7	550

(자료) 朝鮮總督府, 『朝鮮ノ小作慣行』(下), 續編, 1932, 78~79쪽.

작료 수입을 합치더라도 얼마 안 되는 금액이었을 것이다. 다음으로 면유재산과 촌락유재산의 변화 양상을 소유 전담의 소작인의 수를 통해서도 엿볼 수 있을 듯하다.

표 〈3-9〉에서 보는 것처럼 전체에서 차지하는 비율은 아주 미미하지만, 면유지(面有地)의 소작인과 동리유지(洞里有地)의 소작인이 1930년대 초반에도 상당한 정도에 달하고 있었다. 이처럼 동리유재산의 법률적 성격을 처분이 어려운 것으로 바꾸고, 이를 면유재산으로 이전하여 면의 재정적 자립성을 높이고자 하는 것이 총독부의 정책이었다. 그러나 이런 정책의 의도가 제대로 수행되었다고 볼 수는 없을 것이다. 이는 기본적으로 면의 제도적 발전을 제약하는 것이었다.

이 장에서의 논의를 간단히 요약해둔다. 면제 실시와 아울러 동리 폐합을 통하여 행정동리를 편제했으나, 이런 조치가 의도했던 종래 촌락의 자치성을 흡수하는 데에는 어려움이 있었다. 그리하여 자치적 단위를 지칭하는 부락이 정책적 단위로 주목되었고, 부락은 총동원체제하에서 적극적으로 이용되었다. 부락을 정책적으로 활용하려는 노력은 1920년대 이후 부락이라는 용어를 매개한 여러 촌락정책들 예를 들어 모범부락 설정정책, 농촌진흥운동의 진흥회(振興會)나 갱생부락의 설치 과정에서도 이미 드러나고 있었다. 그러나 이런 정책은 어디까지나 '모범(模範)'으로서의 시위(示威)나, 모범 인물, 모범 농가를 대상으로 한 것이었고, 자본의 포섭에 주로 의존하는 그런 정책이었다. 부락이 행정적인 측면에서 특히 주목받는 것은 총동원정책의 추진 과정에서의 일이다. 총동원체제하에서 '부락생산확충계획'이 펼쳐지면서 부락은 생산력 확충의 담당 단위로 설정되었다. 부락 단위의 생산력 확충이 주목받은 것은, 부락에 자치기능이 잔존해 있고 그것을 이용해야 한다는 필요성 때문인데, 이것이 총독부 촌락정책의 귀결이었다. 요컨대 총독부의 촌락지배정책은 새로운 행정동리를 편제함으로써 종래의 자치기능을 이로 흡수하는 데에 중점을 두고 있었으나, 종래의 자치기능은 온존되었으며 또한 그것을 정책적으로 이용하는 방식으로 귀결되었던 것이다. 이처럼 식민지배기 내내 행정과 자치의 기능은 갈등을 빚고 있었다. 구동리의 자치기능이 대체로 유지되었지만 총독부가 이를 포섭하여 행정에 이용함으로써 오히려 구동리는 그 단체적 성격이 이전에 비하여 강화된 측면이 있다고 하겠다. 구동리의 단체적 성격을 해체하고 이를 면으로 포섭하기 위한 정책은 결국 구동리, 곧 부락을 정책적으로 이용함으로써 절반의 성공을 거두고 있었다.

한편 초기 구관조사 과정에서는 비교적 폭넓게 인정되던 법인격으로서의 동리의 법적 능력은 1920년대 이후 동리의 행위능력과 소송의 당사자능력이 차츰 부정되면서 법적으로 제약되었다. 동리의 재산 소유권은 인정되었지만 이역시 동리유재산을 비롯한 단체 소유권을 합유로 인정하게 되면서 그 분할이나 소유권의 이동은 제약되었다. 다만 동리유재산에 대한 등기능력만은 인정함으로써 동리유재산의 소유권을 법적으로 보장해두고자 했다. 이처럼 동리의 법적 능력이 크게 제약되었음에도 전체의 20% 정도에 이르는 동리에서는 미미한 수준에서나마 동리유재산을 소유하고 있었다. 이런 두 과정은 구동리의 자치권을 제약하려는 총독부의 정책적 의도가 매우 제한적이었음을 보여주며, 종래의 자치 단위를 지칭하는 부락이 정책적으로 이용된 것은 동리유재산의 부분적인 소유와도 배치되지 않는 것이었다. 이런 전체적인 촌락 상황은 다음 절에서 살펴볼 '촌락정치'의 흐름과도 조응하고 있었다.

제2장
중간지배층과 촌락지배

1. 중간지배층과 구장

촌락의 제2국면, 곧 매개의 기능을 담당하는 것은 촌락뿐만은 아니었다. 촌락을 활동 범위로 삼아 식민행정과 촌락의 일상을 매개하던 구장(區長)이나 '중견인물(中堅人物)'과 같은 존재에도 주목할 필요가 있다. 여기에서는 이들이 수행하던 지배와 자치 사이의 매개기능을 명백히 하기 위하여 중간지배층이라는 개념을 사용하고자 한다. 중간지배층은 출신, 신분, 계층, 계급을 불문하고 중간적·매개적·이중적인 사회적 역할을 수행하는 집단을 가리킨다. 또한 지역 범위에 따라 중간지배층의 외연이 달라질 수 있다는 점도 인정한다. 지역의 범위에 따라 군 또는 그 이상의 단위, 면 단위, 그리고 촌락 단위의 중간지배층을 설정할 수 있다.

지금까지의 선행 연구에서는 대개 군을 중심으로 유지 등 중간지배층의 출신과 동향을 중심으로 그 성격을 밝히고자 노력해왔다.[1] 특히 지수걸은 최근

---

[1] 지금까지의 선행 연구에서는 대개 중간지배층을 대표하는 개념으로 유지, 유력자, 명망가 등이 주

일런의 정열적인 연구에서, 관료-유지 지배체제라는 틀을 내세워 군 단위의 지배 방식을 해명하는 데 힘을 기울이고 있다.[2] 관료-유지 지배체제라는 분석틀은 관료와 유지의 순환과 협력관계를 중시하고, 이를 통해서 식민지기 지방지배의 방식과 실상을 해명하기 위해 제출된 것이지만, 그 유용성에 비추어 분석틀로서의 난점도 아울러 지니고 있는 것으로 보인다. 관료-유지 지배체제에서 가장 많이 논란이 되는 점은 유지라는 개념에 관한 것이다. 즉 유지(집단)가 분석 개념으로서의 유용성을 가지고 있는가 하는 것이다.[3] 지역의 유지를 고정된 지위집단(地位集團)으로 간주하게 되면, 식민지배하 지배와 저항 사이의 공간

로 사용되어왔다. 김익한은 명망가와 유력자, 중견인물이라는 개념을 사용하여 중간지배층의 변화를 설명하고 있다. 金翼漢, 「植民地期朝鮮における地方支配體制の構築過程と農村社會變動」, 東京大學校 博士學位論文, 1995 ; 김익한, 「일제하 한국 농촌사회운동과 지역명망가」, 『한국문화』 17, 1996, 286쪽 참조. 松本武祝는 유지와 중견인물이라는 개념을 사용하여 지방행정과 촌락질서 간의 매개기능을 설명했다. 松本武祝, 『植民地權力と朝鮮民衆』, 社會評論社, 1998. 板垣龍太와 辻弘範 역시 유지라는 개념을 사용하여 군 단위 지배의 동향을 분석하고 있다. 板垣龍太, 「植民地期朝鮮の地域社會における有志の動向」, 『東アジア研究』 6, 2003 ; 辻弘範, 「植民地期實力養成運動における連續と轉換: 載寧靑年會幹部の地域有力者層による活動(1920~1927)」, 『朝鮮史研究會論文集』 37, 1999 참조.
이에 반해 정연태는 자산가형 유지라는 개념을 사용하여 중간지배층을 분석하고 있다. 정연태, 「조선 말 일제하 자산가형 지방유지의 성장 추구와 이해관계의 중층성」, 『한국문화』 31, 2003 ; 「日帝の地域支配·開發と植民地的近代性－浦口商業都市江景地域の事例」, 宮嶋博史·金容德 編, 『近代交流史と相互認識 Ⅱ－日帝支配期』, 慶應義塾大學出版會 참조.

2) 지수걸, 「일제하 공주 지역 유지집단의 도청 이전 반대운동」, 『역사와 현실』 20, 1996 ; 「일제하 공주 지역 유지집단 연구(1)」, 『역사와 역사교육』 창간호, 1996 ; 「일제하 공주 지역 유지집단 연구(2)」, 우송조동걸선생정년기념논총 간행위원회, 『한국 민족운동사 연구』, 1997 ; 「일제하 공주 지역 유지집단 연구(3)」, 『역사와 역사교육』 2, 1997 ; 「일제하 전남 순천 지역의 소작인조합운동과 '관료-유지 지배체제'」, 『한국사연구』 97, 1997 ; 「구한말 일제 초기 유지집단의 형성과 鄕史」, 『한국 근대 이행기 중인 연구』, 연세대학교 국학연구원, 1999 ; 「일제하 충남 서산군의 '관료-유지 지배체제'」, 『역사문제연구』 3, 1999 ; 「日帝時期の在朝鮮(邑單位)日本人社會と朝鮮の地方自治－忠淸南道公州·大田·鳥致院事例を中心に」, 宮嶋博史·金容德 編, 『近代交流史と相互認識 Ⅱ－日帝支配期』, 慶應義塾大學出版會 ; 「일제시기 충남 부여·논산군의 유지집단과 혁신청년집단」, 『한국문화』 35, 2005 등 참조.
3) 지수걸은 논문 「일제시기 충남 부여·논산군의 유지집단과 혁신청년집단」에서 유지 개념의 유용성을 옹호하고 있다. 유지집단은 관료-유지 지배체제와 더불어 형성 발전된 사회적 지위집단으로서, 1920년대 유지집단과 혁신청년집단이 분화하면서 정치적 계선이 명확하게 되고, 그 정치적 입장의 차이는 해방 이후까지 이어진다고 보고 있다.

을 유영하는 중간지배층으로서 동요하는 유지의 속성을 간과할 가능성이 존재한다. 중간지배층으로서의 유지란 신분, 자산, 위력, 명망 등 그가 가진 모든 자원을 동원하여 지역민으로부터 신망을 확보하고, 이를 바탕으로 지배체제에 참여하는 것이다. 관료-유지 지배체제란 이처럼 그 틀을 구성하는 한쪽 개념이 많은 문제를 안고 있을 뿐만 아니라 지방지배의 역동성을 사상할 우려가 있기 때문에, 분석적 개념으로서는 근원적인 제약성을 가진 것처럼 보인다. 동요하는 중간지배층의 매개적 역할을 간과하고, 유지의 지배자로서의 입장만 강조하게 될 우려가 있는 것이다. 나아가 유지집단 내부 구성의 변화, 그리고 유지집단과 관료가 맺는 관계의 역동성과 복합성을 간과함으로써 관료-유지 지배체제는 그 의도와는 달리 정태적인 분석틀로 고착될 위험을 안고 있다.

여기에서는 군을 중심으로 한 '정치'만이 아니라, 면이나 촌락을 단위로 한 정치, 요컨대 '촌락정치'의 존재를 인정하고 그 역동적인 변화를 확인하기 위하여 중간지배층이라는 개념을 사용하고자 한다. 하지만 촌락은 앞에서 살펴본 바와 같이 지배와 자치의 교차를 반영하여 복합적으로 그 성격이 변화하고 있었고, 그에 따라 촌락정치의 담당자도 변화하고 있었다. 구장과 중견인물을 대상으로 그 성격의 '변화'와 교호관계를 살펴보고자 하는 것은 이 때문이다.

식민지기 촌락의 중간지배층은 다음과 같은 세 가지의 특징을 가진 집단으로 설정한다. 첫째, 촌락 중간지배층은 종래의 지위집단으로서의 속성이 약화되고 있었다. 지위집단은 주로 신분과 자산에 의해 그 성격이 규정되며, 하나의 도덕적 질서를 구성하고 그것을 전달하고자 하는 특징을 보인다. 전통적 지배질서에 뿌리박고, 친족질서를 통해 그러한 질서를 확산하고자 했던 사족은 지위집단을 대표한다. 유지, 유력자, 명망가 등의 개념은 이런 지위집단으로서의 특징을 가진 것으로 볼 수 있다. 반면 새로 성장하는 집단은 소농적 질서에 뿌리박고, 근대 교육의 세례를 받았으며, 식민지 행정에 의해 그 역할이 부여된다는 특징을 가진다. 구장과 중견인물로 대표되는 새로 성장하고 있던 집단은 유지, 유력자, 명망가 등의 지위집단을 대체하지 못했다. 지위집단은 점차 약화되고 있었으며, 새로 성장하는 집단은 행정체제에 편입됨으로써 차츰 큰 영향력을 확보해 나가고 있었다. 둘째, 식민지기 중간지배층은 양면성을 가진 존재였다. 식민지 지방지배체제 내에서 지배를 대리하기도 했지만 촌락민의 자치와 중의(衆意)를 대표하기도 했던 것이다. 중간지배층은 이처럼 지배와 자치를 매개하는 양면성을 가지고 있었고, 촌락정치의 매개성은 바로 여기에서 유래하는 것으로 볼 수 있다. 셋째, 면제 실시를 계기로 촌락을 범위로 한 중간지배층을 설정할 수 있게 되었다는 점이다. 일향지배(一鄕支配)를 해체하고 면을 중심으로 촌락의 통합을 노리고 있던 총독부의 촌락정책에 비춰본다면, 촌락의 중간지배층을 설정하는 것은 이런 측면에서도 의미를 가질 수 있다.

1장에서는 먼저 구장의 지위가 변화하는 과정을 중간지배층이라는 개념을 사용하여 살펴보겠다. 구장의 중간지배층으로서의 성격을 해명하기 위해 여기에서는 구장제 도입 이전 동리 운영 상황을 살펴보고, 이어 무급 명예직으로 규정된 구장제의 내용과 아울러 구장제가 노정한 제반 문제들을 해결하는 과정을 검토할 것이다.

면제 실시로 종래의 동리장은 구장으로 바뀌었다. 동리장이든 구장이든 행정과 자치의 담당자라는 '양면성'은 본질적으로 가지고 있었다. 하지만 이 양면성에는 구장의 중간지배층으로서의 성격과 관련하여 중요한 문제가 내재해 있었다. 양면성 가운데 어느 편을 강조할 것인가에 따라 중간지배층으로서의 성격은 달라질 것이기 때문이다. 이 양면성의 문제는 '동리 운영의 이원구조'와도 관련되어 있었다.

총독부는 이 이원구조를 해소함으로써 구장의 행정 담당자로서의 성격을 강조하고자 했다. 그것은 행정에 인격적 지배를 동원하려는 발상이기도 했다. 결국 구장제가 동리 운영의 이원구조를 어떻게 해결해가고 있었는지를 해명하는 것이 가장 중요한 문제가 될 것이다. 그러면 면제 제정까지 동리 운영의 담당자가 어떻게 구성되어 있었는가를 총독부의 조사자료를 통해서 검토해보자. 그 구성을 표로 나타내면 〈3-10〉과 같다.

<3-10> 동리 행정 담당자의 변화

구분	갑오개혁 이전	갑오 이후	면제 실시 후
(1) 동 행정의 집행을 감시하는 자	尊位, 執綱, 頭首, 洞首		
(2) 동 행정의 담당자	里正, 洞首, 約首, 領座, 座上, 頭民	尊位	洞長 또는 里長
(3) 면 또는 동 행정의 자문에 응하는 자	면 또는 동행정의 집행을 감시하는 자가 그를 담당한다.	頭民	頭民, 執綱, 解事人 또는 知事人, 洞長(里長을 두는 곳), 有力者, 有志者
(4) 동 사무의 집행을 보조하는 자	掌務, 任員, 公員, 都有司, 句管, 注比	書記	
(5) 조세징수를 전담하는 자	句管, 注比, 都有司, 任員, 公員이 이를 담당한다		任員, 公員 등으로 칭하고 公錢領收員을 보조한다.
(6) 동의 잡역에 복무하는 자	所任, 下所任, 小任, 有司, 下有司, 使喚, 里隷, 里任, 洞掌	下有司	갑오 전과 같이 다양한 명칭을 사용한다.

(자료)「面及洞ニ關スル制度舊慣調査」,『朝鮮總督府月報』1-4, 5, 1911. 9, 10.

표 <3-10>에 나타난 것처럼 면제 실시 이전의 동 행정 담당자는 복잡하게 구성되어 있었다. 같은 자료를 통해 이를 좀더 구체적으로 살펴보자. 동장은 동민의 추천에 의하여 면장이 선정하고 군수의 인가를 얻게 되어 있었으며, 국가의 행정사무에 관해서는 「토지건물증명규칙(土地建物證明規則)」에 의한 인증(認證) 외에는 면장의 보조기관으로서 사무를 처리하고, 동의 공공사무에 관해서는 집행에 있어 동민의 공사(公私)에 관한 상담역(相談役)으로서의 역할을 한다고 보고되고 있다.

다음, 두민(頭民)은 동민의 해사자(解事者) 중 연장의 인망이 있는 자를 추거(推擧)하는데, 동장을 보좌하여 동의 공공사무에 관여하고 동민의 쟁송을 재단하는 등 사실상의 동의 통솔자일 뿐 아니라 면의 공공사무 협의에 참여하여 면사(面事)를 결정한다고 했다. 해사인(解事人), 지사인(知事人), 유지자(有志者), 유력자(有力者) 등으로 칭해지는 자들도 비교적 재식(才識) 있고 인망과 자산을 가진 자로서 동의 공공사무에 관해서는 항상 협의에 참여하고 동사(洞事)를 결정할 뿐만 아니라 면의 공공사무에 관하여 협의에 참여하는 것은 두민과 같다고 보았다. 임원(任員) 또는 공원(公員)이라는 자를 두는 데가 있는데, 이들은 면의 공전영수원(公錢領收員)에 예속하여 조세징수의 임무를 담당하며 동장이 그를 겸하는 경우가 많다고 하고 있다.[4]

이와 같이 갑오개혁 이후 동 행정의 담당자는 동리장으로 조정되고 있었고, 조세징수 사무도 그로 통일되고 있었지만, 동리장과 아울러 동 행정의 자문에 응하는 자가 존재하여 '동 운영의 이원구조'가 유지되고 있었다. 1910년대에도 동장의 지위는 명료하지 않았으며, 동의 고유한 단체사무는 동내(洞內) 유력자가 전단(專斷)하여 동장은 단지 이사(頤使, 부리기 쉬운 사람이라는 의미)의 지위에 있는 경우가 많았다고 한다. 이에 동리장에 동내의 장로(長老)와 해사자를 충원하고 동리장을 동의 대표기관으로 삼아야 한다고 그 해결책을 내세우고 있다.[5] 동 운영의 이원구조가 유지되는 현실에서 이를 해소하여 동리장을 동리의 대표자로 만들어나가는 데에 동리행정의 목표를 설정하고 있었다.

그런데 면장과 동장의 관계는 지방에 따라 달랐다. 이미 공공단체로서의 성격을 가지게 된 면에서는 면은 공공행정의 단일한 주체였으며 면장은 그 대표기관이었고 동리장은 면장의 보조기관에 지나지 않았다. 그럼에도 면장이 하급 인물에서 선정되면서 동장의 인물도 저하하여 오히려 많은 지방에서 동내의 유력자는 그 자리에 나아가는 것을 피하고 유력자들이 부리기 편한 자가 동리장으로 선택되는 것이 현실이었다. 그러나 공공단체로서의 성격이 약한 면에서는 동리는 단일한 공공사업의 주체로서 면과는 거의 관계를 가지지 않았다. 이런 지방에서는 면장과 동리장은 위계관계를 맺지 않았고, 동리장은 독립단체로서의 성격을 가진 동리의 기관으로 존재하고 있었다.[6] 하지만 1910년대 초반까지 대부분의 지역에서는 면은 공공단체로서의 성격이 상당히 미약한 상태에 있었다. 이리하여 면의 지역단체로서의 성격의 강약 여부는 동리를 어떻게 통합

---

4) 「面及洞ニ關スル制度舊慣調査」, 『朝鮮總督府月報』 1-4, 5, 1911. 9, 10.
5) 「面及洞ニ關スル制度舊慣調査」, 『朝鮮總督府月報』 1-4, 5, 1911. 9, 10.
6) 「面及洞ニ關スル制度舊慣調査」, 『朝鮮總督府月報』 1-4, 5, 1911. 9, 10.

〈3-11〉 동 행정 담당자의 보수(1911년)

구분	개성군			인천부		대구부	
	동부면	남부면	중서면	부내면	다소면	하남면	성평곡면
동장	180원, 3인	240원, 4인	80원, 米60두, 大豆 50두, 4인	1,584원, 12인	5개소 108원, 9개소 무보수	임원겸	317원 86전
知事人	무보수	무보수	무보수	무보수	무보수	120兩	46원 71전
임원	-	-	-	-	-	358兩	무보수
동사환	72원	96원	麥190두, 租25두, 稷180두, 4인	660원,12인	5石, 156원, 13인, 1개소 무보수	不明	56원
洞公員	-	-	-	-	7개소 42원, 租2석10두, 麥2석10두	-	-

(자료)「面及洞ニ關スル制度舊慣調查」,『朝鮮總督府月報』1-4, 5, 1911. 9, 10.
(비고) 인천 부내면을 제외한 다른 지역은 풍흉에 따라 다소의 증감이 있다고 한다. 동사환이 무보수인 지역
은 동민이 1년씩 교대로 근무한다고 한다. 표는 연액을 계상한 것으로 보수의 지급은 춘추 2계절에
하는 것을 보통으로 한다. 단 인천은 월급으로 매월 지급한다.

하느냐에 달려 있었는데, 총독부는 이미 이 점을 날카롭게 파악하고 있었다.

동 운영의 이원구조와 동리장의 지위는 동리장과 기타 행정 담당자의 보수
를 통해서도 살펴볼 수 있다. 경기도 개성군과 인천부, 경상북도 대구부의
1911년 사례를 정리한 표 〈3-11〉을 통해 이를 검토해보자.

동장은 대체로 많은 보수를 지급받고 있었는데, 1910년대 초 면장의 보수
지급 관행과 비교하면 면장보다도 훨씬 많은 것이었다. 그리고 지사인에게도
보수가 지급되는 지역이 있었으며, 동의 사환(使喚)을 교대로 맡는 지역을 제외
하면 사환에게도 보수가 지급되었다. 동에서는 면으로부터 분부(分賦)된 면 경
비와 동 자체의 경비를, 동유재산 수입 또는 각 호의 호렴(戶斂) 또는 결할(結
割)에 의하거나, 동계(洞契)의 규약에 의하여 각 호로부터 금곡(金穀)을 갹출(醵
出), 축적(蓄積)하여 그 원본(元本) 또는 이식(利殖)으로 동비(洞費)를 충당했다.
각 호에는 춘추에 걸쳐 춘맥(春麥), 추조(秋租) 또는 금전(金錢)으로 부과했다.[7]

〈3-12〉 면제 제정 이전 동리장 수당의 변화

시기	1912년	1913년	1914년	1915년	1916년	1917년
수당 평균	175	31	32	28	32	20
최고 면	690	176	97	96	84	72
최저 면	2	1	1	1	1	1

(자료) 朝鮮總督府 內務局, 『1918年度面經費ニ關スル調査書』, 1919, 14쪽.

이처럼 보수가 동리나 동계의 기본재산을 통한 수익에서 충당되고 있었으므로, 1910년대 들어 동계의 기본재산이 축소되고 기능이 줄어들면서 동 행정 담당자에게 지급되는 보수도 줄어들었을 것이다. 그리고 이들에게 지급되던 보수가 면의 위임사무를 처리하는 대가가 아니었으므로 동의 단체로서의 사무 즉 자치 기능이 축소됨으로써 동 행정 담당자에 대한 보수 지급의 필요성 역시 줄어들었을 것이다. 표 〈3-12〉는 1910년대 동리장 수당의 변화를 정리한 것이다.

동리장의 평균 수당은 1912년 175원에서 1917년 20원으로 격감하고 있다. 총독부는 나중에 시행될 구장의 무급화를 위하여 동리장의 수당 지급을 억제하고 있었던 것이다. 1910년 이후 진행된 동리 폐합과 아울러 총독부는 원래의 동리장을 차츰 정리하고 있었다. 표 〈3-13〉에서 보는 것처럼, 1912년을 계기로 동리장은 점차 줄어들고 있다. 동리장 수당 격감과 동리장 수의 감소에는 면제 실시, 곧 구장제 실시의 의도가 반영되어 있었다. 표 〈3-13〉을 통해 1912년부터 1918년까지의 동리 수와 구장 수의 구체적인 변화 양상을 검토해보자.

표 〈3-13〉은 1910년대 들어 동리 폐합 과정에서 드러나는 과도적 상황을 잘 보여준다. 먼저 총독부가 파악한 동리의 수보다 구장의 수가 훨씬 적었음을 알 수 있다. 총독부는 1910년 이후 계속해서 동리 폐합을 실시했는데, 이에 따라 1913년부터 1915년 사이에는 한 명의 구장이 2개 이상의 동리를 담당하는 곳이 많게 되었다. 동리장 수는 1912년부터 1914년 사이에 급속히 줄어들고

---

7) 「面及洞ニ關スル制度舊慣調査」, 『朝鮮總督府月報』 1-4, 5, 1911. 9, 10.

〈3-13〉 1910년대 동리장(구장) 수의 변화

연도	町洞里 數	1정동리당 1인	2정동리당 1인	3정동리 이상 1인	1정동리당 2인	1정동리당 3인 이상	총인원
1912	62,533	–	–	–	–	–	37,973
1913	59,421	33,286	6,546	5,806	–	–	*31,206
1914	54,376	10,895	5,831	7,172	–	–	*24,712
1915	45,862	14,658	4,182	4,950	–	–	23,790
1916	38,412	18,588 (9,174)	2,715 (600)	2,976 (1,566)	–	–	*24,333 (11,372)
1917	27,713	22,225 (14,450)	1,737 (698)	559 (148)	–	–	24,521 (15,296)
1918	27,595	24,919	180	55	1,813	308	*29,743

(자료) 朝鮮總督府 內務局, 『1918年度面經費ニ關スル調査書』, 1919, 16~17쪽.
(비고) ( ) 안은 無給 동리장을 나타낸다. 동리장의 유무급 여부를 조사한 연도는 1916년과 1917년 2개년
도뿐이다. 총인원에 *표를 한 연도는 표의 내용과 총인원이 일치하지 않지만 그대로 두었다. 대체적
인 추세를 확인하는 데 무리는 없을 것이다.

있다. 총독부는 행정동리 수와 구장 수를 일치시키려고 했기 때문에 1914년
이후에는 동리장 수를 크게 감축하지 않아도 문제가 없었다.

그런데 1918년에는 오히려 5,200여 명이 늘어난다. 여기에 조사된 구장 수
를 완전히 신뢰하기는 힘들겠지만, 1918년에 구장이 늘어난 사실은 여러 가지
생각할 거리를 제공하고 있다. 한 동리에 두 명 이상의 구장이 있는 곳이
2,121동리나 된다고 하는 사실은, 1917년의 구장 조사보다 1918년의 조사가
훨씬 더 세밀한 것이었음을 말하는 것일 게다. 두 개 이상의 동리를 합쳐서 하
나의 행정동리로 편제했지만 구장은 그대로 유지되었기 때문에 이런 결과가 나
왔을 것이다. 한 명의 구장이 2개 동리 이상을 담당하는 사례가 1918년에는
거의 무시할 만한 수로 줄어들고 있는 사실은 동리의 편제가 거의 완성되었음
을 보여준다. 또 구장을 명예직으로 만들려는 의도는 무급 구장 숫자에서 잘
드러나는데, 1916년에는 무급 구장 수가 전체의 약 46%였으나 1917년에는
62%로 늘어나고, 1918년 이후에는 원칙적으로 유급 구장을 인정하지 않았다.

이처럼 총독부는 동리장의 수와 수당을 줄임으로써 명예직 구장제도를 도입하려는 기초를 차근차근 다지고 있었다. 이런 의도는 동리장의 법적 지위 규정에서도 마찬가지로 관철되고 있었다. 면제 제정 이전부터 동리장의 지위는 면행정 담당자로만 규정되었다. 동리장은 면장의 명령을 받아 법령의 주지, 납입고지서의 송달, 납세의 독촉 등 행정사무와 기타 동내 사무를 보조하는 존재로만 규정되었고, 촌락 고유 사무의 담당자라는 인식은 약했다.[8] 동리장은 면장의 보조기관이므로 당연히 사무소를 가질 수가 없었다. 이런 준비를 거쳐 면제가 실시되고 구장제가 도입되었다.

　　면제가 실시되면서 구장은 무급의 명예직 면리원으로 규정되었다. 구장은 무급이지만 면리원이므로 임면도 군수가 관장하도록 했다. 구장의 자격으로는 동리 내에 거주하는 것만으로 충분했다. 구장의 직무로는 '면의 사무로 동리 내에 관한 것을 보조'하는 것만을 규정했다. 단 무급이지만 직무 집행에 요하는 비용은 변제받을 수 있도록 했다. 그리고 면제 시행 당시의 동리장을 바로 구장으로 임명하는 것이 아니라 종래의 동리장을 해직하고 새로 구장을 임명하도록 했다.[9]

　　이처럼 총독부는 구장의 필요성을 면 사무를 보조하는 것에서 찾았다. 그러므로 구장이 군이 동내의 유력자여야 할 필요성은 없었지만, 동내의 유력자를 구장으로 임명하여 통치의 효율성을 높이고자 했다. 총독부는 구장이 무급 면리원에 지나지 않지만 유력자를 기용해야 한다는 원칙을 되풀이 강조하고 있었다. 면제 제정 당시 종래의 동리장을 모두 해직하고 구장을 새로 임명하도록 한 것도 동내 유력자를 구장으로 끌어들이겠다는 의도 때문이었다. 1917년 구장 선임의 결과를 보면, 구장 총수 2만 9,500여 명 가운데 종래 동리장에서 그대로 구장으로 임명된 사람은 1만 4,400명이었고 나머지는 모두 새로 채용된

---

8) 「晉州郡 面處務規程」(1913년 4월 郡訓令 5호), 吉村傳, 『面行政指針』, 1916, 18~88쪽.
9) 朝鮮總督府, 『面制說明書』, 1917.

사람이라고 한다.[10] 동리장 가운데 구장으로 유임한 자는 50% 미만이었다. 요컨대 동내의 유력자를 동원하여 통제와 통합이라는 양면적 목표를 함께 달성하고자 했던 것이다. 여기에서도 구장이 가진 양면성을 확인할 수 있다.

총독부가 구장제도를 도입한 의도는, 총독부 내무부장관(후에 내무국장)의 훈시를 살펴보면 명확히 드러난다. 구장제도와 관련한 1918년 내무부장관의 훈시를 요약하면 다음과 같다. 첫째, 종래의 동리장은 대개 자산이 없고 직업이 없으며 문자를 조금 아는 정도에 지나지 않아 동민의 명령에 따르는 수준에 머물러 있었다. 즉 동리장은 동리의 소사역(小使役) 정도에 지나지 않았다. 이에 동리장이라는 명칭은 느낌이 좋지 않으므로 구장으로 명칭을 바꾸었다. 둘째, 구장에는 '인민의 부형(父兄)'을 선임해야 한다. 인민의 부형이란 선각자로서의 도리를 능히 판별하고, 자산을 가졌으며, 이를 바탕으로 동민의 존경과 신용을 누리는 사람을 말한다. 이런 사람을 선임하기 위하여 종래의 동리장을 파면하고 구장을 선각자로 새로 선임하고자 했다. 셋째, 인민을 지도 계몽하고 면 행정을 진전시키기 위해서는 인민의 부형과 면장이 항상 연락을 취해야만 한다. 넷째, 구장의 사무도 동리의 소사역이 아니라, 동리의 사부(師父) 역할을 하는 것으로 변했다. 또한 구장은 행정의 말단에서 그 취지를 잘 확산시킬 수 있는 정도의 행정 능력을 가져야 한다. 호적, 부역, 납세 등을 철저히 지도할 수 있어야 한다. 다섯째, 한 동리는 일가(一家)이고, 구장은 '일가의 부'이므로 봉급이 없어도 된다. 곧 부형은 명예로운 것이고, 인민을 위해 일한다는 것도 명예로운 것이므로, 일일이 수당을 줄 필요가 없는 것이다. 다만 실비를 변제할 필요는 있다.[11]

이상 다섯 가지로 요약한 내무부장관 훈시에는 구장제 실시의 의도가 잘 드러나 있다. 동리장이 아닌 새로운 구장은 '인민의 부형'으로서 자격을 가진 동

---

10) 澤田豊丈, 「面制에 대하여」, 朝鮮總督府 內務部, 『朝鮮總督府道府郡島書記講習會講演集』, 1918.

11) 「內務部長官 訓示」, 『朝鮮總督府道府郡島書記講習會講演錄』, 1918, 21~42쪽.

내의 유지이자 면 행정을 잘 처리할 수 있을 정도의 행정 능력을 가진 면리원으로서, '일가의 부'로서의 명예를 가진 자이므로 무급으로도 일할 수 있는 자여야 한다는 것이다. 구장제도를 도입한 가장 중요한 이유가 바로 동리 운영의 이원구조를 타파하는 데 있음을 위 내무부장관의 훈시에서도 확인할 수 있다. '인민의 부형', '일가의 부', '인민의 사부' 등으로 표현된 동내의 유지를 구장으로 선임하여, 동리의 자치 운영 구조를 면으로 통합하고자 했던 것이다. 하지만 구장의 중간지배층으로서의 양면성은 동리 운영의 이원구조를 해소하고 동내의 유력자를 구장으로 선임하려는 정책에 의하여 더욱 강화되었다. 구장제도를 통하여 동리의 자치구조를 면 행정으로 통합하려는 정책적 의도 때문에 구장제도의 현실은 더욱 복잡하게 변해갔던 것이다.

이미 법률적으로도 구장의 동리 대표자로서의 지위가 부정되었음은 앞에서 살펴본 바 있다. 구장은 단지 면 사무의 보조자일 뿐으로 동리를 대표하여 소송을 담당할 능력도 없었으며, 더욱이 동리의 대표자로서의 지위도 부정되었다. 그럼에도 구장은 동리의 유지로 선임되어야 할 필요가 있다고 강조되었다. 여기에 구장의 중간지배층으로서의 특징이 내재해 있을 것이다. 구장은 동리 운영의 담당자이자, 면 사무의 보조집행자였다. 전자는 자치를, 후자는 지배를 대표하는 것이었다. 총독부의 의도는 전자를 후자에 포섭함으로써 촌락을 면으로 통합하려는 것이었다.

이제 구장 지위의 동요 현상을, 구장 유급제 논의와 구장이 담당하던 촌락정치에서의 역할이라는 두 가지 측면을 통해 살펴보겠다. 먼저 구장 유급제 논의와 그 제도화 과정에 대해서 검토해보자. 면제 제정 직후부터 구장 유급제 논의는 시작되었다. 1919년 함남 도지사는 구장을 유급제로 해야 하는 이유를 다음과 같이 들고 있다. 함남의 면은 구역이 광활함에도 불구하고 면 직원이 너무 적어 구장이 대부분의 면 사무를 처리하고 있었다고 한다. 그러므로 구장을 전임(專任)으로 만들 필요가 있는데, 무명징수(無名徵收)를 통하여 관행적으로 지급되고 있던 구장의 보수를 면으로 흡수하여 급료를 지급하면 유급화가 가능하다는 것이었다.[12] 함남 도지사가 제기한 구장 유급제 논의에는 이후 제기되는 유급제 논의의 기본 골격이 그대로 담겨 있었다.

1920년대 이후 구장 유급제 논의는 대개 다음 세 가지의 논리에 입각해 있었다. 첫째, 구장은 면 행정의 보조기관으로 '면리(面里)의 노예(奴隸)' 정도에 지나지 않으므로, 동리의 중심인물을 채용하기 위해서는 유급제를 실시할 필요가 있다는 주장이다.[13] 둘째, 관행적으로 지급되고 있던 구장의 보수를 면으로 흡수하여 현실화하라는 논리이다. 구장 무급화 이후에도 구장의 급여는 대개 리곡(里穀) 또는 구장조(區長租)라는 이름으로 지급되고 있었으므로, 재원 자체는 문제가 되지 않는 것으로 간주되었다.[14] 세 번째는 면 행정사무가 팽창하고 있으므로 이를 해결하기 위하여 구장에게 보수를 지급하고 전임 행정직으로 전환하라는 것이었다.[15] 구장에게 보수를 지급하여 행정관료로 만들자는 요구가 계속 제기되었지만, 이는 동리를 통합하여 면의 통합성을 제고시킨다는 면제의 취지에 비추어보더라도 애초부터 인정되기 어려운 것이었다.

그러나 총동원체제하에서 관련 행정업무가 폭증함에 따라 구장의 행정 보조 기구로서의 성격이 강화되고, 동리 분구가 진행되자 구장 유급제의 필요성이 강하게 대두되었다. 1940년 12월 「지방행정 하부조직의 정비 및 국민총력연맹과의 연락조정에 관하여」라는 내무국장 통첩으로, 총동원단체인 국민총력부락연맹의 이사장을 구장이 겸임하도록 했다.[16] 이를 바탕으로 1942년 1월 구장 처우에 관한 최종적인 합의가 이루어져서, 사정국장(司政局長) 통첩의 형식으로 각 도지사에게 하달되었다.[17] 「읍면구장의 처우개선에 관한 건(件)」이 그것

---

12) 朝鮮總督府, 『道知事提出意見』, 1920.
13) 慶哲秀, 「地方制度에 대한 私見」, 『地方行政公論』, 帝國地方行政學會朝鮮本部, 1928, 16~24쪽.
14) 尹寬秀, 「名譽職區長을 廢地하고 有給區長 設置를 바란다」, 『地方行政公論』, 帝國地方行政學會朝鮮本部, 1928, 85~87쪽.
15) 玄相台, 「區長의 有給制度를 實施하라」, 『朝鮮地方行政』 1938. 1, 168쪽.
16) 『朝鮮地方行政』, 1941. 1.
17) 총력전체제하 구장의 지위와 성격의 변화 과정에 대해서는 김영희, 『일제시대 농촌통제정책 연

인데, 국민총력체제하에서 구장 직책이 중요해졌으므로 부락의 지도적 중심인 물이 구장에 취임하도록 하기 위하여 구장 우대책을 강구하게 되었다고 그 취지를 설명하고 있다.[18] 위 두 개의 통첩에 의하여 구장의 역할과 처우는 크게 변하게 되었다.

구장으로 하여금 부락연맹 이사장 역할을 겸임하도록 한 규정은 행정적으로 촌락을 편제하려는 정책이 벽에 부딪치게 될 때 취할 수 있는 정책적 변화의 자연스러운 귀결이었다. 여기에는 총동원계획을 원활하게 추진하기 위하여 원래의 촌락조직을 행정조직과 합체하여 적극적으로 동원해야 했던 사정이 반영되어 있다. 동리의 분구(分區)를 계속하면서도 구장의 증원을 미루고 있던 총독부가 이런 조치와 아울러 구장을 급속히 증원한 것에 이 시기 '구장정책'의 비밀이 담겨 있는 것이다. '부락'을 정책 단위로 삼고 여기에 구장을 두고서 구장으로 하여금 부락연맹의 이사장을 담당하게 한 것은 이미 총동원기구에 촌락의 말단 행정기구가 포섭되어버렸다는 것을 의미하는 것이다. 다시 말하면 구장은 이제 총동원의 최말단에서 촌락을 동원하는 책임을 온몸으로 지게 된 것이다.

구장 처우 개선정책은 다음과 같이 확정되었다. 부락민이 구장에게 금곡 등을 갹출하는 관습을 폐지하고, 보수를 지급하는 차원에서 읍면비(邑面費)로부터 구장에게 상여금을 연 2기로 분할하여 지급하도록 했다. 상여금 지급액은 담당 호수 60호 정도의 경우 연 100원을 표준으로 정했다. 또한 필요하다고 인정될 때는 구장 보조자에 대해 구장 상여(賞與)의 일부를 나누어 지급해도 무방하며, 구장의 보조자는 구장의 신청에 의해 구장 보조사무의 무급촉탁(無給囑託)으로 삼는다고 했다. 구장 처우 개선비에 충당하기 위해 특별호세(特別戶稅)를 창설했는데,[19] 특별호세의 부과 총액은 현주(現住) 호수 평균 1호에

구』, 경인문화사, 2003, 288~296쪽 참조.

18) 司正局長 通牒, 「邑面區長의 處遇改善에 관한 件」(1942년 1월 9일), 『朝鮮地方行政』 1942. 2, 92쪽.

19) 총독부는 각 도에 「特別戶稅規則準則」을 하달했다. 慶尙南道地方課, 『邑面區長ノ處遇改善ニ

〈3-14〉 구장 수의 변화(1935~1944년)

시기	1935년	1936년	1937년	1938년	1939년	1940년	1941년	1942년	1944년
區長數	30,937	31,224	31,551	31,696	32,825	39,083	50,248	51,618	51,670

(자료) 『朝鮮總督府統計年報』 각년판. 단 1944년의 통계는 『每日新報』 1944년 6월 6일자 「區長優遇 實現으로 强化된 末端行政陣」이라는 기사에 의함.

대하여 2원을 초과할 수 없도록 했다.[20]

이리하여 구장은 부락연맹의 이사장을 겸임하게 되었고, 면비로부터 급여도 지급되었다. 구장에게 공식적으로 급여를 지급한 것은 이런 '악역'에 대한 보상의 성격을 가진 것이었다. 그러나 그 보상은 자의적이고 수탈적인 '악세(惡稅)'로서 비난을 사고 있던 호별세에 또 하나의 악세를 덧붙인 '특별호세'라는 이름으로 촌락민의 부담으로 지워졌다. 이런 의미에서 구장은 총동원행정의 최전선에서 촌락민의 부담으로 그 역할을 수행하게 되었다고 하겠다. 이런 구장의 지위 변화는 구장 수가 늘어나는 데에 이미 반영되어 있었다. 1930년대 후반 이후 구장 수의 변화는 표 〈3-14〉와 같다.

구장 수는 1935년 이전에는 대체로 3만 명 선에 고정되어 있었다. 이는 1917년 행정동리의 수가 2만 8천여 개에 이른 것을 감안하면 매우 미미한 증가에 지나지 않는 것으로, 총독부가 구장의 증원에는 매우 소극적이었음을 알수 있다. 그러나 1940년을 계기로 급속하게 증가하여 1941년 이후에는 5만명을 상회하고 있다. 구장 수 5만 명은 1910년 구동리 수인 6만 3천여 개에 가까워진 것으로써, 구동리를 중심으로 총독부 정책이 환원되었음을 의미하는 것이기도 하다.

이제 '동리 운영의 이원구조'가 어떻게 변하고 있었는가를 '촌락정치'와 관

關スル綴』(邑面特別戸稅規則設定).

[20] 구장 급여 지급을 위한 特別戸稅는 1942년에는 2원으로 제한되어 있었지만, 1945년에는 1호 평균 4원으로 증가했다고 한다. 永井宅洙, 「末端行政의 强化」, 『朝鮮行政』 1945. 2.

런하여 해명해보자. 구장제가 도입되었지만 중류 이하의 사람이 주로 선임되었다는 사실은, 동리 운영의 이원구조 해소에 큰 진전이 없었다는 것을 뜻하는 것이었다. 1924년대 경기도의 촌락조사서는 고로(古老)의 영향력을 다음과 같이 서술하고 있다.

일찍이 도(島)와 산지의 면(面)을 조사할 때 면장, 구장 이하 유지 수인(數人)을 모아 여러 사정을 들었는데, 조사 심의를 요하는 사항을 고로 면장과 민간 노옹(老翁)이 먼저 발언했기 때문에 연소자는 다시 발언하지 않아 조사에 유감을 느낀 적인 많았을 정도였다. 또 연천군 산간부에서는 부락의 장정이 난쟁(亂爭)하는 것을 고로의 한마디로 평정하는 것을 목격하기도 했다. 이만큼 농촌에서는 연치(年齒) 있는 자가 위엄을 가지고 연소자가 장로(長老)를 존경하는 관습은 엄격하다.[21]

이처럼 1920년대에도 촌락에서 고로의 영향력은 그대로 유지되고 있었다. 총독부는 촌락의 연장자나 노옹, 곧 유지자를 '무학(無學)의 재상(宰相)'이라고 하면서 이들이 중심이 된 촌락 운영을 '장로정치(長老政治)'라고 표현하고 있다.[22]

총독부가 이처럼 비난하고 있던 무학의 재상, 곧 유지자가 주도하던 촌락의 장로정치를 '촌락정치'로 규정할 수 있다. 총독부는 이런 장로정치가 시행되던 상황을 다음과 같이 묘사하고 있다. "노옹이 부락의 중심인물로서 구태(舊態)를 유지하고 있는 곳에서는 비교적 완미(頑迷)한 인민이 많고, 이런 부락에는 일반적으로 소극적인 평화가 유지되고 표면적으로 침정(沈靜)이 있다."[23] 다시 말해 촌락의 장로-유지가 위엄을 떨치는 곳에서는 '인민이 완미하고 소극적인 평화 곧 침체'가 유지되었다는 것은 역으로 촌락 내의 갈등을 해소하고 행정과 촌락 사이를 매개하는 역할 곧 '촌락정치'가 이들 장로-유지에 의해 수행되고

---

21) 京畿道 內務部 社會課, 『京畿道農村社會事情』, 1924, 48~74쪽.
22) 京畿道 內務部 社會課, 『京畿道農村社會事情』, 1924, 48~74쪽.
23) 京畿道 內務部 社會課, 『京畿道農村社會事情』, 1924, 48~74쪽.

있었음을 말하는 것일 터이다. 총독부로서는 이런 촌락정치가 행정 침투를 어렵게 하는 장애요소에 지나지 않았으므로 이를 해체하고자 노력했다. 구장제를 실시한 것도 이 때문이라는 것은 이미 살펴본 바 있다.

장로정치를 중심으로 한 촌락정치를 해체하기 위하여 총독부는 두 가지 방안을 제시했다. 하나는 기존의 장로-유지를 발탁하여 계몽하는 방안이다. 유지를 지방행정이나 청년회 조직, 공익사업, 산업장려 등 각종 '지방개량' 사업에 끌어들여 변화시키고자 한 것이다. 다른 하나는 신진 청년 독지가를 발탁하는 방안이다. 이런 두 가지 노력은 1930년대 이후 주로 후자 즉 모범적인 '중견인물'을 발탁하고 양성하는 정책으로 나타나게 된다. 이른바 중견인물 양성정책이 바로 그것이다. 이에 대해서는 다음 절에서 살펴보겠다.

이제 구장이 '국민총력부락연맹'의 이사장을 맡게 되고 급여도 지급된 1940년대 초반 동리 운영의 이원구조는 어떻게 변하고 있었는가를 검토할 차례이다. 구장이 부락연맹 이사장을 맡게 된 이후 어떤 사태가 초래되었는가, 1940년대 초반 동리 운영 구조는 어떤 상황에 있었는가, '거물 구장(巨物區長)'에 대한 요구는 어떤 상황에서 제기되었는가 하는 세 가지 문제를 차례로 살펴보도록 하겠다.

먼저 부락연맹 이사장을 구장이 담당하도록 한 조처가 촌락에 어떤 효과를 초래하고 있었는가를 당시 촌락조사보고서를 통해 살펴보자. 총독부는 동리의 분구를 계속하면서 구장을 증원했고, 여기에 부락연맹을 두어 촌락의 총동원체제를 갖추어 나가도록 하고 있었다. 이 때문에 구장의 업무는 부락연맹 이사장의 업무에 완전히 종속되어버렸다고 보고되고 있다.24) 또한 부락연맹의 동원정책 때문에 '관설적(官設的) 색채(色彩)' 곧 행정적 억압이 두드러지게 드러나게 되었다고 한다. 이런 행정적 억압이란 바로 촌락의 총동원을 의미하는 것이

---

24) 京城帝國大學 南鮮農村調査隊 社會調査班, 「屯山部落의 社會學的 研究 — 南鮮農村調査報告
(2)」, 『朝鮮』 1943. 8. 둔산은 전북 옥구군에 소재한 부락이다.

〈3-15〉 1940년대 초 동리 운영 상황

구분	단위	자치행정기관	신분
함북 명천	附近(=구동리)	尊位=자문 公員=자치업무	尊位=노인 公員=중류 이상
충북 제천	部落(=구동리)	區長, 部落使	

(자료) 1. 鈴木榮太郎,「朝鮮北部および西部の共同作業」(草稿),『朝鮮農村社會の研究』(『鈴木榮太郎
　　　　著作集』5), 未來社, 1973, 456~459쪽. 명천의 사례는 이 글에 의한 것이다.
　　　2. 鈴木榮太郎,「朝鮮の村落」, 위의 책, 11~38쪽. 제천의 사례는 이 글에 의한 것이다.

고, 부락연맹 이사장 겸 구장과 부락민 사이에 '부조화' 곧 상당한 갈등이 일어
나고 있었음을 말하는 것이다.[25] 앞서 보았듯이 부락민의 특별호세로 구장의
급여를 지급했다는 사실에서도, 구장 업무가 부락연맹 업무에 흡수되고 구장과
촌락민 사이에 갈등이 일어나고 있었던 위 조사보고의 정황은 이해하기 어려운
일이 아니다. 구장 급여 지급과 부락연맹 이사장으로서의 역할 자체가 이미 촌
락 내부의 분열을 예비하고 있었다고 하겠다.

두 번째로, 1940년대 초반 동리 운영의 상황을 또 다른 조사보고서를 통해
살펴보도록 하겠다. 다음 표는 촌락에 관한 두 가지 사례 조사보고를 바탕으로
동리 운영 상황을 정리한 것이다.

단 두 가지 사례에 지나지 않지만, 동리 운영의 이원구조가 유지되었음을 확
인하기에는 어렵지 않다. 그러나 거기에는 차이가 있다. 하나는 함북 명천처럼
구동리에 자치 행정기관이 그대로 유지되었던 경우이다. 명천에는 존위(尊位)라
는 동리의 장로와 실무를 담당하는 공원(公員)이 종래의 자치 업무를 유지하고
있었으며, 모두 중류계층 이상 출신이었다. 다른 하나는 충북 제천처럼 부락의
구장과 아울러 부락사(部落使)가 있는 경우이다. 이 경우에도 자치 업무의 상당
부분을 부락사, 즉 동리의 소사가 맡고 있었다는 점에서 이원적이다. 두 번째

---

25) 京城帝國大學 南鮮農村調査隊 社會調査班,「屯山部落의 社會學的 研究 - 南鮮農村調査報告
　　(1)」,『朝鮮』1943. 7.

경우라면 구장 급여제 실시 이후 동내의 '중견인물'이나 유지 등이 구장으로 기용되면서 이원구조가 변화했을 가능성도 있다. 이처럼 구장제의 변화 이후에도 동리 운영의 이원구조가 해소되지 않은 채 유지되는 지역이 있었고, 부락의 총동원 업무 때문에 또 다른 의미에서 이원구조가 유지되는 지역도 있었다.

세 번째로, '거물 구장'26)에 대한 요구가 제기된 상황을 살펴보기로 하자. 구장제도의 변화 이후에 구장에 새로운 인물이 많이 기용되었다는 사례 보고가 있다.27) 구장이 부락연맹 이사장을 맡게 되면서 구장에게는 배급권이 주어지게 되었고, 이 때문에 구장은 상당한 실력행사를 할 수 있게 되었다. 이와 아울러 급여가 지급되면서 구장에 새로운 인물이 기용된 사례가 많았다. 그럼에도 구장과 부락민 사이에는 상당한 갈등이 있었는데, 거물 구장에 대한 요구는 이런 상황을 타개하기 위해 제기된 것이었다. 거기에는 두 가지 논리가 있었다. 하나는 구장을 보조하는 구장 보조역을 두어 급여를 지급하자는 것이고, 다른 하나는 행정 전임 직책을 따로 두고 대신 유지를 구장으로 선임하되 이를 명예직으로 하자는 것이었다.28) 위의 두 가지 가운데 후자 곧 전임 직책을 두고 구장을 유지로 선임한다는 방안은 충남에서는 구체적으로 검토되고 있었다. 충남에서는 초등학교를 졸업한 사람으로 급여를 지급하는 동리 전임직원을 두고, 거물 구장을 따로 둘 것을 고려하고 있었다.29)

거물 구장을 배치하자는 이런 논의는 동리행정을 전문적으로 담당하는 직원을 두고 명실상부한 명예직으로 구장을 만들자는 것이었다. 구장이 행정 말단

---

26) '거물 구장' 역시 앞서 제2부 2장에서 검토한 '거물 면장'과 마찬가지로 '大物區長'이라는 말을 옮긴 것이다. 거물 구장도 지방 말단 행정의 어려움을 타개하기 위하여 제기되었다.

27) 鈴木榮太郞, 「湖南農村調査野帳拔書」, 『朝鮮農村社會の硏究』(『鈴木榮太郞著作集』 5), 未來社, 1973, 311~327쪽. 이는 전남 보성을 대상으로 한 조사보고이다.

28) 永井宅洙, 「末端行政의 强化」, 『朝鮮行政』, 1945. 2. 이 글의 필자는 김포 군수였다. 有志를 가오야쿠(顔役)라고 표현하고 있다.

29) 「末端行政을 말한다」, 『朝鮮行政』 1945. 1, 38~48쪽. 위의 내용은 충청남도 地方課長의 발언에 나오는 것이다.

으로 급속하게 편입되고 급여가 제공되면서, 오히려 구장의 지위에 모순이 발생했음을 보여준다. 구장은 총동원체제의 말단 행정직으로 규정되어 부락 내에서 갈등을 야기하고 있었고, 다른 한편 지역의 유지를 구장으로 선임하는 데에도 여전히 제약이 있었다.

1절의 논의를 간단히 요약하면 다음과 같다. 무급 명예직으로 제도화된 구장에게는 동리 운영의 이원구조를 해소하고 동리를 면 행정으로 통합하는 역할을 수행하는 매개적 역할이 요구되었다. 하지만 동리 편제에 따른 촌락의 통합은 무망한 일로 여겨졌고, 동리는 분구를 계속하면서 구장의 증원도 요구되는 상황이 이어졌다. 구장 유급제는 이런 상황에서 제기된 것이었고, 결국 부락연맹의 결성과 아울러 구장을 대거 증원하고 급여도 지급했다. 이는 촌락 총동원체제를 구축해야 할 필요성 때문에 추진된 것으로, 구장은 총동원체제의 말단으로 편입되었다. 이런 구장의 지위와 역할의 변화는 '촌락정치'에도 반영되었다. 구장이 총동원체제의 최전선에 서게 되었다는 사실은 곧 '촌락정치'의 분열을 초래하는 것이었다. 촌락의 갈등은 이로 인해 더욱 증폭되었고 동리 운영의 이원구조도 해소되지 않았다. 거물 구장 선임을 요구하는 상황이 이를 말해주고 있다. 신진인물이 구장에 많이 선임되었다고는 해도 구장의 중간지배층으로서의 역할은 행정지배의 역할을 우선하는 편향적인 것이었고, 오히려 촌락민의 저항을 초래하는 것이었다.

2. '중견인물' 양성정책

중견인물은 1920년대부터 촌락 운영의 이원구조를 해소하고 행정의 침투를 원활하게 하기 위하여 그 양성이 추진되었다. 유지와는 달리 중견인물은 촌락의 중간지배층으로 '양성'되고 있었던 것이다. 다른 한편 1920년대 이후 촌락의 변화는 이런 역할을 수행하는 새로운 인물의 출현을 기다리고 있었다고도

할 수 있다. 중견인물을 양성하고자 한 배경에는 기존 장로-유지를 중심으로
한 촌락정치를 약화시키고자 하는 총독부의 의도가 깔려 있었지만, 부재지주
(不在地主)의 증가로 기존 유지의 역할이 줄어들고 있었던 사정도 중요한 요인
으로 작용하고 있었다.

여기에서는 먼저 중견인물 양성정책의 배경을 이해하기 위하여 부재지주의
증가 현상에 대해 살펴보고, 이를 바탕으로 1930년대 중견인물의 구성을 검토
하고자 한다. 이를 통해 중견인물 양성정책이 대두한 배경을 알 수 있을 것이
다. 다음으로 중견인물 양성을 위해 동원되었던 정책을 '보통학교 졸업생 지도
사업'과 중견인물 양성시설의 변화를 중심으로 살펴보겠다. 총동원체제제하에서
중견인물이 정책적으로 양산되고 적극적으로 이용된 것은 이런 정책의 연장선
위에 놓인 것이었다.

먼저 면의 재정 운영과 도시화 그리고 촌락사회의 분화 등과 관련하여 증가
하고 있던 부재지주의 동향을 검토해보자. 부역 대납금, 호별할 등 전근대적이
고 수탈적인 부과금과 기부금 등으로 인해 1920년대 이후 부재지주가 현저하
게 증가하는데, 이로 말미암아 농촌 면의 재정은 심각한 타격을 입고 있었다.
면 재정 운영의 곤란함과 부재지주의 증가 현상은 순환관계를 구성하고 있었
다.30) 이에 따라 지주경제를 기반으로 하는 유지나 지위집단은 농촌에서 점점

---

30) 한 논자는 부재지주의 증가 현상을 地方稅制의 不備 때문이라고 간주하고, 농촌의 돈 있는 자가
도회로 향하는 이유를 다음과 같이 설명하고 있다. 1) 자산가가 농촌에 있으면 면비·학교비·도
세의 호세 등급이 올라가고 다액의 세금을 부담하게 되지만, 도회지로 나가 어렵게 살면 세금은
전부 면제되거나 조금만 내어도 된다. 2) 농촌에서는 기부금 등의 부담이 많지만, 도회지에서는
전혀 없다. 농촌의 기부금은 매우 많아서 면사무소, 학교, 주재소, 농업창고, 병원, 세무서, 관공
서, 관사 등의 신축 기부와 학교의 비품, 소방비, 도로, 하천비 등등 다종다양하다. 적십자 부인
회, 방공협회 등에는 특별사원으로 권유되는데, 도회지에 살면 관공리 등 5급 정도까지는 전부
권유를 받지 않는다. 3) 농촌에는 도로의 수축, 하천 개수, 송충이 퇴치 등의 부역 대납금이 부과
되지만, 도회지에는 없다. 4) 농촌에 살면 친척이나 근린의 사람이 의뢰하여 遊食하거나 도와주
고 먹인다. 돈이나 벼를 빌려가는 자도 있지만, 도회지에 살면 이런 어려움을 면할 수 있다. 5)
도회지는 자제의 교육에 좋고, 일상생활이 편리하며, 특히 향락기관이 정비되어 있다. 이상의 이
유로 농촌 토지의 7할 이상을 경성의 지주가 소유하고 있고, 소작료와 수확물의 반은 경성으로

〈3-16〉 각 도별 관내-관외 지주의 소작지 면적 비율(1930년)

도명	도내 소작지		군내 소작지			(부)면 단위 부재지주 소속 소작 호수	
	관내 지주 소작지	도외 지주 소작지	군내 지주 소작지	도내 지주 소작지	도외 지주 소작지	총 호수	총 소작 호수에 대한 비율
경기	9.6(할)	0.4	5.4	4.2	0.4	137,593	6.55
충북	7.6	2.4	6.5	1.1	2.4	36,626	3.05
충남	7.0	3.0	6.0	1.0	3.0	72,333	4.39
전북	8.6	1.4	6.4	2.2	1.4	69,964	3.26
전남	8.7	1.3	6.5	2.2	1.3	93,966	3.24
경북	9.1	0.9	6.6	2.5	0.9	90,785	3.30
경남	9.0	1.0	6.8	2.2	1.0	109,568	4.42
황해	8.0	2.0	6.3	1.7	2.0	56,186	2.95
평남	9.4	0.6	7.6	1.8	0.6	35,112	3.16
평북	9.7	0.3	8.9	0.8	0.3	21,885	1.61
강원	8.6	1.4	7.1	1.5	1.4	36,763	2.56
함남	9.5	0.5	8.0	1.5	0.5	16,432	1.87
함북	8.8	1.2	7.7	1.1	1.2	1,574	0.65
평균	8.7	1.3	6.9	1.8	1.3	778,787(합계)	3.50

(자료) 朝鮮總督府, 『朝鮮ノ小作慣行』(下), 續編, 1932, 1~13쪽.

더 무력해질 수밖에 없었다.

요컨대 신구(新舊) 애브센티즘(absenteeism, 不在地主)이 농촌사회의 가장 큰 문제라는 것은 많은 사람들이 인정하고 있었다. 순수 지주 및 자작을 겸한 소지주도 포함하여 전체 지주 호수는 10만 내외인데, 이 가운데 신부재지주(新不在地主), 즉 새로 도시로 이주하는 계층이 사회문제를 야기하고 있다고 인식되었다.[31] 농촌 지주의 도시 이주는 1919년 이래 급속히 증가했다. 서북 지방

간다는 것이다. 北畠良弘, 「地方稅制改革에 關한 私見」, 『朝鮮地方行政』 14-12, 1935, 43~50쪽.

31) 服部暢, 『朝鮮及朝鮮人の經濟生活』, 帝國地方行政學會朝鮮本部, 1931, 110~122쪽.

에서는 3·1운동 이후 치안 불안이, 나머지 지역에서는 과세와 기부금의 과중함이 주요인으로 작용했다. 물론 도시의 발달에 따른 생활의 편의와 사업 경영, 교육의 편의 또는 도시생활에 대한 동경 등의 요인이 이주를 부추기기도 했다.[32] 부재지주와 그 소작지는 1920년대 이후 계속 증가했는데, 1930년 현재 부재지주에 속한 소작지와 관내 지주(管內地主)에 속한 소작지의 비율은 표 〈3-16〉과 같다.

표 〈3-16〉에 의하면, 면 단위 부재지주까지 포괄할 경우 전체 소작인의 35%가 부재지주의 소작지를 경영하고 있다. 군을 기준으로 할 때, 군내 소작지 가운데 도내 지주 소작지와 도외 지주 소작지를 합친 부재지주의 소작지는 31%였다. 도를 기준으로 하면 13%의 소작지가 부재지주가 소유한 토지였다. 경기도에 토지를 가진 부재지주가 가장 많았으며, 대체로 남부 지방에 부재지주의 비율이 높아 평균을 상회하는 지역이 많다. 이 표만으로 부재지주의 상황을 정확히 알기는 어렵지만 남부 지역의 부재지주는 도시 지역으로 이주한 사례가 많았을 것이다. 부재지주의 증가 경향은 제3부 1장의 표 〈3-9〉의 소작인 분포를 통해서도 확인할 수 있다. 부재지주가 소유한 농지를 소작하는 소작인의 수는 전체의 55%에 달한다. 표 〈3-9〉와 〈3-16〉을 합쳐보면 1930년 현재 전체 소작지의 35%가량을 소작인 약 55%가 경영하고 있었다고 볼 수 있다. 반수 이상의 소작인이 부재지주의 농지를 경작하고 있었던 셈인데, 부재지주와 그 농지의 증가는 농촌사회 내부에서 많은 문제를 발생시키고 있었다.

부재지주의 존재가 소작관계에 미치는 영향으로는 다음과 같은 사항을 들수 있겠다. 재촌지주 소유지에 비하여 부재지주 소유지의 경우, 일반적으로 정조소작(定租小作)은 약정 소작료가 높고 집조소작(執租小作)은 실납(實納) 소작료가 높았다. 부재지주의 소작료가 재촌지주의 소작료보다 높은 것은 부재지주의 다수가 관리인이나 추수원(秋收員)을 두었기 때문이다. 그리고 부재지주는 소작

---

32) 朝鮮總督府, 『朝鮮ノ小作慣行』(下), 續編, 1932, 1~13쪽.

관계의 개선, 소작지의 개량시설이나 그 협의에 대하여 지역지주와 공동협의를 하지 않았고, 권농(勸農)이나 소작인 보호에 성의를 보이지 않았으며, 토지 사무에도 신경을 쓰지 않았다. 또한 지주 소작인 간 교섭관계가 불편해졌으며, 소작인은 지주의 부재를 기화로 소작권을 은밀히 전대 매매하여 소작관계를 복잡하게 했다. 그리고 소작인에게 소작료의 운반을 과중하게 하는 예도 많았다.[33]

이런 농업 내부적인 문제는 촌락사회의 갈등을 증폭시키는 역할을 했다. 총독부가 소작 관련 법령을 연이어 발령하여 소작인 보호에 나섰던 것도 이 때문이었다. 또한 부재지주는 대개 신분과 경제적 힘을 바탕으로 지방의 유지층을 형성하고 있었다. 이들의 도시로의 이주는 '촌락정치'의 약화를 초래했던 것이다. 이에 총독부가 새로운 계층의 진출과 그 양성에 관심을 기울이는 것은 오히려 당연한 일이었다. 물론 부재지주의 증가만으로 중견인물 양성정책의 배경을 전부 설명할 수는 없지만, 그것이 중요한 배경을 이루고 있었음도 부정할 수 없다. 이처럼 새로운 중견인물의 부상은 부재지주의 증가 현상과 무관하지 않았다.[34]

이제 1930년대 중견인물의 구성을 분석해보고자 한다. 모두 네 가지 사례를 대상으로 할 터인데, 첫째 1932년 경북 지방의 읍면 농촌진흥실행위원회 위원, 둘째 1932년 평안남도 모범부락의 중심인물, 셋째 1933년 황해도의 농가갱생부락 중심인물, 넷째 1937년 농산어촌진흥운동 공적자(功績者) 사례가 그것이다. 각기 다른 범위와 인물을 대상으로 한 것이지만 이 분석을 통해서 1930년대 중견인물 구성의 대강을 이해할 수 있다. 먼저 표 〈3-17〉을 통해 경북 지방 읍면(邑面) 단위 농촌진흥실행위원회 위원의 구성을 검토해보자.

---

33) 朝鮮總督府, 『朝鮮ノ小作慣行』(下), 續篇, 1932, 1~13쪽.
34) 마쓰모토 다케노리(松本武祝)는 1920년대 이후 부재지주의 증가 현상과 아울러 조선인 지주 가운데 이른바 靜態的 地主가 증가하는 현상을 아울러서 在村中小地主의 물질적·정신적 不在化라고 표현하고 있다. 또한 이런 현상이 지방 有志에 의해 주도되던 종래의 촌락질서를 이완시키고 있었다고 보고 있다. 이런 측면에서 이 글은 그의 입론과 동일하다. 松本武祝, 『植民地權力と朝鮮民衆』, 社會評論社, 1998, 63~94쪽.

〈3-17〉 읍면농촌진흥실행위원의 신분별 구성(경북, 1932년)

읍면 수	읍면리원	경찰주재소수석	공립학교교장	금조 이사	산조수조이사	면협의회원	지방유식자	계
272	5,541 (3,849 구장)	261	227	114	31	2,412	2,964	11,550

(자료) 慶尙北道, 『農村振興施設要項』, 1933, 16~30쪽.

〈3-18〉 모범부락 중심인물의 직업(평남, 1932년)

구분	구장	면협의회원	(전)면장	금조 서기, 학교평의회원	청년단장	근농보도위원	농업
인원	11	12	3	2	3	8	4

(자료) 平安南道, 「平安南道に於ける模範部落建設槪況」, 『朝鮮地方行政』 1932. 10, 148~151쪽.
(비고) 전체 인원은 35명이지만, 복수 직업을 가진 경우에는 중복 계산했다.

경북 지방의 농촌진흥실행위원은 관공리, 경찰, 교장, 각종 조합의 이사, 면협의회원 등 지방의 통치와 관련된 인물이 대부분을 차지하고 있다. 농촌진흥운동의 성격을 감안하면 관공리가 다수를 차지하는 것은 당연한 일이다. 그런데 관공리가 아닌 지방 유식자가 전체의 4분의 1 정도를 차지하고 있다. 지방유식자란 아마 유지나 중견인물을 가리키는 것일 테지만 그 내용을 알 수는 없다. 표 〈3-17〉을 통해 중견인물의 면면을 알 수는 없지만, 유지나 중견인물을 농촌진흥운동으로 견인하고자 하는 정책적 의지는 읽을 수 있다.

두 번째 평안남도 지방 모범부락의 중심인물을 나타낸 표 〈3-18〉을 살펴보자. 면장과 면협의회원, 구장을 포함하면 지방행정에 연관된 인물이 26명으로 전체의 70%를 상회한다. 양반 촌락이 적은 평안남도의 경우 특히 이런 경향이 특히 강했을 것으로 보이지만, 지방행정과 연관된 인물이 부락의 중견인물을 담당하고 있었다는 사실은 면의 제도화가 부락을 끌어들이는 방식으로 수행되고 있었음을 보여준다. 농업에만 종사하거나 농업 관련 촌락조직인 근농공제조합(勤農共濟組合)[35]의 보도위원을 합치면 12명이 되는데, 이는 새로운 계급의

〈3-19〉 군 농가갱생부락 중심인물의 약력(황해도, 1933년)

구분	보통 졸업	농업 졸업	중등 이상 졸	관공리	전관공리	근농공제조합 보도위원	기타	계
해주	1	1	–	11	1	2	6	22
연백	2	1	2	8	–	3	4	20
금천	2	–	–	4	2	2	5	15
평산	2	1	–	7	–	–	5	15
신계	–	–	–	4	–	–	4	8
옹진	–	–	1	4	1	1	6	13
장연	–	1	–	7	1	1	1	11
송화	1	–	–	6	3	1	2	13
은율	–	–	1	6	–	–	–	7
안악	–	–	–	4	2	–	3	9
신천	1	–	–	2	2	3	7	15
재령	1	–	–	7	–	1	2	11
황주	–	–	–	7	–	1	2	10
봉산	1	–	–	5	3	3	2	14
서흥	1	–	1	3	1	1	5	12
수안	–	–	–	5	2	2	2	11
곡산	–	–	–	2	4	2	4	12
계	12	4	5	92	22	23	60	218

(자료) 黃海道, 『農村振興彙報』, 1934.
(비고) 1) 관공리는 면 직원, 면협의회원, 구장을 포함한다.
    2) 기타는 농촌진흥위원, 興豊會 役員, 청년회 역원, 납세조합장, 양잠조합장, 전작개량계장, 면작
       장려원 등이다.

상승을 보여주는 지표라 할 수 있다. 물론 구장과 보도위원을 겸하고 있는 경
우도 있고 구장이 면협의회원을 겸하고 있는 경우도 있어 일률적으로 규정하기
는 어렵지만, 크게 보아 전통적 지위집단과 새로운 계급집단의 혼성적인 모습

---

35) 근농공제조합은 부락 내의 농사소조합으로서 총독부의 지원을 받아 결성된 것인데, 이에 대해서
    는 이 책 제4부 1장 참조.

을 보여준다.

세 번째, 황해도의 1930년대 초 갱생지도부락(更生指導部落) 중심인물의 사례를 정리한 표 〈3-19〉를 검토해보자. 중심인물로는 관공리의 수가 92명, 비율로는 42%로 가장 많은 수를 차지하고 있다. 여기에 전 공직자 22명을 더하면 114명으로 전체의 52%나 된다. 이로 본다면 촌락 중심인물은 이미 행정에 의하여 전체의 반 이상이 포섭, 활용되고 있었던 셈이다. 여기에 근농공제조합 보도위원과 기타로 분류된 각종 지방개량단체의 중심인물들을 더하면 197명으로 90%를 차지하고 있다. 이로 본다면 지도부락으로 선정된 부락의 중심인물은 이미 식민지 지방행정에 포섭된 인물들이 대부분을 차지하고 있다. 한편 개량단체의 지도자나 핵심인물들은 60명으로 약 28%를 차지하고 있는데, 부락 내 산업단체를 부락 단위로 묶어내기 위해서라도 이들을 활용하는 것이 필요했을 것이다.

네 번째, 조선총독부에서 1937년 발간한 『농산어촌진흥운동 공적자명감』에 등재되어 있는 중심인물 25명을 분석해보면 다음의 결과가 나타난다.[36] 25명은 부락진흥회 또는 부락진흥회와 관련한 단체에서 중요한 역할을 하고 있는 중심인물이다. 첫째, 출신 신분을 보면 양반으로 명기되어 있는 사람은 25명 중 2명뿐이고 나머지는 출신이 명기되어 있지 않은데, 대부분 평민 출신이었던 것으로 보인다. 둘째, 경제적 기반을 살펴보면 다음과 같다. 원 출신계급을 보면 빈농이 15명이고, 중농이 7명이며, 지주는 1명뿐이었다. 단 확인이 불가능한 사람이 2명인데 이는 중농 이상 출신이었던 것으로 보인다. 그렇다면 전체

---

36) 『農山漁村振興運動功績者名鑑』의 중심인물은 이미 지수걸과 松本武祝가 분석한 바 있다. 지수걸, 「1932~35년간의 朝鮮農村振興運動-植民地體制維持政策으로서의 機能에 관하여」, 『한국사연구』 46, 1984 ; 松本武祝, 『植民地權力と朝鮮民衆』, 社會評論社, 1998, 제5장 참조. 지수걸은 유지층이 중심을 이루고 있다고 보았지만, 松本武祝는 중견인물이 중심을 이루고 있으며 이들은 경제적 자원과 아울러 정치적 자원도 확보해가고 있었다고 보았다. 이리하여 이들은 위로부터 진행된 농촌진흥운동의 말단 농촌에서의 담당자 역할을 스스로 부담하게 되었다는 것이다.

25명 가운데 15명, 즉 60% 정도가 빈농 출신이었다. 그러나 15명의 빈농은 모두 중농 이상의 계급으로 상승했으며, 그중에는 지주로 격상한 사람도 있다. 세 번째, 현재의 경제 상태를 보면 빈농은 한 명도 없으며, 23명이 중농 또는 상농이고 나머지 2명은 지주이다. 원 지주 출신 1명을 제외하면, 나머지 1명은 빈농에서 지주로 계급이 상승한 사람이다. 경제적으로 빈농으로부터 중농 이상으로 상승한 사람이 60% 이상을 차지하고 있는 것이다. 네 번째, 최종 학력은 무학(無學)이 3명, 서당 출신이 6명, 간이학교나 사설학교 출신이 5명, 보통학교 출신이 4명, 중등 이상의 학력을 가진 사람이 2명, 미확인자가 5명이다. 보통학교 이상의 학력을 가진 사람은 6명에 지나지 않는다. 마지막으로 경력을 보면, 구장을 지냈거나 지내고 있는 사람이 5명, 면서기를 지낸 사람이 3명이고, 면협의회원도 2명이 있다. 모두 10명이 지방행정과 관련한 경력을 가지고 있는 셈이다. 이로 보면 역시 40% 이상을 관공리가 차지하고 있다.[37]

1937년 농촌진흥운동의 공적자들은 다음과 같은 특징을 가지고 있다. 평민의 빈농 출신이 60% 이상을 차지하고 있으며, 보통학교 이상을 나온 사람이 오히려 소수이다. 그리고 공직자가 전체의 40% 정도를 차지하고 있다. 요컨대 1937년 농촌진흥운동의 공적자들은 평민의 빈농 출신이 경제적 성장을 통해 관공리로 진출한 경우가 다수를 차지하고 있는 것이다. 이들은 중상농층으로서의 경제적 배경을 바탕으로 농촌진흥운동의 전개와 연관을 가지면서 촌락의 '공적자─중간지배층'으로 부상하고 있었던 것이다. 또한 이들이 구장이나 면리원, 면장 등 관공리와도 상호 경쟁하는 관계에 있지 않았다는 것을 확인할 수 있다. 한편 중견인물의 성장에 근대 교육은 오히려 큰 역할을 하지 못했다고 볼 수 있다. 중견인물을 양성한다는 발상이 나온 배경을 중견인물의 교육 수준을 통해서 알 수 있겠다.

이 네 가지 사례 가운데 첫 번째 경북 지방의 것은 개괄적인 것이므로 제쳐

37) 朝鮮總督府, 『農山漁村振興運動功績者名鑑』, 1937.

두고, 부락 단위의 중심인물을 분석한 두 번째와 세 번째 사례, 그리고 마지막 1937년의 사례를 비교해보자. 두 번째와 세 번째 사례는 원 출신이나 경제적 배경을 확인할 수 없어 직접 비교가 불가능하지만, 중견인물이 관공리로 진출해 있거나 진출했던 경험을 이력의 가장 중요한 바탕으로 삼고 있다는 점에서는 공통적이다. 구장이나 면리원, 면장과 중견인물이 배치되지 않고 상호 병립해 있었던 점을 다시 한 번 확인할 수 있다.

위의 사례 분석에서 염두에 두어야 할 사실은 중심인물과 중견인물의 차이에 관한 것이다. 이들은 모두 총독부에서 부여한 명칭이지만 중심인물은 유지와 아울러 새로 육성된 중견인물을 포함한 개념이다. 하지만 양자가 명확하게 분리되어 사용되지 않았던 것으로 보아 개념적 혼란은 정책 당국자들도 마찬가지로 겪고 있었던 듯하다. 위의 사례는 모두 중심인물을 대상으로 한 것이고, 여기에는 중견인물도 포함되어 있었다. 중견인물은 유지와도 그 외연이 겹치고 있었던 것이다.[38]

이와 관련하여 다시 촌락정치의 구조에 대하여 언급해둔다. 촌락정치는 면 행정과의 관련을 한편으로 하고, 다른 한편으로 촌락 내부의 전통적 공공성을 유지해가는 측면을 그 내용으로 한다. 1930년대에는 면협의회의 정원을 각 동리에서 1명으로 하자는 주장이 대두하고, 실제로 면협의회의 구성도 그런 방식으로 변화해간다.[39] 이는 동리의 중심인물이 면의 정치에 참여하기 시작했다는 것을 의미한다. 다른 한편 기존 유지와 중견인물이 함께 촌락의 중심인물로 파악되고 있었다. 이는 촌락 내부 정치의 존재 형태를 말하고 있는 것이 아닐까 한다. 이런 두 가지 측면을 아울러 '촌락정치'라고 부를 수 있다.

---

38) 중견인물의 이런 측면에 대해서는 김민철, 「식민지배권력의 촌락지배와 농촌 중견인물」(미정고) 참조.

39) 金翼漢, 「植民地期朝鮮における地方支配體制の構築過程と農村社會變動」, 東京大學校 博士 學位論文, 1995, 제4장 참조. 또한 「면협의회 의원 정원을 각리 1인제로 개정하라」, 『朝鮮地方 行政』, 1935. 6 등의 기사 참조.

1920년대 초부터 총독부는 평민 출신 중심인물의 대두에 주목하고 있었고, 이를 초등교육 보급과 관련하여 이해하고 있었다.[40] 즉 교육열의 발흥은 평민 출신의 농촌 중심인물을 만들어냈고, 이는 거꾸로 농촌사회를 구조적으로 변화시키고 있었다. 이런 과정은 상호 영향 아래 놓인 것이었다. 농촌사회의 구조와 가치관의 변화가 전제되지 않으면 평민 출신의 초등교육은 가능하지 않았고, 또한 평민층에서의 초등교육 확장은 농촌의 중심인물이 등장하는 계기를 제공하는 것이었다.

총독부가 중견인물 양성을 위하여 보통학교 졸업생 지도에 착안한 것도 교육이 가진 이런 효과에 착목했기 때문이다. 졸업생 지도사업은 중견청년 양성을 공식 목표로 설정하고 있었다.[41] 이 사업은 1927년 경기도에서 처음 시작되었다. 졸업생 지도사업은 크게 세 시기로 나누어 살펴볼 수 있는데, 첫째 시기는 경기도에서 처음 시행되어 전국적으로 확산되는 단계(1927~1930년)이고, 두 번째 시기는 전국적인 중견인물 양성계획이 계획되는 단계(1931~1934년), 마지막 시기는 중견인물 양성계획이 다른 기구에 정리 흡수되는 시기(1935~1940년)이다.[42] 제2기, 곧 1931년 이후 사업이 중견인물 양성정책과 연결돼 있었다.

졸업생 지도를 담당하는 지도학교의 종류에는 도 지정(道指定), 군 지정(郡指定)이 있고, 여기에는 일정한 보조금을 교부하고 있었다. 지도의 방법은 개인지도, 공동지도, 기록지도(記錄指導), 수양에 관한 지도, 다른 지도기관과의 연락 등으로 나뉘어 있었다. 대개 3년의 지도 기간을 두고, 지도생을 일단(一團)으로 조합을 만들어 상호 공려(共勵)하여 지방지도에 적극적으로 나서도록 지도했다. 곧 중견인물 양성에 지도의 초점을 두고 있었던 것이다.[43]

40) 京畿道 內務部 社會課, 『京畿道農村社會事情』, 1924, 135~138쪽.
41) 善生永助, 「模範部落과 卒業生指導」, 『朝鮮の聚落』 中篇, 朝鮮總督府, 1933, 294~297쪽.
42) 이기훈, 「일제하 농촌 보통학교의 '졸업생' 지도」, 『역사문제연구』 4, 2000. 시기구분은 이 논문에 의거했다.
43) 善生永助, 『朝鮮の聚落』 中篇, 朝鮮總督府, 1933, 294~297쪽.

<표 3-20> 공립보통학교 졸업생 지도시설(1933년)

도명	졸업생 지도시설(개)				지도원 수(명)				지도생 수(명)	종료자 수(명)	연간 경비 예산(원)	실습 수익(원)
	도지정	군지정	기타	계	전임	보조지도원		계				
						訓導	비훈도					
경기	41	25	35	101	406	235	-	641	1,019	463	14,737	114,891
충북	12	9	29	50	217	50	137	404	461	-	4,979	7,739
충남	23	11	16	50	21	420	15	456	735	-	20,152	19,228
전북	22	11	28	61	140	115	75	330	565	57	5,175	2,285
전남	27	2	96	125	-	375	80	455	497	-	7,111	8,840
경북	20	1	42	63	147	114	2	263	530	60	5,065	6,660
경남	21	14	34	69	69	216	142	427	766	-	16,618	63,066
황해	29	16	69	114	213	202	53	468	793	30	5,940	14,408
평남	78	-	-	78	342	48	346	736	1,001	-	8,010	20,365
평북	28	-	30	58	-	310	49	359	597	52	2,792	17,864
강원	15	4	46	65	-	311	274	585	606	-	2,320	38,941
함남	21	-	40	61	337	-	217	554	713	-	3,413	20,714
함북	17	-	35	52	26	208	24	258	934	-	3,425	19,206
합계	354	93	500	947	1,918	2,604	1,414	5,936	9,217	662	99,737	354,207

(자료) 善生永助, 「模範部落과 卒業生指導」, 『朝鮮の聚落』 中篇, 朝鮮總督府, 1933, 294~297쪽.

표 〈3-20〉, 〈3-21〉을 통해 졸업생 지도사업의 성과를 측정해보기로 하자. 〈3-20〉은 1933년 초 졸업생 지도시설 현황을 정리한 것이며, 〈3-21〉은 1928 년부터 1935년까지 8년 동안의 지도시설과 지도생의 변화를 정리한 것이다.

표 〈3-20〉을 보면 지도시설이 골고루 분포되어 있음을 알 수 있다. 그러나 전임지도원이 없는 도(전남, 평북, 강원)가 있을 정도로 보조지도원이 중심을 이루고 있어, 사업이 비체계적으로 진행되었음을 알 수 있다. 소요 경비는 실습 이익으로 환수할 수 있다고 예상되었다. 표 〈3-21〉을 통해서는 졸업생 지도사업의 추세를 확인할 수 있는데, 1932년 이후에는 전체 학교의 반 이상이 지도학교로 지정되었고, 지도생도 매년 만 명 전후를 배출하고 있다. 또한 1932년

〈3-21〉 졸업생 지도 실시 상황(1928~1935년)

연도	전체 학교 수	졸업생 지도학교 수	지도생	지도원
1928	1,428	43	-	-
1929	1,505	107	-	-
1930	1,644	305	-	-
1931	1,779	638	-	-
1932	1,896	947	9,215	5,936
1933	2,020	1,158	10,855	6,198
1934	2,133	1,325	11,687	6,479
1935	2,274	1,402	12,736	6,911

(자료)『朝鮮總督府調査月報』; 富田晶子,「農村振興運動下の中堅人物の養成」,『朝鮮史研究會論文集』18, 1981에서 재인용.

현재 경기도의 자작농 창정(創定) 농가의 약 3분의 1은 졸업생 지도학교 출신이 차지했다고 한다.[44] 이 사업은 이미 일정한 성과를 내고 있었다.

그럼에도 1935년 당시 지도생의 수가 1만 2천여 명에 지나지 않았고, 지도를 종료한 인원은 더욱 적었다. 이에 총독부는 대체로 3년 정도의 졸업생 지도만으로는 농촌의 중견인물을 체계적으로 양성해내는 것이 곤란하다는 사실을 자각하게 되었다. 더욱이 보통학교 졸업생의 수가 크게 늘어나고 이들의 연령이 낮아지면서 졸업생 지도를 거친 청소년층을 직접 중견인물 양성정책과 연계시킬 수 없는 난점이 있었던 것이다. 이에 1930년대 후반부터는 졸업생 지도는 졸업생 전체를 대상으로 중견인물의 모집단을 형성하는 역할을 수행하고, 이를 거친 청년층 중에서 일부를 선발하여 농촌청년훈련소나 농업보습학교에서 1~2년의 단기교육을 통해 중견인물을 양성한다는 방안이 채택되었다. 1935년 이후 농촌청년단 보급이 확대됨에 따라 졸업생 지도는 청년단 업무와 중복되면서 점차 청년단운동으로 흡수되었다.[45]

---

44) 善生永助,『朝鮮の聚落』中篇, 朝鮮總督府, 1933, 294~297쪽.

〈3-22〉 중견청년훈련소 강습생의 경력(평북, 1933년)

강습원 수	강습원 학력			직업별 내용			
	중등 2년 이상 수료자	보통 졸업자	기타	公吏	農業	商業	기타
625	49	553	24	36	519	25	45

(자료) 朝鮮總督府, 『道參與官會同諮問事項答申書』, 1934, 「평북」항의 26~29쪽.
(비고) 公吏에는 면서기, 기타에는 개량서당 교사 포함.

　　이런 사실을 감안하면서, 1930년대 중견인물 양성정책과 양성시설의 변화를 통해 중견인물의 성격을 살펴보기로 한다. 평북에서는 1932년부터 「중견청년 양성 3개년 계획」을 실시했는데, 강습원(講習員)은 농촌진흥운동 '지도부락'의 '중견청년'이 될 수 있는 자로서, 매년 농한기에 그 군의 군청 소재지에 모여 5일 내지 1주일간 군 직원, 경찰서장, 학교장, 도 직원을 강사로 삼아, 정신 도야에 중점을 두고 산업 개발, 민풍(民風) 개선, 기타에 관하여 강습을 하도록 규정했다. 그 계획은 1934년에 일단 완료되었는데, 강습 수료자들은 각 면당 2명 내지 3명으로 그들은 지도부락에서 중심적으로 활동하고 있었고, 그중에는 지방청년단체의 중견으로 공헌하는 자가 많았다고 한다.[46)]

　　평안북도 중견청년 강습회를 수료한 강습생의 경력은 표 〈3-22〉에서 보는 바와 같이 보통학교 졸업자가 대다수를 차지하고 있으며, 그들은 대부분 농업에 종사하고 있었다. 중견인물의 양성은 이처럼 농업에 종사하고 초등교육을 이수한 자를 대상으로 농촌의 중견청년을 양성하는 것을 목표로 삼고 있었다. 중견청년의 양성이 보통학교 졸업생 지도정책과 무관하지 않다는 것이 여기에서도 드러나고 있다. 이런 상황은 다른 도에서도 마찬가지였다. 강원도의 「농촌 중심인물 강습요항」을 보면, 농촌진흥회가 설치된 촌락을 중심으로 하되 농

45) 이기훈, 「일제하 농촌 보통학교의 '졸업생' 지도」, 『역사문제연구』 4, 2000, 269~305쪽 참조.
46) 朝鮮總督府, 『道參與官會同諮問事項答申書』 「평북」항, 1934, 26~29쪽.

촌진흥회 간사가 농촌진흥에 관한 각종 사업에 대한 계획 수립과 수행에 대한 실지 지도를 하고 있으므로 간사를 대상으로 도 농회에서 강습을 실시하도록 하고 있다. 이 실습을 통하여 농촌진흥회의 간사는 농촌의 중견인물로서 '유위(有爲)의 인물'이 될 것으로 기대되었다.[47] 이런 교육을 받은 자들은 촌락에서 농업을 영위하는 자로서 농촌진흥운동과 연계하여 면 단위 중견인물의 역할을 하도록 기대되고 있었으며, 이들은 약화되고 있던 기존의 유지와 병존하고 있었으나 곧 이들을 대체하도록 요구받고 있었다. 하지만 이들은 지배정책에 순응하는 교육을 받은 자로서, 지배에 협력하면서 촌락의 중견인물로서의 역할을 담당하도록 육성되고 있었다.[48]

1935년 '농촌진흥갱생계획(農村振興更生計劃)'을 세우면서부터 총독부는 중견인물의 역할에 더욱 주목하게 되었다. 1935년 정무총감은 농촌진흥운동의 수행상 가장 중요한 것은 부락에 중견선도(中堅先導)가 되어야 할 인물을 다수, 그리고 신속히 양성하는 일이라고 강조했다. 이미 보통학교 졸업생 지도시설이 전국에 보급되어 있었지만 이를 확충하고 철저히 할 필요가 있으며, 직업과(職業科) 지도, 간이학교 및 농업보습학교의 경영 지도 등에도 노력하여 중견인물 육성에 노력해야 한다고 하면서, 중견청년의 양성을 장기, 단기, 부인의 3부문으로 나누어 구체적인 방책을 제시하고 있다. 중견청년의 장기양성은 농민훈련소, 강습소 등 항구적 시설을 이용할 예정이었다. 농가식 기숙사와 이에 필요한 부속사(附屬舍)를 강습생의 자력으로 완성하도록 하고, 교과는 일상생활과 영농에 필수적인 범위에 그치며, 실습에 중점을 두도록 했다. 강습생은 될 수 있는 한 갱생지도부락 또는 최근 갱생계획을 수립한 부락부터 선정하여 강습 수

---

47) 朝鮮總督府, 『道參與官會同諮問事項答申書』 「江原」항, 1934, 16~17쪽.
48) 박섭 역시 1930년대 농촌의 중심인물은, 1920년대 이후 농산물 상품화의 속도가 빨라지게 되면서 이에 잘 적응할 수 있게 된 농민들이 경제적 실력을 발판으로 촌락 내의 지위를 높일 수 있게 됨에 따라 형성된 것이라고 보고 있다. 박섭, 「국가, 농민, 지주」, 『한국 근대의 농업변동』, 일조각, 1997.

료 후 바로 부락의 중견자로 활동할 수 있게 하고, 기간은 대개 1년 정도로 하되 지도생이나 기타 훈련을 거친 자는 2~3개월이 적당하다고 보았다. 이처럼 장기양성은 기숙사와 부속사를 강습생이 자력으로 건설하고, 실습에 중점을 두어 비용을 자비로 충당하며, 수료 후 바로 활동할 수 있게 했다. 다음으로 중견청년의 단기양성은 강습을 군 단위로 연 2회 이상 실시하고, 인원은 매회 30~40명, 기간은 2~3개월 정도로 할 예정이었다. 또한 부인강습소를 경영하고, 계몽시설에 부인 교화를 위탁하며, 보통학교 여교원을 이용하는 등의 방법으로 중견부인(中堅婦人)도 양성할 계획이었다.49) 이런 계획은 갱생지도부락이 증가하고 총동원정책이 실시되는 1938년부터 본격적으로 시행되기에 이른다.

표 〈3-23〉은 1930년대부터 1942년까지 설치된 중견인물 양성시설을 정리한 것이다. 이 표를 중심으로 중견인물 양성시설의 설치 상황을 보면, 총동원체제로 들어서기 전, 즉 1938년 이전에는 주로 도와 군 농회 또는 향교 측이 경영하던 소수의 농어민도장(農漁民道場)밖에 없었고, 연간 수용 정원도 천 명에 미치지 못했다. 그러나 1938년부터 본격적으로 시설을 증가시키는데, 주로 단기양성시설과 농업보습학교를 개조한 시설이 중심으로 이루고 있다. 먼저 1939년 4월에 1개월짜리 단기양성시설 15개를 도에서 설치하여 경영하고, 1941년에는 주로 10일짜리인 초단기양성시설 22개를 군 농회에서 설치하여 경영함으로써 수용 인원은 폭발적으로 늘어난다. 이 두 종류 모두 37개의 단기양성시설이 수용할 수 있는 연간 정원은 2만 5,607명에 이른다. 이와 아울러 1938년부터 1939년 사이에 농업보습학교를 개조하여 훈련기간 1년의 양성시설을 설치하는데, 여기에서 수용할 수 있는 연간 정원은 3,218명에 이른다. 이처럼 1938년 이후 설치되는 단기양성소와 개조농업보습학교에서 연간 훈련시킬 수 있는 정원은 2만 8,825명에 이르게 된다.

---

49) 政務總監 通牒, 「農家更生計劃 實施上의 要項에 관한 件」(1935. 3. 16), 朝鮮總督府, 『農山漁村振興關係例規集』, 1937, 38~60쪽.

〈3-23〉 중견인물 양성시설 현황(1942년)

구분	개수	연간 수용 정원	설치 또는 이관 연월 분포
農山漁民道場			
1) 道經營	19	754	1933~1940
2) 郡農會, 鄉校財產經營	10	254	1935~1939
3) 私立	3	72	1939~1941
계	32	1,080	–
短期 農漁民道場, 道經營 훈련기간 1개월	15	6,070	모두 1939년 4월
長期農村中堅婦人養成所			
1) 道經營	7	205	1934~1941
2) 道 이외 團體經營	3	70	모두 1935년
계	10	275	–
短期 農民道場, 郡農會經營 훈련기간 10일~1개월	22	19,537	모두 1941년
改組農業補習學校			
道 學校費經營	8	310	모두 1939년 9월
忠北	3	180	모두 1936년
忠南	8	200	모두 1938년 11월
全北	6	240	1936~1939
全南	13	390	모두 1938년 11월
慶北	6	360	모두 1938년 12월
慶南	14	700	모두 1938년 9월
黃海	5	150	1938~1939
平南	6	118	모두 1938년 11월
平北	3	180	모두 1938년
江原	8	240	모두 1938년
咸南	3	90	모두 1939년
咸北	3	60	모두 1938년
계 훈련기간 1년	86	3,218	–
총계	165	30,180	
남자	155	29,905	–
여자	10	275	–

(자료) 朝鮮總督府農林局, 『中堅人物養成施設要覽』, 1942, 1~16쪽.
(비고) 원 자료의 총계가 항목의 합계와 맞지 않아서 이 표에서는 임의로 수정했다.

1938년 이전에는 1년에 약 천 명 정도를 양성할 수 있는 시설이 있었으나, 1938년부터 1940년 사이에 수용 인원이 단기양성시설을 포함하여 약 만 명으로까지 늘어나게 되고, 1941년 군 농회 주도의 초단기양성시설이 설치되면서 1년에 약 3만 명의 중견인물을 양성할 수 있는 시설을 갖추게 되었다. 이처럼 국민정신총동원운동 이후 단기양성시설을 급조하여 중견인물을 많이 배출하고자 한 것은 총동원운동으로 농촌을 포섭하기 위한 매개 역할을 새로 '만들어지는' 중견인물에게 기대했기 때문이다. 또한 1941년 설치되는 단기양성시설은 '국민총력운동'의 전개와 밀접히 연관된 것이었다.

이처럼 급조된 농촌의 '중견인물'에게는 어떤 역할이 기대되었는가를 구체적으로 검토해보자. 먼저 농민도장의 훈련요강을 통해 중견인물에게 부여된 역할을 추정해보면, 중견인물에게는 부락연맹과 식산계(殖産契)의 중심인물로서 부락생산확충계획의 실시에 주도적인 역할을 하리라 기대되었다. 그러므로 부락의 개황을 먼저 조사하여 부락생산확충계획을 결정하고, 이 계획에 기반하여 부락연맹의 상회(常會)에서 종류별로 각 농가에 목표를 할당한 뒤 「생산확충개별계획」을 작성하여 농가별로 배부하도록 했다. 이 계획을 실시할 때도 부락연맹의 상회를 중심으로 공려(共勵)·공동(共同)으로 계획을 실시할 수 있도록 하고, 부락 단위의 종합적 경영을 향하여 유기적으로 통합하는 데 유의하도록 했다.[50]

총동원체제기 국민정신총동원운동과 국민총력운동의 추진대원 양성은 중견인물 양성의 일환으로 주목할 필요가 있다. 1939년 8월 추진대원 규정이 처음으로 결정되었는데, 귀휴제대(歸休除隊)한 육군특별지원병 지원자 중 조선연맹의 강습을 받은 자, 총독부 중견청년훈련소를 수료한 자, 흥아근로보국대(興亞勤勞報國隊) 조선부대인 자, 기타로 정신(挺身)하여 연맹의 추진적 역할을 수행할 수 있는 청년을 대상으로 추진대원을 선정한다고 했다.[51] 이는 위로부터의

---

50) 朝鮮總督府農林局, 『中堅人物養成施設要覽』, 1942, 17~46쪽.

국가주의적 운동의 중추로서의 역할을 기대하고 있었다는 점에서는 기존의 중견인물과 약간의 차이는 있다. 군 경험이 있거나 중견청년훈련소를 수료한 청년을 대상으로 선정한 점에서도 그 차이는 드러난다.

특히 총력연맹에서는 1941년 4월 추진대원으로 하여금 총력운동 전개의 유력한 추진분자로서 정신(挺身)·봉공(奉公)할 수 있도록 하기 위하여 종래의 추진대 규정을 개정했다. 개정의 요점은 향후 3년 동안 약 10만 인의 대원을 양성 조직할 것, 여자 추진대원을 양성할 것, 개조청년단의 중심력을 연맹운동의 첨병으로 활용할 것 등이었다. 약 10만 명의 추진대원이라면 6만여 개의 부락연맹의 수를 상회하는 것으로, 한 부락에 한 명의 이상의 추진대원을 양성한다는 계획이었다. 또한 여성 추진대원도 양성하도록 했는데 이는 부인노동의 동원과 관련된 것이었다. 종래의 중견인물 양성 시스템으로는 이제 총력운동의 하부조직을 지탱하기 어렵다는 판단 아래 이런 방식으로 정책을 전환하고자 한 것이겠다. 이는 또한 구장에게 급여를 제공하고 구장의 수를 확대한 조치와도 무관한 것이 아니었다.

종래 추진대원은 부여(夫餘) 중견청년훈련소 수료자, 지원병훈련소 수료자로서 입영 후 귀휴제대하여 연맹의 특별강습을 받은 자, 연맹의 강습을 받은 홍아근로보국대 조선부대원 등이었으나, 이후 범위를 확대하여 조선농업보국청년대원, 청년훈련소, 농업보습학교, 농민도장, 농촌중견부인양성소와 그와 동일한 취지의 강습소에서 국민총력운동의 취지와 운용에 관한 훈련을 받은 자도 추진대원으로 임명할 수 있게 했다. 또 연맹의 강습을 받은 애국반장과 조선연맹에서 적당하다고 인정한 자도 추진대원으로 임명될 수 있는 길이 열렸다.[52] 이로 볼 때 추진대원은 기존의 중견인물을 포괄하는 좀더 넓은 범위의 인물을 망라하는 의미를 가지는 것이었다고 하겠다.

---

51) 國民總力朝鮮聯盟 編, 『朝鮮に於ける國民總力運動史』, 1945, 29~37쪽.
52) 「推進隊員 10만 인을 養成」, 『國民總力』 1941. 4, 104쪽.

1944년 식량 공출(供出)을 원활하게 하기 위하여 '농업생산책임제'를 도입했지만, 농촌 노동력의 수급에는 계속하여 심각한 문제가 발생하고 있었다. 이런 상황을 타개하기 위하여 내건 정책이 '농업요원제'였다. 1944년 9월 「농업요원설치요강」이 발표되었는데, 그 개요는 다음과 같다. 농업요원으로 지정하는 범위는 다음의 다섯 가지로 설정되었다. 농가의 농업경영주(경영주가 농업경영의 중심자일 수 없는 경우에는 실제의 경영 중심자), 정농가(精農家) 및 그 가족, 농업증산실천원(農業增產實踐員), 지도원(도, 부, 군·도, 읍면, 농회, 금융조합, 수리조합 농장 직원), 농업 관계 학교 및 농업도장 재학 중인 자 등이 농업요원으로 지정될 수 있는 대상이었다. 농업요원에게는 국민징용령에 의한 징용 및 일반 노무자의 알선으로부터 제외하는 특전이 주어졌으나 철저한 통제의 대상이 되었다.[53]

이 가운데 농업증산실천원에 대해서는 부락민을 지도, 계발할 수 있는 중견 인물로서, 1943년 한국 전체 7만 부락에 대하여 7만 인을 지정했다. 그를 농업증산, 공출, 농가의 지도 등을 수행하는 촌락의 중핵체로 삼고, 1944년 7만 5천 인을 증치(增置)하여 상당한 효과를 거두었다고 총독부는 자평하고 있다. 농업증산실천원은 1943~44년 양년에 걸쳐 전국적으로 14만 5천여 명이 선정되었는데, 이는 구동리 즉 부락으로 통칭되던 자치 단위당 약 2명에 해당하는 수이다. 그리고 「농업요원설치요강」에 기초하여 전국에 설치된 농업요원 수는 약 165만 명이었다고 한다. 이것은 농가 총 호수(대략 3백만 호) 중 순 농가를 그 7할인 240만 호로 보고, 그 총 인구 약 1,200만 명 중 남자 약 6백만 명, 그 가운데 일정 연령자(18세부터 55세)에 상당하는 자, 240만 명 중에서 사정을 참작하여 결정한 인원이었다. 농업요원은 거의 대부분 노동 가능한 남자였는데, 이는 다만 전쟁 말기 통치의 조급성을 보여주는 것인지도 모르겠다.[54]

---

53) 日本大藏省管理局, 『日本人の海外活動に關する歷史的調査』, 1946, 47~75쪽.
54) 日本大藏省管理局, 『日本人の海外活動に關する歷史的調査』, 1946, 47~75쪽.

총력운동의 정책 대상으로서의 '부락'의 중요성이 더해지면서 기존 중견인물의 기준으로 볼 때는 도저히 불가능한 수로 농업증산실천원이 단기간에 증가하게 되는데, 이들은 행정적 측면에서의 구장이나 총력연맹의 이사장 또는 주로 금융조합의 지도하에 있던 식산계 이사장과는 다른 역할을 부담하던 계층이었다. 농업증산실천원의 실체를 정확히 확인하기는 어렵지만, 부락당 한 명의 중견인물 또는 그에 준하는 인물이 증가했다고 할 수 있다. 하지만 농업증산실천원은 그리 효과적으로 운영되지는 못했던 듯하다. 강원도의 실태를 보면 17세 이상 30세 미만의 농촌 청년을 통제하여 농업증산추진대(農業增産推進隊)라는 대대적인 단체를 각 군에 조직하여 군수가 대장이 되고 각 읍면장이 분대장이 되었는데, 여기에 대해서는 추진대를 조직한 후의 활동이 부족하다는 평가가 내려지고 있었다. 추진대원이 농업요원으로 끌려가버려서 결국 이름만의 운동으로 끝나게 되었다는 것이다.[55] 이를 통해 기존 제도와 농업증산실천원제도가 충돌하여 효과적인 운영이 방해받고 있었음을 알 수 있다. 이와 연관하여 국민저축조합의 저축추진원이라는 것도 대개 한 부락연맹을 단위로 한 명 정도가 위촉되었다고 한다. 이처럼 총력운동추진대, 농업증산실천원, 국민저축추진원 등의 중견층이 대거 증가하게 되는 것은 초등교육의 확대와 청년층의 총독부 정책에의 협력이 심화되었다는 점을 무시하고는 이해하기 어렵다. 이리하여 총동원체제하에서는 농촌의 중견인물 또는 그에 준하는 정책적 집단이 양산되었다.

1930년대 중견인물은 성장하는 경제력을 바탕으로 계층적 상승을 이룬 평민 출신으로서, 구장 등의 관공리로 진출했던 경험을 가진 사람들이 중심을 이루는 것으로 보인다. 중견인물과 구장 등의 관공리는 서로 배치되는 관계에 있지 않았고, 관공리는 중견인물의 입신의 경로였다. 이런 중견인물은 유지와도 병립해 있었고 상호 대체적인 관계에 있지 않았다. 대개 중심인물에는 기존 유

---

55) 「決戰地方行政을 말한다」, 『朝鮮行政』 1945. 2, 22~31쪽.

지도 포함되었지만, 중견인물은 촌락사회의 변화와 장로-촌락정치를 변화시키고자 한 총독부에 의해 육성되었다. 처음에는 주로 보통학교 졸업생을 대상으로 했지만 농촌진흥운동 과정에서 양성시설이 체계적으로 증설되기 시작했다. 농촌진흥동운동의 성패는 중견인물의 양성에 달려 있는 것으로 판단할 정도였지만 실제 효과는 그리 높지 않았다. 전시 총동원체제로 진입하면서 중견인물 양성시설이 크게 증가하고, 많은 인물을 속성으로 양성했지만 이 시기의 중견인물은 다만 총동원체제의 하위에 종속된 인물에 지나지 않았다.56)

중견인물은 신분적 질서의 혜택을 입지 않았다. 그들은 지배계급이나 지위집단으로서의 특성을 가지지 못했으며, 대개 새로 성장하는 경제력과 근대 교육을 바탕으로 식민행정에 의해 육성되었다. 그러므로 그들은 스스로 형성되지 못했다. 이런 특성 때문에 그들은 기존의 지위집단을 대체할 수 없었다. 또한 촌락정치의 매개성을 유연하게 관철시키기에도 어려움이 있었다. 중견인물로 대표되는 새로운 중간지배층은 자치의 측면보다는 지배의 측면을 대표하고 있었고, 촌락정치를 매개할 수 있는 능력이 약했다. 중견인물의 촌락에서의 부상은 촌락의 갈등과 충돌을 낳을 가능성을 증폭시키는 것이었다. 해방 후 촌락 내부 또는 촌락 사이의 갈등이 '내전'으로 폭발한 것은 여기에도 이유가 있지 않을까 한다.

여기에서는 촌락의 중간지배층으로 구장과 중견인물을 설정하고 이에 대해서 살펴보았다. 유지를 중심으로 촌락정치를 변화-해체시키고 촌락을 면에 통

---

56) 松本武祝는 1910년대 이래 지방유지가 주도했던 촌락질서가, 1920년대 말 이후의 과도기를 거쳐, 1940년대 전반에는 중견인물이 주도하는 촌락질서로 크게 전환했다고 보고 있다. 松本武祝, 『植民地權力と朝鮮民衆』, 社會評論社, 1998, 207~247쪽 참조. 총동원체제기에 촌락질서가 강고하게 총동원체제에 편입되었다는 점에서 총독부에 의해 육성된 중견인물이 촌락질서의 주도권을 가지고 있는 것처럼 비칠지도 모르나, 유지를 구장으로 발탁하려는 발상이나 속성으로 저급한 인물을 대상으로 중견인물을 육성하려 한 정책에 비춰본다면 무리한 해석이라 하겠다. 또한 총동원체제기 촌락 내 동원을 둘러싼 갈등이 해방 이후 터져나오고 있었다는 점에 비추어보더라도 마찬가지다. 이로 본다면 오히려 중견인물을 중심으로 한 촌락의 매개적 역할은 축소-경화되고 있었다.

합시키기 위하여 구장에 유지를 기용하기 위한 정책적 노력이 계속되었고, 중견인물 양성정책도 계속되었다. 중견인물은 구장 등의 관공리의 경험을 거치면서 점차 촌락의 중심적인 인물로 부상했다. 하지만 구장 등의 관공리는 유지나 중견인물과 다른 범주이고, 유지와 중견인물 또한 서로 배타하는 것이 아니라 병존하고 있었다. 구장의 인물을 통해 볼 때, 유지가 중견인물로 대체되었는지는 의문이다. 중견인물은 관공리 등의 경험을 거쳐 유지-유력자로 상승해가고 있었던 것이 아닌가 한다.

이 장에서는 촌락의 중간지배층을 분석하기 위하여 구장과 중견인물을 대상으로 선정했다. 이는 구장으로 대표되는 촌락의 관공리가 '촌락정치'에 개입하는 양상을 살펴보고, 중간지배층의 사회적 지위가 어떻게 변화하는지를 살펴봄으로써 중간지배층이 개입하는 촌락의 매개적 역할을 이해하기 위한 것이었다. 그리하여 앞에서 제시했던 중간지배층의 개념을 확인할 수 있었다. 촌락의 중간지배층은 유지 등의 지위집단으로부터 중견인물 등의 새로운 집단으로 단선적으로 변한 것이 아니라, 중견인물은 구장 등의 관공리 경험을 축적하면서 지위집단으로서의 경험과 가치를 만들어나가는 관계, 즉 상호보완 혹은 병립하는 관계에 놓여 있었음을 확인했다. 다음으로 촌락 중간지배층의 양면성은 중견인물 양성을 통해 그리고 구장의 행정직화를 통해 한쪽으로 편향되고 있었지만, 촌락과 통치체제 사이의 긴장은 유지되었고, 촌락 중간지배층에게는 매개 역할이 계속 요구되고 있었다. 이를 '촌락정치'로 개념화하고자 했다. 하지만 촌락정치는 중견인물의 육성이 본격화하고 중견인물이 총동원체제의 전면에 나서면서 그 역할이 줄어들게 되었다. 마지막으로 촌락을 범위로 중간지배층을 설정하여 촌락의 성격을 살펴보는 것은 유효한 것이라는 점도 확인했다. 이리하여 그 내용을 변화시켜가고 있던 식민지기 촌락의 중간지배층은 통치체제와 긴장관계를 유지하면서 그 매개적 역할을 담당하고 있었던 것이다.

제**4**부
———
동계류조직의 변화와
촌락조직의 분화

제1장
동계류조직의 변화(1910~1919년)

1. 동계류조직에 대한 초기 정책

제4부에서는 촌락의 삼국면구조 가운데 제3의 국면, 곧 촌락 내부조직에 대해 검토해보고자 한다. 촌락 내부조직이 종래의 자치조직으로서의 성격을 어떻게 변용시켜갔는가를 분석하는 것이 기본 목표이다. 촌락의 제3국면, 곧 촌락 내부조직을 다루는 문제의식은 다음과 같다. 촌락 내 공동의 과제를 상호부조적으로 해결하기 위하여 결성한 촌락조직이 어떤 방식으로 변화했는가를 살펴보기 위해서는 내부조직의 분화에 초점을 맞출 필요가 있다. 이를 위하여 상호부조적 공공성을 가진 종래의 동계류조직(洞契類組織)과, 그런 성격이 탈각되면서 분화-확대되어가는 촌락 내부조직을 생활기구, 금융기구, 생산기구로 분류하고자 한다. 곧 동계류조직을 중심으로 생활기구, 금융기구, 생산기구, 이렇게 네 가지로 촌락 내부조직을 분류하는 데서 논의를 시작하겠다.

촌락 내부조직의 분화는 병합 이후 강제적인 사회적 제도화의 영향으로 지역적이고 사회적인 유동성이 증가하고, 이에 따라 전통적이고 혈연적인 권리와 의무가 쇠퇴하며, 자본주의 시장을 중심으로 한 상품유통이 급격히 침투함에 따라 전통적 상호부조의 연대와 공공의 권위가 약화되는 현상에 기인하는 것이었다. 이는 곧 전 사회적으로 경제적 기능이 분리되는 것을 의미하는 것으로, 촌락과 같은 공동체와 친족, 의례, 위계화된 생활 등이 위험에 처하면서 이런 전통적 가치에 경제적 기능이 더 이상 종속될 필요성이 사라졌다는 뜻이기도 했다. 이런 현상은 이미 1910년대에 집중적으로 나타나기 시작했다. 제1장에서는 1910년대 촌락 내부조직의 변화를 다루고자 한다. 1920년대 이래 이런 사회적 분화는 가속화되었고, 촌락 내부조직도 전통적 가치체계의 변화와 아울러 급속히 분화되었다. 이런 문제는 제2장에서 검토해보고자 한다. 제3장에서는 촌락의 국가주의적 재편에 대해 검토해보기로 한다.

면제의 실시와 아울러 행정동리가 편제됨에 따라 촌락도 큰 내부적 변화를 겪지 않을 수 없었다. 촌락 내부의 조직적 변화의 내용을 여기에서는 촌락정책과 조직의 변화를 통해서 분석하고자 한다. 촌락정책과 촌락조직의 변화를 살펴봄으로써 총독부가 면제 실시를 통해 궁극적으로 의도하고 있던 촌락의 면으로의 통합이라는 정책적 과제가 어느 정도로 수행되고 있었으며, 촌락은 어떻게 그를 수용하고 대항했는가를 이해할 수 있다.

먼저 1910년대 촌락정책과 촌락조직의 변화 과정을 동계류조직[1]을 중심에

---

1) 여기에서는 우선 촌락의 공익을 위하여 설치된 계 또는 이와 유사한 조직을 광범하게 동계류조직이라고 규정해둔다. 그리고 성격이 변화된 동계류조직을 공익기구라고 명명하여 분석하고자 한다. 자세한 규정에 대해서는 뒤의 2절 참조.
한편 김필동은 조선 후기 계조직의 구조 변동을 다음과 같이 요약하고 있다. 첫째, 계원의 자격요건이나 주도자의 측면에서 신분적 제약이 완화되고 있었다. 둘째, 공동체적 기반으로부터 점차 자유로워지고 있었다. 셋째, 계의 목적성은 강화되었으며 계의 종류도 다양하게 되었다. 곧 계가 분화되고 있었다. 넷째, 지배의 양상이 약화됨과 아울러 계급 지배의 양상을 드러내기도 했다. 다섯째, 소요 비용을 기금이나 果實金에 의존하게 되었다. 여섯째, 계의 식리활동이 점차 강화되었다. 일곱째, 계의 교환관계가 금전의 교환으로 변하고 있었다. 김필동, 『한국사회조직사연구』, 일조각, 1992, 286~317쪽.
계의 이런 변화 양상은 대체로 식민지기에도 더욱 확대되었다고 보이지만, 가장 큰 차이는 계조직이 아닌 다양한 조직이 촌락 내에 형성되었다는 점일 것이다. 이 책에서는 계조직과 아울러 다양한 촌락 내 조직을 분석의 대상으로 삼고자 한다.

두고 살펴보겠다. 하지만 동계류조직에 대한 총독부의 정책적 지향은 명확하게 드러나지 않는다. 이에 몇 가지 간접적 수단을 동원하여 동계류조직에 대한 정책의 성격을 판단하고, 그러한 정책이 동계류조직을 어떤 방식으로 동요시키고 있었으며, 그와 관련하여 동계류조직을 포함한 촌락 내부조직은 어떤 방식으로 변화하고 있었는가를 분석할 필요가 있다. 동계류조직에 대한 정책을 포괄적으로 이해하기 위해 다음의 세 가지 사항을 검토해보겠다. 첫째, 동계에 관한 구관조사작업을 통해서 총독부가 동계류조직을 어떻게 파악하고 있었는가. 둘째, 어떤 성격을 가진 지방단체를 새로 결성하려 했는가. 셋째, 실제로 촌락 수준에서 재편된 동계류조직은 어떤 성격을 가지고 있었는가 하는 점이 그것이다.

한국의 구관에 대한 조사는 1906년부터 시작되었으나 1907년 발족한 부동산법조사회가 중심이 되어 본격적인 작업에 착수했다.[2] 이러한 구관조사작업을 바탕으로 계에 관한 조사보고가 1910년을 전후하여 간행되었지만, 대개 개괄적인 것이 많다.[3] 병합 후 간행된 본격적인 보고서로『관습조사보고서』와「면 및 동에 관한 제도구관조사(面及洞ニ關スル制度舊慣調査)」가 있다. 여기에서는 이 두 편의 조사보고서와 취조국장의 회답을 대상으로 구관조사를 통해 파악하고 있던 동계의 상황과 그 정책적 지향을 검토해보겠다.[4] 앞서 동리에 관한 구관조사를 통해서도 살펴본 바 있듯이, 구관을 조사하고 확정하는 과정은 단순

---

2) 朝鮮總督府 中樞院,『朝鮮舊慣制度調査事業槪要』, 1938 참조.

3) 병합 전의 것으로는 統監府 理財局,「契に關する調査」,『財務彙報』13, 1909가 있고, 병합 후의 것으로는 山道襄一,『朝鮮半島』, 1911 ; 河合弘民,「契」,『經濟大辭書』등이 있다.

4) 계에 관한 조사서나 연구서는 다음과 같은 것들이 있다. 南宮營,「契の研究」,『地方金融組合』, 1916. 1(『朝鮮舊時の財政金融慣行』, 朝鮮金融組合協會, 1930, 311~320쪽에 재수록)이 있지만 이것 역시 개괄적인 성격을 벗어나지 못한 것이다. 계에 관한 최초의 본격적인 연구서로는 猪谷善一,『朝鮮經濟史』, 1928을 들 수 있다. 하지만 이 역시 실태조사에 근거한 것이 아니었다. 1920년대 이후 총독부의 조사서로는 李覺鍾,「契に關する調査」, 1923 ; 慶尙南道,『楔ニ關スル調査』, 1924 ; 善生永助,『朝鮮の契』, 朝鮮總督府, 1926 ; 朝鮮總督府,『農山漁村に於ける契』, 1938 등이 있다. 역시 개괄적인 것으로 藤戶計太,『無盡と契の研究』, 大東學會, 1929가 있다. 四方博,「李朝時代に於ける契規約の研究」(『朝鮮總督府調査月報』15-7, 1944. 7, 1-64)는 조선 후기의 계 규약을 모아서 행한 본격적인 연구 논문이다.

히 조사나 확정에 머무르는 것이 아니었다. 조사와 확정 그 자체가 이미 정책에 맞게 관습을 변화시키는 과정이었다. 그러므로 구관조사와 확정 과정을 통해서 관습 자체만이 아니라 관습을 변형시키고자 하는 정책적 지향을 확인할 수 있다.

첫째, 『관습조사보고서』에서는 계를 어떻게 파악하고 있었을까?[5] 한국의 계에는 '조합(組合)의 성질을 갖는 것', '부락 등의 규약에 지나지 않는 것', '단순한 공유관계' 등 세 종류가 있다고 보았다. 조합 계약에 기초한 것은 대부분 납세단체와 동업조합에 그 기원을 두고 있으며, 지방자치가 미흡하던 때에 지방자치의 기능을 대신하고 있었다고 보았다. 다음으로 동계(洞契)는 부락 등의 규약에 지나지 않는 것으로 간주했는데, 이는 동계 또는 리중계(里中契)라는 이름을 가지고 있고, 동리 내의 각 호(戶)로부터 평등하게 또는 등급을 정하여 금곡(金穀)을 추렴하고 그 이자 또는 원본(元本)으로 호세(戶稅)의 상납에 충당하거나 교량, 도로 등을 수축하거나 주민의 구휼(救恤)에 사용했으며, 과거에는 관리의 접대비로도 사용했다고 보았다. 동리장 외에 계장을 따로 선정하는 예도 없지 않으나 동리에 호를 가진 자는 부담을 면할 수 없고 또 그 반대급부로 이익을 누리지만, 동리를 떠난 자는 부담을 면하고 수익의 자격을 상실하므로 이를 부락의 규약으로 보는 것이 타당하다고 주장하고 있다. 마지막으로 공유관계의 계는 기본재산을 가지고 식리(殖利)를 도모하는 것으로서, 예를 들어 학계(學契)와 같은 것이 전형적으로 공유로 간주되었다.

한편 동계나 리중계라는 이름을 달지 않은 계는 모두 조합으로서의 성격을 가지는 것으로 보아 송계(松契)도 여기에 포함시키고 있다. 동계를 부락의 규약이라고 하여 촌락을 외연으로 하는 조직으로 규정하고 있지만 아주 협소한 범위로 제한했으며, 동계와 마찬가지로 공익적 성격의 계도조합으로서의 성격을

---

5) 朝鮮總督府, 『慣習調查報告書』, 1910, 1912, 1913 ; 정긍식 역, 『국역 관습조사보고서』, 한국법제연구원, 1992, 303~307쪽. 국역본은 1912년판을 대상으로 한 것이나, 계에 관한 부분은 1910년판과 거의 차이가 없다.

가진 것으로 간주했다. 요컨대 협소하게 규정된 동계를 제외한 여타 계는 모두 조합이 아니면 공유관계에 있는 것으로 보아, 서구적인 개별적 결합의 형태로 파악하고자 했던 것이다. 요컨대 최초의 본격적인 구관조사보고서에서는 동계류조직을 촌락의 규약으로 격하시키고, 매우 협소하게 규정하려 했던 것이다.

둘째, 「면 및 동에 관한 제도구관조사」에서도 계는 계약에 의해 성립하는 일종의 조합으로서, 계원(契員)의 공동출자로 일정한 사업을 경영하는 것을 목적으로 한다고 파악했다.[6] 이 조사보고서는 총독부의 계에 관한 구관조사를 총괄하는 성격을 가진 것이었다. 그 이해방식의 특징으로 다음 세 가지 사항을 들 수 있다. 첫째, 계원의 상호관계는 계약으로 성립한다고 보고 있다. 이는 계가 기본적으로 조합으로서의 성질을 갖고 있다고 간주하는 것이다. 둘째, 계는 관습적으로 일정한 범위에 한하지만, 대체로 촌락 단위에서 행해지고 있다고 보고 있다. 셋째, 계의 재산을 공유로 한다는 것이다. 이는 계를 조합의 일종으로 보기 때문에 당연한 것이지만, 만약 동계의 재산을 공유로 규정하게 되면 재산이 분할되는 사태가 발생할 수 있고, 이는 면제 실시에 위배되는 것이므로 주의를 요하는 것이었다. 그러므로 아래에서 보는 바와 같이 취조국장은 회답에서 동계의 재산은 동유이고 공유가 아니라고 한 것이다. 하지만 나머지 대부분의 계를 공유로 규정함으로써 계의 성격을 조합으로 변화시킬 수 있는 여지를 마련하고 있었다. 넷째, 재산의 처분은 총회의 결의에 따른다고 규정한 점이다. 그러나 나중에는 동계의 의사결정기구를 점차 축소하는 정책을 구사하는데, 이는 계의 조합으로서의 성격을 강화하기 위해 필수적인 것이었다. 이처럼 계의 성격을 일률적으로 규정할 수 없다는 점을 인정하면서도, 대체로 조합으로서의 성격을 가진 것으로 간주하고자 했다. 계에 대한 규정은 대체로 『관습조사보고서』와 일치하지만 아직은 내부적으로 논리의 혼란을 빚고 있었다.

마지막으로, 1911년 동계의 법적 성질을 묻는 해주재판소의 조회에 대한 취

---

6) 「面及洞ニ關スル制度舊慣調査」, 『朝鮮總督府月報』 1-4, 5, 1911. 9, 10.

조국장의 회답을 검토해보겠다.[7] 이 회답에서는 동계의 재산은 동유이고, 동계는 동의 규약이라고 보아 촌락과 동계를 완전히 동일한 조직적 성격을 가진 것으로 규정했다. 따라서 동민의 일부만으로 조직된 동계는 조합이나 공유의 성격을 가지는 계로서 동계가 아니라고 규정할 수 있다고 보았다. 동계재산의 법적 성질은 모호하지만 공유가 아니라는 점만은 명확히 해둔 것이다. 즉 동유라는 점만 명확히 하여 동유재산의 분할을 방지하고자 했던 것이다. 이런 인식은 동계를 촌락의 규약이라고 규정한 『관습조사보고서』의 규정과 일치하는 것이지만, 동계재산의 법적 성격을 조금 더 명확히 했다는 점에서는 진전이 있었다고 하겠다.[8]

위 세 가지의 구관조사와 회답은 모두 내부 논리의 혼란을 가지고 있지만, 계를 계약에 기초한 조합 성격을 가진 것으로 규정하고, 이를 바탕으로 재산을 공유관계로 파악하고 있다는 점에서는 공통적이다. 그리고 동계류조직의 범위를 협소하게 제한하고, 동계재산을 모호하게 규정하는 점에서 일치한다. 이는 계에 관한 이후의 정책적 지향을 명확히 드러낸 것이라고 할 수 있다.

그런데 총독부는 1910년대에 실제로 계를 조합으로 변형하거나 촌락을 단위로 조합을 설립하려는 노력을 대대적으로 벌이고 있었다. 계를 조합으로 변형함으로써 촌락 단위의 전통적 연대를 해체하고 조합적 성격을 강조함으로써 이를 개인의 책임으로 귀속시키려 했던 것이다. 이를 위하여 1910년대에는 특히 산업조합이나 저축조합 결성을 장려했는데, 저축을 통하여 개별 산업을 장려함으로써 개인에게 책임을 귀속시켜가는 것이 그 구체적인 과정이었다.

이제 1910년대 동계류조직에 대한 총독부의 정책을 좀더 엄밀히 살펴보기

---

7) 「洞契에 관한 件」(1911년 4월 22일 海州區裁判所 照會, 5월 12일 朝發 제175호 取調局長官 回答), 朝鮮總督府 中樞院, 『民事慣習回答彙集』, 1933, 50~53쪽.

8) 1911년 法典調査局長의 學契에 대한 回答도 學契를 共有關係에 기초한 것으로 파악하여 公益的 성격을 부정한 것은 위와 동일한 인식에 기초를 둔 것이었다. 「契로부터 設立한 私立學校의 財産 및 契長 및 契員에 관한 件」(1910년 4월 14일 松禾區裁判所 照會, 5월 20일 法 제10호 法典調査局 回答), 朝鮮總督府 中樞院, 『民事慣習回答彙集』, 1933, 20~21쪽.

〈4-1〉 총독부가 관여한 지방단체의 성격(1910년대 초반)

구분	개수	주도 기관				지역적 범위			단체의 성격		
		도, 군	면	금융 조합	경찰, 헌병	군	면	촌락	組合	契	기타
은사 기념	4	4	–	–	–	4	–	–	3	1	–
산업 장려	8	3	–	2	3	8	–	–	8	–	–
저축 장려	9	6	1	–	2	5	3	1	9	–	–
교풍· 납세	4	2	–	–	2	1	1	2	1	1	2
계	25	15	1	2	7	18	4	3	21	2	2
		25				25			25		

(자료) 朝鮮總督府, 『民政事績一斑』, 1912.

위하여, 우회적인 방법이나마 조선총독부에서 1912년에 간행한 『민정사적일반(民政事績一斑)』이라는 자료를 분석해보기로 하겠다. 이 자료는 총독부에서 추천할 만하다고 간주한 각종 계나 조합과 같은 단체 또는 지방행정에 종사하는 중요 인물의 사례를 열거한 것이다. 그러나 이 자료에 등장하는 사례가 모두 실시되고 있었던 것은 아니었고, "단지 계획에 그치고 아직 실시되지 않은 것도 있"[9]었다고 한다. 그러나 그런 계나 조합도 포함하여 사례를 열거하고 있다는 점은 역으로 1910년대 초반 촌락조직에 대한 총독부 정책의 성격을 이해하는 데에는 유리하게 작용하기도 할 것이다. 계획된 단체일 경우 총독부의 정책적 지향을 더욱 선명하게 드러낼 것이기 때문이다. 이 자료 가운데 단체의 규약이 제시되어 있거나 활동 내용이 비교적 자세하게 거론되어 있는 단체는 모두 25개이다. 선정된 25개 지방단체의 성격을 표로 구성하면 〈4-1〉과 같다.

이 표를 통하여 먼저 다음과 같은 사실을 확인할 수 있다. 총독부에서 선정

---

9) 朝鮮總督府, 『民政事績一斑』「凡例」, 1912.

하여 장려한 단체는 크게 은사기념단체(恩賜記念團體)[10])와 산업장려, 저축장려, 교풍 및 납세장려 단체로 구성되어 있다. 4개의 은사기념단체 가운데, 저축조합이 2개, 산업장려조합이 1개이고 나머지 1개가 상호부조적 성격을 가진 계조직을 표방하고 있다는 점을 고려하면, 전체 25개 단체 가운데 산업장려 단체가 총 9개, 저축장려 단체가 총 11개, 교풍·납세장려 단체가 총 5개가 된다. 산업장려와 저축장려 단체를 합치면 20개로서 전체의 80% 이상의 단체가 저축 및 산업의 장려를 위한 단체로 구성되어 있었다. 이로써 총독부의 지방단체에 대한 정책의 방향을 확인할 수 있다. 구래의 촌락 단체가 지니고 있던 자율적이고 자치적인 상호부조적 지향이 아니라, 저축에 기반을 둔 산업의 장려가 다른 무엇보다도 우선되어야 할 정책적 과제가 되어 있었고, 이런 정책적 지향은 지방단체의 결성에서도 장려되고 있었던 것이다.

　이런 단체 결성을 주도하거나 강요하고 있던 담당 주체를 분류해보면, 역시 군 이상의 행정기관이 주체인 경우가 15회로 다수를 차지하고 있지만, 경찰 또는 헌병이 7회, 그리고 금융조합이 2회를 차지하고 있어 주목된다. 경찰을 동원하여 총독부가 의도하던 지방단체를 결성하고자 했던 것이다. 단체 결성이 이와 같이 위로부터 행정력과 경찰력을 동원하는 방식으로 추진되었기 때문에 대부분의 단체가 군을 조직의 범위로 삼고 있었다. 면 단위 이하의 조직은 모두 7개로 전체의 3분의 1에 미치지 못하는데, 저축장려나 산업장려를 그 이름에 걸맞게 추진하기 위해서는 면 단위 이하, 주로 촌락을 단위로 하는 조직이 되어야 한다는 점을 고려하면 아직은 초보적인 단계에 머물러 있었다고 하겠다.

　대부분의 단체는 그 조직의 성격이 조합이라는 점을 명기하고 있고, 그렇지 않은 단체는 25개 가운데 4개 정도에 지나지 않는다. 저축장려나 이를 통한 산업의 장려라는 총독부의 목표를 충족시키기 위해서는 조직의 성격이 조합이 되

---

10) 병합 이후 총독부가 병합에 공을 세운 자 및 전국의 유림과 효자, 열녀 등을 선정하고 그들을 대상으로 내린 恩賜金을 바탕으로 추진한 사업은 일반적으로 '恩賜記念事業'이라고 명명되었다. 이에 대해서는 朝鮮總督府, 『臨時恩賜金由來及其事業槪要』, 1911 참조.

어야만 할 것이다. 상호부조나 공익을 목적으로 삼는 조직이 아닌 경우에, 수익을 목적으로 삼는 단체의 성격에 걸맞게 단체에 참여하는 자의 권리와 의무를 명확히 할 필요가 있었던 것이다. 이와 더불어 조합을 표방하고 있는 경우에도 가입·탈퇴가 부자유스러운 강제 규정이 있는 사례가 많다는 점도 주목할 만하다. 이는 조합조직에는 어긋나는 것이지만, 이런 단체가 위로부터 결성이 강제되고 있었다는 측면을 고려하면 이해하지 못할 일도 아니다.

표 〈4-1〉에 드러나는 1910년대 초반 총독부의 정책적 지향은 다음과 같이 간략히 정리할 수 있다. 첫째, 경찰이나 헌병의 강제력을 동반하기도 하고, 도와 군 주도로 위로부터의 행정력을 동원하기도 하면서, 저축장려와 산업장려를 중심으로 하는 지방단체를 결성하고자 했다. 둘째, 그 단체의 조직적 성격은 계가 아니라 저축과 산업장려에 걸맞은 조합이 되어야 했다. 셋째, 이런 종류의 단체를 일단 군을 범위로 결성하도록 하지만, 앞으로는 면 단위 이하로 확산되어야 한다는 것이었다.

표 〈4-1〉를 통하여 일단 이런 결론을 도출해낼 수 있었지만, 사실 총독부의 정책적 지향은 그 정책 자체를 통해 훨씬 분명하게 드러난다. 저축조합을 장려하는 정책과 군 또는 면 단위의 산업조합 결성을 장려하는 정책, 즉 1910년대 총독부가 추진한 두 가지 정책을 통해서 이런 지향을 밝혀보고자 한다. 먼저 저축조합을 장려하는 정책적 지향은 전라북도의 사례를 통하여 살펴볼 수 있다. 1911년 9월 전북 도장관(道長官)은 저축장려에 관한 훈령과 유고를 발령하고, 「동리저축조합규약표준(洞里貯蓄組合規約標準)」을 각 군에 통첩하여 그 실행을 장려했다.[11] 도에서 저축을 강요한 것은 조세의 증징(增徵)과 산업의 장려라는 두 가지 목표를 위한 것이었다. 이를 위하여 저축조합을 동리 단위로

---

11) 1911년에 道長官이 저축장려에 관한 유고를 발령한 사례는 전북 외에도 경기도와 전라남도의 경우에도 확인된다. 朝鮮總督府, 『民政事績一斑』, 1912, 60~110쪽 참조. 또한 경상남도에서도 1910년대 초에 「저축조합 준칙」을 발령한 사실이 있는 것으로 보아, 저축조합 결성은 총독부 차원에서 추진되었던 것으로 보인다. 吉村傳, 『面行政指針』, 1916, 495~503쪽 참조.

조직하도록 한 것이었다. 도에서 하달한 저축조합 규약안은, 동리 내에 현주(現住)하는 모든 농업자가 가입하도록 하는 강제 규정을 두고, 저축한 금곡의 저금·매각·반환 등은 모두 총회의 결의를 거치도록 했고, 부윤과 군수의 감독을 받도록 하고 있다.[12] 이로 본다면 동민의 강제 가입을 의무화하고 있고, 참여자의 권리 행사가 자유롭지 못하다는 점에서는 동계류조직의 성격을 가지고 있지만, 가입자의 수익을 위한 단체이고 가입자의 권리를 분할할 수 있다는 점에서는 조합의 성격을 가지고 있었다. 이리하여 전북에서 강제되던 저축조합은 '동계의 성격을 가진 조합'으로 규정할 수 있다. 실제로 전북에서도 저축조합을 결성할 때에, 면이나 동 단위 계조직이 있을 경우에는 이를 적극적으로 이용할 것을 권장했다.

두 번째로, 군 또는 면 단위로 각종 산업조합 결성을 추진하는 정책은 경남 진주군의 사례에서 그 내용이 잘 드러난다. 진주군에서는 1912년에 조선 총독이 발령한 미작(米作)의 개량, 양잠(養蠶)의 장려, 육지면(陸地綿)의 재배, 축산(畜產)의 개량을 내용으로 하는 이른바 산업진흥에 관한 4대 훈령에 발맞추어, 그를 추진하기 위한 각종 산업단체를 장려하거나 결성할 것을 시도하고 있었다. 진주군에서 장려하거나 결성을 추진하고 있었던 산업 관련 단체에는 미작개량(米作改良)을 위한 '제언축보계(堤堰築洑契)' 규약준칙(規約準則), 면작개량을 위한 '육지면재배조합(陸地綿栽培組合)' 규약준칙, 축산개량 또는 구우(購牛)를 위한 '축산조합'과 '우계(牛契)' 규약준칙, 식림장려를 위한 '식림계(植林契)' 규약준칙, 부업장려를 위한 승입연생산판매조합(繩叺筵生產販賣組合), 그리고 면 단위의 저축, 산업조합인 권농계가 있었다.[13] 이를 표로 나타내면 〈4-2〉와 같다.

표에 거론된 7개의 산업 관련 단체 가운데, 1916년 현재 설립되어 활동하고

---

12) 朝鮮總督府, 『民政事績一斑』, 1912, 60~110쪽.
13) 吉村傳, 『面行政指針』, 1916, 283~517쪽.

〈4-2〉 진주군 내 산업 관련 단체(1916년)

명칭	목적	결성 여부	주도 기관	지역 범위	가입
堤堰築洑契	미작개량	規約準則	군	군	강제 가입
陸地綿栽培組合	면작개량	規約準則	군	군	강제 가입
畜産組合	축산개량	1912년 결성	조합장=군수	군	강제 가입
牛契	購牛	규약준칙	군	군	강제 가입
植林契	식림장려	규약준칙	군	군	강제 가입
繩叺筵生産販賣組合	부업장려	旣 結成	조합장=군수	군	강제 가입
勸農契	勸農, 貯蓄	旣 結成	도-교풍회분회	면	강제 가입

(사료) 吉村傳, 『面行政指針』, 1916, 283~517쪽.
(비고) 規約準則은 미결성 상태를 나타낸다.

있던 것은 축산조합, 승입연생산판매조합, 권농계의 3개이다. 나머지 4개 단체
는 모두 군에서 설립을 추진하고 있던 것으로, 단지 규약준칙을 만들어놓은 데
에 지나지 않은 상태였다. 요컨대 진주군에서는 군수의 감독 아래 산업과 관련
한 거의 모든 부문에 걸쳐서 각종 계나 조합을 결성하려 했던 것이다. 조직의
내용을 보면 면을 단위로 조직되어 있던 권농계를 제외하면 나머지 6개 조직은
모두 조직의 범위를 군으로 설정하고 있었으며, 동업자조합의 성격을 띠고 있
었다. 또한 계라는 명칭을 가진 조직이 4개나 있지만 이 역시 조합 성격이 강
했다. 그럼에도 군이 계라는 명칭을 고집했던 것은 종래 계의 관행을 바탕으로
조직 결성을 쉽게 하기 위해서였을 것이다. 이것은 대부분 자격요건을 갖춘 대
상에 대해서는 강제 가입을 규정하고 있다는 점을 통해서도 확인할 수 있다.

이 가운데 유일하게 면 단위로 결성이 추진되었으며, 교풍단체로서의 성격과
아울러 산업장려 단체로서의 성격도 가지고 있는 권농회에 주목할 필요가 있
다. 권농회는 경상남도 차원에서 결성한 교풍단체인 '경남교풍회(慶南矯風會)'
의 면 분회(面分會)를 조직 대상으로 한 것인데, 교풍회의 면 분회원은 권농회
에 가입할 것을 의무로 규정하고 있다. 권농회의 실행조직으로는, 권농부(勸農

部)와 저축부(貯蓄部)를 두도록 하고 있는데, 이는 1910년대 초반 진주군에서 설립을 추진했던 적이 있던 저축조합이 제대로 성과를 거두지 못했기 때문이라고 한다. 요컨대 권농회는 저축조합으로서의 성격과 아울러 산업조합으로 성격도 가지고 있었던 것이다.[14]

1910년대 초반 총독부의 지방단체에 대한 정책적 지향은 저축조합과 산업조합의 결성으로 요약할 수 있을 듯하다. 전북에서 추진했던 저축조합은 '동계의 성격을 띤 조합'으로서, 종래의 촌락조직을 적극적으로 이용하고자 하는 것이었다. 진주군의 경우에는 동업자조합을 중심으로 산업조합의 결성을 강력하게 추진하고 있었고, 면 단위 권농회의 경우에는 저축조합과 산업조합의 성격을 아울러 갖추고 있었다. 1910년대 초반에는 저축조합의 결성을 통해 산업을 장려하려는 정책적 의도를 가지고 있었지만, 1910년대 후반에는 이를 위한 각종 단체의 결성을 추진함으로써 저축조합으로서의 의도도 만족시키려 했다는 정책의 전체적 흐름도 짐작해볼 수 있겠다.

동계류정책을 이해하기 위한 세 번째 작업으로, 총독부가 정책적으로 추진하고 있던 동계류조직의 설립 양상을 통하여 동계류조직을 어떻게 변화시키려 했는가에 대해서 구체적으로 검토하도록 하겠다. 총독부는 보호와 단속이라는 '양날의 칼'을 통해 전통적 계 형식의 변화를 도모했다. 가장 일찍 도 차원에서 전 촌락에 대해 동계의 설치를 장려했던 함북의 사례를 살펴보는 것은 흥미롭다. 함북에서는 1911년 도령(道令)으로 동계의 설립을 명령하고 노력한 결과, 전 도의 모든 동리에서 동계가 실시되었다고 보고되고 있다.[15] 그 구체적 양상을 확인하기는 힘들지만 면제가 시행되기까지는 동계가 시행되었던 것으로 보인다. 함북에서의 동계는 고래로 조선에서 행해진 여씨향약을 경(經)으로 하고, 일본에서 보급되고 있는 산업조합과 호토쿠사(報德社)를 위(緯)로 삼아 규칙을

---

14) 1910년대에 새로이 결성이 추진되고 있던 촌락 단위 동계류조직에서도 저축조합, 산업조합의 성격과 아울러 전통적인 공공부조 단체로서의 성격이 관철되고 있었다.

15) 善生永助, 『朝鮮の契』, 朝鮮總督府, 1926, 5쪽.

제정했다고 한다.[16] 요컨대 조선의 향약정신을 바탕으로 산업조합으로서의 성격을 가미한 동리의 규약으로서 동계의 형식을 구축했던 것이다.

함북 동계는 1910년대 도에서 추진한 대표적인 동계이므로, 계의 규약을 자세히 검토해보기로 한다.[17] 첫째, 계의 조직에 관한 규정이다. 동리의 호주(戶主)와 18세 이상의 남자는 모두 계원이 되도록 하여 종래의 동계와 같은 강제가입 규정을 취하고 있다. 반면 평의원(評議員)을 두고 평의원회에서 중요한 사항을 결의하도록 한 것은 달라진 점이다. 물론 총회도 설치하도록 했다. 둘째, 출자금의 운용과 관련한 규정에서는 계의 설립과 운영에서 빈부의 차이를 인정하고, 동민들에게 저축을 강제하고 있는 점이 달라진 점이다. 회원의 출자에 구수(口數)의 차이를 반영하도록 했으며, 빈부에 따라 저축하도록 규정하고 있다. 셋째, 계의 중요한 실행 사항에는 산업의 진흥과 동내의 공공사업, 그리고 풍기(風紀)와 관련한 사항이 망라되어 있다. 산업의 진흥과 관련해서는 농사개량, 부업, 계금(契金)의 융통(融通), 축우(畜牛), 마포(麻布) 등에 관해 자세하게 규정하고 있고, 삼림 육성과 공공사업의 진행, 초등교육의 보급 등에 대해서도 규정을 정하여 강제하고 있으며, 관혼상제(冠婚葬祭) 등에 대해서도 상호부조할 것을 규정하고 있다.

기존 동계와 함북 동계의 차이는 다음과 같다. 조직적 측면에서 동민의 강제가입이라는 점은 종래의 동계와 동일한 형식을 취하고 있다. 그러나 집행기관이 여러 단계로 나뉘고, 의사기관 역시 평의원회를 설치하여 이중화함으로써 총회의 의사결정권에 제약을 둔 것은 다른 부분이다. 다음으로 강제저축으로 계의 기금을 마련하도록 하여, 기본금 마련에서의 강제성을 강화시킨 것도 특징이다. 전체 실행 사항은 19개조인데, 그 가운데 전통적 공공사업의 경영에 관한 사항은 3개 조항 정도에 지나지 않아 전체에서 차지하는 비중이 낮아지게

---

16) 善生永助, 『朝鮮の契』, 朝鮮總督府, 1926, 147~149쪽. 함북의 동계는 1918년에 면제의 실시와 더불어 폐지되었다가 1932년에 關北鄕約이라는 이름으로 다시 실시되었다.

17) 藤戶計太, 『無盡と契の硏究』, 大東學會, 1929, 195~199쪽.

되었다. 실행 사항 19개조 가운데 산업에 관한 조항이 7개나 되고 농사개량 전반에 관한 사항이 포괄되어 있다. 이는 산업조합으로서의 특징이 현저하게 강화되었음을 의미하는 것이다. 거기에 촌락 내 빈부의 차이를 분명하게 인정하는 경향이 나타난다는 점도 지적할 수 있겠다. 실행 사항 가운데 7개조 이상이 전통적 향약정신에 입각한 것으로서, 이는 기존의 동계류조직보다는 분명히 강화된 측면이 있다. 요컨대 함북 동계는 향약정신을 바탕으로, 산업조합·저축조합·납세조합 등의 역할을 혼합하여 수행하는, 동계 형식을 취한 조직이라 할 것이다.

다음으로 역시 도 차원에서 결성이 추진된 경남교풍회의 조직 내용을 검토해보겠다. 경남의 교풍회는 중앙집중적인 성격이 매우 강하다는 특징을 갖고 있었다. 지방개량을 위하여 인보상액(隣保相掖)하고 향려상솔(鄉閭相率)하여 그 익찬(翼贊)에 노력한다는 것을 설립의 취지로 내세우고 있다. 경남교풍회는 1914년 도참사(道參事)가 제의하고 부군(府郡) 참사가 이에 찬동하여 설립했다고 한다.[18] 사무소는 경남도청에 두었고, 사업으로는 미풍양속의 유지 조성, 근검저축의 장려, 위생사상의 보급, 신교육의 보급과 청년의 지도, 법령의 주지 등을 내세우고 있었다. 이 역시 향약을 바탕으로 행정의 침투와 지방의 개량을 목표로 내걸고 있었던 것이다. 도내에 거주하고 취지에 찬동하는 자를 회원으로 하고, 회비는 징수하지 않고 소요 경비는 유지자의 기부금에 의하도록 했다. 하부조직으로는 경남 일원을 대상으로 각 군과 부에 지부를 두고, 면에 분회를 두며, 분회 아래 동리조합을 조직할 것이라고 했다.[19]

교풍회와 관련한 조직으로 식림계와 근농계(勤農契)가 있었다. 그렇다면 경

---

18) 「慶南矯風會聚義書」, 吉村傳, 『面行政指針』, 1916, 569~576쪽.
19) 「경남교풍회규칙」, 吉村傳, 『面行政指針』, 1916, 569~576쪽. 동리 단위 조합조직의 실상은 정확히 알기 어렵다. 그러나 함북 동계의 사례로 보아 면제 실시 이후에는 동리조합의 설치가 일시적으로 중단되었을 가능성이 있다. 하지만 이런 관제 동계류조직의 경험이 그 이후 촌락 단위 단체의 설립에 큰 양향을 주었을 가능성이 농후하다. 이는 함북과 충남의 경우에서도 확인할 수 있다.

남의 경우 교풍회라는 중앙조직을 중심으로 삼림문제와 산업문제를 동시에 해결하려는 의도를 가지고 있었는데, 다선조직(多線組織)이라는 점에서 차이가 있을 뿐 함북의 동계조직과 그리 큰 차이가 있다고 보기는 어렵다. 면 단위로 근농계를 조직했는데 이는 교풍회 지부조직과 정확히 일치하며, 근농계는 교풍회의 각 동리 단위 조직인 동리조합을 기본 단위로 조직되었다. 교풍회의 동리조합은 동계류조직으로서의 위상을 가지고 있는 것이지만, 면 단위 근농계가 강하게 개입하여 통제하고 있었다는 차이가 있다. 면제의 발달이라는 측면에서는 함북보다 훨씬 진전된 방식의 조직이라고도 할 수 있지만, 동리의 입장에서는 면의 개입에 훨씬 강하게 노출됨으로써 공동체성이 침해받고 있었다고 할 수 있다. 어쨌든 행정력을 중심으로 전통적 동계조직을 변화시키려는 노력을 하고 있었고, 일정한 변화를 보이고 있었다는 것은 부정하기 어렵다. 이와 아울러 동계류조직을 조합적 성격으로 변화시키려는 의도를 가지고 있었음을 확인할 수 있다.

충청남도에서도 동계조직 결성 시도가 있었음이 확인된다. 충청남도의 진흥회 조직은 1916년 도장관 오하라 신조(小原新三)가 민풍개선(民風改善) 인보상조(隣保相助)를 꾀하기 위하여 도 훈령으로 향약정신을 본받은 지방개량 기관 창설을 권장한 것이 시작이었다고 한다. 그러나 1919년 도지사 도키사네 아키호(時實秋穗)가 진흥회의 부활을 계획하고 규약준칙을 고쳐 실행하도록 했다고 한 것으로 보아, 제대로 시행되지 못했던 것으로 보인다.[20] 규약을 찾을 수 없어 자세한 내용을 확인하기는 어렵지만, 향약정신을 표방한 촌락 단위의 조직이라는 점에서 함북의 동계와 일치하는 듯하다.

경기도에서도 1918년 향약정신 고취와 양풍미속(良風美俗)의 작흥(作興)을 기치로 내걸고 공조회(共助會) 설치를 장려한 바 있다.[21] 그러나 경기도에서도

---

20) 忠淸南道, 『뻗어가는 農村』, 1933. 그러나 이마저도 제대로 실시되지 않아서 1932년 농촌진흥운동의 실시에 맞추어 다시 규약준칙을 개정하여 도 전체에 걸쳐 시행하게 된다. 이에 대해서는 다음 절에서 검토한다.

제대로 시행되지는 못했다고 한다. 또한 평북에서도 1918년부터 동약(洞約)의 실시를 장려하고 있었는데,[22] 구성군(龜城郡)에서 시행한 동약을 통해서 그 성격을 짐작할 수 있다.[23] 구성군에서는 1916년부터 각 동리에 동약 시행을 장려하여 1917년에는 모든 동리에서 동약을 시행하고 있다고 보고하고 있다. 하지만 그 내용은 대개 위 함북의 동계와 유사하다. 이 역시 향약정신의 부흥을 내세우고 있었다.

이처럼 도가 주체가 되어 동계류조직을 실시하거나 실시하려 한 사례는 1911년 함북, 1914년 경남에서 '구체적으로' 확인할 수 있다. 그리고 1916년에는 충남에서, 1918년에는 경기와 평북에서도 그런 시도가 있었다. 이에 더하여 군 차원이나 촌락 차원에서도 새로운 조직 결성이 시도되고 있었다.

다음으로 1910년대 대표적인 동계의 사례로 선전되고 있던 충북 청주군(淸州郡) 북주내면(北州內面) 교서동계(校西洞契)의 내용을 검토해보자.[24] 먼저 규약의 특징을 요약하면 다음과 같다. 동내에 일가를 이루는 자 및 가족 중 성년에 도달한 자는 모두 계원의 자격을 가지며, 의사원회(議事員會)는 일체의 사항을 협의하기 위하여 호주 중 계원 총회에서 투표로 선정하도록 했다. 종래 동이 소유한 부동산 및 동산은 일체 동계의 기본재산으로 편입하며, 사업으로는 산업, 위생, 교통, 저축, 구조, 교육, 입기(立紀) 등을 행하도록 했다. 위의 규약 내용으로 볼 때, 이 교서동계는 구동계 규약을 활용한 전형적 사례라 할 것이지만, 몇 가지 측면에서 명확한 차이도 드러난다. 먼저 집행기구가 매우 복잡하게 되었고, 의결기구도 의사원회를 두어 중층화되었다. 다음, 동계로부터

---

21) 京畿道 內務部 社會課,『京畿道農村社會事情』, 1924, 139~148쪽. 경기도의 準則을 확인할 수 없어 자세한 사항은 불명이다.

22) 善生永助,『朝鮮の聚落』中篇, 朝鮮總督府, 1933, 174~287쪽.

23) 元洪九,「農村風紀改良에 대하여」,『朝鮮農會報』 12-2, 1917, 41~45쪽.

24) 교서동계는 1907년 道參與官으로 있던 兪星濬과 자본가 龐寅赫이 주도하여 결성했다. 1910년대 초에는 대표적인 동계로 소개되었으나, 면제 실시와 함께 면으로 흡수되었다고 한다. 朝鮮總督府,『民政事績一斑』, 1912, 110~136쪽.

동회(洞會)와 이장의 행정기능이 분리되는 양상을 명확히 보여주고 있으며, 산업·위생·교통 등에 대한 '근대적' 통제도 추가되고 있다.

요컨대 1910년대 설립이 시도된 동계류조직은 다음과 같은 성격을 가진 것이었다. 첫째, 동계의 기본정신으로 향약의 전통을 내세우고 있다. 하지만 향약의 상호부조정신은 총독부의 정책에 맞추어 약화되었다. 이는 이미 일본의 산업조합을 또 다른 모범으로 설정하고 있는 데에서도 확인할 수 있거니와, 동계의 내용을 통해서도 입증된다. 둘째, 계원에 대한 가입의 강제성이 약화되고, 내부 위계가 강화되었다. 동계 가입의 강제성이 약화되는 것은 동계류조직이 촌락으로부터 분화되고 있음을 보여준다. "(동계의) 계원은 그 부락에 거주하는 자는 대체로 그를 망라하는 것이 보통이지만, 동민이 반드시 가입해야 하는 것도 아니고 새로 전입해온 자는 가입하든 아니든 자유"[25]라고 하는 1920년대 초반 동계에 대한 조사보고는 이런 변화하는 정황을 증언하고 있다. 그리고 가입의 강제성이 약화되는 현상과 내부 위계의 강화 현상은 서로 맞물려 있었다.

셋째, 집행기구가 강화되고 의결기구가 약화되는 현상을 드러내고 있다. 종래의 동계에서 집행기관은 최소화되어 있었다. 의결기구가 중층화되고 결정의 기준이 느슨해지는 것과 집행기관이 복잡해지고 그 역할이 강화되는 것도 맞물려 있는 하나의 과정이다. 전체 계원이 참여하는 총회의 권위가 약화되고, 간접적이고 대의적인 의결기구인 평의원회 또는 의사원회의 역할이 강화되는 것은 총회와 같은 의결기구가 약화되는 현상과 동전의 양면을 이룬다. 곧 집행기구 내지 대의적인 의결기구가 강화됨으로써 총회의 역할은 축소되고 있었던 것이다. 넷째, 동계의 사업에서 공익적-공공적 성격이 약화되고 여타 사업의 경영적 성격이 강화되었다. 초보적 공공사업, 곧 도로·교량·제언 등의 수리, 동사(洞祀)의 제전 집행, 혼장구(婚葬具)의 비치와 사용, 극빈자에 대한 조치 등 동계가 담당하던 공공사업은 일부가 면의 사업으로 이관되었지만 대부

---

25) 李覺鍾, 『契に關する調査』, 1923.

분 방기되었다. 대신 산업·위생·교통 등 여타 개별적 책임으로 개별적 이익을 도모하는 활동이 강화되었다.

결국 1910년대 정책적으로 추진된 동계의 성격은 향약의 정신을 강조한 점, 계원의 출자에 차이를 두고 가입의 강제성을 약화시켜 내부 위계를 강화한 점, 집행기구를 강화하고 의결기구를 중층화하여 약화시킨 점, 공공적 공익사업을 현저하게 축소시키고 개별적 이익을 위한 산업을 강조한 점 등으로 요약할 수 있겠다. 향약의 전통을 내세우면서도 동계의 조직적 기초와 공공적 성격을 약화시키고 조합으로서의 성격을 강화하려 한 것인데, 서로 상반되는 듯한 두 가지 경향을 보인 것이 바로 1910년대 동계정책이었다고 할 것이다. 이는 총독부가 계에 대해 내건 슬로건 '보호-조장'과 '단속'이라는 모호한 구호[26]와도 일치하는 것이었다. 계의 사상이 전반적으로 널리 보급되어 있어서 그 이용 범위가 매우 넓었고 계의 활동은 조합으로서도 상당히 유력한 것이라고 평가했으므로,[27] 이를 활용하려 한 것은 오히려 당연한 일이었을 것이다. 이는 종래 동계의 조직적 자산을 활용하여 동계의 성격을 변화시키려 한 '양날의 칼'이었다. 향약정신의 강조와 조합으로의 변화라는 동계정책의 양날의 칼은 이후 촌락조직에 대한 정책의 기본원칙이 된다.

구관조사에서 동계를 제외한 다른 모든 계를 조합 또는 공유(共有)의 성격을 가진 것으로 간주함으로써 정책적 지향을 드러내고 있었다. 이는 지방단체를 결성할 때 산업조합과 같은 조합의 결성에 중점을 두고 있는 데서도 확인할 수 있었다. 실제 동계 결성을 정책적으로 시도할 때 이런 정책적 지향은 명백히 드러나고 있었다. 즉 향약 실현을 표방한 동계의 변형=조합화를 시도하고 있었다.

---

26) 山道襄一, 『朝鮮半島』, 1911. 기타 대부분의 자료에서도 계에 대한 이런 양면적인 정책을 옹호하고 있다.

27) 藤戸計太, 『無盡と契の研究』, 大東學會, 1929, 180~182쪽.

2. 촌락 내부조직의 변화

이제 이런 동계류조직에 대한 정책이 실제로 어떤 영향을 미치고 있었고 어떻게 수용되고 있었는지를 검토해보고자 한다. 총독부의 구관조사와 각종 지방단체의 조직과 정책이 동계류조직을 어떤 방식으로 동요시키고 있었는가, 그리고 그것은 동계류조직과 촌락 사이에 어떤 괴리 현상을 낳았는가, 다음으로 촌락 내부조직은 어떤 방식으로 분화하고 있었는가 하는 세 가지 측면을 중심으로 분석해보기로 하겠다.

개항 이후 동계류조직은 크게 동요하고 있었던 것이 분명하다.[28] 그런 동요 현상은 1900년대 초반 이후에도 지속되었고, 특히 구관조사를 전후하여 심각하게 진행되었다. 1910년대 면제 실시도 동계의 동요 - 쇠퇴 - 해체 현상을 심화시켰다. 경상남북도의 구관에 관한 김한목(金漢睦)의 조사보고서는 구관조사를 전후한 시기 동계의 동요에 대해 다음과 같이 설명하고 있다.

(동계가) 완전한 규약은 없지만 약간의 절목(節目)에 의하여 끊이지 않고 실행되어 왔으나, 3~4년 전부터 관아에서 공동재산을 조사하는 것을 오해하여 속공견탈(屬公見奪)의 우려가 있다고 해산한 것도 있다. 또 공사립학교 설립자로부터 기부(寄附)를

---

28) 김필동은 20세기에 들어 상당수의 계들이 소멸되는 운명을 겪게 되었는데, 이런 현상은 특히 동계류조직과 기타 촌락에 기반을 두고 있는 조직에 두드러진 현상이었다고 하면서 그 원인을 다음의 세 가지로 들고 있다. 첫째, 촌락의 경제적 분화와 농민층의 궁핍화가 심화되어 더 이상 계전의 收捧과 이자 수봉이 어렵게 되었고, 심지어는 계전의 분배를 통해서라도 경제적 위기를 일시적으로나마 피해보려고 하는 경우가 생기게 되었다는 것이다. 그 결과 상당수의 동계가 계를 해산하고 계원들에게 계전을 분배하게 되었다는 것이다. 둘째, 애국계몽운동의 전개 과정에서 새로 설립된 공사립학교의 설립자금이나 운영자금으로 기부하고 해산했기 때문이다. 셋째, 통감부의 조사사업 때문이라고 보고 있다. 김필동, 「계의 성행과 발전」, 『차별과 연대』, 문학과지성사, 1999, 369~387쪽 참조.
이 시기에 동계의 해산과 소멸이 일정하게 진행되었던 것은 분명한 사실이지만 1910년대 이후 다양한 원인에 의해서 동계류조직이나 촌락의 계가 새로 조직되는 양상을 보이므로 동계류조직이 소멸되었다고 볼 만한 근거는 없다. 오히려 그 촌락적 근거가 변화하고, 다양한 방식으로 분화되어 나간 것으로 보는 것이 옳을 것이다. 이런 점은 이후의 분석에 의해서도 분명해질 것이다.

강청당해 결국 양여(讓與)한 것도 있다. 이런 원인에 의해 식본(殖本)을 하지 못하고 전곡(錢穀) 전액을 공사 비용에 일시에 진용(盡用)하여 태반이 해산하고, 현존하는 것은 얼마 되지 않는다. 그 현존하는 것에 대해서도 규범으로 삼을 만한 것은 거의 없다.[29]

이 보고는 동계류조직이 구관조사 과정에서 시행한 재산조사를 계기로 재산을 빼앗길 우려가 있다고 하여 자진 해산하거나, 학교 재산으로 기부 또는 양여하여 해산한 동계가 거의 태반이라고 보고 있다. 구관조사의 과정에서 심각한 동요를 겪거나 많은 동계가 해산했을 것이다.

그러면 김한목의 조사를 바탕으로, 병합 전후 동계의 해산 상황을 좀더 자세히 살펴보기로 하겠다. 표〈4-3〉은 김한목의 조사에 나타난 동계 해산 상황을 정리한 것이다.

표〈4-3〉에 의하면 조사보고에 나타나는 10개의 동계 가운데, 1900년대 이전에 해산한 두 개의 동계를 제외하면 모두 5개의 동계가 1907년부터 1910년 사이에 해산하고 있다. 1900년 이전에 이미 해산한 2개의 계를 제외한 전체 8개의 동계 가운데 반이 넘는 5개가 이 시기에 해산한 것이다. 여기에 나타난 비율을 일반화할 수 있을지는 의문이지만, 이 시기에 많은 동계가 해산했음을 알 수 있다. 동계의 해산 사유를 보면, 동민 빈곤으로 인한 것이 2개, 구관조사와 공동재산 속공설(屬公說)로 인한 것이 2개, 사립학교 설립을 위한 기부로 인한 것이 1개를 차지하고 있다. 해산 이유로 동민 빈곤을 내세웠던 의성군(義城郡) 봉양면(鳳陽面) 장대동계(藏待洞契)의 경우, 빈곤한 동민에 대한 구휼을 목적으로 동내 상층민이 조직한 동계였기 때문에 해산이 상대적으로 용이했고 계

---

29) 金漢睦,『慶尚南道慶尚北道管內契親族關係財産相續の槪況報告』, 1911, 中樞院, 국사편찬위원회 소장자료. 이 보고서는 取調局 위원이었던 김한목이 1911년 경남북의 현지를 조사하여 보고한 것이다. 여기에 조사된 동계류조직을 자세하게 분석한 것으로는 김필동,『한국사회조직사연구』, 일조각, 1992 참조.

<4-3> 동계 해산 상황(경남북, 1911년)

동계의 소재지와 명칭	설립 연도	해산 연도	해산 사유	해산의 방법
尙州郡 內東面 城東社約	1900	1910	동민 빈곤	里長 所任 급여와 洞祭 비용에 충당, 里長이 관리
義城郡 郡內面 道臣(北)洞契	미상	1886	–	동 소임 급여, 동장이 관리
義城郡 鳳陽面 藏待洞契	1883	1910	동민 빈곤	계원에게 평균 분배
義城郡 南部面 鳳亭洞契	미상	1908	공동재산 屬公說	동민에게 분배
蔚山郡 上府面 路下洞 隣里契	1887	1896	–	계 재산 洞里에 附屬, 公費 補用
靈山郡 邑內面 校洞洞契	미상	1908	공동재산 조사	契錢 消費
密陽郡 府內面 路下洞契	미상	1907	학교 설립	사립 同化學校에 기부

(자료) 金漢睦, 『慶尙南道慶尙北道管內契親族關係財産相續の槪況報告』, 1911.
(비고) 위의 보고에서 조사된 동계 가운데, 1911년 현재 해산하지 않은 세 개의 계는 尙州郡 北內面 花田 洞契, 尙州郡 內南面 巨物里 里中契, 蔚山郡 上府面 路東里 洞契임.

의 재산도 계원들에게 평균 분배할 수 있었던 것으로 보인다. 학교 설립과 관련한 동계의 해산에 대해서는, 한국에서 1906년부터 구관조사를 시작하고 주도했던 우메 겐지로(梅謙次郎) 역시 사례 보고를 통해 확인해주고 있다. 평안북도에서는 리사(里社)의 사무를 존위(尊位, 곧 洞長)가 처리하고 있었는데, 1905년에서 1906년 사이에 리사가 폐지되고 리사전(里社錢)은 예수교 학교 또는 기타 신설학교에 이속(移屬)된 것이 많았다.[30] 특히 평안북도에서는 동계재산이 신설학교로 이전됨으로써 동계가 폐지된 사례가 많았던 것으로 보아도 좋을 것이다.

구관조사와 공동재산 속공설 때문에 해산한 두 개의 동계, 곧 의성군 남부면(南部面) 봉정동계(鳳亭洞契)와 영산군(靈山郡) 읍내면(邑內面) 교동동계(校洞洞契)는 계전을 계원에게 분배하거나 소비하는 방식으로 즉 동계의 재산을 소

---

30) 梅謙次郎, 「法人に關する韓國慣習法一斑」, 『法學協會雜誌』 27권 5호, 1908.

멸시키는 방식으로 해산하고 있다. 이는 아마도 동계의 공동재산을 박탈당할 수도 있다는 공포심이 발동했기 때문일 것이다. 여기에 김한목은 경상남도 울산군과 영산군[31]의 사례에 대해 다음과 같은 기술을 부가하고 있다.

(울산군의-인용자) 각 동에는 이런(동계와 같은-인용자) 재산 역시 많이 있어 "계(契)라고 칭하고 동(洞)의 재산으로 충당(充當)했지만", 근년 동유재산(洞有財産) 또는 공유재산(公有財産)을 "조사하는 것"을 보고 오해하여 해산한 것이 많고, "다른 계"도 같이 해산한 것이 많다.[32]

(영산군에는-인용자) 종래 각 동리에 설립된 계가 많았으나, 근년 동계(洞契), 사숙계(私塾契), 송계(松契), 학계(學契) 등은 해산한 것이 많다.[33]

이처럼 울산과 영산에서도 구관조사를 전후하여 동계재산이 속공(屬公)되어 박탈당할 것이라는 두려움 때문에 동계를 해산하고 있음을 확인할 수 있다. 더욱이 영산군에 대한 기술에서는 이 시기에 해산한 계 가운데에는 지역성과 공공성이 강하고, 기본재산을 축적하여 운영하는 계, 즉 동계·송계·학계 등의 동계류조직이 특히 많았음을 짐작할 수 있다. 1910년대 초반 구관조사사업을 관장하고 있던 취조국의 국장도 합병을 전후하여 동계를 해산하고 재산을 평분(平分)하는 사례가 있다고 보고함으로써, 이 시기에 동계의 해산이 상당히 진행되고 있었음을 확인해준다.[34]

한편 김한목 보고에 포함되어 있는 상주군 내동면(內東面) 성동사약(城東社約)의 사례는 이 시기에 많은 동계가 해산되었지만 그것은 오히려 동계가 수행

---

31) 영산군은 1914년에 창녕군으로 통폐합되었다.

32) 金漢睦, 『慶尚南道慶尚北道管內契親族關係財産相續の槪況報告』, 1911.

33) 金漢睦, 『慶尚南道慶尚北道管內契親族關係財産相續の槪況報告』, 1911.

34) 「洞契에 관한 건」(1911년 4월 22일 海州區재판소 조회, 5월 12일 조발 제175호 취조국장관 회답), 朝鮮總督府 中樞院, 『民事慣習回答彙集』, 1933, 50~53쪽.

하던 기본적인 역할을 유지하는 고육책으로 선택된 것일 수도 있다는 사실을 보여준다.

본 계는 1910년 8월 동민(洞民)이 협의하여, 계 이자의 수봉(收捧)이 곤란할 뿐 아니라 채무자의 의무이긴 하지만 모두 빈한하여 수집(收集)하기 어렵기 때문에 그를 일체 탕감(蕩減)하고, 동유전(洞有田) 8두락(斗落)을 방매(放賣)하여 240량(48원)을 얻어 200량은 이장(里長)과 소임(所任)의 요뢰조(料賴條)로 입본(立本)하여 취식(取殖)하고 40량은 동사비(洞祀費)로 토지를 매수하여 이장이 모두 관리하는 것으로 하고 사약(社約)을 해산했다.[35]

이처럼 상주군의 성동사약은 동유전을 매각하여 동리장과 소임의 급여와 동사(洞祀)의 비용을 마련하기 위해서 사약(社約＝동계)을 해산한 것이다. 요컨대 동리장의 급여나 동제(洞祭) 등에 지출되는 비용을 마련하기 위해서는 동계를 해산하는 것이 공동재산을 속공 등으로 박탈당하는 것보다는 나을 것이라는 판단이 작용했을 것이다. 그리고 이를 위한 기본재산은 주로 동산의 형태로 유지되었던 것이다. 이런 사실은 식민지기에도 상당히 많은 동리에서 구장이나 동리, 소임 등의 직책에 대하여 일정한 급여를 지급할 수 있었고, 동제를 지내고 있었다는 사실로 반증된다.

병합 전후 동계가 동요하거나 해산하는 변화의 양상은 대개 다음과 같이 정리할 수 있다. 첫째, 전체의 '태반'에 이르는 동계가 해산했다고 할 정도로 동계의 동요 및 해산은 심각하게 진행되고 있었다. 둘째, 동계가 해산한 이유로는 사립학교 설립을 위한 것이 1908년 이전에는 많았지만, 1908년 구관조사가 본격적으로 전개된 이후에는 동유재산의 박탈을 우려하여 해산한 동계가 많았다. 셋째, 1908년 이후 해산한 계 가운데에는 동계만이 아니라 송계·학계 등 동계류조직 일반이 포함되어 있었다. 이런 동계류조직은 공공적 사업을 집행하기

---

35) 金漢睦, 『慶尚南道慶尚北道管內契親族關係財産相續の概況報告』, 1911.

위하여 기본재산을 축적하고 있었기 때문에 계의 해산에는 공공사업을 유지하기 위한 의도가 작용하고 있었음을 확인할 수 있다. 넷째, 이런 이유 때문에 해산한 동계 가운데에는 동계재산을 평균 분배하거나 소비함으로써 소멸시켜버린 경우도 있지만, 동리장 급여나 동제 비용 등에 사용하기 위하여 재산을 동산의 형태로 변경한 경우도 있었다. 그러므로 이 시기 동계가 심각하게 동요하거나 많은 동계가 해산했다는 현실을 그대로 촌락 단위 조직이 소멸해버렸다거나, 촌락의 공공적 사업이 마비되어버렸다는 것으로 간주할 수는 없다는 점 또한 명백하다.

이 시기 동계의 동요나 해산의 상황을 구체적으로 이해하기 위하여 충북 지방의 계에 대한 조사보고를 분석해보기로 하겠다.[36] 히시모토 조지(菱本長次)의 보고에는 1911년 현재 충북 전체의 계가 1,205개로 조사되어 있는데, 항목별로는 동계 620, 호포계(戶布契) 362, 혼인부조계(婚姻扶助契) 43, 상장부조계(喪葬扶助契) 97, 학계 13, 송계 53, 종계(宗契) 5, 성황계(城隍契) 1, 우포계(牛脯契) 1, 보계(洑契) 1, 노동계(勞動契) 1, 농구계(農具契) 1 등으로 구성되어 있다. 이 가운데 동계가 620개로서 조사된 전체 계의 반 이상을 차지하고 있다. 여기에다 호포계를 동계류조직으로 간주하여 동계에 포함하면 982개로, 전체의 80%가 넘는다. 그러나 1911년에 조사된 충북 지역 전체 구동리 수 3,715개에 비하면 동계가 존재하는 동리는 겨우 16%에 지나지 않고, 호포계를 포함한다고 하더라도 동계류조직이 존재하는 동리는 전체 동리의 26% 정도에 그치고 있다. 그러나 이 시기 계에 관한 앞의 여러 가지 조사보고에서도 드러나듯이, 이런 충북 지방의 조사보고 역시 현실보다는 매우 적게 조사된 것일 가능성이 높다. 아마 구관조사사업에 대한 일반적 두려움이 이런 결과를 낳았을 것이다.

이 보고에서 드러나는 1910년대 초반 충북 지역 동계의 상황은 다음과 같

---

36) 菱本長次, 「忠淸北道の契する調査」(1)-(4), 『朝鮮農會報』 1912. 7-10.

다. 동계가 창립된 연도를 보면 최고 188년 전부터 최근 1년 전에 설립된 것까지 분포되어 있어, 동계의 생성과 소멸이 무상했음을 알 수 있다. 그러나 보통은 10년 내외의 것이 많다고 했다. 갑오개혁 이후 전국적으로 많은 동계가 새로이 만들어지게 되지만, 이 시기 만들어진 동계는 병합을 전후하여 동요하는 모습을 보이고 있었다고 추론할 수 있다. 계장은 이장이 겸임하며, 계의 서기(書記) 역을 담당하는 소임은 대개 동임(洞任)이나 계원 중 자산과 신용이 있는 자 중에서 계원이 선출한다고 했다. 1911년 현재 동계재산을 현금으로 환산하면 각 계당 평균 8원 80전 정도이다. 계의 지출은 동리장과 동임의 보수 및 동리의 집회와 동제(洞祭) 비용, 동내 빈곤자에 대한 의료와 장례 비용, 공공사업 비용, 장구(葬具) 구입 비용 등으로 구성되어 있다. 이 시기 동계에서도 전통적 동계의 사업, 즉 공공사업비, 동리장 보수, 동제 비용, 장구 구입과 빈곤자의 부조 비용 등을 그대로 집행하고 있었던 것이다. 동리장과 동임의 보수는 대개 계의 재산이나 이자 수입으로 지출하지만, 계 재산만으로 불가능할 때는 각 계원이 백미를 징수하여 지불하며, 계의 이자 수입과 별도로 소유 전답의 수입으로 급료를 지불하는 경우도 있다고 한다. 성적이 양호한 계가 전체의 약 7할 정도를 차지하고 있다고 보고하고 있다.

호포계 역시 동계에 준하는 방식으로 조직되는 경우가 많았는데, 동계와 마찬가지로 극빈자를 제외하고 동내에 거주하는 자는 모두 가입하는 강제 가입 규정을 취하고 있었다. 호포계의 계장은 동리장이, 계임(契任)은 동임이 맡는 것이 일반적이며, 이들의 급료는 동리에서 지급하는 것이 아니라 호포계의 직임(職任) 자격으로 지급한다고 했다. 금액으로 환산한 호포계의 평균 재산은 9원 71전이고, 비용이 부족할 경우 기본재산에서 지급하지 않고 매호당 할당하는 것이 상례이며, 전체에서 약 반 정도의 호포계가 운영이 양호한 상태라고 보고하고 있다.[37] 호포계의 조직이나 운영 방식, 그리고 동리와의 관계 및 재

---

37) 菱本長次,「忠淸北道の契する調査」(1)-(4),『朝鮮農會報』 1912. 7-10.

산의 규모 등으로 미루어 동계와 거의 비슷한 성격의 계로 취급해도 무리가 없음을 확인할 수 있다.

이처럼 충북 지방에서는 동계와 호포계 등이 많이 운영되고 있었다. 전체 동리의 약 4분의 1 정도에서 동계류조직이 유지되고 있는 것으로 위의 조사자료에서 나타나고 있는 것으로 보더라도 구관조사로 인한 동계의 동요를 지나치게 과장해서는 안 될 것으로 보인다. 이는 김한목의 견해와는 대조를 이룬다.

다음으로 면제 실시가 동계에 미친 영향에 대한 것이다. 동계는 전통적 구동리나 자연촌락을 단위로 한 것이므로 면제의 시행은 그 자체로 동계에 위협적이었다. 더욱이 행정동리로의 통합은 구동리 또는 자연촌락을 단위로 하는 동계의 동요를 초래하는 것이기도 했다. 앞서 보았듯이 면제 제정의 취지에 비추어본다면, 면제는 동계류조직을 중심으로 한 각종 조직의 자의적인 사업 집행을 견제하고 지방민의 경비 부담을 줄인다는 명분하에 제정할 필요가 있으며, 나아가 장기적으로 모든 지방의 공공사업을 면으로 통일하는 것을 목표로 설정하고 있었다.[38] 이런 측면에서 면제의 제정은 동계류조직의 기반을 일단 동요시키는 것이 될 수밖에 없었다. 다음의 보고는 면제가 실시됨으로써 동계가 동요하고 있었음을 확인해준다.

> 1917년 부제(府制)와 면제(面制)가 시행됨으로써 동리계(洞里契)의 동요가 시작되어 가족제 촌락경제는 그 기초가 동요했고, 최근 개인주의의 발달과 아울러 개유(個有)를 원칙으로 하고 공유(共有)를 예외로 하기에 이르렀으며, 면에 인격(人格)을 인정하여 공유(公有)를 허용했으나 동리는 인격이 허용되지 않았고 이에 동리가 재산의 공유를 인정받지 못하게 됨으로써 동리계 등의 발전이 저지되었다.[39]

---

38) 澤田豊丈, 「面制에 대하여」, 朝鮮總督府 內務部, 『朝鮮總督府道府郡島書記講習會講演集』, 1918, 1~33쪽.
39) 藤戶計太, 『無盡と契の研究』, 大東學會, 1929, 154~157쪽.

이 보고는 면제의 실시가 동계류조직을 동요시키고 있었을 뿐만 아니라, 동리에 법인격이 인정되지 않아서 동계 또는 동리유재산의 소유가 불명확해 이런 현상을 더욱 심화시키고 있었음을 확인해준다. 원칙적으로 계는 법인격이 인정되지 않았으므로 소유 부동산에 대한 증명이나 등기 신청을 할 수 없었으며, 증명이나 등기는 계원 공유로 하는 방법밖에 없었다.[40] 동계의 법인격을 인정하지 않고 재산의 증명이나 등기 신청을 계원 공유로 하게 한 것은 동계를 조합과 유사한 법률적 성격을 가진 것으로 보았기 때문일 것이다. 하지만 면제를 실시하는 것으로 정책 방향이 정해지면서 촌락의 기본재산은 기본적으로 부정될 운명이었다. 그럼에도 1920년대 초의 조사보고에서도 동계류조직은 도처에 일반화되어 존재하는 조직으로 간주되고 있을 정도로,[41] 동계류조직은 계속 유지되고 있었다.

이제부터는 동계와 촌락과의 관계를 이해하기 위하여 동회의 존재와 그 변화 양상을 검토해보겠다. 동계의 성격 변화는 동리와의 관계가 변화하는 측면을 통해서도 이해할 수 있기 때문이다. 특히 동계의 해산과 아울러 동계의 성격이 변화함으로써 '동회와 동계의 괴리'를 드러내게 되는데, 이를 '촌락과 동계의 분리'라고 표현할 수 있다. 촌락과 동계가 분리되는 현상은 동계가 촌락의 전체적 통제나 자치에 관여하는 정도가 약화되고, 이에 따라 촌락 내의 공공적이거나 상호부조적인 사업의 진행이 동계와 일정하게 분리되어가는 것으로 나타나고 있었다.

먼저 갑오개혁 이후 동회의 존재는 어떤 변화를 겪고 있었는가를 검토해보자. 갑오개혁을 계기로 촌락 단위 총회로서의 성격을 갖는 동회가 법규로 제정되었지만, 갑오 후에는 유력자들의 집회로 그 성격이 변화되었음은 표 〈4-4〉를 통해 잘 확인할 수 있다. 동회만이 아니라 면회 역시 갑오조규 그대로 잘

---

40) 神尾太治平, 『朝鮮不動産證明令義解』, 1912, 67쪽.
41) 李覺鍾, 『契に關する調査』, 1923.

〈4-4〉 갑오(1894년) 전후 동회의 변화

구분	갑오 전	갑오조규	갑오 후
面會	면장과 동장에 상당하는 자와 각 동 頭民, 解事人 등이 회합하는 인원을 정한다.	집강과 소속 각 리의 존위와 각 리 2인 씩의 公擧人을 회원으로 한다.	갑오 전과 같이 면장, 동장, 解事人, 頭民, 유력자 등이 회합하여 정원을 정한다.
洞會	동장에 상당하는 자와 동내의 頭民, 解事人 등이 회합한다.	존위와 리내의 매호 1인씩의 출석자를 회원으로 한다.	동장(이장), 頭民, 解事人, 유력자 등의 회합.

(자료)「面及洞二關スル制度舊慣調查」,『朝鮮總督府月報』1-4, 5, 1911. 9, 10.

이행되었다고 볼 수는 없지만, 면회가 잘 이루어지지 않았던 것은 면이 아직 제도적으로 정착하지 못했던 현상과 관련된 것이었다.

갑오조규에 규정된 촌락 내 각 호 1인씩의 출석자를 회원으로 하는 동회 규정은 잘 지켜지지 않았고, 갑오 전과 마찬가지로 두민과 동장, 그리고 유력자 모임으로서의 동회로 되돌아갔다. 이는 원래 동회 운영의 관습을 반영하는 것이자 동회와 동계의 운영이 분리되어 있었음을 말하는 것이다. 총독부의 구관 조사보고서는 다음과 같이 종래의 동회를 파악하고 있다.

> 동회라는 것은 원래 아무런 조직도 없고 그 의사에 관해서도 하등의 규율이 없었다. 단지 잡다하게 집합하여 일을 결정하는 관습이 있을 뿐으로 갑오조규의 의사에 관한 규정과 같은 것은 오히려 실제에 맞지 않는 것이다. 생각건대 국민의 계급적 제도와 장유(長幼)의 서열을 중히 여기는 제도 때문에 연장(年長)으로서 다소의 지위와 인망을 가진 자의 주장은 심한 패리(悖理)가 아닌 한 그에 복종하는 것이 일반의 관습이었다.[42]

동회는 그에 관한 조직이나 규율은 없고 연장자를 우대하는 관습을 통하여 운영되고 있었다고 보고 있다. 그리고 이는 촌락 단위 모임으로서의 동회와 그

---

42)「面及洞二關スル制度舊慣調查」,『朝鮮總督府月報』1-4, 5, 1911. 9, 10.

〈4-5〉 1910년대 초반 경남북 지역 동계의 성격

동계의 소재지 및 명칭	목적	조직 방법	관리 방법	동리와의 관계	해산 여부 및 해산 방법
尙州郡 北內面 花田洞契	公費 充當	洞民 가입	洞長 관리 兩班 감독	동계재산= 洞有財産	현존
尙州郡 內南面 巨物里 里中契	公費 充用, 養木 盜伐방지	班常 물론 洞民 가입	里長 감독	송계 성격, 洞有財産	현존, 1911년 신규약 제정
尙州郡 內東面 城東社約	급여, 洞祭비용 充用	동민 가입	이장 주관	급여와 동제 비용 마련	1910년 해산, 動産을 里長이 관리
義城郡 郡內面 道臣(北)洞契	公費 충용	동민 가입	재산가 또는 유지자	洞의 公有財産	1886 해산, 洞有財産을 洞長이 관리
義城郡 鳳陽面 藏待洞契	戶布 납부, 救恤	동민 중 富饒한 자	동장 관리	동유재산과 구별	1910년 해산, 계원에게 분배
義城郡 南部面 鳳亭洞契	호포전, 洞費 補用	동민 가입	동장 관리	동의 公有財産	1908년 해산, 동민에게 분배
蔚山郡 上府面 路下洞 隣里契	洞里 救助, 救恤	洞任 중 재산가	임원 선정 관리	동유재산으로 附屬	1896년 해산, 동유재산 동장이 관리
蔚山郡 上府面 路東里 洞契	公費 충용	동민 가입, 두레 잉여	別任 선정 관리	동유재산	현존
靈山郡 邑內面 校洞洞契	公費, 賻儀	동민 가입	洞首, 동장 주관	동의 公有財産	1908년 해산, 契錢 소비
密陽郡 府內面 路下洞契	公費, 喪葬	동민 가입	洞首 주관	일종의 洞有	1907년 해산, 사립학교 기부

(자료) 金漢睦, 『慶尙南道慶尙北道管內契親族關係財産相續の槪況報告』, 1911.

운영조직으로서의 동계의 일정한 분리를 지적하고 있다. 가입이 강제된 동계류조직의 경우에 대부분은 동리의 공익적 과제를 담당하고 있었고, 이에 따라 동계의 총회가 동회의 역할을 유지하는 경우가 많았다고 하겠다. 물론 일률적으로 이렇게 규정하기는 어렵겠지만, 동계류조직의 탄생은 동리의 고유한 공공사무를 담당하는 것을 그 역할로 상정하고 있었던 것은 아닐까? 현실에서의 촌락과 동계의 관계는 이렇듯 단순하게 정리할 수 있을 정도로 일률적인 것은 아니었던 듯하다. 이번에는 앞에서도 살펴본 적이 있는 김한목의 구관에 관한 조

사보고를 통해서 촌락과 동계와의 관련 양상을 구체적으로 검토해보자. 1910
년대 경남북 지역 동계의 성격을 표로 나타내면 〈4-5〉와 같다.

표 〈4-5〉를 통해 다음과 같은 사실을 확인할 수 있다. 조사된 10개의 동계
가운데 동내 상층민이나 재산가들이 모여 조직한 동계는 의성군 봉양면 장대동
계와 울산군 상부면(上府面) 노하동(路下洞) 인리계(隣里契)의 2개뿐이고, 나머
지 8개의 동계는 모두 동민 일반의 의무 가입이 강제된 동계이다. 그런데 상층
민만으로 구성된 두 개의 동계는 설립 목적을 동민의 구휼로 설정하고 있는 데
비해 나머지 8개의 동계는 동리에서 필요한 공공의 목적에 사용하기 위한 '공
비(公費) 충용(充用)'을 가장 중요한 설립 목적으로 내걸고 있다. 이와 아울러
동민의 강제 가입을 규정하고 공비 충용을 목적으로 내건 8개의 계는 모두 동
계의 재산을 동유재산 또는 동리의 공유재산으로 규정하고 있다는 점에서 완전
히 일치한다. 이 가운데 1911년 현재 현존하는 3개의 동계, 즉 상주군 북내면
(北內面) 화전동계(花田洞契)와 내남면(內南面) 거물리(巨物里) 리중계(里中契),
울산군의 상부면 노동리(路東里) 동계는 동계재산을 동유재산으로 규정하고 동
장 또는 별임(別任)이 그 재산을 관리하고 있다. 1911년 이전에 해산한 나머지
5개의 동계 가운데 동계재산을 기부하거나 분배한 3개의 동계를 제외한 상주
군의 성동사약과 의성군의 도신동계(道臣洞契)는 동계를 해산한 뒤에도 동리의
공적 경비에 사용하기 위하여 동유재산으로 성격을 유지하면서 이를 동장이 관
리하고 있다. 심지어 상층민만으로 조직한 동계였던 울산군의 노하동 인리계
역시 동계를 해산한 뒤에는 계의 재산을 동유재산으로 이관하여 동수(洞首), 동
임의 급여 지급이나 동내의 상장(喪葬) 부조(扶助)에 사용하도록 하고 있다.

요컨대 10개의 동계 가운데 상층민만으로 결성되어 계를 해산할 때 재산을
분배해버린 의성군의 장대동계를 제외하면, 동계재산은 동유재산으로 규정되어
대개 동장이 관리하고 있었던 것이다. 이런 경우에 대개 동계는 동회와 동일한
것으로 간주되었다. 동계의 총회가 있는 날이 동회 일이었고, 이날 동계원이 집
회하여 동내에서 발생하는 모든 사항을 논의했다. 그러나 동계가 해산되면 이

런 관계는 성립될 수 없었다. 동계가 해산된 후에도 동유재산이 남아 있어 이를 동장이 관리하면서 동리의 경비로 사용하는 경우에도 동회는 새로이 설정되어 동내의 사무를 논의하는 공간으로 활용되어야 했다. 동계가 해산되면서 동계재산이 소멸되는 경우에는 동리 전체의 공적 활동에 소요되는 비용만이 아니라 이를 논의하는 공간을 새로이 만들어야만 하는 어려움에 직면하고 있었던 것이다.

앞서 본 청주 교서동계의 사례는 동계류조직과 동회의 분리 현상을 잘 보여준다. 동계는 촌락 내의 모든 일을 주관하는 단체로서 계장은 유력자가 담당하고, 이장은 행정과의 접점에서 발생하는 일을 담당하는 자로서 동계에서 이장을 선임하고 있다. 이는 동회가 행정 담당으로 분리되어가는 과정을 보여준다. 한편 앞서 본 함북 동계의 사례 역시 계장을 동내 유력자로 삼아 행정과 연계시키되, 동계가 이장을 선출할 수 있도록 하여 간접적인 방법을 동원하고 있는 권력의 의도를 명확히 파악할 수 있다. 하지만 자치기구로서의 동계와 행정조직으로서의 동회의 분리는 급속하게 일어나는 것은 아니었다. 이와 아울러 식민지배가 지속되면서 동계의 자치기구로서의 성격이 점차 약화되어가거나 아니면 동계가 소멸 해체되면서, 동계를 비롯한 촌락 단위의 조직과 동회가 분리되는 양상은 더욱 뚜렷한 모습을 띠면서 진행되어간다. 하지만 이런 분리 과정 역시 급속하게 진행되지는 않았다.

요컨대 동계가 쇠퇴 또는 변형되면서 동회의 역할이 증대되거나 동계의 역할을 대체하게 되는데, 이는 촌락 단위의 공동사무를 처리하고 행정적 역할을 담당하는 촌락 단위의 공동조직이 필요했고 이를 동회가 담당하게 되었음을 의미하는 것이다. 하지만 그 조직과 역할의 분리는 반드시 명확한 것은 아니었으며, 또한 사례마다 매우 큰 편차를 보이면서 진행되었다. 요컨대 동회는 촌락 단위의 공공시설의 유지 경영을 위한 봉사 작업을 이행하기 위하여 반드시 필요한 장치였다. 이런 역할을 이전에는 동계가 주로 수행해왔으나, 동계가 쇠퇴 소멸하면서 그 역할을 동회가 대신 담당하게 되었던 것이다.[43]

이제 촌락에서의 동계의 동요·해체와 관련하여 촌락의 여타 조직은 어떠했는가를 살펴볼 차례이다. 즉 촌락 내 조직의 분화 현상을 살펴보고자 한다. 그런데 조선 후기 촌락에는 한 촌락에 무게 중심을 두는 조직만이 결성되었던 것은 아니었다. 각종 형태의 조직과 결사(結社)가 '다층이심(多層異心)'으로 걸쳐 있었다고 볼 수 있다. 예를 들어 양자 간에 상호 의존과 신뢰를 구축한 이인계(二人契)를 비롯하여, 촌락 단위 조직으로서의 송계나 동계, 촌락간 조직으로서의 천방계(川防契)나 학계, 면 단위 조직으로서의 종계(宗契)나 면계(面契) 등이 다층적으로 그리고 조직으로서의 중심을 달리한 채로 결성되어 있었다.[44]

한편 동계를 중심으로 한 각종 계는 이미 개항을 계기로 사회구조의 변동과 궤를 같이하는 변화를 겪고 있었다. 계의 분화가 더욱 진전되었으며, 기존의 계가 소멸하거나 새로운 계가 생성되기도 하고, 근대적인 조직 형태로 발전하기도 했다. 즉 계의 종류와 기능이 더욱 분화되고 특정화되어갔고, 계의 기금은 더욱 일원화되어갔으며, 식리활동도 강화되는 추세에 있었다. 그리고 계원 간의 신분적 지배의 양상은 현저하게 약화되었으며, 계의 조직 주체로 하층민이 등장하기도 했다.[45] 개항 이후 이런 계의 변화 추세는 식민지배하에 더욱 가속

---

43) 식민지기 말기에 보고된 다음 세 가지 사례는 동계를 비롯한 촌락 단위 조직과 동회의 분리 현상을 뚜렷하게 보여주고 있다. 첫째, 강원도 原州郡 地正面 艮峴里의 사례이다. 간현리에서는 동계의 총회 때에 洞會의 일을 의논하는 일이 있지만 동회 때에 동계에 관한 일을 의논하지는 않았다고 한다. 물론 洞會와 洞契와 洞祭는 서로 달랐지만, 하나로 생각되는 때도 있었다고 한다. 다음은 경상북도 榮州郡 順興面 東湖里의 경우이다. 여기에서 동회는 부락연맹 때문에 매월 열리고 있으나, 동회에서는 그 밖에 일에 대해서도 다양하게 논의가 이루어지고 있었다. 그러나 동회가 바로 동계는 아니었다. 동계재산의 소멸과 아울러 동계의 역할이 쇠퇴하고 동회가 동리 단위의 공적 업무를 담당하게 되었던 것이다. 세 번째로는 충북 제천 구룡리의 사례를 들 수 있다. 동계의 총회를 大洞契 또는 洞會라고 하여 여기에서 동계의 회계 결산을 했다고 한다. 또한 동회는 매년 정기집회 이외에 중요한 사건이 일어나는 경우에는 언제나 임시로 열렸다고 한다. 위의 세 개의 사례는 상당한 차이를 보이고 있지만, 동계를 비롯한 촌락 단위 조직과 동회의 분리 현상을 보여주고 있다. 위의 출전은 첫째와 둘째, 원주와 영주 사례는 「朝鮮農村社會踏査記」, 셋째 제천 사례는 「朝鮮의 村落」에서 인용한 것이다. 鈴木榮太郎, 『朝鮮農村社會の研究』(『鈴木榮太郎著作集』5), 未來社, 1973 참조.

44) 이영훈, 「18~19세기 대저리의 신분구성과 자치질서」, 『맛질의 농민들』, 2001, 일조각, 245~299쪽 참조.

화되었다. 개항기를 거치면서 변화된 촌락 단위의 각종 계는 거의 촌락 내의 주민 간에 결성되는 것으로 성격이 변화해간다. 계는 관습적으로 범위가 일정한 지역에 한정되는 것이 보통이지만, 초기에 이미 다수의 계는 한 동리 내에서 행해지고 있다는 총독부의 관습조사보고도 이런 상황을 지적하고 있다.[46)]

이제 한말 이후 계의 분화가 진행되는 방식과 그 분화의 정도를 살펴보기로 하자. 앞서 본 「면 및 동에 관한 제도구관조사」를 통해 총독부가 계를 파악하고 분류하는 방식을 살펴봄으로써 이를 검토하고자 한다.[47)] 총독부는 구관조사를 통해 계를 네 종류 즉 공익, 공제, 산업이나 금융, 사행(射倖)을 목적으로 하는 계로 분류하고 있다. 첫 번째 공익 목적의 것과 두 번째 공제 목적의 것은 행해지지 않는 곳이 없고, 금융 목적으로도 광범하게 행해지지만, 산업을 목적으로 하는 것은 비교적 적다고 했다. 그리고 공제를 목적으로 하는 계는 상호보험으로서의 성격을 가지며, 특히 산업을 목적으로 하는 것은 산업조합으로서의 성격을 가지고 있음을 강조하고 있다. 이처럼 총독부는 구래의 계를 공익을 목적으로 하는 것, 공제를 목적으로 하는 것, 산업 또는 금융을 목적으로 하는 것, 사행을 목적으로 하는 것 등으로 구분하고 있다. 이 가운데 특히 사행을 목적으로 하는 계는 한말 이후 크게 성행했지만, 식민통치 이후 강력하게 통제되었으며, 나중에 일본식 무진(無盡)[48)]의 영향으로 이에 흡수되기도 하면서 활동

---

45) 이상은 김필동, 『한국사회조직사연구』, 일조각, 1992 ; 「계의 성행과 발전」, 『차별과 연대』, 문학과지성사, 1999. 하지만 조선 후기, 개항기에 계가 일방적으로 위와 같은 방향으로만 전개되고 있었던 것은 아니다. 촌락조직에 대한 사례 연구에 의하면 개항기에는 촌락의 계가 분열과 위기를 경험하게 되는데, 1890년대에는 각종 형태의 결사가 모두 해체되고 말았다고 한다. 1900년대 들어 洞約이 재건되고, 식민지배하에는 평민적 질서가 촌락 내에 침투하면서 하민의 상층이 양반 사회의 일원으로 수용되기도 했다고 한다. 물론 이 역시 일반적 상황을 보여주는 것은 아니지만, 촌락의 상황에 따라 매우 다양한 모습으로 동계조직의 양상이 전개되고 있었다는 점을 간과해서는 안 될 것이다. 이영훈, 「18~19세기 대저리의 신분구성과 자치질서」, 『맛질의 농민들』, 일조각, 2001 참조.

46) 「面及洞ニ關スル制度舊慣調査」, 『朝鮮總督府月報』 1-4, 5, 1911. 9, 10.

47) 「面及洞ニ關スル制度舊慣調査」, 『朝鮮總督府月報』 1-4, 5, 1911. 9, 10.

48) 일본에서는 원래 상호부조조직인 講이 19세기 들어 無盡講이나 賴母子講으로 변했는데, 근대

의 토대를 상실해갔다.

이 보고에서는 공익을 목적으로 하는 계로는 다음과 같은 것이 있다고 했다. 납세를 목적으로 하는 것, 공공사업 지출을 목적으로 하는 것, 공동의 비용 지출을 목적으로 하는 것, 면장이나 동장의 회의 비용 기타 면 공공의 비용 지출을 목적으로 하는 것, 교육비의 지출을 목적으로 하는 것, 궁빈자의 구조를 목적으로 하는 것 등 여섯 가지의 공공적 공익사업의 내용을 열거하고 있다. 그리고 이런 계가 없는 곳은 없다고 하여 공익을 목적으로 한 계가 광범하게 존재하고 있음을 지적하고 있다. 앞서 본 김한목의 보고에서도 "종래의 동계는 동계라고 하지만, 따로 송계, 학계, 농계(農契), 상포계(喪布契) 등이 있다. 더욱이 그 밖에도 리중(里中) 식리계(殖利契) 등 여러 가지 명칭 아래 성립한 것이 있어 이들도 얼마간은 동계의 성질을 가지고 상호 계약 아래 공동단합을 도모한다"[49]고 하여 공익적 성질을 가진 계의 광범위한 존재를 인정하고 있다. 이를 동계류조직이라고 칭하는 것에는 무리가 없을 것으로 보인다.

이에 각종 계를 공익, 공제, 산업, 금융을 목적으로 하는 것으로 분류하는 것은 당시 계 분화의 양상을 잘 보여줄 것으로 보인다. 여기에서는 공익을 목적으로 하는 계를 '동계류조직' 또는 '공익기구',[50] 공제 또는 상호부조를 목적으로 하는 계를 '생활기구', 산업의 진흥을 목적으로 하는 계를 '생산기구', 금융을 목적으로 하는 계를 '금융기구'로 명명하고, 이를 분류의 기준으로 삼고

이후 이를 점차 상업적인 營業無盡으로 변화시켜갔다고 한다. 이에 대해서는 藤戶計太, 『無盡と契の研究』, 大東學會, 1929, 1~19쪽 참조. 1920년대 이후 무진의 영향에 대해서는 이 책 제4부 2장 참조.

49) 金漢睦, 『慶尙南道慶尙北道管內契親族關係財産相續の槪況報告』, 1911.

50) 여기에서는 약간의 혼란을 감수한 채 동계류조직의 성격 변화를 감안하여 1920년대 이후의 동계류조직에 대해서는 '공익기구'라는 명칭을 사용하기로 한다. 곧 1910년대까지는 동계류조직이라는 개념을 사용하지만, 1920년대 이후에는 이를 공익기구라는 개념으로 바꿔 사용하고자 하는 것이다. 1910년대 총독부의 정책으로 말미암아 동계류조직은 큰 변화를 겪었다. 곧 동계류조직은 포괄하는 범위가 축소되는 경우가 많았고, 그 성격도 공익적 성격에 더하여 다른 많은 역할을 포함하게 되었으며, 특히 정책적 단위로 이용되는 경우가 많았다. 그럼에도 촌락 단위의 공익을 대표하는 기구로서의 성격은 유지하고 있었으므로 '공익기구'라고 명명하고자 하는 것이다.

<4-6> 종류별 계수, 계원 및 재산표(1916년)

종류	契數	契員 數(인)		契 財産(現金, 원)	
		총수	1계 평균	총액	1계 평균
동계류조직	1,622(9)	82,312(11)	51	317,409(14)	196
생산기구	2,187(11)	101,443(14)	46	506,141(23)	231
생활기구	13,162(69)	428,988(58)	33	1,299,795(59)	99
금융기구	2,073(11)	134,139(18)	65	84,095(4)	41
합계/평균	19,067(100)	746,882(100)	39	2,207,440	116

(자료) 藤戶計太, 『無盡と契の硏究』, 大東學會, 1929, 180~182쪽.
(비고) 원래의 표를 인용자가 다음과 같이 재분류했다.
　1. 동계류조직은 松契류 조직이 산업계로, 洞祭契류 조직이 부조계로 분류되어 실상보다 축소되어
　　있음을 감안해야 한다. 산업계와 부조계는 그만큼 확대되어 있을 것이다.
　2. 산업적 계를 생산기구로 분류했다.
　3. 부조를 목적으로 하는 계, 오락을 목적으로 하는 계나 기타 계는 모두 생활기구로 분류했다.
　4. 금융을 목적으로 하는 계는 따로 금융기구로 분류했다.
　5. 원 자료의 가입자 수와 재산의 합계는 항목의 합계와 차이가 있어 각 항목의 합계로 조정했다.
　6. ( ) 안은 각 항목이 차지하는 비율을 나타낸다.

자 한다.[51] 물론 각각의 분류 내에서도 매우 다양한 조직 방식을 보이고 있지
만 공통의 특징을 보이는 점도 있다. 먼저 앞서 살펴보았듯이 동계류조직뿐만
아니라 나머지 대부분의 계도 모두 촌락을 단위로 조직되고 있었다는 점이다.
이는 식민지배를 전후한 시기의 매우 중요한 특징 중의 하나이다. 다음, 동계류
조직을 제외하면 대부분의 계조직이 모두 자본의 이식적 성격을 매우 강화해
나가며, 이 때문에 근대적 조합으로서의 성격이 강조된다는 점이다. 세 번째,
이들 조직은 비교적 동질적 계층이 결합한 계층조직으로서의 성격을 강화해 나
간다는 특징을 가진다.
　이제 1910년대 계의 구성과 분포 상황을 통해 계의 분화와 변화 상황을 검
토해보겠다. 표 <4-6>을 통해서 다음과 같은 1910년대 계조직의 특성을 살펴

---

51) 계 분류를 통하여 이런 방식으로 개념화했지만, 물론 이런 분류 속에는 촌락 내의 조합이나 다른
　각종 단체도 포함한다.

볼 수 있다. 이미 동계류조직과 생산기구, 생활기구, 금융기구의 명확한 분리가 상당히 진행되고 있었다. 이런 분리는 아마도 1900년대 이후 진행되어온 변화의 연장선 위에 위치하는 것이겠다. 그리고 생산기구, 생활기구, 금융기구의 분화와 강화는 동계류조직의 약화, 쇠퇴와 궤를 같이하는 것임에 틀림없다. 전체적 분포를 보면 생활기구로서의 계가 전체의 69%로서 가장 큰 비중을 차지하고 있다. 동계류조직이 그 활동에서 상호부조적 성격을 약화시켜간 현상과 비례하여, 촌락 내부에서 상대적으로 동질적인 계층 간의 상호부조조직이 발전해 간 결과일 것이다. 그리고 이는 촌락 내부 계층 분화 현상을 그 바탕으로 하는 것이기도 하다.

마찬가지로 생산기구와 금융기구의 분화도 촌락 내부의 사회적 분화와 조직적 발전에 바탕을 두고 있다. 생산기구의 경우 평균 인원과 재산의 규모가 상대적으로 큰데, 이는 중상농층 중심의 산업조합으로서의 성격을 생산기구가 강화해가고 있었음을 보여준다. 계원의 1계 평균을 보면 동계류조직보다 금융기구의 숫자가 많은데 이는 아직은 촌락 간 조직이 유지되고 있었다는 증거일 수도 있다. 하지만 계 재산의 평균에서는 금융기구가 가장 적은 금액을 차지하고 있다. 이는 아직 촌락 내부의 소규모 이식에 머물러 있었음을 보여준다. 이런 방식의 분화는 1920년대 이후 더욱 두드러진다.

요약하자면 구관조사를 비롯한 총독부의 동계류조직에 대한 정책은 실제로 동계류조직을 상당히 동요시키고 있었고, 면제 실시는 이를 더욱 부추기고 있었다. 한편 동계류조직의 동요는 촌락과의 괴리를 심화시켰다. 오히려 이런 측면에서 1910년대 동계류조직에 대한 정책의 영향이 뚜렷하게 드러나는 것 아닌가 한다. 그렇다고 동계류조직이 완전히 쇠퇴해버린 것은 아니었고, 이와 아울러 촌락의 여타 조직은 분화-성장하고 있었다. 여기에서는 이를 생활기구, 생산기구, 금융기구로 분류하여 살펴보았다.

이 장에서의 논의를 간략히 요약해둔다. 1910년대 총독부의 동계류조직에 대한 정책은 향약정신을 표방하고서 동계류조직을 조합적 성격을 가진 조직으로 유도하려는 정책적 지향을 가지고 있었다. 이런 정책은 실제 동계류조직에 상당한 영향을 미쳐 조직의 동요와 해체를 몰고 왔고, 동계류조직과 촌락 간의 괴리를 심화시켰다. 그럼에도 동계류조직이 쇠퇴했다고 보기는 힘들고 오히려 이는 촌락 내부의 조직적 분화 현상을 가속화시킨 듯하다. 1910년대 동계류조직에 대한 정책은 이후에도 향약 전통의 유지와 조합으로의 변형·해체라는 '양날의 칼'로 기능하게 될 것이다. 그러나 촌락조직으로 자리잡은 계나 조합 등의 각종 단체는 더욱 성장하게 된다.

제2장
촌락조직의 분화(1919~1937년)

1. 촌락조직 재편의 방향

앞 장에서 살펴본 1910년대 동계류조직의 변화와 촌락조직 분화의 성격은
다음과 같이 요약할 수 있다. 첫째, 동계류조직이 촌락과 괴리되면서 동계류조
직의 성격도 변화했다. 동계류조직은 이제 촌락의 공공적 사업을 맡지 않는 경
우가 많았고, 맡았다고 할지라도 조합적 조직으로 변화하여 일부 계층의 이해
를 대변하게 된 경우가 많아지게 되었다. 둘째, 대부분의 다른 계나 조합도 촌
락 내부조직으로 변화했다. 동계류조직의 변화에서 드러나듯이 공공적 성격의
계가 면으로 흡수될 위기에 처하고, 촌락 자체가 행정적으로 재편됨으로써 이
런 변화는 가속화되었다. 촌락 내부의 계층적 이해를 부분적으로 반영하는 각
종 단체가 촌락 내부에 조직되었던 것이다. 셋째, 동계류조직도 내부적으로 복
합적 성격을 띠는 경우가 많아지게 되었다. 촌락 내부의 계층 분화에 따른 요
구에 맞추어야 했던 것이다. 넷째, 이리하여 촌락조직의 분화가 본격적으로 개
시되었다. 총독부의 촌락정책이 생산기구의 생성과 분화에 크게 기여했으며,
금융기구와 생활기구의 분화도 진행되었다.[1) 또한 여기에는 중견인물의 역할

이 크게 요구되었다. 특히 1920년대 이후 촌락사회의 변화 즉 농촌에서 계층의 하강 분해와 지주·소작인 간 갈등의 심화, 자본주의 상품경제의 침투와 미작단일화를 중심으로 한 상업적 영농의 확대 등은 촌락조직의 분화를 더욱 심화시키는 요인으로 작용하게 된다.

이런 결과를 바탕으로 먼저 첫 번째 절에서는 모범부락 설정정책, 향약 보급정책 등 촌락정책이 실시됨으로써 동계류조직=공익기구가 어떤 변용을 겪고 있었는가를 검토해볼 것이다. 또 1920~30년대 촌락조직의 전체적인 분화 양상을 정리해볼 것이다. 2절에서는 촌락조직이 분화하는 양상을 앞의 분류 즉 동계류조직=공익기구, 생활기구, 생산기구, 금융기구라는 개념에 입각하여 검토해보겠다. 3절에서는 1930년대 농촌진흥운동의 과정에서 촌락조직이 겪게 되는 변화를 검토해보고자 한다.

그러면 모범부락정책은 촌락조직 분화와 어떤 연관을 맺고 있었는가, 향약정신을 강조하는 것은 어떤 효과를 초래했는가, 그리고 실제로 촌락조직의 분화는 어떤 방식으로 진행되고 있었는가에 대해 검토해보자.

1920년대 촌락정책으로 표방된 모범부락 설정정책은 촌락조직을 육성하고 공익기구를 변화시키고 있었다.[2] 모범부락 설정정책은 총독부의 통치방침을 잘 침투시킬 수 있을 만한 대상을 선정하여 이를 정책적으로 육성함으로써 선전의 거점으로 삼고 이를 바탕으로 촌락정책의 확산을 노렸던 정책이라 할 수 있다. 그런데 모범부락 설정정책은 '부락'을 매개로 한 농가 우선의 정책, 곧 '농가 본위(農家本位)'의 정책을 취하고 있었다. 이리하여 공익기구가 유지되었

---

1) "현재 촌락에서 많이 행해지고 있는 것은 保險的 의의를 가지는 婚葬契 및 貯蓄, 金融, 副業奬勵 등의 殖産的 목적을 가진 계이다. 금일 농촌에 특히 保險과 殖産契의 2개의 계가 존속하고 있는 것은 농촌사회 농민의 물질적 사상 경향을 명확히 설명하고 있다"라는 1924년 경기도의 보고도 조직 분화의 양상을 잘 표현하고 있다. 생활기구로서의 혼장계가 보험적 의의를 가지고 있다고 보았지만, 이는 금융기구와 생산기구의 분화를 표현하고 있는 것이다. 京畿道 內務部 社會課, 『京畿 道農村社會事情』, 1924, 74~91쪽.

2) 모범부락 설정정책의 개요에 대해서는 이하나, 「1910~32년 日帝의 朝鮮農村 再編과 '模範部 落'」, 연세대학교 석사학위논문, 1994 참조.

다고 하더라도 그 성격이 변했고, 농가의 경제적 성장을 최우선으로 했으므로 소농 생산과 소득 증가에 정책의 초점이 맞추어져 있었다. 농가 본위란 바로 농가를 단위로 각종 단체를 형성할 것을 촉진하는 것이었고, 또한 농가의 개별적 책임을 요구하는 것이었다.[3]

모범부락 설정정책은 일본에서의 농촌정책을 모방하여 지도부락으로부터 우량부락을 거쳐 모범부락을 설정하는 경로를 채택하고 있었다. 우선 촌락 내부에 각종 영농단체를 설립하고 이를 토대로 지도부락을 선정했다. 이런 영농단체가 촌락 내부에 설립될 수 있었던 것은 소농의 상업적 영농이 발전하고, 사회적 분화가 진전된 상황과 관련되어 있다.[4] 총독부는 상대적으로 부유한 촌락을 대상으로 미작, 전작, 면작(棉作), 과수재배, 잠업, 축산, 부업 등의 분야에 대해 촌락 내부에 미작개량조합(米作改良組合), 전작개량조합(田作改良組合), 면작조합(棉作組合), 과수재배조합(果樹栽培組合), 잠업조합(蠶業組合), 축산동업조합(畜産同業組合), 부업조합(副業組合) 등을 설립하게 했다. 그리고 이들 조합에 대해서는 우량종자를 보급하고, 재배 방법을 장려하며, 자금을 지원하는 등 상당한 정책적 지원을 하여 지도부락으로 선정하고, 전임지도원(專任指導員)을 배치하는 등의 방법을 통하여 촌락 단위의 영농 개선을 꾀하도록 했다. 그리하여 이들 지도부락이 우량부락을 거쳐 모범부락이 되면, 다른 촌락을 다시 같은 방법으로 지도부락으로 선정하여 촌락 내 영농조직의 발전을 도모했다.[5] 요컨대 모범부락을 설정하여 진전된 영농을 보급하고 소농생활을 향상시킴으로써, 이런 방식이 주변으로 확산될 것을 꾀했던 것이다.

1930년 각 도지사에게 조회하여 조사한 모범부락 수는 경기도 25, 충북 22,

---

3) 이런 점에서 '부락'의 생산력 확충에 초점이 맞추어져 있던 총동원체제기의 촌락정책과 대조적이다. 그리고 1930년대 농촌진흥운동은 농가 본위로부터 부락 본위로 이행하는 과도적 위치에 놓여 있었다.

4) 박섭, 『한국 근대의 농업변동』, 일조각, 1997 참조.

5) 善生永助, 『朝鮮の聚落』 前篇, 朝鮮總督府, 1933 참조.

〈4-7〉 '모범부락'의 장려 사항별 분류(1930년)

구분	세목별 '부락'수	합계
산업	산미증식 또는 개량 - 62 / 부업장려 - 83 / 퇴비제조 - 79 肥料溜 설치 - 3 / 가축 가금 장려 - 48 / 양잠 - 44 산림 애호 - 16 / 植桑장려 또는 개량 - 14 면화개량 - 6 / 맥작개량 - 4 / 우량종자 채용 - 11 농구개량 또는 충실 - 11 / 공동작업 - 29 / 농사개량 - 64	14항목 474부락(184%)
생활개선	위생사상 보급 함양 - 30 / 근검저축 - 122/ 온돌개량 - 11 / 시간 엄수 - 19 / 간식 폐지 - 6 부인노동 장려 - 9 / 염색의 장려 - 15 관혼장제 비용 절약 - 26 / 절약 - 10 / 조혼 폐지 - 7 단발 및 부녀 結髮 개량 - 3 / 기타 풍습 개선 - 81 절약 절주 - 35 / 早起 勵行 - 9 / 공동구매 - 4 공동욕장 설치 - 4 / 생활개선 - 18 수양단에 의한 훈련 - 2 / 강습회 개최 - 16 공원 설치 - 1 / 警鐘臺 설치 - 3 / 효자 節婦 표창 - 1 경노 - 5 / 상호부조 - 18	24항목 455부락(177%)
공공	도로교량 수리 - 30	1항목 30부락(12%)
지방행정	납세기간 엄수 - 58 / 법령의 전달 - 8 / 국기게양 - 3	3항목 69부락(27%)
교육	야학 - 64 / 불취학 아동 구제 - 17	2항목 81부락(43%)

(자료) 善生永助, 『朝鮮の聚落』 中篇, 朝鮮總督府, 1933, 167~177쪽.
(비교) 항목이 중복될 경우에는 그대로 계산했다.

충남 12, 전북 28, 전남 33, 경북 43, 경남 21, 황해도 18, 평남 12, 평북 10, 강원도 10, 함남 16, 함북 7, 합계 257개이다.[6] 이제 모범부락의 장려 사항별 분류와 모범부락의 촌락조직별 상황을 살펴보고, 공익기구의 성격 변화와 촌락 조직의 분화 양상을 검토해보겠다.

표 〈4-7〉은 모범부락의 장려 사항별 분류를 정리한 것이다. 표 〈4-7〉에 의하면 산업 관련 장려 사항을 14항목 474부락(184%), 교육 관련 사항을 81부락 (43%), 생활개선 관련 사항을 455부락(177%)에서 장려했다. 그 가운데 위생사 상에 대한 강조나 시간 엄수 등 근대적 방식의 풍습이나 생활개선을 강조한 것이 431부락(168%)이고, 전통적인 상호부조와 효자, 절부 표창이나 경노 등의

---

6) 善生永助, 『朝鮮の聚落』 中篇, 朝鮮總督府, 1933, 129~167쪽.

윤리를 강조한 것은 24부락(9%)이다. 나머지는 자치 관련 사항이 30부락 (12%), 지방행정 관련 사항이 69부락(27%)에서 장려되고 있었다. 산업개량과 풍습과 생활개선이 대부분의 부락에서 목표로 삼고 있던 항목임을 알 수 있다. 이는 촌락 내 생산기구로서의 영농조직과 생활기구가 확대되어가는 상황과 연관된 것인데, 모범부락 설정정책은 이런 생산기구와 생활기구의 확장을 부추기고 있었다.

그런데 전통적인 상호부조와 윤리를 강조하는 기능은 매우 미약한 것으로 나타나고 있다. 이는 생활기구로서의 계의 기능이 촌락의 기능으로부터 거의 분리되어버린 상황을 보여주는 것으로, 이제 생활의 대부분을 촌락의 연대로 해결하는 것이 아니라 개인의 책임으로 해결해야 하는 상황을 맞이한 것이다. 이는 생활기구로서의 계가 강화되는 상황과 맞물려 있는 것이기도 하다. 반면 공공사업을 내건 부락은 전체의 10분의 1 정도에 지나지 않고, 지방행정 관련 항목도 전체의 30%에 미달하고 있다. 이는 모범부락이 전통적인 동계류조직이 담당하고 있던 공공활동을 거의 담당하지 못하고 있음을 보여준다. 야학 등 교육을 부락에서 담당하는 비중이 높은 것으로 보아 모범부락의 근대 교육 지향성이 상당히 높다는 것을 짐작할 수 있지만, 그 반면 교육의 기능을 부락이 아직도 상당 부분 담당하고 있었음을 알 수 있다.

다음, 모범부락에서의 촌락조직의 분화 상황을 검토해보겠다. 모범부락의 사례 조사보고를 바탕으로 촌락조직을 성격별로 분류하여 표 〈4-8〉을 작성했다.

조사된 전체 35개의 모범부락 가운데 25개의 부락에 공익기구가 있고, 나머지 10개 부락에는 공익기구가 없다. 표 〈4-8〉은 공익기구가 있는 부락과 없는 부락을 구분하여 촌락의 분화를 알기 위하여 만든 표로서, 일단 공익기구를 제외한 채 단체 수를 조사한 것이다. 부락 내 단체 수는 평균 1.8개이나, 여기에 공익기구를 더하면 35개 부락에 전체 89개 단체가 있어서 부락당 평균 2.5개에 이른다. 공익기구가 있는 부락의 경우 나머지 단체의 부락당 개수가 평균 1.4개이고, 없는 경우에는 부락당 2.8개로써, 공익기구가 없는 경우 나머지 단

〈4-8〉 '모범부락' 내부의 분화(1930년)

구분	부락 수	생활기구	금융기구	생산기구	계	평균
공익기구 있는 부락	25	15	7	14	36	1.4
공익기구 없는 부락	10	9	3	16	28	2.8
계	35	24	10	30	64	1.8

(자료) 善生永助, 『朝鮮の聚落』 中篇, 朝鮮總督府, 1933, 174~287쪽.
(비고) '모범부락'에는 행정동리, 구동리, 자연촌락 등이 모두 포함되어 있음.

체의 분화가 더 빨리 진행되었음을 알 수 있다. 공익기구가 있는 경우에도 그 조직 내에 청년부나 여성부 혹은 저축부나 산업부 등의 기타 전문부서를 두는 사례가 많아서, 공익기구 그 자체가 내부적으로 분화할 가능성이 있음을 보여주고 있다. 단체별로 생산기구와 생활기구가 많고, 금융기구가 다음을 잇고 있다. 이는 위의 장려 사항별 분류와도 일치하는 것이지만, 특히 모범부락의 특징을 잘 드러내는 것으로 볼 수 있다.

그러면 표 〈4-8〉 모범부락의 사례에서 촌락조직의 명칭을 분류하여 촌락조직의 분화가 어떤 성격을 가지고 있었는가를 검토해보겠다. 먼저 공익기구 25개 가운데 동계 및 기타 계의 명칭을 가진 것이 3개, 동약이라는 명칭을 가진 것이 3개 합쳐 6개이고, 진흥회라는 명칭을 가진 것이 18개이다. 나머지 1개는 부락개량조합이라는 명칭을 가지고 있다. 동계나 동약이란 명칭을 가진 단체는 단지 6개에 지나지 않고, 진흥회란 이름을 가진 것이 거의 대부분을 차지한다. 명칭만으로도 공익기구의 성격이 변하고 있었음을 짐작하기 어렵지 않다.

다른 촌락조직도 명칭은 매우 다양한 편차를 가지고 있다. 먼저 생활기구를 보면 전체 24개 가운데 '조합'이 가장 많아 15개이고, '계'라는 명칭을 가진 것이 6개, '회(會)'라는 명칭을 가진 것이 3개이다. 생산기구는 전체 30개 가운데 '회'가 12개로 가장 많고, '단(團)'이 8개, '계'와 '조합'이 각 5개씩이다. 금융기구는 전체 10개 가운데 '계'가 7개이고, '부(部)'가 2개, '조합'이 1개이다.

생산기구, 생활기구, 금융기구는 전체 64개인데, 그 가운데 '계'가 18개, '조합'이 21개, 합쳐 39개로 전체 반을 상회하고 있지만, 계나 조합이 아닌 다른 이름을 가진 단체도 매우 많았던 것이다. 또한 명칭이 뒤섞여 있었듯이, 그 성격도 또한 다양했을 것이다. 기존 계조직이 그대로 유지되거나 계를 바탕으로 조합으로 전환한 경우도 있었지만, 계라는 이름으로 조합의 성격을 가진 것도 있었다.

그러면 모범부락 설정정책을 계기로 공익기구의 성격이 변화하는 모습을 사례를 통해 검토해보자. 평북 운산군(雲山郡) 동신면(東新面) 성지동(聖旨洞)의 동약은 공익기구가 변화하는 양상을 잘 보여준다.[7] 성지동약은 미풍양속의 함양, 지방교화, 산업개량, 납세장려를 가장 중요한 목표로 설정했다. 그리고 동내에 거주하는 독립 생계를 영위하는 자는 전부 동약원이 되도록 했으며, 실행기관으로 동약장 1인, 협의원 4인, 간사 3인을 두고, 총원을 4조로 나누어 협의원이 각 조장을 겸하도록 했다. 군수와 경찰서장을 고문으로 삼고, 유지비는 동약원의 갹출금 및 보조금과 생산품 매각대금으로 충당하도록 했다. 이처럼 향약의 기본정신에 입각하여 미풍양속의 장려를 가장 중요한 기본정신으로 내세우고 있었다는 점에서 지배정책에 입각해 있었음을 확인할 수 있다. 조직에서도 강제 가입 원칙을 유지하고 있지만 출자금의 비중이 약화되어 있고 협의원이 조장 역할을 하고 있다는 점에서 1910년대 정책적으로 시행된 동계와 특성을 공유하고 있다.

다음으로 성지동약이 수행하고 있던 복합적 역할을 산업, 금융, 생활개선 등

---

7) 평북에서 1918년 洞約 진흥에 대한 훈령을 발포하여 동약의 실시를 장려한 바 있음은 제4부 1장에서 이미 살펴본 바 있다. 聖旨洞에서는 1918년 道 訓令 發布와 아울러 洞約을 실시했는데, 그 중심인물은 金泳彬이라는 사람이었다. 그는 오랫동안 巡査를 지낸 사람으로 군 금융조합 평의원, 학교평의원, 면협의원, 군 축산장려위원, 군 농회 퇴비장려위원, 군 植桑장려위원, 성지동 구장, 성지동 근농공제조합장 등을 지낸 사람이다. 김영빈은 관변의 이력을 배경으로 중견인물로서의 역할을 했던 사람으로, 제3부 2장에서 본 중견인물의 이미지에도 잘 들어맞는 사람이다. 善生永助, 『朝鮮の聚落』中篇, 朝鮮總督府, 1933, 174~287쪽.

을 기준으로 나누어보면 다음과 같다. 먼저 산업장려활동으로는 퇴비 증산을 중심으로 한 농사개량, 공동경작을 통한 자작농 창정(創定) 시도, 양잠을 통한 부업장려, 산림의 식재와 보육을 통한 산림보호 그리고 근농공제조합의 결성 등을 들 수 있다. 다음, 금융활동으로는 근검저축을 장려하고, 농한기 제승(製繩), 제혜(製鞋) 등의 부업을 통한 공동저축을 강제하고 있다. 생활개선 사항이 가장 많았는데, 경제적으로 절약정신을 강조하기 위해 동약원의 시장 출입을 제한하고 있고, 관혼장제에는 자산에 따른 의례의 등급 기준을 설정하여 소비를 제한했다. 특히 전 동약원의 기상과 취침 시간을 통제하여 시간을 잘 지키도록 강제했고, 청년 야학을 개설하여 문맹 퇴치에 노력하고 있으며, 부인의 결발(結髮)을 전부 개량하도록 했다. 또 동리의 집회장을 만들었고, 납세 기한을 엄수할 것을 강요했다. 성지동에서는 산업개량과 지방교화, 납세장려를 가장 중요한 동약의 목표로 설정했고, 그에 부합하는 활동을 전개했던 것이다.

이런 동약의 활동은 1910년대부터 강제된 것이지만, 특히 1920년대 이후에는 산업장려와 생활개선 그리고 저축장려 등을 모두 공익기구가 흡수하고 있다는 점에서 더 진전된 것이었다. 요컨대 종래 공익기구의 조직적 강제가 약화되었고 공공적 활동도 잘 확인할 수 없지만, 조직 내부의 활동은 훨씬 복합적으로 변하고 있었던 것이다. 이런 공익기구의 복합화는 공익기구의 분화로 이어지게 될 것이다.

경기도의 '공조회' 실시 정책을 통해서도 공익기구의 성격 변화를 확인할 수 있다. 경기도에서는 1925년 「공조회규약준칙(共助會規約準則)」을 하달하여 각 촌락에 이를 실시할 것을 명령했다.[8] 공조회는 동리 내의 주민으로 조직하되 경비는 유지자의 기부금으로 충당하도록 했다. 이 공조회 규정 역시 당시 공익기구의 추세를 좇아간다는 점에서는 차이가 없다. 조직은 종전대로 리(里) 또는

---

8) 경기도에서는 이미 1918년에 향약정신에 입각한 共助會 실시에 관한 통첩을 하달한 바 있다. 京畿道 內務部 社會課, 『京畿道農村社會事情』, 1924, 139~148쪽.

리내의 소부락(小部落, 자연촌락)을 단위로 설치하고 함부로 구역을 확대하지 않도록 했다. 그리고 중심인물이 있는 지방을 중심으로 우선적으로 조직하고 점차 보급하도록 했다. 이처럼 경기도의 공조회 역시 동계류조직의 형식을 띠고 있지만, 향약정신과 산업조합의 성격을 가미한 조직을 지향하고 있었다.[9]

모범부락 설정정책은 공익기구의 성격을 변화시키고 촌락조직을 분화·성장시키는 역할을 하고 있었다. 공익기구의 공공적 성격은 약화되었고 종래 동계의 조직적 특성도 약화되었다. 동민의 강제 가입은 유지되었지만 조합으로서의 성격이 강화되었고, 총독부의 정책을 담당하는 조직으로 변한 곳도 많았다. 또한 공익기구의 내부에 산업·금융·생활개선 등의 활동을 담당하는 부서를 두어 복합적인 역할을 수행하고 있었다. 이처럼 공익기구는 서구적 계약조직으로서의 성격을 강화하고 있었고, 중농의 형성을 목표로 설정하여 절약, 시간 여행(勵行) 등 근대적 규율화를 통한 효율화를 목표로 하는 조직으로 변해가고 있었다.

1910년대부터 동계조직의 기본정신으로 향약이 강조되었음은 이미 살펴본 바 있지만, 1920년대 이후 이런 경향은 더욱 강화되었다. 향약을 강조한 이유와 그 논리가 무엇이었는가를 관북향약(關北鄕約), 대성원(大聖院)이 만든 신증향약(新增鄕約), 그리고 1930년대 향약의 보급 상황을 통해 검토해보도록 하겠다. 총독부는 향약의 중요성을 다음과 같이 표현하고 있다.

현재 조선 민중의 거조습속(擧措習俗)이 향약의 조목에 해당하는 바가 매우 많다.

---

9) 경기도에서는 1936년에도 「農村振興會 約束」이라는 것을 발표하여 이를 장려했다. 이로 본다면 위의 공조회 규약이 큰 영향을 끼쳤다고 보기는 어려울 듯하다. 「農村振興會 約束」, 利川郡儒道會, 『利川郡儒道會結成所感詩集』, 1940(국립중앙도서관소장 이천시 관련 古典籍) 부록. 그런데 이 「約束」은 당시 경기도지사 도미나가 분이치(富永文一)가 1932년 함북도지사로 있을 때 시행했던 關北鄕約의 節目과 동일하다. 단 위 자료에 향약의 강령은 제시되어 있지 않다. 농촌진흥운동이 이미 상당히 확대되어 있었기 때문일 것이다. 이 약속의 실시 상황을 정확히 알기는 어렵지만, 1940년 利川儒道會에서 발행한 책자 속에 부록으로 수록되어 있는 것으로 보아 일정한 영향을 끼쳤을 것이다.

이는 향약의 조목이 모르는 사이에 깊이 민중의 정신에 침윤하여 그것이 도덕관념의 기초를 이루었기 때문이다. 낫 놓고 기역자도 모르고, 일찍이 경서를 손에 쥐어보지도 못한 지방의 주민이 전통적으로 체득하고 있는 도덕관념(道德觀念), 그중 형식적 예의(禮儀)의 관념 등은 향약의 잔영에 다름 아니다.[10)]

위의 인용은 촌락정책에서 향약정신을 강조하고 향약을 실시하고자 한 이유의 정곡을 찌르고 있다. 향약이 한국인들의 도덕관념의 원천을 이루고 있다고 본 것이고, 이런 도덕관념을 원용하여 통제하는 것이 효율적일 것이라는 판단이 가로놓여 있는 것이다.

향약은 함북에서 그 실천이 가장 강조되고 있었다. 함북에서는 1911년 이미 「동계규칙(洞契規則)」을 발포하여 동계 설립을 강제한 적이 있었으나 이 규칙은 1925년에 폐지되었다. 하지만 1932년 도지사 도미나가 분이치(富永文一)는 관북향약을 실시하여 이런 정책적 지향을 이어가고자 했다. 그럼 관북향약의 입의(立議), 강령(綱領), 절목(節目)을 통해 무엇을 표방하고 있었고, 무엇을 의도하고 있었는지를 구체적으로 검토해보자.

「향약입의(鄕約立議)」에서는 향당(鄕黨) 부로(父老)의 역할과 전통 도덕 및 단결의 정신을 강조하고 있어, 향약의 실시가 사회주의를 비롯한 새로운 사조의 유입을 견제하려는 의도를 가지고 있음을 밝히고 있다. 총독부로서는 향약을 실시하여 1930년대 초반 활발하게 전개되고 있던 농민조합운동을 견제하려 했던 것이다.[11)] 「향약강령(鄕約綱領)」에서는 미풍양속을 유지·조장하고, 산업경제의 향상·발달을 권유함과 아울러 공민(公民)으로서의 봉사정신의 함양에 노력할 것을 목적으로 삼았다. 그리고 구역은 주로 부락을 중심으로 삼되, 필요

10) 朝鮮總督府學務局社會敎育科, 『朝鮮社會敎化要覽』, 1937, 1~19쪽.
11) 1920년대 후반에서 1930년대 초반까지 함경도 지역을 중심으로 한 혁명적 농민조합운동의 전개에 대해서는 지수걸, 『일제하 농민조합운동 연구』, 역사비평사, 1993 ; 이준식, 『농촌사회 변동과 농민운동』, 민영사, 1993 등 참조.

하면 한 동리로 한정하지 않아도 된다고 규정했다. 약장(約長) 1인, 장무(掌務) 5인 내지 10인, 간사 2인을 두되, 약장은 군수의 인가를 얻어 취임하도록 했다. 약장은 향약적(鄕約籍)과 덕과적(德過籍)을 비치하도록 했고, 군내의 각 향약 직원들로 도향약(都鄕約)을 조직하도록 했다. 이전의 「동계규칙」과는 달리 구역을 한 동리로 한정하지 않아도 되고, 가입의 강제성을 인정하지 않는다고 규정하여 공익기구로서의 성격을 변화시키고 있는 점이 특징적이다. 이제 향약이 공익기구의 전유물은 아니게 되었던 것이다.

다음, 「향약절목(鄕約節目)」을 구체적으로 검토해보자. 제1조는 덕행상권(德行相勸)인데 종래의 절목에 국가에 충성하고 국법을 준수할 것을 요구하는 조항이 추가되어 있다. 제2조는 풍속개선(風俗改善)으로 관혼상제례(冠婚喪祭禮)의 간소화와 시간의 존중, 색복(色服)의 장려 등을 강조하고 있는데, 이는 1930년대 생활개선운동과 그 궤를 같이하는 것이다. 제3조는 산업장려로서 제반 산업장려 조항을 열거하고 있다. 제4조는 공공봉사로서 공공사업에 협력·익찬(翼贊)하고, 선거권자는 공권(公權)을 행사하는 책임을 지며, 공조공과(公租公課)를 성실하게 납부할 것을 규정하고 있다. 제5조 환난상휼(患難相恤)에서는 빈곤자에게 약중재(約中財)를 대여하여 보상하도록 한 점이 특징적이다. 마지막으로 과실상규(過失相規) 조항에서도 특히 국헌(國憲)의 준수를 강조하고 있다.[12]

전통 향약의 절목과 비교하면 가장 특징적인 점은 예속상교(禮俗相交) 조항이 빠진 대신에 풍속개선, 산업장려, 공공봉사 조항이 들어가 있는 점이다. 전통적 의미의 예속(禮俗)을 이제 새로운 풍속, 즉 '생활개선'운동으로서의 '근대적' 생활로 대체하고, 영농의 개선으로 대표되는 산업의 장려와 지방개량을 목표로 하는 공공봉사의 조항으로 채우고 있는 것이다. 여기에서도 이 시기 총독부의 농촌정책의 방향과 촌락사회 내부의 변화 양상의 일면을 잘 확인할 수 있

---

12) 善生永助, 『朝鮮の聚落』 前篇, 朝鮮總督府, 1933, 620~628쪽.

다. 그리고 과실상규와 환난상휼의 조항을 여전히 내세우고 있지만, 환난상휼
은 이제 빈자에 대한 향약 재산의 대여(貸與)에 지나지 않는 것이었다. 그리고
어느 조항이나 국법이나 국가에 대한 충성을 강조하는 점이 특징을 이루고 있
다. 요컨대 촌락사회의 분화와 근대적 변화를 추동하고, 일본에 대한 충성을 강
조함으로써 치안을 유지하고 촌락사회의 새로운 통합을 지향하고자 하는 정책
적 방향을 이 관북향약은 잘 보여주고 있다. 하지만 동계류조직으로서의 성격
은 완연히 약화되고 있었다.

1934년 말 현재, 함북향약은 349개소에서 실시되었고, 향약원(鄕約員) 수가
3만 5천여 인에 달한다고 보고되고 있다. 향약은 도 전체로 차츰 보급되었으
며, 종래 민간의 동계나 향도계(鄕徒契)도 향약에 포함하여 설립했다고 한다.
문묘를 중심으로 도향약(都鄕約) 조직을 완성한 곳은 경성(鏡城), 명천(明川),
길주(吉州), 종성(鍾城) 등 네 군이고, 이는 차츰 확대될 것으로 전망하고 있
다.[13] 함북에서는 촌락 단위의 향약조직이 상당히 확산되고 있음을 확인할 수
있다.

그러면 함북향약의 실시 상황을 명천군 서면(西面) 명남동계(明南洞契)의 사
례를 통해 검토해보자. 명남동에서는 1911년 「동계규칙」에 의해 동계를 설립
했으나 1925년 도령(道令)이 폐지되면서 일시 해산했다가, 1926년 종전의 동
계를 다시 부활시켰다고 한다. 그런데 이 명남동계에서 특징적인 점은 동계와
별도로 하위에 향약을 따로 실시하고 있다는 점이다. 이 점은 위 관북향약의
규정에 따른 것이다. 「향도향약(香徒鄕約)」에 향원(鄕員)으로 참여한 사람은
전체 호수의 반에 미치지 못했다고 한다. 향원은 동내 거주자 중 지원자만으로
제한하되, 동계에 가입하지 않은 사람은 참여할 수 없도록 하여 동계의 하위조
직으로서의 위치를 분명히 하고 있다.[14] 동계의 하위조직으로 향약을 따로 설

---

13) 朝鮮總督府, 『道參與官會同諮問事項答申書』, 1934, 「함북」항의 1~10쪽.
14) 善生永助, 『朝鮮の聚落』 中篇, 朝鮮總督府, 1933, 174~287쪽.

치한 것은 동계의 강제성이 약화된 측면과 아울러 촌락 내부의 계층 분화를 반영하고 있을 것이다. 그렇다면 명천동에서는 향약이 오히려 동계 내부의 의사 결정권을 가지고 있었다고 보아야 할 것이다. 동계의 약화와 향약에 대한 강조는 동전의 양면을 이루면서 진전되고 있었던 것이다.

한국인 일부 유림(儒林)이 만든 신증향약의 사례를 통해서도 향약정신을 보급하려 한 의도를 살필 수 있다. 이 향약은 총독부에 협력하고 있던 유림조직인 대성원에서 만든 것으로 1929년에 발표되었다. 이들은 민풍(民風)을 작흥(作興)하기 위한 유림의 역할을 강조하면서 새로운 향약을 실시할 것을 주장했다.[15] 하지만 향약 원문대로는 도저히 시행될 수 없으므로 이를 증감(增減)하여 원문의 4대관항(四大款項) 외에 2대관항(二大款項) 즉 산업상조(産業相助)와 위생상호(衛生相護)를 신증(新增)하여, 덕업상권·과실상규·예속상교·환난상휼의 전통적 조항에 새로운 조항을 덧붙이고 있다. 앞의 관북향약과도 공통점이 있다고 할 것인바, 이른바 예속에 근대적 요소를 덧붙이고 있는 것은 공통적이지만, 그것이 산업과 위생이라는 점에서 차이가 있다.

산업상조 조항을 보면 먼저 공동조합을 활용할 것을 주장하고 있다. "자유경쟁이 치성(熾盛)한데 중산(中産) 이상의 사람으로 하여금 자조방법(自助方法)에 의하여 소액(少額)의 출자금을 갹집(醵集)하여 생산조합·소비조합·구매조합·판매조합·친의조합(親誼組合) 등 각종 공동조합을 조직하여 세민(細民)으로 하여금 독립자영의 입각지(立脚地)를 얻게 하는" 근대적 산업육성을 위하여 조합을 활용할 것을 적극 주장하고 있다. 옛날의 사창법(社倉法)을 활용하여 근대적 조합을 결성할 것을 요구하고 있는 것이다. 특히 협동추양(協同推讓)의 정신을 동원하면 생산협동조합을 결성할 수 있음을 강조하고 있다.[16] 이에 더하여 위생상호를 하나의 조항으로 내세우면서 일상생활에서의 청결과 보건을 강조하

---

15) 『新增鄕約』, 大聖院, 1929, 1~2쪽.
16) 『新增鄕約』, 大聖院, 1929, 1~2쪽.

<4-9> 향약정신 보급 상황(1937년)

도명	부락 수	단체 수	단체원 수
경기도	7,301	7,271(99)	250,444
충북	3,818	1,281(34)	52,803
충남	6,846	2,863(42)	189,794
전북	5,089	2,420(48)	71,063
전남	8,745	9,104(104)	418,475
경북	6,479	5,324(82)	16,179
경남	6,805	883(13)	68,751
황해도	7,967	4,607(58)	159,158
평남	4,752	1,926(41)	69,986

(자료) 朝鮮總督府學務局社會教育科, 『朝鮮社會教化要覽』, 1937, 41~118쪽.
(비고) ( ) 안은 부락 수에 대한 단체 수의 비율을 나타낸 것이다. 그러므로 부락별 중복도 있을 수 있다. 향약정신이라는 것은 원 자료의 내용으로서는 불명확하지만, 대개 鄕倉과 儀禮用具의 마련을 기준으로 삼은 것으로 보인다.

고 있다. 이처럼 향약은 한국인들에 의해서도 새로운 생활원리로 활용할 수 있는 길이 모색되고 있었다.

위 두 향약은 많은 차이가 있지만, 산업진흥을 강조하고 있다는 공통점이 있다. 이 시기의 향약은 공공적 성격이 약화되고 산업적 성격이 두드러지게 되었던 것이다. 이런 경향은 향약에 입각하여 결성되는 공익기구의 공공적 성격을 약화시키고 그 복합적 성격을 강화함으로써 촌락의 분화를 자극하고 있었다. 다음, 1930년대 후반 향약 보급 상황을 정리한 표 <4-9>를 검토해보자.

표 <4-9>에는 13개 도 가운데 9개 도의 자료가 제시되어 있는데, 향약을 집중적으로 실시하고 있던 함북의 통계는 빠져 있다. 향약 보급의 전체적인 상황은 알 수 없지만 대체로 매우 높은 보급률을 보이고 있다. 여기에 제시된 향약은 전남처럼 단체 수가 부락 수를 상회하는 지역도 있는 것으로 보아 촌락 단위 또는 촌락 내부조직을 모두 포함한 것으로 보인다. 공익기구만이 아니라 촌락조직의 형태가 변화를 보이고 내부 분화가 격심한 가운데서도 향약의 정신

〈4-10〉 계의 지방별·종류별 분포(1937년)

도별	공익기구	생산기구	생활기구	금융기구	합계
경기	171(5)	146(5)	2,856(88)	74(2)	3,247
충북	312(48)	3	317(49)	20(3)	652
충남	1,008(60)	26(2)	595(35)	54(3)	1,683
전북	8(1)	38(3)	1,127(85)	162(11)	1,335
전남	355(14)	4	2,073(80)	155(6)	2,587
경북	86(4)	74(4)	1,773(86)	117(6)	2,050
경남	151(11)	282(22)	567(44)	298(23)	1,298
황해	960(37)	177(7)	1,150(45)	279(11)	2,566
평남	305(10)	556(18)	1,919(62)	309(10)	3,089
평북	174(8)	748(36)	701(33)	477(23)	2,100
강원	355(11)	235(8)	2,452(78)	103(3)	3,145
함남	535(12)	229(5)	3,358(78)	189(5)	4,311
함북	471(39)	23(2)	579(49)	121(10)	1,194
합계	4,891(17)	2,541(9)	19,467(66)	2,358(8)	29,257

(자료) 朝鮮總督府, 『農山漁村に於ける契』, 1938, 33~82쪽.
(비고) 1. 표 〈4-5〉와 같은 기준에 의해 재분류했다. 공익기구는 공공사업을 목적으로 하는 계, 생산기구는
산업진흥을 목적으로 하는 계, 생활기구는 扶助를 목적으로 하는 계와 아울러 오락을 목적으로
하는 계 및 기타 계를 포함한 것, 금융기구는 금융을 목적으로 하는 계를 가리킨다.
2. ( ) 안은 도별 각 항목이 차지하는 비율을 표시한다.

이 강조되는 경우가 많았던 것이다. 집회소(集會所)와 향창(鄕倉), 의례용구(儀禮用具)를 장만하는 데에 사업의 중점을 두고 있는 것으로 보아 이 시기에 실시된 향약은 주로 의례준칙의 보급과 관련되어 있었다고 추정할 수 있겠다. 이런 점에서 향약 실시는 다음 절에서 살펴볼 생활개선운동의 핵심을 이루고 있었을 것이다.

공익기구의 성격 변화와 촌락조직의 분화를 확인하기 위하여 마지막으로 공익기구를 포함한 촌락조직의 변화 추이를 정리해보고자 한다. 표 〈4-10〉을 통해서 1930년대 중반 계의 종류별 분포를 검토해보자.

표 〈4-10〉을 통해 1930년대 중반 계의 지방별 분포 상황에 나타나는 특징을 살펴볼 수 있다. 먼저 전체적으로 보면 생활기구적 성격을 띤 계가 66%로 가장 많은 비율을 차지하고 있으며, 공익기구도 전체의 17%, 5천 개에 가까운 수로 상당히 많은 비율을 차지하고 있다. 이를 1910년의 구동리 숫자 6만 3,845개를 기준으로 그 비율을 환산해보면 생활기구는 전체의 약 31%의 구동리에, 그리고 공익기구는 약 8%의 구동리에서 존재하고 있었다고 간주할 수 있다.[17] 그리고 생산기구와 금융기구도 전체의 약 10%에 가까운 비율을 차지하고 있는데, 이는 1910년대 이후 조직의 분화 상황이 1930년대에도 그대로 이어지고 있음을 보여준다. 공익기구도 유지되고 있었지만, 생활기구를 중심으로 생산기구와 금융기구의 분화도 이어지고 있었던 것이다.

계의 지방별 분포를 살펴보면, 종류별로 지방에 따라 차이가 매우 크다는 사실을 알 수 있다. 이는 대체로 지방의 특성을 반영하는 것으로 볼 수 있겠는데,[18] 예를 들어 공익기구가 전체의 60%와 39%를 차지하고 있는 충남과 함북의 경우, 1910년대부터 도 차원에서 추진하고 있던 진흥회 조직과 동계 및 향약조직 정책의 영향을 보여주고 있다. 평남북에서 생산기구의 발달이 현저한 것은, 종래의 공동노동조직을 바탕으로 새로운 생산기구를 결성했던 상황을 드러내는 것으로 보아도 좋을 것이다. 생활기구의 경우 경기도와 경북, 전남북, 강원도에서 특히 현저하게 발달했으며, 금융기구는 경남과 평북 지방에서 두드러지게 발달해 있다.

1930년대 중반 계원 수와 현금 재산 상황을 정리한 표 〈4-11〉를 살펴보면 1910년대 계의 분화 양상이 이후에도 지속되었음을 알 수 있다. 생활기구가

---

17) 물론 계조직이 구동리 단위로만 존재했던 것은 아니다. 그러나 다수의 동계류조직은 구동리를 단위로 활동했던 것으로 보인다.

18) 물론 이 조사 통계를 전적으로 신뢰하기는 힘들다. 조선총독부에서 발간한 조사자료의 경우 대부분 지방관의 조사를 집계한 것인데, 『農山漁村に於ける契』라는 조사자료 역시 마찬가지이기 때문이다. 그러나 각 지방의 대체적인 추이와 경향을 이해하는 데에는 무리가 없다.

〈4-11〉 계의 조직과 재산(1937년)

목적별 구분	계의 수	계원 수(원)		계 재산(현금, 원)	
		총수	1계 평균	총액	1계 평균
공익기구	4,891 (17)	204,693 (23)	42	969,801 (33)	198
생산기구	2,541 (9)	81,386 (7)	32	205,591 (7)	81
생활기구	19,467 (66)	522,025 (58)	27	1,115,541 (38)	57
금융기구	2,358 (8)	96,510 (12)	41	664,885 (22)	282
합계	29,257	904,614	31	2,955,813	101

(자료) 朝鮮總督府, 『農山漁村に於ける契』, 1938, 83~183쪽.
(비고) 1. 원래 통계를 위 표와 같이 재분류했다.
    2. 재산은 현금만을 표시하고, 곡류, 토지, 기타 재산은 생략했다. 그러므로 계 재산의 전모를 보여
      주는 것은 아니다.
    3. 합계는 원문과 차이가 있어 재조정했다.
    4. ( ) 안은 각 항목이 차지하는 비율을 뜻한다.

가장 많은 계원을 포함하고 있지만 계의 수에 비하여 그 비중이 적은 것은 계의 규모가 작기 때문이다. 공익기구에 비하여 여타 조직은 평균 계원 수가 적은데 이는 이들 계의 조직이 촌락 내부조직으로 변해 있음을 반영하는 것이다. 이는 1910년대의 상황과 비교하면 더욱 명확하다. 계 재산의 규모에서는 공익기구가 상대적으로 규모가 크고, 금융기구가 가장 규모가 크다. 이 역시 1910년대와 비교하면 명확한 바 있다. 이제 이 표를 앞 장의 표 〈4-6〉에서 살펴본 1910년대의 상황과 비교해보도록 하자.

1916년과 1937년을 대비한 표 〈4-12〉를 살펴보면, 계의 전체 수가 1916년에 비해 1937년에는 만여 개가 증가하여 약 50% 이상의 증가율을 보이고 있음을 알 수 있다. 그 가운데 역시 계의 절대 수로는 생활기구의 증가가 가장 두드러지고, 다음으로 공익기구도 상당히 많이 증가했다. 그러나 그 비율을 보면 오히려 공익기구는 약 200% 이상의 증가율을 보이고 있어 전체적으로 3배

〈4-12〉 계조직과 재산의 시기별 비교(1916년 대비 1937년)

구분	계의 수		계원 수				계의 재산			
			총수		평균		총액		평균	
	1916년	1937년	1916년	1937년	1916년	1937년	1916년	1937년	1916년	1937년
공익 기구	1,622	4,891	82,312	204,693	51	42	317,409	969,801	196	198
생산 기구	2,187	2,541	101,443	81,386	46	32	506,141	205,591	231	81
생활 기구	13,162	19,467	428,988	522,025	33	27	1,299,795	1,115,541	99	57
금융 기구	2,073	2,358	134,193	96,510	65	41	84,095	664,885	41	282
합계	19,067	29,257	746,882	904,614	39	31	2,207,440	2,955,813	116	101

(자료) 1916년 자료는 藤戸計太, 『無盡と契の硏究』, 大東學會, 1929, 180~182쪽. 1937년 자료는 朝鮮總督府, 『農山漁村に於ける契』, 1938, 83~183쪽.

가까운 증가 양상을 보이고 있다. 이는 주목할 만한 현상으로서 종래의 동계류조직이 쇠퇴·해체되는 가운데, 촌락정책의 영향으로, 촌락 단위의 새로운 조직(계)이 매우 많이 증가했음을 의미하는 것이다. 1920년대 이후 모범부락 정책이나 농촌진흥운동의 과정에서 촌락 단위의 공익기구가 정책적 목표 달성을 위하여 매우 중시되었음을 알 수 있다. 나머지 생산기구나 금융기구는 미미한 증가를 보이고 있을 뿐이다. 생산기구나 금융기구는 오히려 계의 형태를 띤 것보다는 조합 형태를 띤 것이 많아졌기 때문일 것이고, 계의 내부적 운영이나 내용의 측면에서도 변화가 있었음을 의미하는 것이다.

이러한 계조직 내부의 변화는 계원 수와 계 재산의 변화를 통하여 그 성격을 엿볼 수 있다. 먼저 계원 수의 변화를 보면 1계 평균 인원수에서 1930년대에는 생산기구나 생활기구, 금융기구 모두에서 공익기구에 비하여 그 규모가 적어지는 것을 확인할 수 있다. 이는 이 조직들이 모두 촌락 내부조직으로 변화했음을 보여준다. 다음으로 계의 평균 재산에서 공익기구는 큰 변화가 없고, 생산기구나 생활기구는 모두 줄어들고 있으며, 금융기구는 그 규모가 크게 증가하고 있다. 물론 현금 재산만을 표시한 것이므로 제약적이지만, 계 인원의 축소와 아울러 재산이 축소되는 것은 당연한 것으로 볼 수 있다. 다만 금융기구의 경우 그 규모가 확대되는 것은 이식(利殖)의 성격이 강화되었기 때문이다. 공익기구를 포함한 대부분의 계가 촌락 내부조직으로 변화했고 조직의 담당자는 대부분 유지라고 표현되는 촌락 내부의 지주나 중상층농에 의해 주도되고 있었다. 그리하여 조직의 범위가 동리 또는 부락을 넘어서는 경우는 아주 적어지게 되었던 것이다.19)

이제 1920년대 이후 촌락정책이 공익기구를 어떻게 변화시키고, 촌락조직의 분화를 어떻게 촉진시키고 있었는지를 정리해보자. 첫째, 공익기구의 조직 이념으로는 향약정신이 가장 중요하게 채택되어 그 실시가 강요되었다. 하지만 향약은 이미 그 내용이 크게 변한 것이었다. 공공적 정신은 약화되었고 산업적 성격이 강했으며, 공익기구의 강제적 성격으로부터도 탈각되어 있었다. 향약은 이미 전통 그대로가 아닌 유사-전통이었고, 새로이 만들어지고 있었던 것이다. 향약정신은 전혀 새로운 전통으로 '강요'되고 있었다. 공익기구는 공공적 성격은 약화되었지만, 조합적 성격이 강화되어 촌락 내부의 계층화, 위계화, 상업화의 측면을 반영하고 있었다. 공익기구의 역할도 복합적으로 변해갔다. 공익기구의 성격 변화는 촌락조직의 분화를 심화시키는 것이었다.

2. 촌락조직의 분화

이 절에서는 금융기구, 생산기구, 생활기구 순으로 촌락조직의 분화 양상에 대해서 검토해보고자 한다. 1920년대에는 고리대적(高利貸的) 성격을 가진 계

---

19) 朝鮮總督府, 『農山漁村に於ける契』, 1938, 89~183쪽.

가 많았기 때문에 금융기구에 대해서는 총독부가 특히 강력하게 단속했는데, 그럼에도 계를 비롯한 각종 단체의 이식적(利殖的) 성격은 점점 강화되고 있었다. 다음, 전통적 공동노동조직인 두레가 점차 소멸하고 노동교환조직인 품앗이도 점차 그 성격이 변함에 따라, 농계나 고지대(雇只隊) 등의 노동청부조직(勞動請負組織) 곧 자본주의적 노동기구가 생성되었다. 이와 아울러 새로이 결성되던 영농조직을 중심으로 생산기구의 변화를 검토해보고자 한다. 마지막으로 생활기구의 분화에 대해서는, 만들어진 유사-전통이 새로 적용되고 있었으며, 생활개선을 명분으로 서구적 규율이 강화되면서 새로운 생활양식이 강요되는 과정을 중심으로 검토해보도록 하겠다.

1920년대 이후 금융기구의 변화 양상을 살피기 위해서는, 우선 고리대적 성격의 금융기구를 통제하려던 총독부의 정책적 특성을 이해할 필요가 있다. 다음 글은 총독부의 그런 입장을 잘 반영하고 있다.

조선에서 계의 보급 발달은 공동력(共同力)에 의하여 강자에 대항한 것으로 상호부조의 미점(美點)을 수반하고 그 이점이 결코 적지 않지만, 오히려 의뢰심(依賴心)을 증대시키고 개인적 활동을 박약하게 하는 폐해도 있다. …… 계 중에는 사회의 선량 미풍과 어울리는 것도 있고, 해가 갈수록 그 해독(害毒)이 심해가는 것도 있으므로 계에 대해서는 계속해서 주의해야 한다.[20]

이 글은 1910년대부터의 보호와 단속이라는 '양날의 칼' 곧 개인의 활동을 조장하는 조합으로서의 성격을 강화하려는 총독부의 의도를 드러낸 것이지만, 다른 한편으로 고리대적 성격을 가진 취리계(取利契)를 단속하려는 입장도 취하고 있었음을 보여준다.

총독부는 취리적 성격을 가진 계를 영업무진(營業無盡)으로 끌어들이려는 정

---

20) 朝鮮無盡協會, 『朝鮮無盡沿革史』, 1934, 4~8쪽.

책을 일찍부터 구사하고 있었다. 총독부는 1922년 「조선무진업령(朝鮮無盡業令)」을 발포하고 영업무진을 적극적으로 장려했다. 영업무진은 "세민(細民)에게 유리하고, 대부 금리도 비교적 저렴하며, 신용대부(信用貸付)를 하고, 반제(返濟) 연한이 길고 월부(月賦) 제붕(濟崩)이 편하다"는 점을 내세워 이를 적극 장려했다.[21] 다음은 총독부 재무국장의 발언인데 이를 통하여 총독부의 의도를 더욱 명확히 파악할 수 있다.

계는 금일 도시와 농촌을 통하여 상당히 성행하여 급부금액고(給付金額高) 8천2백만 원으로, 강회(講會)의 5천2백만 원, 영업무진 4천7백만 원에 비하여 거액에 달한다. 무진업(無盡業)이 계를 대신하여 소액(少額) 무진을 경영하여 널리 한국인 사이에 보급하는 것은 필요 적절한 방책이다.[22]

이처럼 총독부에서는 한국인들의 계를 일본인의 서민 금융인 영업무진으로 끌어들이려 노력하고 있었다. 무진업령 시행 이후 무진회사의 상황을 보면 표 〈4-13〉과 같다.

1929년 현재 회사 수 32개이고, 가입 구수(口數)는 3만 4천여 개에 달한다. 그러나 한국인의 가입은 매우 저조했는데, 가입 구수 3만 4천여 개 가운데 한국인은 1할에도 미치지 못하여 영업무진은 일본인이 독점하고 있었다. 무진업이 서민 금융기관인 금융조합과 병립하여 활동하고 있었기 때문에 더욱 가입이 저조했을 것이다.[23] 무진에의 가입은 저조했으나, 다른 한편 금융기구로서의 계는 일본식 서민 금융기관인 무진강(無盡講)의 침투에 영향을 받고 있었다. 무진강의 농촌 침투에는 명백한 한계가 있었지만, 그 영향으로 계의 이식적 측면이 강화되고, 금융기구로서의 계가 확대되어간 것이다.

---

21) 朝鮮無盡協會, 『朝鮮無盡沿革史』, 1934, 4~8쪽.
22) 朝鮮總督府財務局長「訓示」, 1928 ; 朝鮮無盡協會, 『朝鮮無盡沿革史』, 1934, 32~54쪽.
23) 藤戶計太, 『無盡と契の研究』, 大東學會, 1929, 34~115쪽.

<4-13> 면허무진회사 및 계약고(1922~1929년)

구분	회사 수	자본금고(원)	組數	加入 口數	給付金契約高(원)
1929. 10	32	3,680,000	718	34,776	48,748,636
1928	31	3,630,000	661	30,736	41,606,320
1927	30	3,570,000	547	26,464	35,868,920
1926	28	3,300,000	479	21,522	26,911,050
1925	27	3,200,000	439	19,098	24,347,900
1924	24	2,980,000	345	15,045	20,538,400
1923	16	2,040,000	182	7,933	12,683,500
1922	6	1,150,000	90	3,798	9,043,800

(자료) 藤戸計太, 『無盡と契の硏究』, 大東學會, 1929, 20~23쪽.
(비고) 組數는 무진의 개수를, 口數는 가입자 수를, 給付金은 최종 지급액을, 契約高는 최종 급부금의 총액을 말한다.

1920년대에 들어서면 계조직 일반에 대해서 강력한 통제정책을 구사하게 되는데, 그것은 대체로 금융기구적 성격의 계를 대상으로 한 것이었다. 1923년 경기도에서는 도령(道令)으로 「강계회취체규칙(講契會取締規則)」을 발포했는데, 그 주요 내용은 다음과 같다. 먼저 무진강이나 기타 유사 강회나 계회를 조직하는 자는 소관 경찰서장의 인가를 받도록 했다. 인가 사항은 역원(役員), 회원, 기간, 급부금액(給付金額) 등 계의 경영에 관한 모든 사항을 망라한 것이었다. 다만 영업무진이나 동업조합, 그리고 같은 단체의 회원 사이에서 조직하는 강회나 계회로 존속 기간 1년, 급부금액 120원을 넘지 않는 것은 예외로 인정했다. 강회나 계회의 존속 기한은 5년 이내로 하고, 급부금액은 천 원, 구수는 백 개를 넘을 수 없도록 했다. 이에 더하여 경찰서장은 공안(公安)이나 풍속을 문란하게 할 우려가 있거나 회원의 이익을 보호하기 위하여 필요하다고 인정할 때는 강회나 계회 규약의 변경을 명령하거나 인가를 취소할 수 있다고 규정하여, 경찰이 자의적으로 단속할 수 있도록 해놓았다.[24] 곧 한국인이 계를 조직하는 경우 활동 기간 1년 이내의 소규모 계에만 예외를 인정했고, 나머지는 모두 인가를 받도록 했을 뿐만 아니라 자의적 단속이 가능하도록 규정했던 것이다. 또한 급부금액 120원을 넘는 모든 계는 단속의 대상이 되었는데, 여기에는 계를 영업무진으로 끌어들이려는 의도도 포함되어 있었다. 경찰이 단속을 자의적으로 할 수 있도록 만들어놓아 한국인들은 계활동을 공개적으로 하기 어려운 조건이 되었다.

1921년 충북을 필두로 발포하기 시작한 이런 강계회(講契會)에 대한 단속규칙은 경남이 1932년에 단속규칙을 발포함으로써 전국적으로 일반적인 현상이 되었다.[25] 각 도의 계에 대한 단속규칙은 대체로 경기도의 규정을 크게 벗어나지 않는 것이었다. 이리하여 금융기구적 계에 대한 단속은 전국적으로 일반적인 현상이 되었다. 하지만 이런 통제정책이 계를 일방적으로 움츠리게 한 것만은 아니었던 것으로 보인다. 오히려 금융기구로서의 계의 성격을 변화시키는 계기로 작용한 측면이 더욱 많았다. 총독부가 장려하고 있던 무진의 영업적 측면은 민간에서 계의 식리적 성격을 강화하는 데 영향을 미치고 있었던 것이다.

한편 1930년 초에는 한국에서 "재래의 수백 종에 달하는 계의 단속이 엄중하여 신규 허가된 계는 관혼장제나 신앙 또는 사회사업 관계의 것뿐이고 그 종류도 크게 감소했으며, 특히 금융 관계의 계는 무진업 기타 금융기관의 발달과 반비례하여 그 수가 근소하게 되어 부첨(富籤)과 유사한 계나 무진강과 유사한 계 등이 조금 남아 있을 뿐"이라는 평가도 나오고 있지만,[26] 이는 어디까지나 총독부의 행정기관이나 자본의 촉수에 의해 파악된 것에 지나지 않는 것이었

---

24) 朝鮮無盡協會, 『朝鮮無盡沿革史』, 1934, 32~54쪽.
25) 나머지 도의 단속 규칙의 명칭 및 發布 연도는 다음과 같다. 忠南 「講會取締規則」(1924년 道令), 全北 「講會取締規則」(1926년 8월 道令), 全南 「賴母子講無盡講 取締에 관한 件」(1907년 9월 木浦理事廳令), 慶北 「講會取締規則」(1922년 1월 道令), 江原道 「講會契取締規則」(1923년 道令), 黃海道 「講會取締規則」(1931년 道令), 平北 「講會取締規則」(1923년 道令), 平南 「講會取締規則」(1929년 道令), 咸北 「講會取締規則」(1922년 5월 道令), 咸南 「講會取締規則」(1923년 道令). 이상은 朝鮮無盡協會, 『朝鮮無盡沿革史』, 1934, 32~54쪽.
26) 朝鮮無盡協會, 『朝鮮無盡沿革史』, 1934, 4~8쪽.

<4-14> 경기도의 무진강 및 계(1931년)

給付金 單位	種別	조직 수	總口 數	給付金契約高
500원 미만	講會	23	563	73,410
	契	2,305	81,302	20,975,406
500~1,000원	講會	60	1,968	917,650
	契	27	14,960	3,616,795
1,000~3,000원	講會	20	698	931,400
	契	11	9,400	9,934,000
3,000원 이상	講會	-	-	-
	契	2	2,400	7,200,000
합계	講會	103	3,229	1,922,460
	契	2,245	108,062	41,726,201

(자료) 朝鮮無盡協會, 『朝鮮無盡沿革史』, 1934, 32~54쪽.

다. 무진강 및 계에 대한 1931년의 각 도별 조사를 통해 저간의 사정을 엿볼 수 있다. 먼저 경기도의 경우를 살펴보면 표 <4-14>와 같다.

이 자료는 「강회취체규칙(講會取締規則)」에 저촉되지 않는 계, 그것도 금융기구로서의 성격을 가진 계만을 조사 대상으로 삼은 것이므로 전체 계의 조직 상황을 알려주는 것은 물론 아니다. 그럼에도 계는 아직 일본식 강회에 비하여 월등히 높은 비율을 차지하고 있다. 평균 구수와 급부금계약고(給付金契約高)는 강회의 경우 31구, 1만 8,665원이고, 계회의 경우는 48구, 1만 8,586원이다. 한국인이 중심이 된 계의 평균 구수는 많지만, 계별 평균 급부금계약고는 거의 비슷하다. 표 <4-14>에 나타난 계가 상대적으로 큰 규모의 것만이 조사되어 있다는 것도 여기에서 드러나는 것이지만, 금융기구가 상당히 활기를 띠고 운영되고 있었음을 알 수 있다.

금융기구로서의 계가 상당한 활기를 띠고 은밀하게 경영되고 있었다는 사실은 경북이나 전북의 조사에서도 명확히 드러난다. 경북의 경우, 계는 주로 한국인 사이에 행해지고 있었으며, 종류는 다양하지만 조직은 대개 작고 급부액도

백 원 내외가 보통이며, 총독부의 허가를 얻지 않은 채 잠행적(潛行的)으로 이웃 사이에 조직되어 '있다고 보고되었다.[27] 그리고 전북에서도 강수(講數) 99조, 구수 2,964구, 급부금계약고 192만 633원, 평균 30구, 1만 9,400원이고, 계수 985조, 1만 5,315구, 출자금 6만 4,836원, 평균 16구, 평균 출자고 66원이지만, 계는 지방 금융 사정이 악화됨에 따라 점차 증가하는 추세에 있었다고 한다. 이런 경향은 강원도에서도 마찬가지로 확인되는데, 한국인 계의 대부분은 100원 미만의 것으로서 매우 영세한 것이었지만, 조사된 계의 수만도 1,490개로서 이는 결코 적은 수가 아니다.[28]

다음, 1930년대 식리계(殖利契)의 증가 양상을 살펴보자. 총독부에서는 계가 공공사업이나 상호부조적 성격으로부터 일탈하여 세소농(細小農)에 대한 금융식리(金融殖利) 사업으로 이행함으로써 특정한 계급의 영리적 색채를 다분히 가지게 되었다고 파악하고 있다. 곧 금융기구만이 아니라 다른 목적의 계도 모두 금융식리를 첫 번째 목적으로 삼는 계가 늘어나고 있다고 보았던 것이다.[29]

계의 조직 내용을 보면 계원의 태반이 유산계급(有産階級)에 속하고, 조직의 목적을 비황(備荒), 저축할 수 있는 가산의 조성에 두고, 한편으로 하층계급의 금융기관으로서의 성능을 가지고 있기 때문에 그 취지로서는 조금도 불가능한 것이 아니다. 그러나 기본 금곡을 매년 축적하여 대개 대부기간을 1년으로 정하고, 금전을 월 3푼 내지 연 3할로, 곡물은 장리(長利)하여 1두에 4승 내지 5승에 대부하고 있다. 그러므로 빈궁 농민층의 금융기관이라는 점에서는 경리와 운용이 공정하게 이루어지면 현재 농촌에서 필요하기도 하고, 편리한 존재이기도 하다.[30]

위의 보고는 식리적 목적의 계가 증가하고 있었던 사정을 잘 보여준다. 취리

---

27) 朝鮮無盡協會, 『朝鮮無盡沿革史』, 1934, 4~8쪽.
28) 朝鮮無盡協會, 『朝鮮無盡沿革史』, 1934, 4~8쪽.
29) 朝鮮總督府, 『農山漁村に於ける契』, 1938, 序文 및 31~34쪽 참조.
30) 韓永世, 「契의 組織制限 및 改善策을 講究하자」, 『朝鮮地方行政』 1936. 2, 84~85쪽.

계는 유산계급이 중심이 되어 하층계급의 금융기관으로서의 역할을 수행하고 있었다. 하지만 대개 고리대라는 문제를 안고 있었다.

이러한 생활기구와 금융기구의 취리적·고리대적 성격은 일반적인 현상으로 정착하고 있었다. 총독부의 조사보고를 통해 조금 구체적으로 그 정황을 검토 해보겠다. 1937년 조사에 의하면 재산을 운용하는 계는 2만 6,005개로 조사된 전체 계 2만 9,257개의 약 89%에 달하여 전체의 약 9할에 가까운 계가 재산 을 운용하고 있었다. 이 가운데 금곡 운용에서의 이율별 상황을 보면 월 3푼 이상으로 재산을 운용하는 계가 9,411개로 약 36%를 차지하며, 그 가운데 월 5푼 이상의 초고금리로 재산을 운용한 계도 999개로 약 4%에 달한다. 그리고 월 1푼 이상 3푼 미만의 계가 1만 5,652개로 60%를 차지하고 있다.[31] 대체로 월 이율 3푼 이상이 고리대로 간주되었는데, 이를 기준으로 하면 전체의 약 40% 가까운 계가 고리대로 운용되고 있었던 것이다. 농촌진흥운동을 진행하면 서 총독부는 월 2푼 이상의 이율을 고리대로 규정하여 통제하고자 했는데, 월 2푼을 기준으로 한다면 거의 대부분의 계가 고리대적 재산 운용을 했다고 할 수 있다.

그리하여 다음과 같은 현상이 나타나기도 했는데, 이는 농촌 계의 고리대적 성격을 잘 보여준다. 대부(貸付)와 금곡의 회수를 위해 수단을 가리지 않는 잔 혹한 조치가 나오기도 했다. 계의 회수, 금곡 반환에는 어떤 유예도 인정하지 않았던 것이다. 나아가 기일 내에 차용한 금곡을 반환하지 않을 경우 계원이 총동원되어 차용자(借用者)의 집을 습격해 가구나 곡물 등을 파격적으로 저렴 한 가격으로 압수하거나, 보증인(保證人)의 가정을 습격하여 추가로 수납하는 등 혹독한 일을 하고 있다는 것이었다.[32] 이로 본다면 이제 농촌 촌락에서도 계는 중상층농을 중심으로 한 금융계 또는 생활계(生活契)로서 하층 농민에 대

---

31) 朝鮮總督府, 『農山漁村に於ける契』, 1938, 183~233쪽 참조.
32) 韓永世, 「契의 組織制限 및 改善策을 講究하자」, 『朝鮮地方行政』(2) 1936. 3, 84~85쪽.

한 고리대를 통해서 부를 증식시키는 수단으로 변하고 있었던 것이다. 이 역시 농촌사회 내부의 계층 분화를 보여주는 것이며, 계의 이식적(利殖的) 성격이 강화됨으로써 계가 상호부조조직으로서의 성격이 탈각되고 오히려 고리대적 착취라는 성격을 띠게 되었음을 드러내는 것이다. 총독부가 농촌진흥운동을 전개하면서 농가갱생을 위해서는 부채 정리가 가장 시급한 과제라고 설정한 이유도 바로 여기에 있는 것이다.

이번에는 촌락조직의 세 번째 변화, 즉 생산기구의 분화 과정을 검토해보고자 한다. 먼저 전통적 공동노동조직인 두레의 쇠퇴·소멸과 노동교환조직인 품앗이의 변화를 살펴보고, 이 변화에 토대를 두고 새로이 생성되고 있던 노동청부조직인 농계나 고지대에 대하여 검토해보겠다. 이러한 변화는 물론 촌락 내부 영농조직의 새로운 분화와 발전이라는 양상과 맞물려 돌아가고 있었다.

조선 후기에 형성된 두레33)와 품앗이는 1920년대 이후 완연히 쇠퇴하는 모습을 보이고 있으며, 유지되었다고 해도 그 내용에서는 큰 변화를 겪지 않을 수 없었다.34) 1910년대를 전후하여 두레는 '와해(瓦解)'라는 표현이 사용될 정도로 급속한 쇠퇴의 길을 걷고 있었다.35) 벽촌에서는 식민지배 말기까지 두레가 유지되는 경우도 있었지만 그 내용은 크게 변해 있었다.36)

---

33) 조선 후기 두레의 형성 과정과 식민지기의 존재 형태에 대해서는 다음 연구를 참조할 수 있다. 姜鋌澤,「朝鮮に於ける共同勞動の組織とその史的變遷」,『農業經濟研究』 17券 4號, 1941 ; 전장석,「두레에 대하여」,『문화유산』 2, 1957 ; 신용하,「두레와 농악의 사회사」,『한국사회연구』 2, 한길사, 1984 ; 이태진,「17~18세기 香徒組織의 분화와 두레의 발생」,『진단학보』 67, 1989 ; 주강현,「두레 공동노동의 사적 검토와 생산문화」,『노동과 굿』, 학민사, 1989.
34) 이 시기 노동기구의 변화에 대해서는 윤수종,「한국농업생산에서의 노동조직의 변화 과정에 대한 연구」, 서울대학교 박사학위논문, 1990, 참조.
35) 식민지기 두레의 쇠퇴는 이론의 여지가 없는 사실이다. 이에 대해서는 주강현,「두레연구사와 연구방법론」,『한국의 두레』 2, 집문당, 1996 참조. 1937년에 발표된 白花郎,「없어진 민속 : 豐爭쌈」,『朝光』 5-12호에서는 두레를 이미 없어진 민속으로 취급하고 있다. 하지만 1910년대에는 두레가 유지되는 지역이 많았던 것으로 보인다. 이에 대해서는 豊田重一,「農社農樂に關する硏究」,『朝鮮彙報』 1916년 4월 ; 張基昌,「農社に就て」,『朝鮮彙報』 1917년 8월의 두 개의 보고서 참조.
36) 부락연맹의 이사장이 두레를 지휘했고, 참가하는 사람도 주로 雇人, 곧 머슴이었으며, 風物도 없어

두레가 식민지기에 급속하게 사라지게 된 것은 대개 다음 두 가지 원인 때문이었다. 면제의 실시와 동계의 동요 등으로 인한 동유재산의 급속한 감소가 첫 번째 원인이고, 농촌의 분화가 급속히 진행되어 이른바 반경작층(半耕作層)이나 고용농층(雇用農層)이 급속히 증가한 것이 두 번째 원인이었다.[37] 동유재산이 없어진 것은 대개 자연촌락을 단위로 구성되던 두레의 재원을 상실한 것이자 동유재산의 형성·축적이라는 두레의 목적 중 하나를 상실한 것이었다. 농촌 사회의 분화가 진행되어 빈농이나 고용농이 대거 나타나면서 공동노동조직으로서의 두레의 기반 자체가 붕괴되었다고 할 수 있다. 1920년대 초에는 촌락 내부의 노동 임금과 노동 시간을 제한하는 촌락이 나타나는데, 이런 상황이라면 두레가 더 이상 유지되는 것은 불가능할 것이다.[38] 임금과 노동 시간을 제한하는 현상 역시 촌락 내부의 임노동층의 증가를 반영하고 있는 것이기 때문이다. 동일한 노동을 중심으로 공동노동을 수행하는 두레의 형성에서 임노동층의 증가는 그 형성의 기반을 붕괴시키는 것이었다고 하겠다.

노동교환조직으로서의 품앗이 역시 다음 두 가지 차원에서 그 성격이 크게 변화하고 있었다. 첫째, 상호부조적 요소가 점차 사라지고 이익추구 관계가 전면으로 나서면서 종래 무차별적인 전촌 협동체제가 무너지고 새로 유별적(類別的) 결합관계가 발생했다. 예를 들어 소년의 품을 인정하지 않게 되었으며, 한 사람의 몫이 인정되는 사람이라도 실제 역량이 떨어지는 사람은 환영받지 못하게 되었다. 특히 빈농은 식사 제공의 수준이 떨어지기 때문에 노동력이 뛰어나

졌다는 보고가 그 실정을 말하고 있다. 경상북도 榮州郡 順興面 東湖里의 사례. 鈴木榮太郎, 「朝鮮農村社會踏査記」, 『朝鮮農村社會の硏究』(『鈴木榮太郎著作集』 5), 未來社, 1973, 137~310쪽.

37) 姜鋌澤, 「朝鮮に於ける共同勞動の組織とその史的變遷」, 『農業經濟硏究』 17券 4號, 1941 ; 印貞植, 『朝鮮農村再編成の硏究』, 人文社, 1943, 제5장 「農業勞動の 再編成過程」 참조. 그리고 북부 지역에서 발달해 있던 소를 중심으로 한 공동작업 조직인 거리도 쇠퇴했다.

38) 경기도 陽川의 경우 1921년에 노동 임금을 종별로 다음과 같이 제한하고 있다. 급식이 있는 경우와 없는 경우로 나누어 각각 보통 인부는 30전, 50전, 耕牛의 경우에는 100전, 150전으로 제한하고, 노동 시간도 일정하게 제한하고 있다. 朝鮮總督府學務局, 『學校를 中心으로 한 社會敎育狀況』, 1922.

다고 하더라도 기피되었다. 둘째, 고용농이 점차 증가하면서 품앗이 노동이 그 것으로 대체되는 경향이 점점 강하게 되었다. 물론 이런 일은 중농 이상에서 현저하게 나타났는데, 중농이나 부농은 초봄에 빈농에게 화폐나 식량을 가불해 주고 일용 노동력을 확보할 수 있었으므로, 번잡하고 자질구레한 노동교환 방 식을 선택할 이유가 없었던 것이다.[39] 농촌사회의 이익추구적 경향이 늘어나 면서 품앗이의 성격이 변화했을 뿐만 아니라, 고용노동이 늘어나면서 하층농의 경우를 제외하면 품앗이 역시 공동노동으로서의 중요성을 점차 상실하게 되었 던 것이다.

한편 공동노동조직이 쇠퇴함과 아울러 노동청부조직이 생겨나고 있었다. 노 동청부조직에는 농계, 특히 그중 청부농계(請負農契) 및 고지대가 있다. 먼저 농계는 소작지를 가지지 않은 농업노동자들이 조직한 것으로 농번기에 농가를 전전하며 모내기와 제초작업을 청부하여 공동작업을 하는 조직이었다.[40] 이 농계가 좀더 안정적인 모습으로 변한 것이 고지대이다. 대개 고지대는 두레의 전통으로부터 유래된 것으로 간주되었다.[41] 전북 당국의 다음과 같은 진술은 고지 발생의 상황을 웅변하고 있다.

이들(빈농을 중심으로 한 半耕作者-인용자)은 누구나 생계가 가장 불안전한 계급에 속하여 고지에 가입하는 외에는 일경입(日頃叺) 초혜작(草鞋作) 신탄매(薪炭賣) 등 에 의하여 생활을 영위하기 때문에 계절별로 말하면 3월~5월경에는 생활이 가장 곤란한 시기로 노동이나 차금(借金)에 의하여 생활하고, 6월~7월경에는 고지(雇只) 노동이나 일반 노동에 종사하여 임금을 얻어 생활하고, 9월 이후 11월경까지는 일 용 임금이나 소작 벼의 일부분으로 생활하고, 11월부터 3월까지는 고지의 계약 임 금의 전차(前借)에 의하여 겨우 생계를 영위하는 상황이었다.[42]

39) 姜鋌澤,「朝鮮に於ける共同勞動の組織とその史的變遷」,『農業經濟研究』 17卷 4號, 1941 ;
    印貞植,『朝鮮農村再編成の研究』, 人文社, 1943, 제5장「農業勞動의 再編成過程」참조.
40) 李覺鍾,『契に關する調査』, 1923.
41) 猪谷善一,『朝鮮經濟史』, 1928, 509~576쪽.

농촌 내부의 계층 분화가 매우 심각하게 진행되고, 빈농의 생활이 불안정하게 되면, 임노동에 기반한 계약 노동이 일반화하게 되는 것은 필지의 사실이다. 고지에는 2종이 있었는데, 하나는 농업노동자가 개인적으로 농업노동을 청부하는 것이고, 다른 하나는 단체를 조직하여 청부노동을 하는 것이다.[43] 그러면 표 〈4-15〉를 통하여 농업노동 청부 관행의 명칭, 이유, 계약의 내용에 대하여 개괄적으로 검토해보겠다.

도마다 차이를 보이고 있지만, 표 〈4-15〉에서 보는 바와 같이 거의 전국적으로 고지가 존재했다. 고지대는 경북을 제외한 남부의 수전(水田) 지역에서 발전하고 있었고, 그중에서도 전북 지방이 중심을 이루고 있었다.[44] 농촌의 계급 분화가 훨씬 더 진전되어 있던 남부 지역에서 고지대가 성행한 것은 당연한 일이다. 이 표에 의하면 전국적으로 고지의 평균 청부 인원은 평균 3.6인이었다. 이처럼 두레와 품앗이의 쇠퇴 및 노동청부조직의 생성과 발전은 면제의 실시로 인한 촌락의 변화와 농촌사회의 계층 분화 현상에 의해 촉발된 것이었다.

---

42) 久間健一, 「勞動隊制度と雇只隊制度」, 『朝鮮農業の近代的樣相』, 1935, 西ヶ原刊行會, 211~297쪽.

43) 久間健一, 「勞動隊制度と雇只隊制度」, 『朝鮮農業の近代的樣相』, 1935, 西ヶ原刊行會, 211~297쪽. 모두 고지라고 부르기도 하지만, 후자에 雇只隊라는 명칭을 붙이고 전자는 단순히 고지라고 지칭하기도 했다.

44) 久間健一의 앞의 글을 바탕으로 전북 지방의 고지대에 대해서 간단히 정리하면 다음과 같다. 1926년의 조사에 의하면, 전북에서만 3만 6,067의 雇只隊가 있었고, 그에 속하는 隊員은 12만 3,986명, 雇只隊에 의해 경작되는 면적은 3만 1,275정보였다고 한다. 전북에서는 전체 논 면적의 약 19%가 고지대에 의하여 경작되었다. 고지대원 약 12만 명 가운데 고지대원 1인을 1호로 간주하면 전북의 한국인 전 호수 25만 5,956호(1925년)의 약 반수를 차지하고 있고, 20세 이상 성년 남자 수 36만 1,822명(1924년 말)의 약 3분의 1에 해당하며, 노동 가능자 수(15세 이상 55세 이하) 37만 6,750명의 3분의 1에 상당하는 인원이 고지대원에 참여하고 있었다. 부락당 고지대 수는 평야 지역은 평균 26개, 산간 지역은 18개였다. 雇只隊員으로는 細農이 가장 많아 63%를 차지하고 있으며, 농업노동자는 약 30%를 차지하고 있다. 고지대란 대원 상호 간의 연대책임으로 성립한 노동조직으로, 대표자는 다만 교섭을 할 뿐이었고 대장이 대원을 뜻대로 부리지는 못했다. 고지대노동을 고용하는 계급은 대지주는 적고 중소지주에 많았다. 고지대노동은 노동의 질이 낮다는 문제를 제쳐두면 매우 값싼 것으로써, 임금이 보통 노동에 비하여 약 4할 정도 저렴했다. 이처럼 고지노동이란 농촌사회 분화의 산물로서 지주의 입장에서는 매우 필요한 존재였지만, 빈농이나 고용노동자의 입장에서는 '필요한 害物' 정도에 지나지 않는 것이었다.

〈4-15〉 소작인이 작업을 청부하는 관행의 내용(1932년)

도별	유무	명칭	청부하는 자	청부인
경기	유	고지, 매독, 자리품, 都給, 양자비	2,850	5,210
충북	유	고지, 동두레	2,418	6,943
충남	유	고지, 세지도리, 자리품, 선품파리(마지기고지), 斗落雇只	5,679	17,941
전북	유	고지	9,715	33,073
전남	유	고지, 減價	4,581	14,271
경북	희귀함	고지, 貰耕, 삭논, 자리품	129	230
경남	유	고지	1,539	2,723
황해	유	고지, 全任	358	645
평남	유	판싹, 판뜨기	30	90
평북	정주군 일부	싹김	해마다 消長	해마다 소장
강원	유	고지, 도급, 모들러기	290	636
함남	영흥, 안변 지방	제	20	58
함북	유	없음	13	42
계			22,622	81,862

(자료) 朝鮮總督府, 『朝鮮ノ小作慣行』(下), 續篇, 1932, 14~54쪽.

다음으로 촌락 내 영농조직의 형성에 대한 것이다. 앞서 모범부락 설정정책이 촌락 내 영농조직의 설립을 촉진하고 있음을 살펴본 바 있다. 다른 한편 총독부는 세소농(細小農)의 생활을 안정시키기 위해 1928년부터 소액생업자금(少額生業資金) 대부사업(貸付事業)을 시작했는데, 이 역시 촌락 내부 영농조직의 형성과 관련이 있다. 소액생업자금 대부사업은 말 그대로 제도금융권으로부터 융자할 수 없는 세소농에게 소액의 생업자금을 대부하는 사업으로, 중농 이상의 농민들과는 무관한 것이었지만, 소농 경영의 안정과 촌락 내 영농의 개선을 도모하고자 하는 목표를 내세우고 있었다. 자금은 읍면이 기채(起債)에 의해 준비하고, 소농 1인당 20원 이상의 적은 자금을 저리로 대부하여 생활을 안정

<4-16> 임시은사금 소액생업자금 대부계획(1928년)

도명	元本公債償還 金額(円)	면에의 대부 가능액(A)	基金編入金 現在 예상액	면에의 대부 가능액(B)	면에의 대부 가능액 계 (A+B)	실행 가능 面數(1면 2,400원)	관내 面數	面數에 대한 실행 면 비율
경기	50,000	殖銀債券 買入濟	44,745	16,000	16,000	6	249	1
충북	50,000	50,000	60,895	–	50,000	20	110	18
충남	100,000	100,000	69,649	20,000	120,000	50	175	26
전북	150,000	150,000	41,665	–	150,000	62	188	33
전남	113,000	113,000	91,327	30,000	143,000	60	268	22
경북	105,900	105,900	101,834	30,000	135,900	56	272	20
경남	100,000	100,000	40,977	20,000	120,000	50	257	20
황해	100,000	식은채권 매입제	56,570	18,000	18,000	7	226	4
평남	100,000	100,000	26,014	–	100,000	41	165	25
평북	137,000	137,000	6,533	–	137,000	57	193	30
강원	100,000	100,000	53,211	–	100,000	41	178	23
함남	80,200	80,200	44,227	–	80,200	33	141	21
함북	13,900	13,900	34,910	20,000	33,900	14	81	17
계/평균	1,200,000	1,050,000	672,557	154,000	1,204,000	497	2,503	20

(자료) 朝鮮總督府 內務局, 『小農에 對한 少額生業資金貸付說明書』, 1929, 76~77쪽.

시키도록 하는 것을 목표로 내세우고 있었다. 자금을 빌리는 사람 30명 내외를 1단(團)으로 삼아 부락 단위로 조직하게 하고, 부락의 노농(老農)이나 기타 유력자 중 1명의 근농보도위원(勤農輔導委員)을 임명하여 조합원을 지도하도록 했다.

소액생업자금 대부계획의 개요를 표 <4-16>을 통해 검토해보자. 1928년의 대부계획 면의 수가 497면으로 전체 면의 20%를 차지하고 있으므로 초년도의 계획으로는 상당한 수준이었다. 이를 부락과 호수로 바꾸어 계산해보면, 계획 부락 수는 1,988개, 호수는 5만 9,640호에 달한다. 그러나 이는 전체 소농 호수 207만여 호에 비하면 약 2.9%에 지나지 않는 것이다. 또한 대부자금의 원본이 '임시은사금(臨時恩賜金)'이므로 초년도 대부 이후에 새로이 대부할 여력이 없어 생업자금 대부 계획은 이 정도가 그 계획의 상한이 될 것이었다. 즉 전체 소농의 약 3%만을 대상으로 한 것이었다. 다만 소농의 생활안정에 대한 최초의 구체적인 대책이라는 점에서 이 정책은 주목할 만하다.

이 계획에 의해 설립된 근농공제조합(勤農共濟組合)은 1개 면에 4조합씩 설치하여 5년에 걸쳐 전국의 각 면에 설치를 완료하는 것을 목표로 삼고 있었다. 조합을 설치하는 부락은 가능한 한 종래의 지도부락이나 적당한 중심인물이 될 만한 근농보도위원이 있는 곳을 선정하도록 했다. 이 조합은 면으로부터 생업자금 대부를 받는 자만을 대상으로 한 것이므로, 기존 모범부락과는 별도로 조직한 것이었다.45)

1932년까지 각 도에서 대출한 금액은 240만 원으로, 사업을 실시한 읍면 수는 1,700여 개, 조합 수는 4,200여 개, 조합원 수는 12만 5천여 명이다. 대체로 초년도 사업계획에 비하더라도 성적은 매우 저조한 것이었지만, 전체 호수의 5% 전후에 해당하는 농가에 자금을 대부했다는 점에서는 상당한 성과를 거두었다고도 할 수 있겠다. 사업 성적은 1932년의 조사에 의하면 전체 자금의 61%는 구우(購牛) 자금으로 이용되었고, 나머지는 승입연(繩叺筵) 제조 기구 구입 12%, 양돈 7.6%, 비료 3%, 기타 직물, 토지 구입, 소작료, 양돈, 농량(農糧), 농구, 소상매(小商賣), 어업 등에 사용되었다. 구우 자금을 비롯하여 대부분 영농자금으로 투입되었던 것이다.

이처럼 소액생업자금 대부정책은 촌락 전체로 보면 큰 영향력을 미친 것은 아니었다. 모범부락 설정정책이든 소액생업자금 대부사업이든 단번에 촌락 전체적으로 영향을 미칠 수 있는 정책은 아니었지만, 제한된 정책 능력과 자금으로 영농 개선을 꾀하고 이를 바탕으로 영농조직이나 근농공제조합을 결성하게

---

45) 朝鮮總督府 內務局, 『小農에 對한 少額生業資金貸付說明書』, 1929, 76~77쪽.

하는 방법으로 촌락의 영농조직 결성에 상당한 영향을 미치고 있었다. 이처럼 촌락 내 영농조직의 결성은 행정력에 의해 추진되었고 일정한 성과를 거두고 있었다. 경기도 시흥군 남면(南面)에서는 1931년부터 1932년 사이 1년 동안에 21개소의 농사개량소조합(農事改良小組合)이 설치되었다고 한다.[46] 이들 영농 단체는 촌락을 넘어선 것도 있었지만 대개는 촌락 내 단체였다. 이는 행정권력에 의해 추동되었지만, 자작농을 중심으로 한 중상농층을 중심으로 한 조직이 많았다.[47]

이처럼 두레와 품앗이가 쇠퇴하고 노동청부조직인 농계나 고지대 등 자본주의적 노동기구가 생성 발전하고 있었으며, 근농공제조합 등의 결성으로 농사 소조합을 비롯한 영농조직의 분화도 촉진되었다. 이는 면제 실시로 인한 촌락의 변화와 촌락의 계층 분화를 가장 직접적으로 반영한 것이었다. 하지만 촌락 내 영농조직은 행정력에 의해 추동된 것이라는 한계를 가지고 있었고, 소작 빈농의 상황이 개선되지 않으면 활성화되기 어려웠다. 그럼에도 지주와 상층농을 중심으로 한 농회나 금융조합에 비하면, 소농 중심의 조직이었다는 점과 촌락 내부조직이었다는 점에서 특징을 찾을 수 있다.

마지막으로 생활기구의 확대와 그 성격의 변화를 총독부의 생활개선운동과 연관시켜 검토해보고자 한다. 생활기구로서의 계도 동일 계층의 조직으로 변화하기 시작했는데, 같은 계층의 사람들이 주로 혼상(婚喪) 등의 상호부조를 목적으로 결합한 것이었다. 이와 관련하여 이 시기 관제운동으로 진행되고 있던 생활개선운동의 취지는 무엇이고, 그것과 생활기구는 어떤 관련을 가지고 있었는가를 먼저 살펴볼 필요가 있다. 1920년대부터 총독부는 농촌 생활개선을 중점적인 정책 목표로 삼고 있었지만, 농촌진흥운동과 아울러 사회교화(社會敎化)의 일환으로 더욱 적극적으로 추진했다.[48] 여기에서는 먼저 의례준칙 제정을

---

46) 文明郁,「農村의 農事小組合에 대하여」,『朝鮮地方行政』, 1932. 9, 83~87쪽.
47) 농촌 단체의 전체적인 개요에 대해서는 文定昌,『朝鮮農村團體史』, 1942 참조.
48) 생활개선은 사회의 분화가 생활을 복잡하게 만들기 때문에 절실하게 필요해지고 있는데, 이를

살펴봄으로써 생활개선운동이 목표하던 바를 검토해보고자 한다. 의례준칙을 제정한 것은 전통을 활용하여 생활의 간소화를 의도했다는 점에서 주목할 필요가 있다.

의례준칙 제정의 필요성은 한국인의 의례가 지나치게 형식에 구애되어 시간과 경비가 낭비되는 바가 막심하고 이로 말미암아 파산하는 자도 나오고 있다는 현실 인식을 바탕으로 한 것이었다. 그러므로 한국의 생활개선 문제나 자력갱생운동도 그 기조는 우선 의례의 개선에 두어야 한다고 보았다.[49] 구체적으로 의례 자체의 통폐(通弊)는 다음과 같이 지적되고 있다. 첫째, 대개 한국의 의례가 형식에 편중한 점이다. 둘째, 행사에 규율(規律)과 단락(段落)이 없고 너무 유장(悠長)하여 장엄미(莊嚴味)가 없다는 점이다. 즉 시간의 낭비가 심하다는 비판이다. 셋째, 대개 음식판이 되고 만다는 점이다. 요컨대 물자의 낭비가 심하다는 비판이다. 네 번째, 혼효잡박(混淆雜駁)하여 조화를 결여하고 있다는 점이다. 신구의 의례가 섞여 있어 오히려 낭비를 조장하고 있다는 비판이다.[50] 의례준칙의 제정이 주자가례(朱子家禮)를 현실화하되, 절차를 간소화하여 시간과 물자의 낭비를 피하는 쪽으로 나아갈 것임은 위의 해설로도 필지의 사실이다. 의례준칙은 의례의 간소화와 절약이라는 이름으로 대변될 수 있는 것이었다.

의례준칙을 제정하여 의례의 간소화를 요구할 만큼 사회적으로 허례가 문제가 된 데에는 촌락사회의 변화가 반영되어 있을 것이다. 촌락의 사회적 분화가 유교 의례의 하층으로의 침투를 조장하는 측면이 있었던 것이다. 그리하여 간소화된 의례준칙은 오히려 내부적으로는 반발의 대상이 될 수밖에 없는 것이었

이루지 못하면 사회적 진보를 이룰 수 없을 뿐만 아니라 개인에게도 불행을 초래하게 될 것이라는 점이 주요한 논리적 근거로 거론되었다. 朝鮮總督府學務局, 『朝鮮社會敎化要覽』, 1937, 26~41쪽.

49) 學務局長, 「儀禮準則의 發布를 맞이하여」, 朝鮮總督府學務局, 『儀禮準則』, 1934, 4~6쪽.
50) 朝鮮總督府學務局, 『儀禮準則』, 1934, 1~57쪽.

다. 의례준칙의 제정은 의례에 관한 이런 양면성을 잘 보여주는 사례가 아닌가 한다.

다음, 생활개선이라는 슬로건이 구체적으로 '부락개량'에 어떤 방식으로 적용되고 있었는가를 검토해보겠다. 1937년 부락개량에 관한 일반 행사 표준과 시설 표준이 제정되었는데, 이를 통하여 생활개선운동이 촌락에서 구체적으로 전개된 양상을 살펴볼 수 있다. 먼저 부락개량에 관한 일반 행사에 관한 표준은 다음과 같이 정리할 수 있다. 월례회를 개최하여 부락에 관한 각종 사항을 논의하도록 했고, 신궁요배(神宮遙拜)를 강요했다. 경로회를 열고, 효자나 열부 등의 선행자를 표창하도록 한 반면, 국기를 게양하고 국가축제일 행사를 거행하여 국체관념(國體觀念)을 명징(明徵)하게 하도록 했다. 전통적 윤리관념과 아울러 천황제 국가이데올로기를 전파하는 데도 노력하고 있다. 구체적인 생활개선 사항으로는 부인노동 장려와 공동판매와 구매, 위생시설의 개선 등을 거론하고 있는데, 이는 생산과 소비, 위생에 걸쳐 효율성을 높이고 규율을 강조하는 데 중점을 둔 것이었다.[51] 다음, 부락개량에 관한 일반 설비 표준과 그 실행 사항을 표 〈4-17〉을 통하여 검토해보자.

표준화된 부락의 일반 행사는 부락시설에 의해 집행되어야 했다. 이제 모든 촌락의 행사와 시설은 권력에 의해 표준화되었다. 이 표준화 작업은 시간과 공간의 표준화이기도 했다. 이런 측면에서 보자면, 그 실행의 측면은 제쳐두고라도, 면제 제정이 의도하던 촌락의 통합을 이제는 촌락 차원에서 구체적으로 시도할 수 있게 되었다고 할 것이다. 표준화된 국가의 시간과 공간에 의해 부락은 국가에 통합되어야 했다. 물론 여기에는 향약의 전통과 아울러 서구적 위생과 생활의 표준을 수용하며, 국가적 신앙과 상징을 수용하고 실행할 것이 요구되었다.

하지만 그 시설 표준의 이행도가 그리 높았다고는 할 수 없다. 공동혼장용구

---

51) 朝鮮總督府學務局社會敎育科, 『朝鮮社會敎化要覽』, 1937, 41~118쪽.

<4-17> 지방개량에 관한 일반 설비 표준과 시설 상황(1937년)

설비 종목	설비 종별	설비 표준	시설 상황
각종 공용시설	集會所	木造平家 瓦家 20평	20,742(29)
	警鐘	梯形 4미터	51,323(71)
國體觀念 明徵	國旗揭揚塔	木柱 6미터	33,047(46)
敬神崇祖	神社, 神祠, 遙拜壇	石疊壇 1미터, 0.8미터	−
	神饌田	전답 0.5아르	181
生活改善	共同染色場	공동욕장 등에 부설	2,123(3)
	共同浴場	목조나 블록조 3평	2,483(3)
	婚葬祭用具	일식	31,217(43)
	改良 우물	콘크리트 2개소	35,774(50)
	求療函	구급약 1식	2,898(4)
隣保扶助	鄕倉	토조나 블록조 10평	5,598(8)
娛樂慰安	農樂器	장고 소고 등	27,631(38)
	라디오	1식	1,273(2)
조사부락 수	−	−	72,065

(자료) 朝鮮總督府學務局社會敎育科, 『朝鮮社會敎化要覽』, 1937, 41~118쪽.
(비고) ( ) 안은 전체 부락 수에 대한 비율을 나타낸 것이다.

는 대개 동계류조직, 곧 공익기구에 의해 촌락에 비치되어 있었음을 감안하면, 경종(警鐘)과 국기게양탑의 시설 비율이 높은 것은 주목할 만하다. 경종의 보급은 시간의 표준화 정도를 보여주는 것으로, 그 보급이 70%를 상회한다는 것은 생활개선에서 서구적 시간관의 수용이 특히 중시되고 있었음을 알 수 있다. 다음으로 국기게양탑의 보급이 높은 것은 1935년을 계기로 강화되는 이른바 심전개발정책(心田開發政策) 및 국체명징운동(國體明徵運動)과 아울러 천황제 국가관의 확립에 힘을 쏟고 있었기 때문이다.[52] 이 표준은 모두 이후 총동원체제

---

52) 물론 이 통계가 1937년의 것이라는 점을 감안할 필요가 있다. 그 이전이라면 국가관의 문제에는 차이가 있었을 것이다. 심전개발정책에 대해서는 한긍희, 「1935~37년 일제의 心田開發政策과 그 성격」, 『한국사론』 35, 1996 참조.

기 황국신민화운동으로 이어지게 되는 것으로, 그 맹아적 운동의 양상을 잘 보여주는 것이기도 하다.

시간에 관한 관심을 높이고 그에 관한 훈련을 쌓는 것은 생활개선에서 가장 중요한 사항이 되었다. 특히 6월 10일을 '시(時)의 기념일'로 삼고 도비(道費)를 가지고 일제히 시간의 존중 및 정시 여행(勵行)을 실행할 것을 강조하기도 했다. 근대적이고 양화된 시간관의 확립을 통하여, 개인과 촌락의 시간을 국가의 시간으로 포섭하려는 의도를 적나라하게 드러내고 있는 것이다. 근대적 학교교육이 확대되고 소농의 상업적 영농이 성장하면, 이런 정책은 촌락 내부로 침투할 수 있는 여지가 더욱 커질 것이었다. 이것이 바로 생활개선이 노리던 본질이 아닐까? 그럴 때 사회적 진보는 이룩될 수 있는 것이라고 했는데, 그 진보는 바로 국가적 진보를 의미하는 것이었다.

촌락의 생활기구를 구체적으로 분석할 만한 자료가 없어서, 여기에서는 총독부의 생활개선운동에 관한 정책을 중심으로 살펴보았다. 이런 정책은 촌락의 생활기구에 반영되었으며, 또한 촌락민을 규율화시키는 것이었다. 새로 강요되는 의례와 시간관념은 촌락민들에게 표면적으로라도 그에 순응하는 모습을 보이게 강제하는 것이었기 때문이다. 전형적 모범부락의 사례를 통하여 생활개선운동이 촌락의 생활기구에 어떻게 반영되었는지를 확인해볼 수 있다.

촌락조직의 분화 양상을 검토하기 위하여 선택한 촌락은 황해도 연백군(延白郡) 해성면(海城面) 초양리(草陽里) 장현동(長絃洞)이라는 구동리, 즉 부락이다.[53] 장현동에서는 공익기구의 일환으로 1926년 흥풍회(興風會)를 조직하여 운영하고 있었으며, 1927년 양잠조합(養蠶組合), 1928년 농사개량실행계(農事改良實行契), 1929년 기업조합(機業組合) 등을 조직했고, 저축공제계(貯蓄共濟

---

53) 모범부락이므로 촌락 일반의 상황으로 보기는 어렵다. 다만 지금까지 살펴본 것처럼 행정력과 금융조합 등 외부자본의 도움으로 공익기구가 변화한 양상을 살펴보는 데에는 도움이 될 것이다. 또한 이를 통하여 이 시기 촌락의 변화 양상을 이해하는 것, 말하자면 촌락조직 분화의 추이를 이해하는 데도 도움을 줄 것이다.

契)와 근로장려회(勤勞獎勵會)도 설립했다.[54] 공익기구, 생산기구, 금융기구, 생활기구를 모두 촌락 내에 가지고 있어 분화 양상을 이해하는 데에는 도움을 줄 것이다. 먼저 공익기구로서의 흥풍회가 결성되고 그 사업의 일환으로 시작된 사업이 양잠조합, 농사개량실행계, 기업조합 등의 농사소조합, 즉 생산기구로 분화되고 있다. 물론 농사소조합의 결성에는 외부로부터의 보조금이 큰 역할을 했다.

금융기구로서의 저축공제계는 다음과 같은 내용을 가진 것이었다. 계원은 창립과 동시에 계금 1인 1원을 갹출 적립하고, 봄가을에 맥 1두, 벼 1두씩 갹출하여 적립하며, 갹출 기한은 5개년으로 했다. 적립 금곡은 연 2할 이상 4할 이하의 이자를 붙여 대부하고, 부모처자 등이 사망할 때는 적립 금곡이나 임시 갹출로 부조하도록 했다. 호주 상속의 경우 권리와 의무는 양도할 수 있지만, 탈퇴하는 경우에는 배당금을 받을 수 없도록 했다. 금곡을 적립할 수 있는 중상농의 저축계로서, 계금의 임의 인출을 제한하여 일단 가입한 자에게는 강제력을 발휘하고 있다. 그리고 적립 금곡은 고율로 대부하고 있어 식리적 성격을 잘 보여준다.

다음, 생활기구인 근로장려회의 규약을 검토해보자. 지방개량운동의 일환으로서 생활개선을 활동의 목표로 명백히 내걸고 있다. 먼저 부락의 중앙에 경종을 설치하여 기상과 취침을 규제하고, 시간의 존중과 엄수를 강제하고 있다. 사치를 배격하고, 관혼장제에는 절약하며, 도박은 엄금하고, 부녀자의 근로를 장려하고, 오락을 개선하도록 하고 있다. 이처럼 근검저축과 절약, 시간관념 철저화, 노동의 장려 등에서 앞서 본 부락개량 시설에 준하는 활동을 수행하고 있다.

장현동의 사례에서 전형적인 촌락조직 분화의 모습을 확인할 수 있다. 공익기구로부터 생산기구, 생활기구, 금융기구가 분화되고 있으며, 생산기구는 모범부락 설정에 의한 보조금으로 육성되었고, 금융기구는 고리대로 계원의 상호부

---

54) 善生永助, 『朝鮮の聚落』 中篇, 朝鮮總督府, 1933, 174~287쪽.

조 활동을 도모하고 있으며, 생활기구는 의례준칙과 생활개선운동에 준하는 생활방식과 태도를 수용하고 있었던 것이다.

이제 촌락조직의 분화에 대한 논의를 간단히 정리해보자. 먼저 금융기구의 분화는 자본의 촌락 침투와 관련된 것이었다. 총독부가 금융기구의 단속을 강화한 것은 촌락금융의 역할을 축소하고 금융조합이나 영업무진의 촌락 침투를 노린 것이었지만, 다른 한편으로 고리대적 금융기구를 억제하려는 의도도 있었다. 하지만 금융기구는 이식적 성격을 강화하면서도 촌락금융에 기여하기도 했다.

다음으로 생산기구의 분화 곧 자본주의적 노동기구가 성립한 것은 촌락의 변화와 계층의 분화 때문이었다. 촌락 내 농사소조합 등의 영농조직의 설립을 촉진한 것은 총독부의 정책이었다. 이는 이 시기 사회적 갈등을 양산하고 있던 농민조합운동 등에 대응하려는 의도도 아울러 가진 것이었다. 다음, 생활개선운동은 촌락 내 생활기구의 활동에 큰 영향을 미치고 있었다. 생활개선은 전통의 장려와 억제를 통해 새로운 전통을 만들어내고 있었으며, 특히 근대적 시간관의 수용을 강요함으로써 이를 통한 국가적 시간으로의 통합을 노리고 있었다. 그리고 이는 촌락의 생활기구에도 수용되고 있었다.

3. '농촌진흥운동'의 과도적 성격

농촌진흥운동에 대해서는 많은 연구가 축적되어 있다. 여기에서는 대표적인 두 논의를 중심으로 그 성격을 정리해보고자 한다. 마쓰모토 다케노리(松本武祝)는 농촌진흥운동을 식민지체제 안정화정책으로 규정하고, 총독부가 농민들의 정치적 불만을 사사화(私事化)함으로써 이 목표를 달성하려 했다고 보았다. 그리고 중견인물은 농촌진흥운동의 촌락 내부 담당자로서의 역할을 수행했으며, 전통적 촌락질서가 총독부가 제정한 각종 소작법령에 의하여 보완·대체되는 과정에 주목하고 있다. 요컨대 총독부의 촌락조직화정책은 중견인물에 의한 아래부터의 적극적 수용에 의하여 구조화되었다고 보고 있다.[55]

한편 신기욱과 한도현은 1930년대의 농촌지배체제를 '식민조합주의'로 개념화하고 있다. 1930년대의 식민농정은 소작입법을 통해 사회 갈등을 제도화하고, 각종 관변조직을 통해 농촌사회를 수직적으로 재편·장악하여 정치적 동원화를 최소화하려 했다. 이런 점에서 경제적 동원과 정치적 비동원을 목표로 삼고 국가 개입의 필요성을 정당화하는 이념인 조합주의와 상통한다고 보았다. 총독부의 조합주의적 조직화는 피식민사회를 철저하게 통제하고 동원하며 일상에도 깊이 개입하려 했던 점에서 식민지적 특징을 드러낸다고 보았다.[56] 농촌진흥운동이 일종의 농촌안정화정책으로서 촌락사회 내부에까지 행정지배의 촉수를 뻗치려 했다는 점에서는 양자의 견해가 일치하고 있다. 농촌진흥운동이 이런 성격의 정책이었다면, 촌락사회의 내부에도 상당한 변화가 일어났을 가능성이 높다.

여기에서는 농촌진흥운동의 전개 과정에서 일어난 각종 촌락조직의 성격 변화에 국한하여, 세 가지 측면에서 검토해보고자 한다. 첫째 농촌진흥운동 과정에서 추진되었던 촌락 단위 조직, 즉 농촌진흥운동의 추진 단위로 기능했던 공익기구의 성격을 검토하고, 두 번째로는 그 과정에서 일어난 촌락 내 생산기구의 성격 변화를 공동경작에 대한 정책 변화와 그 실태를 통해 이해해보고자 한다. 마지막으로 이 시기에 특히 정책적 대상으로 주목되는 인보조직(隣保組織)의 활용에 대하여 검토해보겠다. 촌락 내 인보조직의 활용은 촌락조직의 토대 변화와 관련된 것이었다.

그러면 먼저 촌락 단위 협조조직, 곧 공익기구의 외형을 가진 조직으로 그

---

55) 松本武祝, 『植民地權力と朝鮮民衆』, 社會評論社, 1998, 제5장 참조.

56) Shin and Han, Colonial Corporatism : The Rural Revitalization Campaign, 1932~ 1940, Gi-wook Shin and Michael Robinson eds., *Colonial Modernity in Korea*, Harvard University Press, Cambridge and London, 1999.

결성이 추진되고 있던 농촌진흥운동의 지도부락이나 공려조합(共勵組合)의 성격을 검토해보겠다. 이에 대해서는 농촌진흥운동을 추진한 기초조직의 성격이 가장 명확히 드러나는 경북과 충남의 사례를 대상으로 하겠다.[57] 경북에서는 부락 단위 농촌진흥회를 다음과 같이 조직하도록 했다. 동리민으로 조합을 결성하고, 실행 사항에 대해서는 조합의 총회에서 의결하며, 평의회를 매월 2회 이상 열어 각종 사항의 실행에 대하여 협의하도록 했다. 경비는 기부금과 보조금, 그리고 재산 수입으로 충당하고, 조합비를 징수할 수 없도록 했으며, 조합원으로서의 의무를 이행하지 않는 자는 총회에서 제명하도록 했다. 그리고 군수와 읍면장의 지도 감독을 받도록 하고, 규약을 변경할 때는 총회에서 협의하고 군수의 승인을 받아야 한다고 규정했다.[58]

동리민으로 조합을 구성하고 총회의 의결권을 인정한 점에서 종래 동계류조직의 조직 방식을 유지하고 있지만, 평의원회를 중심으로 조합을 구성하고 조합비를 징수하지 않는다는 점에서는 1910년대 이래 동계류조직, 곧 공익기구의 성격 변화를 반영하고 있다. 그리고 관청의 지도를 받도록 하고 규약의 변경도 관의 승인을 얻도록 한 점에서 관제조직으로서의 성격을 잘 보여주고 있다. 중점사업의 내용에서도 공익기구로서의 공공성은 약화되었고, 주로 농사개량이나 농업경영과 관련한 사항이 중심을 이루고 있다는 점에서 마찬가지 성격을 가지고 있었다.

이와 관련하여 다른 촌락조직과 진흥회와의 관계를 어떻게 규정하고 있는지를 주목할 필요가 있다. 한 부락에 여러 단체가 있는 경우에는 종래의 것을 붕괴시키지는 말고 합동·통일하도록 했다. 다만 근농공제조합과 같은 것은 통합

---

57) 경북과 충남은 경기도 및 황해도와 아울러 일찍부터 농촌진흥운동의 동리 단위 기초조직이 설치되기 시작한 지역이었다. 비교적 명확한 설치 방침을 가지고 있었기 때문이다. 1933년의 촌락 단위 조직 설치 상황은 金翼漢,「植民地期朝鮮における地方支配體制の構築過程と農村社會變動」, 東京大學校 博士學位論文, 1995, 213~224쪽 참조.
58)「農村振興組合規約準則」, 慶尙北道,『農村振興施設要項』, 1933, 2~4쪽.

대상에서 제외한다고 했다.[59] 각종 촌락 내부조직을 유기적으로 통합하여 진흥회의 지도로 활동하도록 유도하고 있는 것이다. 경북 농촌진흥회의 설치 상황을 살펴보면, 경북 전체를 보면 동리의 수가 3,175개, 구장의 수가 3,849명인 데 반해 진흥회의 수는 5,309개 이른다. 구의 수가 동리 수보다 674개 많고, 구장 수보다 진흥회의 수가 1,460개나 더 많다. 이는 동리의 분화가 진행되고 있었으며, 진흥회의 결성이 구동리나 자연촌락을 중심으로 진행되었음을 보여준다. 즉 종래 공익기구가 유지되던 단위를 중심으로 진흥조합의 결성이 추진되었으며, 이를 단위로 해서 촌락 단위 협조조직의 결성이 유효할 수 있음을 보여주고 있는 것이다. 이처럼 경북 지역에서는 공익기구가 관제조직으로 적극적으로 변화되고 있었고, 거기에는 각종 촌락 내부조직이 통합되고 있었다.

다음으로 충남의 도 단위 진흥회 결성 노력도 주목할 만하다. 충남에서는 이미 1916년과 1919년에 도 차원에서 촌락 단위 진흥회의 결성을 추진한 바 있다. 그에 따라 충남에는 이미 상당히 많은 진흥회가 1920년대에 설립되어 활동하고 있었다. 이미 1920년대 말에 전체 동리의 65% 정도에 진흥회가 설치되어 있었다.[60] 여기에 농촌진흥운동의 개시와 아울러 진흥회 조직을 더욱 적극적으로 장려하게 된다. 적극적으로 농가 수입 증가를 도모하기 위하여 1932년 다시 진흥회의 규약준칙을 개정했다. 그리하여 1933년 현재 진흥회 총수 2,127개, 회원수 16만 2,365인에 달할 정도로 그 조직은 급속하게 팽창했다.[61] 이 수는 전체 행정동리 수의 95%에 달하는 것인데, 이처럼 농촌진흥운동의 진행과 아울러 진흥회 조직이 활발하게 이루어졌다.

진흥회의 구역은 행정구획인 리(里)를 구역으로 하고 리내에 거주하는 호주나 세대의 중견자로 조직하도록 했다. 충남 진흥회 조직의 특징은 이처럼 행정

---

59) 「農村振興組合規約準則」, 慶尙北道, 『農村振興施設要項』, 1933, 16~30쪽.
60) 忠淸南道, 『아름다운 農村』, 1929, 115~119쪽.
61) 忠淸南道, 『뻗어가는 農村』, 1933.

동리를 조직 단위로 설정하고 있다는 점인데, 이는 조직의 성격이 위로부터 강제되었다는 점을 잘 드러내준다. 그리고 향약정신에 의거한 향촌의 진흥을 목표로 삼고 있었다. 진흥회의 경비는 기본재산과 공유금의 수입, 유지자의 기부금으로 충당하되, 부족하면 회비를 징수하도록 하여 회비를 경비의 보완물로만 규정하고 있다.[62] 행정동리를 단위로 하고, 동리민의 강제 가입을 규정하고 있다는 점에서 동계조직과 일치하지만, 역시 총회의 권한은 약화되어 있으며, 그에 따라 회비도 이미 경비 충당의 중심적인 역할을 담당하지는 않았다는 점에서 정책적 공익기구의 연장선 위에 놓인 것이었다.

이처럼 농촌진흥운동은 공익기구를 기초조직으로 이용했다. 이미 동계류조직 곧 공익기구는 그 성격이 변해 있었음을 살펴본 바 있지만, 여기에서도 그점은 확인된다. 하지만 다른 촌락조직을 진흥회에 통합하도록 한 것은 종래의 분화 추세를 거스르는 것으로서 주목된다. 분화된 조직을 통합하여 활동의 효율화를 꾀하려 했던 것이다.

다음으로 농촌진흥운동 과정에서 공동경작에 대한 정책적 태도는 어떤 변화를 겪고 있었으며, 1930년대 공동경작의 실태는 어떠했는가에 대하여 살펴보도록 하겠다. 우선 1920년대의 공동경작에 대해서 간단히 살펴보기로 한다. 1920년대 중반 이후 공동경작은 급속하게 증가하고 있다.[63] 경기도의 조사에 의하면 1930년 공동경작조합 총수 124개 중에서 1925년 이전에 설립된 것은 겨우 14개소에 지나지 않으며, 1924년에 설립된 것이 가장 오래된 것으로 대부분 일천한 것이었다. 한국 전체를 보더라도 경기도처럼 1920년대 이후 급속

---

62) 忠淸南道, 『뻗어가는 農村』, 1933.

63) 1912년의 공동경작지 조사에 의하면 모두 9백여 개소, 면적은 전답을 합쳐 1,621정보에 지나지 않았다. 1개소당 1.8정보에 지나지 않는다. 동리유재산이 대부분 소작경영되었으므로, 공동경작은 수익의 분배나 농사개량을 목표로 한 것이었고, 공공목적이나 상호부조를 목적으로 한 것은 상대적으로 적었다. 하지만 1910년대에는 총독부의 증산정책에 따른 새로운 공동경작이 대두하고 있었다고 한다. 이에 대해서는 姜鋌澤, 「朝鮮に於ける共同勞働の組織とその史的變遷」, 『農業經濟硏究』 17券 4號, 1941 ; 김경일, 「일제하 농업과 공동노동조직」, 『현대자본주의와 공동체이론』, 한길사, 1987 참조.

하게 증가했다고 한다. 공동경작 안에서도 부인의 공동면작(共同棉作)은 경남에서 1928년에 시작했는데, 이후 급속하게 발전하여 1928년 61개소였으나 1932년 513개소에 달했다고 한다.[64]

공동차입(共同借入)을 통하여 공동경작하는 사례는 각 도에 그 사례가 적지 않았다. 그중에는 소작인 중 청년 공동경작, 부인 공동경작, 아동 공동경작 등이 있었다. 금융조합이나 학교, 지주 등의 장려에 의하여 교화단체(敎化團體)의 부수 사업으로 실시하는 것이 많았고, 간혹 소작인이 소작권을 얻기 곤란한 사정 때문이거나 소작단체의 호조적(互助的) 사업, 즉 소작조합비의 조성, 소작인 아동의 교육자금, 야학회 경비 등을 얻기 위한 수단으로 소작인이 자발적으로 실시하는 것도 있었다고 보고되고 있다.[65]

1932년 경기도의 공동경작 상황을 검토해보겠다. 경기도에서 공동경작을 시작한 것은 1927년부터 1929년 사이에 집중되어 있다. 전체 46곳에 공동경작지가 있는데 경지를 차입한 주체는 농사소조합, 농사개량조합 등 촌락 내 영농단체나 공조회 등 교화단체가 거의 대부분을 차지하고 있으며, 농사개량이나 부업장려 등을 공동경작의 목적으로 표방하고 있다. 공동저축이나 기금조성 등을 위한 공동경작은 상대적으로 적은 비율을 차지하고 있다.[66] 1920년대에는 공공적 목적, 즉 공익기구와 관련한 공동경작은 매우 희소한 것이 되었던 것이다. 이처럼 1920년대 공동경작은 촌락 내 영농조직의 발전과 궤를 같이하는 것이었다.

원래 농촌진흥운동은 개별 농가의 갱생을 위주로 하는 운동이었다. 이를 위하여 읍면의 행정기관으로 하여금 진흥계획을 수립하도록 하고, 부락을 단위로 하는 실행조합을 설치하거나, 기설 단체를 이용하는 등 적절한 방도를 이용하여 그 성과를 거두도록 했다. 말하자면 개별 농가의 갱생은 단체의 지도와 통

---

64) 姜鋌澤, 「朝鮮に於ける共同勞動の組織とその史的變遷」, 『農業經濟研究』 17券 4號, 1941.
65) 朝鮮總督府, 『朝鮮ノ小作慣行』(下), 續篇, 1932, 14~54쪽.
66) 朝鮮總督府, 『朝鮮ノ小作慣行』(下), 續篇, 1932, 14~54쪽.

제가 없으면 불가능한 것으로 판단했으므로, 행정 단위별로 농촌진흥위원회를 설치하고, 진흥회 등의 단체를 조직하도록 장려했던 것이다.[67]

1933년부터 시작한 농가갱생 5개년 계획은 1934년까지 두 번의 계획을 끝으로 그 성격이 크게 변화하게 된다. 이것이 농촌진흥운동의 1단계 계획으로 불렸다. 농촌진흥운동 1단계 계획이 끝난 이후, 그동안의 농가갱생계획이 갱생지도부락을 선정하고 그 추진단위로 공려조합이나 진흥회 등을 결성함으로써 농가 단위의 운동이 되지 못했음을 스스로 비판하고 있었다. 이리하여 1935년 「갱생지도부락 10개년 확충계획」을 입안하고, 식산계령(殖産契令)을 발포하여 식산계 결성을 장려함으로써 농가 단위의 운동을 더욱 강화하고자 했다. 이것이 농촌진흥운동의 2단계 계획이라고 불린다. 이에 따라 공동경작이나 공동시설의 활용에 대해서는 강한 비판이 제기되었다. 개별 농가가 공동경작에 상당한 시간과 노력을 들임에도 불구하고 농촌진흥운동을 통하여 얻는 이익은 부락의 공공사업이나 공동저축으로 귀속되고, 농촌진흥운동은 개인의 갱생계획 실행과 직접적인 관련을 잃어버리고 있으며 부채도 그대로 유지되고 있다고, 정무총감은 농촌진흥운동의 추진 방식을 비판했던 것이다.[68] 곧 공동경작은 정책 시행의 편의수단이고 부락은 공공사업과 공동저축의 수단일 뿐인데도, 본말이 전도되어 공동경작이나 공동저축 자체가 목적이 됨으로써 정작 정책의 최종목표인 개별 농가의 갱생은 뒷전으로 밀려나버렸다는 것이다.

1936년 발포된 정무총감 통첩이 그런 정책의 변화를 선명하게 드러내고 있다. 「농가갱생계획수립방침(農家更生計劃樹立方針)」의 변화를 지시하고 있는데, 요컨대 이전의 계획은 부락이나 단체 중심이었고 공동경작, 공동저축 등 공동시설에 중점을 두고 있는데, 이는 잘못이라는 것이다. 이에 앞으로의 계획은

---

67) 政務總監 通牒,「農山漁村의 振興에 관한 件」(1932. 10), 朝鮮總督府,『農山漁村振興關係例規集』, 1937.

68) 政務總監 通牒,「農家更生計劃實施 상의 要項에 관한 件」(1935. 3. 16), 朝鮮總督府,『農山漁村振興關係例規集』, 1937, 38~60쪽.

농가 개개의 경제 갱생을 위한 구체적 방책을 중심으로 삼고, 개별 농가 노력의 완전한 소화를 목표로 이를 가급적 다각적으로 이용하여 유기적으로 종합할 것을 강조했다. 이는 농법의 개량과 경영 방법의 다각화라는 두 가지로 귀결되는 것이었다. 그리고 자급자족을 본칙으로 하고 함부로 기업적 영리 본위의 계획에 빠지지 말 것도 경고하고 있다.[69] 1930년대 초반 농촌진흥운동이 부락이나 단체를 중심으로 한 실적 위주의 운동이 되었음을 비판하고, 개별 농가를 대상으로 하는 구체적 계획을 세워서 효과를 거둘 수 있도록 해야 한다. 다만 개인의 힘이 미치지 않는 곳에 한해서 공동공려(共同共勵)의 시설을 보완하도록 지시하고 있는데, 궁극적인 촌락의 개발은 개별 농가의 갱생을 통한 것이어야 한다는 정책적 입장을 강조하고 있는 것이다.

1930년대의 공동경작은 어떻게 전개되고 있었을까? 1920년대 후반부터 확대되고 있던 공동경작은 1930년대 들어 이른바 지도부락을 중심으로 상당히 확산되어갔다. 1933년 시작된 1차 지도부락 2,277개소를 조사한 바에 의하면, 지도 실시 당시 공동경작 실행부락은 겨우 161군데였으나, 1938년에는 1,185개소로 지도부락 전체의 61%에 달했다. 경북에서만 1939년 말 당시 생업보국전답(生業報國田畓) 즉 공동경작지를 설치한 곳이 2,060개소였다. 더욱이 총독부는 1938년부터 농가갱생 5개년 계획을 완료한 부락에 대해서는 개별 지도보다 부락민의 자조로 공동시설을 적극적으로 장려하도록 정책을 조정했다. 이에 따라 공동경작은 차츰 전 부락으로 보편화되는 경향을 보이게 되었다. 공동경작에는 면작(棉作)과 보통작(普通作)의 두 종류가 있었는데, 촌락에서는 대개의 경우 두 가지를 함께 실시해 면작을 부인이, 논농사는 남자가 담당했다. 도에서 적극적으로 장려한 곳은 경상남도와 전라북도 정도였으나 그 밖의 도도 점차 따랐으며, 특히 경상남도에서는 이미 1934년에 그 수가 1,441군데에 달

---

69) 政務總監 通牒,「農振實狀에 鑑하야」,『實生活』7-3, 1936 ; 1937년의 같은 취지의 통첩으로는「農山漁村振興計劃實施에 關한 件」(1937. 3. 7), 朝鮮總督府,『農山漁村振興關係例規集』, 1937, 7~18쪽.

했다.[70]

이처럼 총독부의 정책은 농가갱생이라는 목표를 둘러싸고 공동경작에 대해서 상당한 혼란을 겪었음에도 불구하고, 1930년대를 통하여 공동경작은 꾸준히 확대되어갔다고 할 수 있다. 이는 1920년대의 연장선 위에 놓여 있는 것이지만, 공동경작의 확대는 농촌사회의 변화를 반영한 것이었고, 또한 촌락 내부 영농조직의 발전과도 관련을 가진 것이었다. 그리고 촌락 내 영농조직의 확대와 공동경작은 오히려 촌락 내부 분화를 촉진하는 것으로 정책 당국에 의해 기피되기도 했던 것이다. 하지만 전시체제에 돌입하면서 공동경작은 정책적·전면적으로 장려되었고, 1940년대 들어 전면적인 공동작업반의 결성으로 이행했다. 총동원체제하 공동작업반은 종래의 두레와 같은 공동노동의 전통에 바탕을 둔 것이었지만, 다른 한편으로 이처럼 1920년대 이후 확대되고 있던 공동경작의 경험에 바탕을 둔 것이기도 했다.

마지막으로 인보조직, 즉 작통(作統) 또는 일본의 5인조조직(五人組組織)[71]의 활용이라는 점에서도 이 시기에는 주목할 만한 변화가 일어난다.[72] 1920년대 이후 인보조직의 활용에 대해 살펴보기 위해서는 먼저 소액생업자금 대부를 위해 만든 조직인 근농공제조합을 살펴볼 필요가 있다. 이 조합은 근농보도위

---

70) 姜鋌澤, 「朝鮮に於ける共同勞動の組織とその史的變遷」, 『農業經濟研究』 17券 4號, 1941, 525~575쪽.

71) 일본에서도 한국의 作統組織과 유사한 五人組 내지 什人組 조직이라는 인보조직이 있었고, 1930년대 이를 이용하고자 하는 적극적인 움직임이 일어나고 있었다. 총동원체제기 일본의 隣組 곧 '도나리구미'라는 이런 전통에 입각한 것이라고 선전되었다.

72) 촌락 단위 隣保組織으로서의 作統조직은, 1910년대에 총독부가 作統의 전통을 주로 경비의 측면에 맞추어 파악하고 있었으므로 병합 이후 경찰조직의 정비에 따라 소멸하는 것이 당연하다는 입장을 취하고 있었다. 하지만 1910년대 들어 작통조직을 원래의 목적에 맞추어 통제와 교화를 위한 인보조직으로 복원하고자 노력하는 지역이 나타나기 시작했다. 진주에서는 「統首規約」이라는 것을 만들어 작통조직을 면 행정의 보조기관으로 활용하고자 했다. 吉村傳, 『面行政指針』, 1916, 565~567쪽 참조. 그리고 3·1운동 이후 전남북 도지사도 작통조직을 행정 보조조직으로 활용하려 했다. 朝鮮總督府, 『道知事提出意見』, 1920 참조. 하지만 1920년대까지는 어디에서도 효과적으로 활용되지 못했다.

원이라는 고문을 두어 중요 사항에 참여하고 조합원을 직접 지도하도록 했다. 일본의 방면위원제도(方面委員制度)를 준용하여 근농보도위원을 두도록 했는데, 부락 내에 거주하는 면협의회원, 독지가, 교육가, 기타 유력자 가운데서 선임하도록 했다. 근농보도위원은 1조합에 1명을 선임했는데, 일본의 5인조제도를 모방하여 조합원 중 자력(資力)이 비슷한 사람을 중심으로 5인으로 1조를 만들어, 조에 1인의 총대(總代)를 두도록 했다.[73] 이미 1920년대부터 정책 담당자는 일본의 촌락 내 인보조직에 주목하고 있었던 것이다. 방면위원제도는 촌락 내의 유력자를 동원하는 기제였으며, 5인조제도는 '상호보증조직'으로 구상되었다. 따라서 종래의 인보조직은 자본주의적 상호보증이라는 수준으로 그 의미가 변화하고 있었다. 유력자와 인보조직의 형태를 동원하여 자본주의적인 방식의 촌락 재편을 의도한 것이 바로 근농공제조합의 조직 방식이었다.

행정조직은 농촌진흥운동 과정에서 인보조직의 활용에 주목했다. 이미 농촌진흥운동 전개 초기부터 이런 발상은 촌락 내부조직의 한 방식으로 활용되거나 강조되었다. 농가경제 갱생계획 실시를 감독하는 방법으로는 두 가지가 있었는데, 하나는 부락 내의 갱생농가 5, 6호 정도를 한 조(組)로 만들어 그에 중견인물을 배치하고, 면 직원이 각 1조의 책임자가 되며, 다시 군에서 각 조를 종합하여 전 부락의 지도 책임자를 정하는 방법이다. 다른 하나의 방법은 군, 금융조합, 학교 등으로 하여금 별도로 책임 부락을 담임시켜 계획의 수립부터 일관하여 지도하는 방식이다. 그중에서 후자의 방식이 독재적 방식인 데 반해 전자의 방식은 다수의 지도기관이 참여함으로써 지도하기 편리하다고 하여 장려하고 있었다.[74]

이런 발상을 바탕으로 1934년 진흥회나 공려조합 등의 조직은 중심인물이 통제하되, 앞으로 중견이 되어야 할 청년층이 간부가 되어 5호작통(五戶作統)

---

73) 朝鮮總督府, 『小農에 對한 少額生業資金貸付說明書』, 1929, 38~41쪽.
74) 「農山漁村振興運動上 將來 注意改善을 요하는 點 및 參考해야 할 事項」(1933. 11), 朝鮮總督府, 『農山漁村振興關係例規集』, 1937.

을 조직하여 상호 공려하도록 지시했다. 이를 통하여 각 방면에서 1인 1역주의를 정착시켜가야 한다는 것이었다.[75] 1937년 정무총감은 농촌진흥 갱생계획의 실행에 조선의 작통조직(作統組織) 또는 일본의 5인조조직을 적극 활용하도록 지시했다. 갱생부락에서는 적당한 책임자를 중심으로 통(統)이나 5인조를 설치하거나, 사항별로 지도 책임자를 두어 자율적 공려 방법을 강구하도록 한 것이다.[76] 이처럼 전통적 인보조직인 작통조직이나 일본의 5인조제도를 활용하고자 한 것은 중심인물을 활용한 촌락 단위의 활동이 매우 제한적일 수밖에 없다는 자각 때문이었다. 이에 따라 '중견청년'을 촌락 내부의 인보조직을 활성화하는 데에 이용하고자 한 것이었다.

금융조합에서는 1920년대부터 5인조제도를 원용하여 '상호연대보증제도(相互連帶保證制度)'를 운용하고 있었다. 상호연대보증제도란 "책임 분담을 인정하는 6인 이내의 상호연대보증의 일단(一團)"을 지칭하는 것이다.[77] 따라서 그 원수(員數)는 경우에 따라 4인 또는 6인 등으로 일정하지 않았다.[78] 금융조합에 조제도(組制度)가 설치된 것은 1923년이 처음이었는데, 그것은 대조제도(大組制度)였다. 그러나 대조제도에는 여러 가지 결함이 있어 소세포조직(小細胞組織)을 도입하고자 한 것이었다.[79] 금융조합은 5인조제도를 도입함으로서 대부금 상환을 용이하게 하려 했을 뿐만 아니라, 상호부조와 공동노동 등 전통적인 인보관념을 강화하면서 통치정책의 효율적인 침투를 노렸다고 할 것이다. 특히 농촌진흥운동의 농가 부채 정리 과정에서 활성화된 금융조합의 상호연대보증제도는 기본적으로 채무자의 빈곤함과 담보 능력의 결여라는 조건에 대응

75) 總督訓示 「指導要綱」(1934. 1), 朝鮮總督府, 『農村振興運動의 全貌』, 84~94쪽.
76) 政務總監 通牒, 「農山漁村振興計劃實施에 關한 件」(1937. 3. 7), 朝鮮總督府, 『農山漁村振興關係例規集』, 1937, 7~18쪽.
77) 財務局長通牒 「信用定度表 備考 제3項의 改正」(1929. 11. 8), 朝鮮無盡協會, 『朝鮮의 無盡』 4, 1930.
78) 岸田生, 「金融組合五人組制度の運用に就て」, 朝鮮無盡協會, 『朝鮮の無盡』 5, 1931, 19~36쪽.
79) 岸田生, 「金融組合五人組制度の運用に就て」, 朝鮮無盡協會, 『朝鮮の無盡』 5, 1931, 19~36쪽.

하려 한 것이었다.[80] 이는 역으로 촌락의 전통적인 인보관념을 동원하지 않으면, 통치행정과 금융조합의 농촌 침투가 매우 어려웠음을 드러낸다. 영업무진의 영역에서도 인보제도를 보증제도로 도입하려는 시도 역시 이루어지고 있었다.[81] 금융조합과 영업무진에서 인보제도를 활용한 보증제도를 확립하려 했던 시도를 인보제도의 자본주의적 이용이라고 할 수 있다.

다음, 강원도의 농민계의 설립과 활동 상황을 통해서 행정적 차원의 인보조직의 활용이 금융조합의 활동과 연계되어 나가는 상황을 잘 파악할 수 있다. 강원도에서는 농촌진흥운동에 필요한 강력한 기초단체를 설립하는 것이 중요하다고 보고, 우량 농촌진흥회 내에 뜻이 상통하는 5호 내지 10호를 단위로 농민계를 조직하고, 그를 실행단체로 삼아 농촌진흥운동을 추진하고자 했다. 농민계는 농촌진흥회에서 결의한 사항을 반드시 수행하도록 규정되어 있었다. 이와 아울러 계원은 금융조합에 원칙적으로 가입하도록 하고 이를 통하여 부채를 정리하도록 정해두었다.[82]

1933년 강원도의 농민계 설립 상황을 표로 정리하면 표 〈4-18〉과 같다. 농민계를 설치한 진흥회 수는 211개로, 강원도의 면 수가 180여 개였음에 비추어보면 대개 면을 단위로 진흥회가 설치되고 있었음을 알 수 있다. 진흥회 당 농민계는 약 4.8개로, 면을 단위로 진흥회가 설치되었다면 아직은 농민계가 설치되지 않은 촌락이 많았다는 점도 알 수 있다. 또한 농민계의 평균 인원은 7명 정도로써, 5호 내지 10호를 단위로 계를 조직한다는 원칙이 지켜지고 있었

---

80) 상호연대보증제도를 활용한 부채정리사업이 전통적인 신용제도를 약체화시켰다는 논의가 있지만, 이에 대해서는 회의적이다. 1930년대 촌락금융기구의 활동이 줄어들었다는 증거는 별로 발견할 수 없다. 금융조합의 연대보증제도와 촌락 내 금융기구는 별로 충돌하지 않은 채 병존할 수 있었을 것이다. 정문종, 「1930년대 조선에서의 농업정책에 관한 연구－農家經濟安定化政策을 중심으로」, 서울대학교 박사학위논문, 1992 ; 松本武祝, 『植民地權力と朝鮮民衆』, 社會評論社, 1998. 제5장 참조.

81) 藤戶計太, 『無盡と契の硏究』, 大東學會, 1929, 34~115쪽.

82) 朝鮮總督府, 『道參與官會同諮問事項答申書』, 「江原」항, 1934, 36~43쪽.

〈4-18〉 강원도 농민계 설립 상황(1933년)

농민계 설치 진흥회 수	농민계 수	농민계 가입 인원	1계 평균 인원
211	996	7,087	7.1

(자료) 朝鮮總督府, 『道參與官會同諮問事項答申書』, 1934, 「江原道」항, 36~43쪽.

다. 이처럼 강원도의 농민계는 농촌진흥운동의 기초조직으로 설립되고 있었는데, 이는 종래의 인보조직을 원용한 전형적 사례라 할 것이다.

이처럼 면 행정과 금융조합은 인보조직의 활용이라는 측면에서는 정확히 대응하는 방식으로 농촌진흥운동을 전개하고 있었다. 이는 바로 총동원체제하의 농촌진흥운동을 준비하는 과정이었다. 그리고 이는 총동원체제 하에서 인보조직의 활용이 본격화하면서, 금융조합의 식산계와 촌락 내부의 애국반이 그 조직적 기반으로 활용되는 상황을 예고하는 것이기도 하다.

농촌진흥운동 과정에서 확대되고 있던 촌락 단위의 정책적 조직은 기존의 공익기구의 기반을 변용한 것이었다. 이에 따라 공익기구의 공공성은 더욱 약화되고 정책 단위로 변화했다. 다음으로 공동경작은 농촌진흥운동 과정에서 정책적으로는 일정하게 수용되기도 하고 기피되기도 했지만, 농촌의 분화와 소농의 상업적 영농의 전개와 아울러 1920년대 이후 꾸준하게 확대되고 있었으며, 이는 총동원체제하에서의 공동작업반의 모태가 될 것이었다. 그리고 인보조직 역시 행정과 자본 양 측면에서 그 활용이 꾸준히 모색되고 있었으며, 이는 촌락조직의 성격을 변화시키는 토대 구실을 하게 될 것이었다.

이처럼 촌락 단위의 공익기구나 촌락 내의 다양한 소농 단위의 조직 즉 생산기구, 생활기구, 금융기구는 1920~30년대를 통해 계속 확대되었다. 반면 지주 중심의 면 단위 통합단체는 거의 결성되지 못했으며, 대부분은 지양의 대상으로 지목되어왔던 군 단위의 지주조직에 머물러 있었다. 군 단위의 지주단체만이 식민지배 말기까지 존재했다는 것은 지주의 힘이 상대적으로 약했으며 면 행정의 파트너로서도 별로 기능하지 못했음을 말한다. 반면 이는 면 행정의 통합에 저항하는 촌락 단위의 방어 기제가 새로 등장하는 중상농층을 중심으로 일정하게 작동하고 있었음을 반증하는 것이기도 하다. 촌락 단위의 공익기구나 촌락 내부의 생산기구, 생활기구, 금융기구, 즉 촌락 내부조직의 존재가 바로 이를 보여주는 것이 아닐까 한다. 말하자면 총독부의 촌락정책과 사회의 변화에 의하여 확대되거나 내적 변화를 겪고 있었지만, 역으로 이런 조직의 끈질긴 존속이나 확대는 통치정책의 통합력에 저항하여 소농 역시 일정한 힘을 발휘하고 있었음을 입증하는 것이다.

1910년대 총독부의 동계류조직, 곧 공익기구에 대한 정책은 향약정신을 표방하고서 이를 조합적 성격의 조직으로 변화시키려 한 것이었다. 동계류조직은 이에 상당한 동요와 해체를 겪어야 했다. 또한 동계류조직과 촌락과의 괴리도 커지게 되었다. 하지만 동계류조직의 동요는 오히려 촌락조직의 분화를 가속화시켰다. 이런 촌락조직의 분화의 방향성은 1920년대 이후 지속되었다. 촌락정책의 영향으로 공익기구의 공공적 성격은 약화되고 더욱 복합적인 역할을 수행하게 되었지만, 촌락조직의 분화는 더욱 심화되었다.

모범부락 설정정책과 새로운 향약의 실시 등으로 동계류조직, 곧 공익기구는 종래의 공공적 성격이 더욱 약화되었다. 이에 반해 촌락 내의 다양한 사업을 실시하는 주체로서 복합적 성격이 강화되었으며, 계약적 조직으로 변해가고 있었다. 하지만 공익기구의 이런 성격 변화는 촌락조직의 분화를 더욱 촉진하는 역할을 하는 것이었다. 금융기구, 생산기구, 생활기구로 분류하여 촌락조직의 분화를 살펴보았는데, 이런 분화를 추동하는 것은 행정력과 자본력이었다. 금융기구를 중심으로 한 촌락의 자금을 흡수하기 위해 금융조합이나 영업무진을 활용하고자 했으나, 그것은 그리 용이하게 진행되지 않았다.

또한 총독부는 금융기구의 고리대적 성격을 단속하고자 했지만 오히려 촌락의 금융기구는 더욱 증가하여 식리적 성격을 강화했고, 촌락금융의 일부를 담당하고 있었다. 면제 실시로 인한 촌락의 변화와 사회계층의 분화로 인하여 두레는 급속히 쇠퇴했고 대신 노동청부조직이 남부 지방을 중심으로 확산되었다.

이와 아울러 소액생업자금 대부사업 등의 정책적 영향으로 촌락 내 농가소조합은 증가했다. 생활개선정책은 전통의 이용과 억제라는 방식으로 새로운 전통을 만들어나가고 있었으며, 이는 부락개량사업을 통해 촌락에 수용되고 있었다. 특히 생활개선이 의례의 간소화를 기치로 내건 의례준칙의 제정과 시간관념의 확산을 중점적인 사업으로 삼고 있었다는 점은 주목할 만하다.

이처럼 '만들어진 전통'을 이용하여 서구식 근대적 규율화를 강제했고, 이를 통해 생활방식에서의 효율성을 높이고자 했다. 농촌진흥운동은 공익기구에 촌락조직을 통합한다거나, 농가 위주의 정책을 내걸고 공동경작을 조장하고 있었다는 등 정책적 기조에 비추어 모호한 측면은 있었지만, 공동경작이 확산되고 인보조직을 적극적으로 이용하고 있었다는 점에서는 총동원체제기 촌락 동원을 준비하고 있었다고 할 수 있겠다.

제3장
촌락에서의 '총동원체제'(1937~1945년)

1. '부락연맹'의 결성

1937년 중일전쟁을 계기로 전쟁은 장기전으로 돌입했다. 전쟁은 이른바 총력전의 성격을 띠고 있었고, 전쟁을 수행하기 위하여 총력전체제(Total War System) 또는 총동원체제(Total Mobilization System)를 구축해야만 했다. 총력전체제란 전쟁에서 승리하기 위해 국가와 사회의 모든 역량을 전쟁에 동원하는 체제를 말한다. 총력전체제는 총동원을 당연하게 요구하는 것이었다. 총동원체제란 전쟁 승리를 위해 모든 인구를 전선과 후방의 구별 없이 동원하는 것이겠다. 총동원체제의 구축에서 식민지 조선은 '차별'되지 않았다. 식민지 조선 역시 전쟁의 승리를 위해서 인적·물적 자원을 모두 '차별 없이' 동원당해야만 했다.

그러나 식민지를 전쟁에 동원하기 위해서는 민족적 평등이라는 언설이 필요했다. '내선일체(內鮮一體)'라는 슬로건은 민족적 평등을 내걸고서 조선인을 전쟁에 동원하기 위해서 필요한 것이었다. 식민지민이 민족적 평등이라는 '언설'을 위하여 '자발적' 동원을 하도록 유도하는 것이 요구되었던 것이다. 그리고 내선일체라는 평등의 언설에 설득력을 부여하기 위해서는 일본제국주의 바깥의 더 큰 적을 동원할 필요가 있었다. 전쟁의 성격을 반서구-반영미전쟁, 곧 인종전쟁이라고 포장했던 것은 이 때문이었다. 이런 외부의 적과 아울러 전쟁을 통해서 대안의 이상사회, 곧 동양적 이상사회를 건설하겠다는 약속도 마찬가지로 필요한 것이었다. 일본제국주의 천황을 중심으로 한 팔굉일우(八紘一宇)의 보편적 이상사회를 건설하겠다는 언설은 '귀축미영(鬼畜美英)'이라는 외부의 적과 표리를 이루는 것이었다. 이처럼 천황제를 기반으로 한 총독부의 총동원체제는 유사-동양적(pseudo-oriental) 정치체제를 표방하고서 식민지 한국을 총동원체제로 편입했다.

총동원체제를 구축하기 위해서는 관료행정체제를 이전보다 훨씬 더 강화할 필요가 있었다. 전쟁의 승리를 위한 총동원은 사회체계를 훨씬 더 합리적으로 개편하지 않으면 성취하기 불가능한 성격의 것이었지만, 그것은 유사-동양적 이상사회의 약속에 의해 은폐되어 있었다. 그리하여 '천황'이라는 이상사회의 상징을 전면에 내걸고서 총동원체제는 식민지 한국에서도 구축되었다. 국민정신총동원조선연맹(이하 정동연맹)과 국민총력조선연맹(이하 총력연맹)으로 이어지는 국가관료제를 기반으로 하는 총동원체제는 일본 본국보다 한국에서 훨씬 더 강고하고 조직적으로 구축되었다. 군-면-부락으로 이어지는 행정체계는 총동원조직의 핵심을 이루었고, 나머지 사회의 모든 부문도 여기에 편입되었다. 식민지의 총동원체제가 차별적이었음에도 불구하고 더 체계적이고 일관된 총동원조직을 구축할 수 있었다는 것은 위로부터의 억압성이 훨씬 더 강했음을 의미하는 것이다. 그럼에도 그것은 민족적 평등을 달성하기 위한 자발성으로 포장되었다. 이런 총동원체제는 촌락에서도 당연히 구축되어야 했다. 이리하여 촌락의 총동원체제는 1938년부터 본격적으로 구축되기 시작했다.

촌락의 총동원조직은 유사-전통적 가치를 표방하고 있었고, 군사조직으로서의 특징을 가지고 있었다. 동양적 이상사회를 건설하기 위해 표방된 유사-전통적 가치는 단지 동원을 조직적이고 효율적으로 수행하기 위한 포장에 지나지 않았다. 효율성은 서구 근대적 합리성에 의해 뒷받침되지 않으면 획득하기 불가능한 과제일 것이다. 그리하여 동원을 효율적으로 수행하기 위하여 전통적 가치는 희생되었다. 유사-전통적 가치를 내걸고서 군사적 방식으로 조직된 것이 바로 촌락의 총동원조직이었다. 요컨대 촌락의 총동원조직은 '전통'을 표방한 효율성의 제고가 최고의 과제였다고 할 것이다. 종래의 유사-전통으로 먼저 향약과 인보조직은 각각 부락연맹과 애국반, 식산계의 결성에 이용되었다. 다음 두레의 '전통'은 공동작업반에, 부역은 근로보국대 결성에 이용되었다.

여기에서는 이를 네 가지 수준에서 검토해보고자 한다. 첫째, 촌락 차원의 총동원조직으로서, 부락연맹의 결성과 그를 통한 촌락 차원의 총동원체제 구축에 관한 것이다. 앞서 제3부 2장에서 이미 촌락의 자치 단위를 지칭하는 부락을 동원조직으로 이용하려 했고, 이를 위해 구장을 증원하고 구장으로 하여금 부락연맹의 이사장을 겸임하도록 한 것에 대해서 살펴보았다. 여기에서는 부락연맹이 촌락의 동원조직으로 어떤 방식으로 조직되었고, 무엇을 의도하고 있었는지를 검토할 것이다. 두 번째는 촌락 내 생활기구는 어떻게 변용되었고, 생활개선을 슬로건으로 내건 '생활신체제(生活新體制)'는 어떤 성격을 가지고 있었는지를 살펴보겠다. 세 번째는 촌락 내 금융기구의 변화를 식산계와 저축조합을 통해서 살펴보겠다. 마지막으로 촌락 내 노동기구의 구축에 관해 살펴보겠다. 촌락 내 공동작업반과 촌락 단위의 근로보국대는 촌락의 노동력 동원을 담당한 기구로서, 촌락 차원의 총동원조직의 특성을 가장 잘 보여줄 것이다.

국민정신총동원운동(이하 정동운동)과 국민총력운동(이하 총력운동)이 진행되면서 '부락연맹'이 결성되었는데, 이는 '부락'을 촌락정책의 단위로 설정한 것으로써 촌락정책의 변화라는 면에서 하나의 전환점을 이루는 것이었다.[1] 다른 한편 '촌락의 총동원체제 구축'이라는 측면에서도 부락연맹의 결성은 시발점이자

---

1) 정동연맹과 총력연맹의 결성과 활동에 대해서는 최유리, 『일제 말기 식민지배정책 연구』, 국학자료원, 1997 ; 김영희, 『일제시대 농촌통제정책 연구』, 경인문화사, 2003 참조.

중심점을 차지하고 있었다. 총독부의 총동원체제는 행정조직을 골간으로 구축되었는데, 구장을 매개로 부락을 행정조직으로서 공식적으로 편입하고 이를 바탕으로 말단 총동원기구를 정비하고자 했던 것이다. 이런 점에서 부락연맹의 결성은 촌락정책의 흐름에서도 그리고 총동원기구의 정비라는 점에서도 획기적인 것이었다.

총동원체제 구축을 위한 기구의 정비는 1940년 총력연맹의 결성과 아울러 일단락된다. 1938년 결성된 정동연맹은 총력연맹 결성을 위한 준비단계의 조직이었다. 정동연맹이 조직된 1938년부터 총력연맹이 조직되는 1940년까지의 기간은 아직 총동원기구가 제대로 정비되지 못한 단계였다. 촌락의 총동원기구인 부락연맹 역시 총력연맹이 결성될 때까지는 조직이 제대로 정비되지 못했다. 이런 점을 염두에 두고 여기에서는 우선 총력연맹이 결성될 때까지 부락연맹이 조직되는 과정과, 총력연맹이 결성되면서 부락연맹이 어떻게 정비되고 이후 어떤 모습을 띠고 있었는지를 검토해보고자 한다.

부락연맹은 정동운동의 추진과 함께 결성되기 시작했다. 정동연맹은 처음부터 총력전을 수행하기 위한 총동원조직임을 내걸고 있었다. 근대전은 병력의 전쟁임과 동시에 경제력의 전쟁이기 때문에 국가와 국민의 경제력이 전시에는 더욱 증대되어야 하며 소비절약, 저축장려와 아울러 생산확충에 노력해야 하는데, 이를 위한 조직이 바로 정동연맹이라고 주장했다.[2] 정동연맹 결성의 목표는 "반도 전 민중을 망라한 애국적 조직의 완성과 이리하여 완성된 조직에 대한 상시 훈련을 목적으로 한다"라는 취지에 잘 드러나 있다. 다시 말하면 정동연맹은 한국인 전체를 망라한 애국적 조직이어야 하며, 그 조직은 항상 훈련하는 조직이어야 한다는 것이다. 이를 위하여 정동연맹의 기저조직(基底組織)으로 의도된 것이 바로 애국반이었고, 애국반을 세포조직으로 삼아 정동연맹의 하위기구로서 부락을 단위로 조직된 것이 부락연맹이었다.

---

2) 國民精神總動員忠淸南道聯盟, 『國民精神總動員聯盟要覽』, 1939, 55~61쪽.

우선 부락연맹의 결성에 대해 검토해보겠다. 정동운동은 처음부터 농촌진흥운동과 적극적으로 제휴할 것을 표방했다. 부락연맹은 이미 대개 부락을 단위로 삼고 있던 농촌진흥운동의 기초조직과 겹치고 있었다. 그리하여 부락연맹은 농촌진흥운동의 기초조직인 진흥회, 공려조합, 갱생공려부락, 공려조합 설치예정부락 등과 동일한 구역에서 조직하도록 했다. 그리고 인적으로도 부락연맹의 간부는 진흥회, 공려조합, 갱생공려부락 등의 간부와 동일인이 맡도록 했다. 여기에 애국반과 5인조도 동일하게 만들면 정동연맹과 농촌진흥운동은 완전히 같은 사람의 기초 위에 설 수 있을 것이라고 보았다. 요컨대 부락연맹은 농촌진흥운동의 조직적·인적 기초를 바탕으로 삼아 설립에 나섰던 것이다.[3]

이 때문에 농촌진흥운동의 기초조직과 부락연맹은 조직과 활동에서 중첩되는 부분이 많았고, 이를 조정하는 일이 급선무로 대두되었다. 여기에서는 그 조정 과정을 두 가지 사례를 통해 검토하도록 하겠다. 먼저 전북의 사례인데, 1939년 6월 전북도지사가 정무총감 앞으로 보낸 문건을 통해 조정의 내용을 확인할 수 있다. 앞서 보았듯이 정동연맹에서 정한 부락연맹조직의 원칙과 차이가 나는 부분은 다음의 세 가지였다. 첫째, 진흥회는 장래에도 읍면연맹(邑面聯盟)의 구성단체로 변하게 하지 말 것, 둘째, 부락에서의 제 행사는 특수한 것을 제외하고는 모두 연맹과 진흥회 공동으로 할 것, 셋째, 부락의 각종 단체는 특수한 것을 제외하고는 내용과 지방의 실정을 고려하여 연맹이나 진흥회로 통합할 것이라는 조항이다.[4] 먼저 세 번째 조항을 통해 부락의 모든 단체가 부락연맹이나 진흥회로 통합되고 있었음을 확인할 수 있다. 하지만 진흥회는 정동연맹의 하급단체로 통합되어서는 안 되며, 부락의 모든 행사를 부락연맹과 진흥회가 공동으로 진행하도록 규정한 앞의 두 조항을 통해서 진흥회를 계속 유지하고자 하는 의도를 확인할 수 있다. 전북에서는 기존의 진흥회 조직과 새로

---

3) 國民精神總動員忠淸南道聯盟, 『國民精神總動員聯盟要覽』, 1939, 9~12쪽.

4) 全北道知事, 「國民精神總動員聯盟의 機構整備에 관한 件」, 國民總力朝鮮聯盟 編, 『朝鮮に於ける國民總力運動史』, 1945, 42~52쪽.

설립된 부락연맹이 갈등을 일으키고 있었고, 이를 두 단체를 병립시킴으로써 해결하고자 했던 것이다.

다음 전남 지방에서는 1939년, 8,400여 개에 이르는 농촌진흥실행조합의 명칭을 변경하고 진흥회 규약을 제정함으로써 이를 조정하려 했다. 진흥회는 부락에 거주하는 부락민 모두를 회원으로 하는 부락 단위 조직으로 결성하며, 생업보국(生業報國)을 위하여 경제적, 자치적 진흥을 도모하는 것을 목적으로 삼는다고 했다. 또한 진흥회의 총회를 월례회로 개최하도록 했다.5) 전남에서는 정동운동과 농촌진흥운동의 조직적 충돌을 농촌진흥운동의 기초조직을 변경시킴으로써 해결하려 했다. 그리하여 진흥회와 부락연맹은 그 사업과 조직의 내용에서 별 차이를 찾기 어렵게 되었다. 총동원체제가 정비되어가면 부락연맹과 농촌진흥운동 기초조직과의 갈등은 부락연맹으로 후자를 흡수함으로써 해결할 것이라는 점을 진남의 사례는 잘 보여주고 있다.

1940년 총력연맹이 결성되면서 생산력 확충을 최고의 목표로 내걸고, 이를 위하여 부락을 운동의 주체로 설정하게 된다. 부락연맹은 이제 단순히 총동원체제의 하위기구가 아니라 생산력 확충을 위한 총동원의 주체로 간주되는 것이다. 먼저 '농산어촌생산보국운동'이라는 슬로건을 통해서 이런 변화는 시작되었는데, 그 내용은 다음과 같은 것이었다. 첫째, 농산어촌생산보국운동은 고도국방국가 건설을 위한 것으로 내세워졌다. 고도국방국가란 총력전을 수행하기 위하여 국가를 국방 위주로 재편하고자 하는 것으로, 전방과 후방의 구별 없이 국가의 모든 능력을 전쟁에 동원하는 체제, 곧 총력전체제의 구축을 의미하는 것이었다. 둘째, 고도국방국가를 건설하기 위해서는 생산보국의 자세가 요구되었다. 이것이 농산어촌생산보국운동의 핵심을 이루는 내용이었다. 생산보국이란 말 그대로 생산을 통해 국가에 보답해야 한다는 것으로, 이를 위해서는 공익우선, 직역봉공(職域奉公)의 자세가 요구된다고 주장했다. 사익을 버리

<hr />

5)「農村振興實行組合의 名稱變更과 振興會規約의 制定」,『自力更生彙報』70, 1939. 7, 35~37쪽.

고 공익을 우선하는 멸사봉공의 자세는 각자의 직역(職域)[6]에 충실하는 것으로 달성될 것이라는 내용이었다. 즉 농민이라면 농업, 곧 직역에 충실하되, 사익을 버리고 공익을 우선함으로써 생산보국할 수 있다는 것이다. 셋째, 이리하여 생산보국이라는 슬로건은 생산력 확충으로 연결되었다. 공익우선, 직역봉공이란 바로 생산력 확충을 위한 것이었다. 농민들의 생활 안정과 향상을 목표로 실시해온 농촌진흥운동은 폐기되고 대신 생산력 확충을 목표로 한 운동이 시작되어야 했다. 이제 농촌진흥운동은 개별 농가를 위주로 한 자유주의적 운동으로 비난받았으며, 이 대신 국가 본위의 경영을 통하여 생산력을 확충해야 한다고 주장되었다.[7]

이리하여 농산어촌생산보국운동을 통하여 농가경제의 안정과 향상이라는 농촌진흥운동의 목표는 폐기되어 생산력 확충이라는 목표에 통합되었다. 그리고 이는 공익우선과 직역봉공이라는 명분 아래 생산보국하는 것으로 합리화되었다. 농가경제는 국가의 생산력 확충을 위해서는 폐기해야만 하는 사적 경제에 지나지 않는 것이었고, 모든 목표는 공적 목표 즉 생산력 확충에 귀속되어야 하는 것이었다. 모든 공공성은 국가에 의해 포섭되었고, 국가는 곧 공공성의 체현자로 포장되었다. 목표는 안정으로부터 성장으로 전환했고, 이를 통하여 총력전체제의 생산력 확충을 뒷받침하고자 했던 것이다. 이는 곧 고도국방국가 곧 총동원체제를 건설하기 위한 것이었다.

이처럼 생산보국운동이 표방되면서 농촌진흥운동에서 표방하고 있던 농가의 개별 지도라는 방식은 폐기되고, 생산력 확충을 위한 부락 단위 지도로 농촌계획의 방향이 전환되었다.[8] 이런 방향 전환은 '부락생산확충계획'으로 나타났

---

6) 여기에서 직역이란 직업이 속한 영역이라는 의미에서 사용한 것으로, 대체로 직업을 의미하는 것으로 볼 수 있겠다.

7) 政務總監 通牒, 「農山村生産報國指導方針에 관한 件」(1940, 12), 朝鮮總督府農林局, 『部落生産擴充計劃實施槪要』, 1942, 4~8쪽.

8) 國民總力朝鮮連盟, 「農山村生産報國指導要綱」, 『國民總力』 1941. 1. 22~24쪽.

<4-19> 부락생산확충계획 수립 부락 수(1941년)

도명	계획 수립 부락 수	농가 호수	1부락 호수			부락연맹 수	부락연맹 애국반 수
			최다	최소	평균		
경기	5,500	232,685	316	7	42	5,672	24,812
충북	3,590	129,655	178	6	36	3,626	13,919
충남	6,560	224,385	89	9	34	6,555	23,118
전북	6,016	222,440	317	5	37	5,805	23,796
전남	8,231	383,453	291	–	46	8,066	37,998
경북	6,036	339,494	315	9	56	6,040	35,025
경남	5,929	285,311	354	7	50	6,022	35,403
황해	8,427	224,724	230	5	27	8,397	21,997
평남	5,234	179,210	350	3	34	5,023	17,228
평북	5,128	178,453	384	7	41	3,093	18,416
강원	4,600	197,293	229	3	55	4,117	23,673
함남	3,339	159,640	274	5	48	3,336	20,592
함북	1,892	66,081	90	8	35	2,138	13,133
합계	70,611	2,822,824	384	–	–	67,890	309,110

(자료) 朝鮮總督府農林局, 『部落生産擴充計劃實施槪要』, 1942, 1~2쪽.
(비고) 도별 계획 수립 부락 수 합계는 70,482로 자료 합계와 차이가 있지만 여기에서는 그대로 두었다.

다. 농산어촌생산보국운동의 구체적 내용은 바로 부락을 단위로 한 생산의 확충으로 나타났던 것이다. 부락생산확충계획은 부락연맹을 운동의 주체로 삼고, 3년을 1기로 기한을 설정했다. 부락을 단위로 설정된 계획은 호별로 다시 할당되었으며, 호별 할당의 실행은 부락연맹의 상회(常會)와 중견인물을 활용하여 통제되었다. 이 계획의 내용 중 농산물의 종류별 작부 면적 등 중요 사항에 대해서는 군수의 승인을 얻어야 변경할 수 있도록 했다.[9] 부락생산확충계획은 총

---

9) 國民總力朝鮮連盟, 「農山村生産報國指導要綱」, 『國民總力』 1941. 1. 22~24쪽. 또 농경지 배분의 적정, 소작조건의 개선, 농촌노무대책의 수립 실행, 農業者移住計劃과 농촌지도 방침과의 통합, 부락협동시설의 확충, 수집과 배급의 합리화 등에 관한 사항에 대해 부락을 단위로 그 지도와 共勵에 노력하도록 요구했다. 이처럼 농업과 관련한 모든 사항은 부락생산확충계획으로 수렴

력연맹의 출범과 아울러 계획되어 1941년 4월부터 실시되었다. 이를 실시하기
로 한 대상 부락 수를 표를 통해 나타내면 표 〈4-19〉와 같다.

표 〈4-19〉를 통해서 다음 두 가지 사항을 확인할 수 있다. 우선 전국의 모
든 농가를 계획에 포함시켰다는 점이다. 생산력 확충이라는 목표를 위해서는
어떤 농가도 예외일 수가 없었다. 이제 농가의 안정이라는 목표는 '국가'의 생
산력 확충이라는 목표에 종속될 수밖에 없었다. 다음으로 부락연맹의 수보다
부락생산확충계획의 부락 수가 많았다는 점이다. 강원도의 경우 최저 3호인 부
락도 계획 단위로 설정되어 있고, 대부분의 도에서 최저 호수가 대부분 10호
미만인 부락을 포함하고 있기 때문에 이런 현상이 생겼을 것이다. 부락연맹은
주로 구동리를 단위로 결성되었지만, 부락생산확충계획에서는 계획의 설정 단
위를 산촌(散村)의 경우에는 자연촌락까지 포함시켰던 것이다.[10]

이리하여 정동운동과 농촌진흥운동을 포함한 각 부문의 모든 운동은 총력운
동으로 포괄되었고, 모든 기구도 단일화되었다. 농촌진흥운동의 부락 단위 기
초조직과 부락연맹도 표리일체의 관계로 유지되어왔지만, 이제 공식적으로 단
일조직으로 재편되었다. 곧 부락연맹으로 부락의 모든 단체는 흡수통합되었다.
이는 행정조직망의 중복을 피하기 위해서도 필요한 것이었다.[11] 또한 부락을
동리와 구분하여 정책 단위로 명확히 설정하게 되었고, 부락 단위로 농촌운동
의 조직을 획일화하게 되었다. 부락은 동리와 중첩되기도 하지만 그렇지 않은
경우도 있다는 점을 감안하여, 정책의 단위를 동리를 포괄한 '부락'으로 설정
하게 되었던 것이다

이에 부락연맹의 조직 방식도 새로 정비되어야 했다. 총력연맹 하부조직의

되어 부락연맹의 통제를 받도록 했다.
10) 경기, 충북, 경북, 경남, 함북의 경우 부락생산확충계획 부락 수가 부락연맹 수보다 적다. 함북을
    제외하면 그 차이가 적을 뿐만 아니라 전체 수가 늘어나는 점에서 모든 농가를 대상으로 계획을
    작성하려 했다는 정책의 경향을 인정하는 데에 어려움은 없다.
11) 國民總力朝鮮聯盟 編, 『朝鮮に於ける國民總力運動史』, 1945, 42~52쪽. 특히 총독의 「訓示」
    에서 총력운동의 의도를 잘 알 수 있다.

정비 방향은 지방행정기구와 표리일체로 만들어 그 기능을 최고도로 발휘하도록 하는 것이었다.[12] 총력연맹의 하부조직은 행정기구를 골간으로 여타 모든 부문을 이에 통합한 것이었다. 이에 근거하여 '국민총력연맹 하부조직의 정비 요강'에서 강조한 부락연맹조직의 원칙은 다음과 같은 것이었다. 첫째, 부락연맹의 구역은 부락의 연혁과 지리적 관계를 고려하여 지역적 공동활동을 하기에 적당하게 정할 것. 둘째, 이미 설치를 완료한 부락연맹에 대해서도 구역을 재검토하여 적당하지 않은 것은 변경할 것. 셋째, 부락연맹의 구역은 부락생산확충계획이 목표로 하는 부락과 일치하게 할 것. 넷째, 부락연맹의 이사장은 구장이나 그 부락 내의 중심인물로 할 것. 이상 네 가지 사항이었다.[13] 부락연맹을 지역적 공동활동을 하기에 적당한 구역으로 정하라는 조항은 대개 농촌진흥운동의 기초조직인 진흥회 등의 공익기구가 활동하고 있던 구역, 곧 구동리를 단위로 삼을 것임을 의미하는 것이었다. 그럼에도 부락생산확충계획에서 설정한 부락과 일치시키도록 한 것은 정책의 효율적 전개를 위한 것이었다. 부락연맹의 구역은 계속하여 조정될 필요가 있었지만, 나중에 부락연맹의 이사장을 구장이 겸임하게 함으로써 이런 갈등을 해소하고자 했다.

부락연맹의 일상적 활동을 위하여 상회(常會)의 개최가 특히 강조되었다. 농촌진흥운동 과정에서도 월례회가 장려되었지만, 이제 부락연맹의 상회는 일상적으로 강제되었다.[14] 1942년부터는 태평양전쟁 개전일인 12월 8일을 기념하

---

12) 國民總力朝鮮連盟, 「國民總力聯盟下部組織의 整備要綱」, 『國民總力』 1941. 2, 48~50쪽.
13) 國民總力朝鮮連盟, 「國民總力聯盟下部組織의 整備要綱」, 『國民總力』 1941. 2, 48~50쪽. 이와 아울러 區長의 수를 증원하여 區長과 部落聯盟 理事長을 일치시키도록 하지만, 지방의 실상에 따라서는 바로 구장의 수를 증가시키기 어려운 사정도 있음을 고려하여 구장이 담당하는 구역 내에 2개 이상의 部落聯盟이 있는 경우에는 상부조직으로 洞里聯盟을 두도록 했다. 이에 대해서는 이미 제3부 2장에서 살펴본 바 있다.
14) 國民總力朝鮮聯盟 編, 『朝鮮に於ける國民總力運動史』, 1945, 29~37쪽. 처음에는 愛國日이 부락연맹의 常會日로 지정되었다. 1938년 정동연맹에서는 愛國日을 매월 1일로 통일하고, 집단적으로 국민의례를 행하며, 皇居遙拜를 철저히 하도록 했다. 이것이 町洞里部落聯盟 常會의 선구를 이루는 것이었다.

여 매월 8일을 대조봉대일(大詔奉戴日)로 정하고 종래의 애국일을 이것으로 바꾸었다.[15] 이리하여 부락연맹은 총력운동의 말단조직으로 자리잡았으며, 촌락의 총동원체제 구축에서 핵심조직으로 기능하게 되었다.

한편 총력연맹에 군사조직을 도입하려는 시도는 어떤 방식으로 추진되고 있었을까? 1942년 가을 총력연맹은 조직을 재정비했다. 이때 특히 조직적 측면에서 중점을 둔 사항은 직역연맹을 군대조직을 채용한 사봉대(仕奉隊) 조직으로 재편, 강화하고자 한 것이었다.[16] 종래 총력운동은 한국 전체 인구를 대상으로 지역연맹의 정비에 힘을 쏟았으나, 직역연맹의 조직에는 아직 전력이 경주되지 않았다. 그리하여 조직 재정비 과정에서는 광산과 공장을 중심으로 한 직역연맹의 조직 강화가 우선되었고, 직역연맹에 사봉대 조직이 도입되었던 것이다. 이어 1943년 8월에는 사봉대 조직을 강화하고자 하는 조치를 취했다.[17] 사봉대 조직은 중역과 간부로부터 일반 노무자를 전부 하나로 묶어 25세 이하의 청년, 46세 이하의 장년, 그리고 부녀자 이렇게 세 개로 나누고 이 인원을

15) 이에 매월 8일 부락연맹에서는 大詔奉戴日 상회를 방송 시각에 맞춰 열되 반드시 모든 연맹원이 출석하도록 했다. 常會는 30분 이내에 마치되, 방송되는 詔書의 취지를 철저히 지키도록 하고, 라디오가 없는 常會에서는 부락연맹 理事長이 방송과 동일한 원고에 의해 강연을 하도록 규정했다. 「大詔奉戴日 設定하다」, 『國民總力』, 1942. 2, 4~8쪽.

16) 「仕奉」이라는 것은 「일에 봉사한다」라는 말로서 고전의 한자 용법을 그대로 사용한 것이라고 한다. 仕奉이란 종래에는 대개 상품과 노동의 나머지를 서비스한다는 외래어의 번역적 의미가 주요한 것이었다. 그러나 여기에서는 전 생활과 직업을 모두 大君에게 奉仕한다는 의미로 仕奉이라는 말을 전용하여 그런 정신을 고조시키는 것이 의도였다.

17) 1943년 8월 정무총감 통첩의 내용은 다음과 같다. "皇道國家觀 필연의 귀결로서 한 단위산업은 勞資의 대립적 自意를 허락하지 않고, 국가 의지를 수행하는 産業軍團의 성격을 지닌 중역, 직원, 기능자, 일반노무자는 황군의 將官, 佐尉官, 下士官, 兵士의 관계에 있다. 그리고 황군이 군단조직에 따라 최고 지휘관 밑에서 상하 일체가 되어 군대정신의 發揚에 매진하는 것과 마찬가지로, 중역은 군단장, 공장 사업장의 장은 부대장, 과장이나 계장은 중대장, 과나 계의 직원은 소대장, 職長級은 분대장, 일반노무자는 병사와 같은 관계로 일치단결해야 한다. 상하 간의 인격적 결합을 통해 産業軍團 정신의 앙양을 도모하고, 지휘자는 솔선 진두에 서고 부하는 지휘관의 지휘에 따라 질서 있게 복종을 중히 여기고, 각자의 직분에서 그 능률을 최고도로 발휘하여야 할 것이다." 사봉대는 군사조직을 바탕으로 작업에서 최고의 효율을 거두기 위해 도입된 것이었다. 政務總監 通牒, 「勤勞管理의 刷新强化에 관한 件」, 『朝鮮勞務』 3-4, 1943. 9, 66쪽 ; 곽건홍, 『일제의 노동정책과 조선노동자』, 신서원, 2001, 141~147쪽에서 재인용.

분대로 편성하여 지역연맹에 소속시켰다. 혼연일체의 정신을 일상생활에서 강조함으로써 근로 능률의 증진을 도모하고, 생산력 증강에 도움이 되도록 한다는 목표 아래 우선 광산과 공장에서 사봉대의 훈련이 시작되었고, 지구별 협의회가 열려 개로운동(皆勞運動), 진두지휘운동(陣頭指揮運動) 등이 활발하게 추진되어 증산의 능률이 더욱 높아졌다고 평가하고 있다.[18] 이에 따라 사봉증산가(仕奉增産歌)가 선정되어 "사봉하는 증산이다"라는 노래가 생산현장에서 군가로 불리고, 결전사봉체제(決戰仕奉體制)가 각 직역에서 수행되었다고 한다.[19]

하지만 농업 부문에서는 직역조직으로서의 사봉대 조직이 구체적으로 시도되었다는 흔적은 별로 남아 있지 않다. 근로보국대는 이미 군대식 조직을 도입하고 있었고, 촌락 지역 하부조직이 완벽하게 통제되고 있었기 때문에 더 이상의 필요성을 느끼지 못했을지도 모른다. 또한 공장이나 광산에서의 사봉대 조직조차도 제대로 기능했는지에는 의문이 있다. 하지만 사봉대 조직은 전 사회의 군대화의 시도로서 그것 자체에는 주목할 필요가 있는데, 이는 총동원체제의 군사적이고 국가주의적 면모를 뚜렷하게 보여주는 것이기 때문이다. 마지막으로 1939년 이후 부락연맹 결성의 추이를 살펴보면 표 〈4-20〉과 같다.

정·동리·부락연맹 수는 1939년 이후 증감한 반면 애국반과 반원의 수는 꾸준히 증가하고 있다. 정·동리·부락연맹의 수가 변하는 것은 다음과 같은 이유 때문일 것이다. 구장이 담당하는 구역 내에 두 개의 부락연맹이 있는 경우 상위조직으로 동리연맹을 결성하도록 했으므로 부락연맹과 동리연맹이 중복될 수 있는 것이고, 이런 상황의 변화에 따라 연맹의 수도 변화할 수 있는 것이다. 하지만 1944년에도 정·동리·부락연맹의 수가 6만 3천여 개인 데 비해 구장은 5만 1천여 명에 지나지 않는다. 물론 정·동리·부락연맹의 수에는 도시 지역의

18) 國民總力朝鮮聯盟 編, 『朝鮮に於ける國民總力運動史』, 1945, 70~77쪽.
19) 國民總力朝鮮聯盟 編, 『朝鮮に於ける國民總力運動史』, 1945, 70~77쪽.

〈4-20〉 정동운동과 총력운동하 정·동리·부락연맹 결성(1939~1944년)

시기	町·洞里·部落聯盟	區長	愛國班	
			반 수	반원 수
1939년 12월 말	65,462	32,825	334,495	4,054,730
1940년 12월 말	66,828	39,083	329,426	4,141,499
1942년 4월 1일	65,080	51,618	360,482	4,478,949
1944년 2월	63,025	51,670	373,750	4,597,162

(자료) 1939년-國民精神總動員朝鮮聯盟事務局, 「우리의 愛國班」, 『總動員』, 1940. 4, 47~54쪽.
1940년-朝鮮總督府, 『半島의 國民總力運動』, 1941, 88~89쪽.
1942년-朝鮮總督府, 『朝鮮의 國民總力運動』, 1943, 116~117쪽.
1944년-朝鮮總督府, 『朝鮮의 國民總力運動』, 1943 ; 김영희, 『일제시대 농촌통제정책 연구』, 경인문화사, 2003에서 재인용.

정연맹(町聯盟)과 동리연맹의 수가 포함되어 있기 때문에 이 수와 구장의 수가 일치할 수는 없지만, 이 수의 차이는 구장이 선임되지 않은 부락연맹이 1944년에도 있었음을 말하는 것이다. 한편 1910년에 조사된 구동리 수가 6만 3,845개였는데 1944년의 정·동리·부락연맹의 수가 6만 3,025개라는 사실은 부락연맹이 구동리에 설정되었음을 다시 한 번 확인해준다고 할 것이다.[20]

　정동운동의 진행 과정에서는 농촌진흥운동의 전개를 둘러싸고 총동원체제 구축에 상당한 혼선을 빚고 있었고, 이는 부락연맹의 결성에도 반영되었다. 그러나 총동원체제의 말단 기구를 부락에 설치하도록 한 것은 촌락정책에서의 큰 전환이었다. 부락연맹 결성을 계기로 농촌진흥운동의 하부조직이었던, 구동리를 기반으로 한 각종 공익기구는 대개 부락연맹으로 흡수되었다. 하지만 이런 조치는 촌락의 편제를 재정비해야 한다는 과제를 남겨둔 것이기도 했다. 총력연맹 결성과 아울러 농촌진흥운동이 이로 공식적으로 흡수되고, 부락생산확충계획이 시작되면서 부락연맹도 정비되어야 했다. 부락생산확충계획은 농가경제

---

20) 물론 1944년 町洞里負落聯盟의 수와 1910년 구동리 수는, 그 수가 내포하는 바가 각기 다르기 때문에 정확하게 대응시킬 수는 없다는 점을 고려해야 한다. 정·동리·부락연맹에는 말 그대로 부락연맹만이 아니라 町聯盟과 洞里聯盟이 포함되어 있기 때문이다.

의 안정이라는 목표를 버리고 부락의 생산력 확충 곧 생산력의 증대를 통해 국가에 보답한다는 생산보국의 기치하에 입안되고 추진된 것이었다. 이리하여 안정으로부터 생산력 확충 곧 성장으로 정책의 목표가 전환되었다. 한편 부락을 생산력 확충이라는 목표에 맞게 정비하는 것은 구장정책의 전환으로부터 시작되었다. 구장을 유급으로 바꾸어 증원하고 부락연맹의 이사장을 맡게 함으로써, 구장을 생산력 확충의 담당자로 삼았다. 이후 사봉대 조직을 기반으로 총동원 기구에 군사조직의 성격을 강화하고자 하는 시도가 있었지만, 이런 시도가 성공적으로 진행되었다는 증거는 거의 남아 있지 않다.

이처럼 부락연맹은 구동리를 행정 단위로 편입하여 총동원기구로 흡수한 것이었다. 이는 구동리 곧 공익기구의 자치성을 흡수한 것을 의미하는 것이었다. 또한 총동원체제는 애국과 봉공을 기치로 내걸었다. 이리하여 공익기구의 자치성은 부락연맹의 봉공, 곧 생산력 확충에 의해 희생되었다. 생산력의 확충을 위해서 군사조직으로서의 사봉대를 조직하려 한 시도는 단지 총동원체제의 말기적 조급성을 드러낸 것에 지나지 않을 것이다.

2. '애국반' 결성과 '생활신체제'

애국반은 앞서 본 바와 같이 한국인 전체를 망라한 기저조직 곧 세포조직의 성격을 가진 것으로, 부락연맹과 아울러 결성되었다. 애국반은 가(家)를 기초로 5호 내지 10호 단위로 조직되었다. 애국반은 기존 작통조직의 전통에 바탕을 둔 것이라고 선전되었고, 또한 이 조직은 물자를 배급하는 통로로 이용되었으며, 상회를 통해서 한국인의 일상을 통제했다. 애국반이 조직됨과 아울러 의례의 간소화를 내걸고 절약을 강조하는 생활개선운동이 다시 본격화되었다. 이에 애국반의 성격과 활동, 그리고 생활개선을 내건 이른바 생활신체제의 결성에 대해 검토해보고자 한다. 이는 총동원조직에 의한 생활기구의 해체, 장악 과정이었다. 먼저 애국반 결성의 논리와 과정, 활동에 대해 살펴보자.

농촌진흥운동 과정에서 운동의 하부기초조직으로 그리고 금융조합의 상호연대보증조직으로 활용되고 있던 작통과 5인조 등의 인보조직은 애국반의 조직적 기초로 활용되고 선전되었다. 작통조직이나 5인조제도를 새로운 방식으로 동원하고자 하는 운동은 이 시기 일본과 만주에서도 일어나고 있었다.[21] 한국에서의 애국반도 그런 움직임과 논리를 같이하는 것이었다. 그런 운동의 기반을 이루고 있는 논리를 아래 두 개의 논의를 통해 검토해보고자 한다.

먼저 만주국(滿洲國) 협화회(協和會) 조직의 논리적 기초를 제공하고 있던 다치바나 보쿠(橘撲)라는 사람의 논의이다. 인조(隣組) 곧 인보조직은 한국·일본·만주·중국 등 동양사회를 관통하는 특성으로서, 혈연조직인 가족과 지연조직인 향당(鄕黨) 즉 촌락의 매개고리로서의 기능을 수행한다고 보았다. 그러므로 인보조직의 기초는 개인이 아니라 가족이었다. 가족은 가장을 중심으로 한 위계질서를 구성하며, 10호 내외의 가족을 중심으로 인보조직을 구성하고, 그 외곽에 촌락 곧 부락이 위치하는 것이다. 그리고 인보조직은 자체적으로 가족의 기능을 지도하는 자치기능을 갖고 이를 바탕으로 촌락의 기능이 원활하게 유지되는 것을 기대할 수 있게 하는 조직적 단위로 간주되었다.[22] 그러므로 인보조직은 그 기반이 개인이 아니라 가족이었고, 촌락활동의 중심적 기능을 담당할 수 있는 조직으로 상정되었다. 두 번째는 1930년대 후반부터 한국에서 제기되고 있던 인보조직 도입에 대한 논의이다. 경제갱생이 오히려 농촌 본래의 인보상조의 정신을 파괴할 수도 있다는 점, 곧 경제만의 갱생을 도모하는 것은 농촌생활을 돈의 노예로 만들 우려가 있다는 점을 강조하고, 인보상조 정

---

21) 만주국의 合作社와 한국의 금융조합이 농촌으로 침투하는 과정에서 전통 조직을 이용하는 방식에 유사성이 있다는 점에 대해서는 浜口裕子, 『日本統治と東アジア社會－植民地朝鮮と滿洲の比較硏究』, 勁草書房, 1996 참조. 만주에서의 전통 조직 활용에 대해서는 임성모, 「만주국협화회의 총력전체제 구상 연구」, 연세대학교 박사학위논문, 1998 참조.
22) 橘撲, 「隣組の理論－東洋共同社會の下部構造」, 『滿洲評論』 23-10, 1942. 9, 9~14.

신을 바탕으로 경제갱생을 도모하는 것이 올바른 농촌갱생이라는 것을 주장했다.[23] 즉 농촌의 경제갱생이 '개인주의'를 발달하게 하여 인보정신을 파괴할 우려가 있기 때문에 인보정신을 파괴하지 않으면서 그를 바탕으로 올바른 경제갱생을 도모하기 위하여 인보조직의 부활이 필요하다는 논리였다.

인보조직을 도입할 것을 강조하는 논리는 다음과 같이 요약할 수 있다. 동양적 인보상조의 전통을 대표하는 인보조직을 결성함으로써, 가족과 촌락을 매개하는 인보조직의 기능을 통하여 개인주의를 견제하고 올바른 경제의 갱생을 도모할 필요가 있다는 것이었다. 이 시기의 인보조직은 가족을 바탕으로 구성되는 것으로 촌락의 총동원체제 구축을 위한 가장 중요한 논리와 조직적 근거로 활용될 수 있었다. 그러므로 총동원체제하 인보조직의 도입은 전통 속에서 그 활용의 논리를 끌어왔지만 이는 그저 장식에 지나지 않았고, 그 진정한 목적은 촌락의 총동원체제를 구축하기 위한 것이었다. 전통의 논리 위에 구축된 반전통의 논리가 바로 인보조직 구성의 논리였던 것이다.

애국반은 정동운동의 전개와 아울러 조직되기 시작했다.[24] 애국반은 앞서 본 바와 같이 모든 민중을 망라하기 위한 애국적 조직임을 표방하고서 민중의 상시훈련과 통제를 목표로 결성된 것이다. 한국인에게 애국은 이른바 황국신민이 되는 것을 의미하는 것이었다. 그렇다면 황국신민이 되어 결성하는 총동원기구의 세포조직이 바로 애국반이어야 했던 것이다.[25] 애국반에 대한 총독의 다음과 같은 발언은 애국반 결성의 정책적 지향을 잘 드러내고 있다.

나의 직무는 총독이지만, 재선주민(在鮮住民)으로서 애국반의 1인이다. 나의 애국

---

23) 畠山浪二, 「農村隣保組織의 確立」, 『朝鮮地方行政』 1936. 12, 47~50쪽.

24) 愛國班에 관한 선행 연구로는 庵谷由香, 「朝鮮における戰爭動員政策의 展開」, 津田塾大學, 『國際關係學硏究』 21, 1995 참조.

25) 그럼에도 애국반은 무색투명한 존재로서 구체적이고 고정된 목적을 가지지 않은 조직이라고 주장되었으며, 각종 사회조직의 최대공약수적인 존재로 기획된 것이라는 점이 강조되었다. 國民精神總動員忠淸南道聯盟, 『國民精神總動員聯盟要覽』, 1939, 9~12쪽.

반은 운전수, 정원사 등의 가정과 경무국장 및 비서관의 가정으로 구성되고, 그 반장은 경무국장이다. 매일 아침 먼저 황거(皇居)를 요배하고 '황국신민의 서사(誓詞)'를 외며, 매월 1일에는 신사에 참배한다. 제1, 제3 일요일에는 근로봉사를 한다. 오늘 조선연맹은 애국반 31만 8천여 개, 반원 4백 25만여 명이다. 이들 각각이 매일 우리 반과 동일한 행동을 하고 있다. 연맹의 목표가 지나치게 피곤할 정도이지만, 구극의 목표는 내선일체의 구현화이다"26)

한국인과 일본인 사이의 차별 없이, 그리고 지위의 상하를 구별하지 않고 매일 황국신민으로서 똑같은 행동을 할 수 있는 것은 애국반의 결성으로 인한 행동의 통일 때문이라는 것이다. 이처럼 애국반이 내선일체를 궁극의 목표로 삼는 조직이라는 점을 강조하여 총동원기구의 세포조직으로서의 역할을 명확히 하고자 했던 것이다.

이처럼 전 한국인의 일상을 통제하는 조직으로 의도되고 조직된 것이 애국반이었다. 1939년 2월 애국반은 정동연맹의 공식조직으로 편입되어, 강제적인 '국민조직'으로 '육성'되었다. 1939년 정동연맹 애국반의 수가 31만 8,924개, 반원 수가 425만 9,755명이었는데, 애국반이 호(戶)를 단위로 조직되었다는 점을 감안하면 이미 한국인의 대부분은 애국반원으로 편입되었다고 할 수 있다. 이제 애국반의 일상활동은 어떻게 수행되었고, 어떤 활동을 담당하고 있었는지를 살펴보기로 하겠다.

애국반의 일상활동은 상회를 통해서 수행되었다. 이른바 반상회가 바로 그것이다.27) 상회는 공사(公私)의 모든 생활을 협의하고 추진하는 모임이며, 위로부터의 전달 사항을 잘 알게 함과 아울러 아래로부터의 국민의 올바른 목소리

---

26) 國民精神總動員忠淸南道聯盟, 『國民精神總動員聯盟要覽』, 1939, 9~12쪽.
27) 京城府時局總動員課, 『愛國班に就て』, 1939, 9~12쪽. 처음에는 상부 연맹으로부터의 지시 사항에 대한 협의회(打合會)를 常會라고 이름 붙였다. 상회에서는 시간을 지키는 일과 참석을 열심히 하는 것이 가장 중요한 일로 간주되었고, 진행 순서에 대한 표준 규정을 내려보내 지키도록 했으며, 반장의 역할이 특히 중시되었다.

를 모아서 위로 전달하는 이른바 상의하달(上意下達)·하정상통(下情上通)의 모임이고, 시국의 고난을 견디고 극복하여 사생활의 쇄신을 도모하는 모임으로서 곧 다양한 일상의 모든 모임을 통합한 모임이라고 선전되었다.[28] 상회활동은 세포조직으로서의 애국반이 일상의 모든 활동을 점검하고 통제할 수 있는 장치로 기능했다.

상회를 조직하는 방법도 다음과 같이 세세하게 하달되었다. 먼저 부락연맹과 애국반의 연쇄(連鎖) 상회를 개최하도록 했는데, 부락연맹의 상회는 주간에, 애국반의 상회는 야간에 열어 서로 연락을 유지하도록 했다. 회의 시간은 최장 두 시간을 넘지 못하도록 했으며, 시간을 정확히 지켜 시간관념을 양성하도록 했다. 매월 1일을 애국일로 정하여 상회는 항상 이날 열도록 했다. 또 반장 집 또는 반원 집에서 윤번으로 열도록 했으며, 회의에 비용을 들이지 말도록 하고, 회의 때의 좌석은 마제식(馬蹄式)이 좋지만 순번대로 앉아도 괜찮다고 했다. 그리고 반드시 남자 반원이 참석하도록 하되 그것이 불가능하면 주부라도 출석하도록 했다.[29] 1942년부터 부락연맹 상회일를 대조봉대일에 맞춰 매월 8일로 변경하면서 애국반의 상회는 매월 10일에 개최하도록 했으며, 대조봉대일과 애국반상회 사이에 이사상회(理事常會)와 반장상회(班長常會)를 열도록 했다.[30] 하지만 이후에도 애국반의 상회활동이 원활하게 진행되었던 것은 아니었던 듯하다. 반상회에 남자가 잘 참석하지 않는다든지, 반장을 부인으로 임명한다든지 하는 일이 빈번하게 일어났던 것이다.[31] 애국반의 상회가 제대로 운영되지

---

28) 肥塚正太郎, 「常會 빨리 알기 讀本」, 『國民總力』 1941. 4, 109~130쪽.

29) 肥塚正太郎, 「常會 빨리 알기 讀本」, 『國民總力』 1941. 4, 109~130쪽.

30) 「大詔奉戴日 設定하다」, 『國民總力』, 1942. 2, 4~8쪽.

31) 1941년 조선총독부에서는 애국반의 상회 운영과 관련한 지시를 하달했는데 그 내용은 다음과 같다. 定例 常會는 반드시 실시할 것, 정례일 이외에도 필요에 따라 常會를 개최하도록 할 것, 常會에는 반드시 남자가 출석하는 관습을 만들 것, 班長은 어쩔 수 없는 특수 사정을 제외하고 남자로 임명할 것, 定例 常會日은 될 수 있는 한 통일하고 라디오 방송을 이용할 것 등이었다. 「愛國班常會의 趣旨를 철저히 할 것을 促求하다」, 『國民總力』 1941. 7, 61쪽.

않고 있다는 비판은 1945년까지도 이어지고 있었다.[32]

한편 애국반의 활동도 차츰 정비되어갔다. 조선총독부는 1939년 애국반 활동 기준이라는 것을 제정하여 각 군으로 하달했다. 이천군(利川郡)에서 하달한 '이천군정신총동원연맹 애국반 활동요항'이라는 문건[33]을 통해 지방의 애국반 활동 상황을 살펴볼 수 있다. 이천의 애국반 활동요항은 크게 사회풍조의 경장(更張), 생활개선, 저축장려와 자원애호, 한해극복, 향토진흥이라는 5개조로 구성되어 있다.[34] 이전부터 생활개선운동을 통하여 강조하던 조항과 황국신민화운동의 과정에서 새로 강조하기 시작한 조항이 섞여 있는데, 의례준칙의 실천과 서구적 시간관념의 수용을 강조한 점을 특히 주목할 필요가 있겠다. 다음으로 생활개선에 관해서는 건강을 증진할 것, 복장을 간이화할 것, 식사를 개선할 것, 금주와 금연을 고취할 것 등이 강조되고 있다. 의식주에 걸쳐 절약과 간소화를 강조하는 내용이 주를 이루고 있다. 위의 요항은 정동운동이 목표로 삼고 있던 활동 사항을 일상에서 구현하도록 하는 것이었는데, 애국반은 이처럼 정동운동의 세포조직으로서 생활개선운동의 말단조직으로서의 역할도 담당하고 있었던 것이다.

이와 아울러 1938년부터 조직화되기 시작한 근로보국대의 말단 동원조직역시 애국반이었다. 그리고 배급제도가 도입되면서 애국반은 이를 담당하는 말단조직으로도 활용되었다. 1941년부터 부락연맹과 애국반에서 소비제품의 사

---

32) 「決戰地方行政을 말한다」, 『朝鮮行政』 1945. 2, 22~31쪽.

33) 「利川郡精神總動員聯盟 愛國班活動要項」(1939년 12월), 利川郡儒道會, 『利川郡儒道會結成所感詩集』, 1940(국립중앙도서관소장 이천시 관련 古典籍) 부록.

34) 앞 두 조항의 구체적 내용은 다음과 같다. 사회풍조의 경장을 위해서는 愛國日을 철저히 실시할 것, 宮城遙拜를 할 것, 敬神觀念을 양성할 것, 銃後後援을 할 것, 勤勞로 報公할 것, 모양 곧 服裝의 實質化를 꾀할 것, 迷信과 賭博行爲를 엄금할 것, 陰曆過歲를 폐지할 것, 中元 歲暮 등에 贈答을 절대 폐지할 것, 형식적 儀禮를 폐지할 것 등이다. 그리고 상점가의 영업 시간을 단축하고, 歡樂을 自肅하며, 國語 곧 日本語를 생활에서 사용할 것 등으로 구성되어 있다. 출전은 「利川郡精神總動員聯盟 愛國班活動要項」(1939년 12월), 利川郡儒道會, 『利川郡儒道會結成所感詩集』, 1940(국립중앙도서관소장 이천시 관련 古典籍) 부록.

용 실적과 수요를 조사하여 배급표를 교부하도록 했다.[35] 태평양전쟁이 장기화되면서 1943년부터는 적의 공습에 대비하는 방호(防護) 방화(防火) 준비도 애국반 단위로 진행되었다. 그리고 저축과 공채(公債)의 소화(消化)도 애국반을 통하여 이루어졌다. 이처럼 애국반은 황국신민화운동으로부터 생활개선, 근로동원, 배급, 방공 등의 모든 영역에 걸쳐 총동원기구의 말단 세포조직으로 이용되었다. 애국반은 구체적인 전투 단위로서 후방 전력의 기초조직으로 간주되었다. 만일 애국반이 없었다면 전쟁을 수행할 수 없었을 것이라는 총독부의 평가는 애국반의 세포조직으로서의 위치를 지적하는 것이라 할 것이다.[36]

부락연맹의 결성과 함께 부락 내의 모든 단체 활동은 부락연맹으로 흡수되었다. 즉 모든 촌락조직이 해체되어 부락연맹으로 통합되었던 것이다. 이리하여 부락연맹과 애국반은 이른바 생활신체제[37] 구축을 위한 말단 기구의 역할도 수행하게 되었다. 생활신체제는 이전 생활개선운동의 연장선 위에서 구축되었는데, 크게 두 가지 내용을 가지는 것이었다. 하나는 황국정신을 앙양하는 것이고, 다른 하나는 이전에 제정된 의례준칙을 개선하여 실천하는 것이었다. 이제 촌락 생활기구의 변화라는 측면에서 '생활신체제'를 구축하고자 한 의도와 내용을 검토해보겠다. 그러나 여기에서는 전시생활혁신을 위하여 1939년에 정동연맹이 제정한 「비상시국민생활개선기준(非常時國民生活改善基準)」과 전시생활체제 구축을 내걸고 1940년에 역시 정동연맹이 제정한 「전시국민생활체제확립기준안(戰時國民生活體制確立基準案)」이라는 두 가지 정책방안을 검토

---

35) 「家庭用品의 配給에 愛國班을 活用한다」, 『國民總力』 1941. 4, 101쪽. 그러나 現品과 代金은 모두 配給業者 곧 小賣商이 취급하도록 하고, 특별한 사정이 없는 한 부락연맹이나 애국반에서는 그에 간여하지 말도록 했다.

36) 國民總力朝鮮聯盟 編, 『朝鮮에 於ける國民總力運動史』, 1945, 70~77쪽.

37) 1940년 총력연맹 결성 이전에는 '生活革新'이나 '戰時生活體制의 確立'이 주요한 슬로건이었으나, 총력연맹의 결성과 아울러 '生活新體制'를 확립하자는 주장으로 나아간다. 이어 1942년에는 '生活의 刷新', 1943년에는 '決戰生活의 確立' 등의 슬로건이 강조되었다. 여기에서는 이모든 슬로건을 아울러 '生活新體制'로 통칭하고자 한다.

하는 것으로 대신하고자 한다. 1940년 이후에 나온 체계적인 정책방안을 발견할 수 없을 뿐만 아니라 그 내용도 대동소이하기 때문이다.

정동연맹은 처음부터 생활개선을 정동운동의 중요한 목표 중 하나로 설정하고 있었다. 정동연맹은 생활의 혁신을 위해 「비상시국민생활기준양식」을 제정하고 이의 확산을 추진했다. 비상시 국민생활의 골격은 의례의 간소화와 집단생활의 규율화라는 두 가지 조항으로 구성되었다.38) 이를 바탕으로 「비상시국민생활개선기준」이라는 방안이 채택되었다. 이 기준안은 의, 식, 주, 의례, 사회풍조의 다섯 가지 조항으로 나뉘어 생활의 기준을 세세하게 제시하고 있다.39) 위의 각 조항은 의례의 간소화와 집단생활의 규율화라는 두 가지 원칙에 입각한 것이었다. 이는 절약과 간소화를 한 축으로 하고, 황국신민화운동에 따르는 생활의 규율화를 다른 한 축으로 한 것이었다. 또한 이는 의례준칙의 실천과 황국정신의 앙양으로 요약될 수 있다. 이렇게 본다면 1920년대 이후 생활개선운동의 연장선 위에 선 것이 정동연맹의 생활개선 기준이었다. 다만 황국신민화운동의 틀 위에서 더욱 강력하고 일상적으로 이 기준을 적용하도록 했다는 점에서 차이가 있을 뿐이다.

---

38) 國民精神總動員忠淸南道聯盟, 『國民精神總動員聯盟要覽』, 1939, 55~61쪽.

39) 첫째, 衣에 대한 조항은 衣料愛好 사상의 철저 함양, 死藏 의료의 활용, 再製 재료의 동원, 맞춤의 보류 등으로 구성되어 있는데, 그 핵심은 의복 재료의 절약과 재생 그리고 사치의 배제 등이었다. 둘째, 食에 대한 조항은 식사는 보건과 영양을 중시하고 간소하게 할 것, 축제 때의 향응과 연회는 소박하게 할 것, 來客의 접대에 함부로 술을 사용하지 말 것, 농가에서는 주식으로 冷飯을 사용할 것 등인데, 이 역시 물자절약과 간소화 등을 핵심으로 하는 것이었다. 세 번째, 住에 대한 조항으로는 주거를 청결하게 할 것, 거실은 통풍과 채광을 좋게 할 것, 조선 가옥의 행랑을 폐지할 것, 온돌의 焚口를 개량하여 연료를 절약할 것 등으로 구성되어 있다. 핵심 내용은 청결과 간소화, 절약이라고 할 것이다. 네 번째 儀禮 조항으로는 宮城遙拜할 것, 축제일에 국기를 게양할 것, 神社·神祠에 참배할 것, 「皇國臣民의 誓詞」를 낭송할 것 등이었다. 또한 한국인은 「儀禮準則」을 지킬 것, 婚禮와 喪儀는 소박하게 하고 虛飾으로 흐르지 말 것, 각종 祝宴은 간소화할 것 등을 요구하고 있다. 의례준칙에 황국신민화를 위한 의례를 추가하여 지키도록 한 것이다. 마지막으로 社會風潮의 개선을 위해서는 國語 곧 일본어를 常用하고, 消費節約에 노력해야 한다고 규정했다. 폐품을 이용하도록 하고, 각 지방에 폐품 회수시설을 설치하도록 했으며, 신제품 사용을 피하도록 했다. 國民精神總動員忠淸南道聯盟, 『國民精神總動員聯盟要覽』, 1939, 55~61쪽.

다음으로 정동연맹은 1940년 10월 「전시국민생활체제확립기준안」[40]을 발포했다. 이 기준안은 크게 두 가지 조항으로 이루어져 있었다. 첫째 조항은 황국정신의 앙양을 위한 것이었고, 둘째 조항은 생활의 쇄신에 관한 조항이었다. 이 기준안은 1940년 8월의 정무총감 통첩 「전시국민생활체제 확립에 관한 건」[41]에 입각한 것이었다. 이 통첩은 전시국민생활의 확립을 위한 기준을 적극적 장려 사항과 소극적 억제 사항으로 나누었는데, 이는 이 기준안의 황국정신의 앙양에 관한 조항과 생활의 쇄신 조항에 대응하는 것이었다. 그러므로 황국정신의 앙양에 관한 조항은 대체로 적극적으로 장려되었던 조항이고, 생활 쇄신에 관한 조항은 소극적으로 억제되었던 조항이라고 할 수 있다. 첫째, 황국정신의 앙양을 위한 조항은 궁성요배(宮城遙拜), 정오 묵도, 신궁·신사 참배, 국어(일본어) 사용 장려 등으로 구성되었다.[42] 둘째, 생활 쇄신을 위한 조항은 일체의 소비생활에서 절약하고, 시간 규율을 철저하게 준수할 것을 요구하는 것이었다.[43]

---

40) 國民精神總動員朝鮮聯盟, 「戰時國民生活體制確立基準案」, 『總動員』 1940. 10, 22~25쪽.

41) 政務總監 通牒, 「戰時國民生活體制確立에 관한 總督府通牒」(1940. 8. 1), 『總動員』 1940. 9, 25~26쪽.

42) 각 조항을 구체적으로 거론하면 다음과 같다. 궁성요배는 오전 7시 사이렌에 맞춰 각자 소재에서 일제히 행할 것이며, 라디오가 있는 가정에서는 라디오의 지휘를 따르고, 전차나 승합 대절자동차, 기차에서는 승무원이 미리 주의를 환기하여 시행하며, 학교 생도 아동도 철저히 실시하도록 했다. 다음 정오 묵도는 정오 사이렌에 맞추어 각자 소재에서 皇國武運의 장구를 소원하고 전몰장병 영령을 비는 묵도를 시행하는데, 전차 승합 대절자동차는 이 시간에 정차하고 승무원은 미리 주의를 환기하도록 했다. 신궁 신사에 예배하고, 그 앞을 통과할 때는 탈모하고 경례하도록 했으며, 일상어 중 외국어 사용을 억제하고 국어(일본어)를 상용하도록 했다. 國民精神總動員朝鮮聯盟, 「戰時國民生活體制 確立基準案」, 『總動員』 1940.

43) 생활의 쇄신을 위하여 다음과 같은 사항을 준수하도록 하고 있다. 1) 早起, 오전 6시 사이렌에 맞춰 기상 2) 청소, 일가 동원하여 가의 내외는 물론 도로의 청소와 손질 3) 라디오 체조, 라디오에 맞추거나 常會 라디오 체조 실시장에서 할 것 4) 徒步에 힘쓸 것 5) 불요불급의 물품의 구매 사용 폐지 6) 저축에 힘쓸 것, 대개 실수입의 4분의 1을 목표로 공채 구입이나 저축 7) 회식 폐지 8) 연회비의 억제와 절하 연회비는 적어도 반 이상 줄일 것 9) 굽이 높은 구두, 이상한 부인모 폐지, 극단적인 화장품 억제(여자) 10) 장발 억제(남자) 11) 마작 폐지 12) 혼인의 개선, 결혼식은 간소 엄숙하게 13) 상점가의 일제 폐점, 오후 10시에 일제히 폐점 등의 사항이다. 출전은 國民精神總動員朝鮮聯盟, 「戰時國民生活體制 確立基準案」, 『總動員』 1940.

이와 아울러 정동연맹에서는 「의례준칙」을 고쳐 혼인과 장례에 관한 개정안을 만들었는데 「개선혼인기준(改善婚姻基準)」과 「장례기준(葬禮基準)」이 그것이다. 혼인기준은 대체로 기존의 의례준칙을 준용한 것이지만, 여기에 새로운 조항을 더하여 전시체제하에서의 혼인 기준을 일본화하고 더욱 엄격하게 간소화하고자 했다. 갑식(甲式)이 바로 그것인데, 식장은 신사(神社)·신사(神祠)를 주로 사용하고, 요리점·음식점 등은 식장으로 사용하지 말게 했다.[44] 간소화와 절약을 특징으로 하는 것이었다. 「장례기준」의 「갑식장례」를 보면 사망 통지는 근친 고구(故舊)의 소범위로 할 것이며, 통지는 간략히 할 것을 규정했다. 「을식(乙式)장례」는 갑식에 준하되, 조곡(弔哭)을 폐지하고, 관은 후판후칠(厚板厚漆)을 금지하도록 했다.[45] 역시 간소화와 일상화로 특징지을 수 있겠다.

이리하여 생활신체제는 절약 및 간소화와 생활의 규율화를 두 축으로 삼아 구성되었다. 절약과 간소화는 의례준칙을 개정하고 이를 준수하는 것으로, 생활의 규율화는 황국정신을 앙양하는 조항으로 표현되었다. 그리고 전자는 소극

이와 관련하여 정동연맹의 하부조직에 婦人部를 설치했는데 이에 대해서 주목할 필요가 있다. 國民總力朝鮮連盟事務局長 通牒, 「下部聯盟에 婦人部 設置의 건」(1940. 12. 28), 『國民總力』, 1941. 2, 139쪽. 1941년 2월 총력연맹의 婦人部에서는 다음과 같은 사항을 결정했다. 내선일체를 실현하기 위한 중점 사항으로 生活簡易化, 健康生活, 國防訓練을 들고 그 실시 요항을 각각 다음과 같이 설정했다. 생활간이화를 위하여 家庭總動員, 豫定에 의한 生活 곧 時間 勵行, 物資 愛好를, 그리고 건강생활을 위하여 위생사상 철저, 營養食의 보급, 心身 鍛鍊을, 마지막으로 국방훈련을 위하여 國防思想의 철저, 團體訓練, 防空訓練 등을 요항으로 내세우고 있다. 「期待되는 婦人部의 活躍」, 『國民總力』 1941. 3, 107~110쪽.
이런 부인부 활동의 연장선 위에서 만들어진 것이 「國民生活豫定表」이다. 「國民生活豫定表」는 주부의 一日生活 豫定表, 週間生活 豫定表, 一年生活 豫定表로 구성되어 있다. 「戰時生活 設計圖」, 『國民總力』 1942. 1, 125~128쪽. 일별, 주별, 월별 시간계획은 개인의 시간을 '국가'의 시간을 중심으로 구성하도록 강요하는 것이었다. 그 실행 여부는 차치하고라도, 가정과 개인의 생활을 완벽하게 「국가의 시간」으로 포섭하려는 의도를 드러내고 있었던 것이다. 국가가 민중의 일상을 장악하고 개인적 시간을 국가적 시간으로 완벽하게 재편해 나가고자 했던 것이다. 이런 생활예정표는 「時間 勵行」으로 대표되는 1920년대 이후 근대적 시간의 일상화 작업의 최종판이었다.

44) 國民精神總動員朝鮮聯盟, 「戰時國民生活體制 確立 基準案」, 『總動員』 1940.
45) 「婚禮葬儀의 基準制定」, 『國民總力』 1941. 8, 81~85쪽.

적으로 억제하는 방식으로, 후자는 적극적으로 장려하는 방식으로 실천이 강요
되었다.

여기에서는 총동원체제하 촌락 일상생활의 통제 메커니즘에 대해 다루고자
했다. 인보조직의 상호부조적 전통을 복구한다는 명분으로 조직된 애국반은 총
동원기구의 세포조직이자 일상의 통제에서 첨병의 역할을 수행했다. 애국반은
가장 통제하기 용이한 10호를 단위로 조직되었으며, 반상회를 통하여 운용되었
고, 생활개선 – 근로동원 – 물자배급 – 방공 등 일상의 모든 부문에서 말단조직
으로 활용되었다. 그러나 애국반이 일상생활을 통제하는 데서 힘을 발휘할 수
있었던 것은 배급의 통로로 기능했다는 점에서 찾을 수 있다. 한편 촌락의 모
든 생활기구는 부락연맹과 애국반으로 흡수되었다. 애국반은 생활신체제 구축
에서도 세포조직의 역할이 기대되었다. 생활신체제는 절약 및 간소화와 생활의
규율화를 축으로 구축되었다. 절약과 간소화는 의례준칙의 개정과 실천으로 드
러났고, 생활의 규율화는 황국정신의 앙양으로 표현되었다. 이리하여 총동원체
제하 일상생활의 통제와 동원은 일상의 소비를 통제함으로써 가능하게 되었다
고 할 수 있겠다. 그러나 일상의 소비를 통제함으로써 일상을 통제하는 과정은
일상적 저항을 유발하는 과정이기도 했을 것이다. 그러므로 생활신체제의 구축
을 바로 생활신체제의 수용으로 간주할 수는 없다. 여기에서는 다만 일상의 통
제 메커니즘이 구축되는 과정을 살펴보고자 했을 뿐이다.

3. 촌락금융의 흡수

위에서는 애국반과 생활신체제의 구축을 통한 일상적 소비의 통제 과정을
살펴보았다. 이제 총동원체제하 촌락에서의 일상적 생산의 통제 메커니즘을 검
토해보고자 한다. 일상적 생산의 통제는 금융과 노동의 통제를 통하여 수행되
었다. 여기에서는 촌락금융의 통제 과정을 식산계와 저축조합의 결성 및 그 활

동을 통해 살펴보겠다.

식산계는 1935년 식산계령의 발포와 함께 주로 촌락에 설치되기 시작했다. 식산계는 생산품의 판매, 필수품의 구매, 공동시설 설치, 산업 지도, 공제 등의 사업을 경영하는 법인조직으로 계획되었다. 또한 설립과 동시에 금융조합이나 산업조합에 가입하여 소속 조합의 지도를 받고, 소속 조합과의 사이에 전속 거래를 하도록 계획되어 있었다. 그러나 식산계의 계원에는 조합원과 아울러 비조합원도 포함되어 있었는데, 조합에 가입하지 않은 개인도 식산계에 가입함으로써 조합 산하에 포섭되도록 되었다. 그리하여 금융조합과 산업조합은 식산계를 산하에 포섭함으로써 구매와 판매 사업을 경영할 수 있게 되었다. 금융조합은 이런 정세에 대응하기 위하여 사업부를 신설하여 구판사업(購販事業)의 신장을 도모했다. 또한 금융조합은 식산계를 증설하고 계원을 확장함으로써 전호가입(全戶加入), 전가지도(全家指導) 체제를 구축하려 했다.[46] 촌락지배에 있어 행정과 자본의 결합은 이러한 금융조합의 식산계 지배를 통해서 가장 적나라하게 드러난다고 하겠다.

금융조합은 1938년 '식산계 설치 5개년 계획'을 수립하여 1942년까지 전체 부락에 식산계를 설치하려 했다. 1940년 총력연맹의 결성과 아울러 부락 단위의 생산력확충계획이 수립되자 총독부는 부락연맹과 식산계가 표리일체가 되어 부락의 공동사업에 협력하도록 했다. 또 부락생산확충계획에 의해 설정된 식량증산을 위해 만들어진 부락 공동시설에 대한 조성금을 교부하는 경우, 식산계가 설치된 부락에 대해서는 식산계에 조성금을 교부하도록 했다.[47] 식산계 설치 5개년 계획에 의한 식산계 설치 작업은 1942년 말에는 거의 실현되었다. 표 〈4-21〉은 금융조합 소속 식산계 및 부락연맹 설치 상황을 정리한 것이다.

---

46) 금융조합과 식산계에 대해서는 이경란, 『일제하 금융조합과 농촌사회변동』, 혜안, 2002 ; 문영주, 「일제 말기 금융조합 농업대출금의 운용 실태와 성격」, 『역사문제연구』 6, 2001 ; 문영주, 「조선총독부의 농촌지배와 식산계의 역할(1935~1945)」, 『역사와 현실』 46, 2002 참조.

47) 朝鮮金融組合聯合會, 『朝鮮金融組合聯合會十年史』, 1944, 59~66쪽.

〈4-21〉 소속 식산계에 포용되는 정·동리·부락연맹 수(1942년)

구별	구역 내 식산계 수	前記 契에 포용되는 정·동리·부락연맹 수			계 미설치 부락연맹 수
		정·동리연맹	부락연맹	계	
경기	5,438	(217) 21	(5,705) 5,398	(5,922) 5,419	309
충북	2,091	(42) 24	(2,794) 2,775	(2,836) 2,799	19
충남	4,414	(187) 177	(4,650) 4,632	(4,837) 4,809	18
전북	4,126	(121) 121	(4,112) 4,067	(4,233) 4,188	45
전남	5,413	(537) –	(6,967) 6,663	(7,504) 6,663	304
경북	5,375	(546) 357	(5,558) 5,501	(6,104) 5,858	57
경남	4,796			(5,322) 5,077	55
황해	3,963			(4,576) 4,192	359
평남	2,452			(5,367) 4,228	968
평북	2,277			(2,673) 2,313	314
강원	3,095			(5,312) 5,267	11
함남	2,331			(3,391) 3,147	146
함북	1,312			(1,855) 1,520	23
계	47,083			(59,932) 55,480	2,628

(자료) 金融組合聯合會, 『朝鮮金融組合聯合會10年史』, 1944, 59~66쪽.
(비고) 1. ( )는 조합구역 내 연맹 총수
　　　 2. 지부에서 조사한 연맹 총수는 계수가 오래된 것으로 다소 차이가 있는 것도 있다.

표 〈4-21〉에 의하면 식산계가 설치되지 않은 부락연맹은 2,628개로 정·동리·부락연맹 전체 수를 기준으로 하더라도 5%에 미치지 못한다. 이처럼 금융조합 산하 식산계는 이미 거의 대부분의 부락에 설치되었다. 이 표에 나타나 있지 않지만 1942년 현재 회원산업조합(會員産業組合) 전체 구역 내의 식산계는 896개이고, 여기에 포함되는 부락연맹 수는 834개이며, 미설치 부락연맹 수는 604개이다. 그리고 비회원산업조합 전체 식산계는 393개이고, 여기에 포함되는 부락연맹 수는 283개, 미설치 부락연맹 수는 60개이다.[48] 이를 표

---

48) 朝鮮金融組合聯合會, 『朝鮮金融組合聯合會十年史』, 1944, 59~66쪽.

〈4-22〉 식산계 확장 및 활동 상황(1936~1943년)

연도	회원 수	계수	계원 수	비조합원 수	구매고	판매고	차입고	공동사업을 하는 계수
1936	금융조합	143	5,290	–	–	–	–	–
	산업조합	9	443	–	–	–	–	–
1937	금융조합	1,345	55,027	10,408	692,259	472,782	434,244	–
	산업조합	28	1,243	464	19,926	13,090	24,816	–
1938	금융조합	3,978	156,533	34,013	2,313,491	4,821,852	1,534,667	571
	산업조합	247	10,191	6,929	74,944	67,567	36,916	
1939	금융조합	8,022	305,650	68,516	5,365,678	13,554,803	3,034,434	899
	산업조합	380	14,752	9,877	273,839	245,158	164,237	
1940	금융조합	17,450	670,219	136,046	11,745,917	8,782,356	6,211,532	2,409
	산업조합	1,066	34,994	21,860	316,986	124,162	181,356	
1941	금융조합	26,579	1,121,448	227,774	13,344,034	48,233,576	5,868,235	5,385
	산업조합	1,836	67,133	43,009	895,031	591,490	133,598	
1942	금융조합	39,892	1,895,456	446,475	14,304,528	49,093,828	10,167,679	14,186
	산업조합	1,758	76,210	57,091	1,058,834	428,298	105,480	
1943	금융조합	47,083	2,492,298	587,268	18,012,924	63,198,539	16,476,719	–
	산업조합	896	35,437	27,235	146,598	17,620	106,702	

(자료) 朝鮮金融組合聯合會, 『朝鮮金融組合聯合會10年史』, 1944, 59~66쪽.

〈4-21〉의 수치와 전부 합치면 전체 식산계 수는 4만 8,372개이고, 이에 포함되는 정·동리·부락연맹 수는 5만 6,597개, 식산계 미설치 부락연맹 수는 3,292개에 지나지 않는다. 이처럼 1942년이면 식산계는 95% 이상의 부락연맹을 포괄할 수 있을 정도로 대부분의 부락에 설치되었다.

다음으로 1936년 식산계 설치 이후 연도별 식산계의 확장 및 활동 상황을 검토해보겠다. 표 〈4-21〉을 보면 금융조합에 소속된 식산계와 계원의 수는 1938년을 계기로 기하급수적으로 증가하고 있음을 알 수 있다. 금융조합에 소속된 식산계의 계원 중 비조합원의 비율은 1937년 19%로부터 1943년에는 24%로까지 매년 조금씩 증가하고 있다. 식산계의 확장이 급속하게 추진되면서 비조합원이 점차 늘어나게 되었던 것이다. 그러나 이는 거꾸로 식산계가 확장되는 과정에서 금융조합에 가입하지 못했던 하층 빈농의 조직률이 더욱 높아지

<4-23> 식산계의 공동시설(1938~1942년)

구분	1938년	1939년	1940년	1941년	1942년
현미조제시설	154	261	249	429	*1,041(7)
공제사업	33	73	85	176	151
곡물제조	149	114	386	295	394
預牝牛	10	51	1,439(60)	2,616(49)	6,930(49)
공동경작	76	81	65	126	336
공동사육장	–	–	–	107	62
공동작업장	9	6	–	124	265
공동창고	48	92	109	524	2,499(17)
농기구	13	135	–	241	1,607(11)
계량기	48	26	–	578	168
臺秤시설	–	–	–	–	558
製繩機	–	3	–	13	8
기타	40	57	76	156	157
계	580	899	2,409	5,385	14,176

(자료) 朝鮮金融組合聯合會, 『朝鮮金融組合聯合會10年史』, 1944, 59~66쪽.

게 되었음을 의미하기도 한다.

1계당 구판사업의 규모도 꾸준히 증가하여 천 원을 상회하게 된다. 그런데 1940년까지는 식산계사업 중 판매사업이 구매사업보다 오히려 부진했는데, 1941년부터는 오히려 판매사업이 급속하게 확장되어 구매사업을 훨씬 능가하게 되었다. 주요 농산물에 대한 공출이 실시되면서 식산계가 이를 담당하게 되었기 때문이다. 이처럼 식산계는 촌락 내의 구매·판매·신용사업을 독점적으로 장악해 나갔던 것이다. 식산계가 담당하는 공동사업도 계속 증가하고 있다.

그러면 표 <4-23>을 통하여 식산계가 주도한 촌락 단위의 공동시설에 대해 검토해보겠다. 1940년부터는 식산계의 공동사업도 급속하게 증가한다. 이를 주도한 것은 주로 예빈우(預牝牛)사업이었지만, 1942년에는 현미조제 시설과 공동창고사업 그리고 농기구사업도 급속하게 늘어나는데, 이 역시 농업생산력 확충사업 및 공출과 관련한 것이었다. 예빈우사업과 공동농기구사업이 확장되는 것은 공동작업반의 확장과 관련된 것이기도 했다. 총동원체제하의 식산계는 농업생산의 증대와 공출에서도 주도적인 역할을 수행하고 있었다.

이처럼 전시체제하 식산계는 촌락의 구매사업과 판매사업을 장악하고, 공출을 담당하고 있었으며 농업공동시설을 확충하는 데 기여하고 있었다. 식산계가 확장됨으로써 이전에 각종 촌락조직이 담당하고 있던 판매와 구매활동은 식산계로 이전되었다. 이전의 촌락조직 곧 공려조합이나 진흥회 또는 농업 관련 제 단체는 주로 금융조합에 가입할 수 있을 정도의 중상농층이 중심이었다고 할 수 있지만 식산계가 확장되면서 모든 농가로 조직 대상이 확장되고 국가주의적이고 자본 중심적인 조직으로 재편되었다고 할 수 있다. 이는 강력한 통제경제의 구축과 농촌 노동력의 유출로 인한 지주경제의 약화에 기인하는 것이었다.

금융조합의 조합원이 아니어도 누구나 가입할 수 있게 함으로써 식산계는 계층별 조직이 아니라 모든 계층의 농민을 대상으로 한 조직으로 변화되었다. 이와 아울러 구장이 부락연맹 이사장과 식산계 이사장을 겸임하게 됨으로써, 식산계는 부락연맹과 아울러 부락 단위의 총동원기구로서 명확히 자리잡게 되었다. 다음으로 저축조합의 편성과 국민저축조합의 강제에 대해서 살펴보겠다. 촌락에 총동원체제가 구축되면서 금융기구적 성격을 가진 단체는 식산계나 이후 결성되는 저축조합에 포섭되었다. 저축조합은 1938년 임의단체로 출발했다가 1941년 「국민저축조합령(國民貯蓄組合令)」의 제정으로 국민저축조합으로 강제 재편되었다. 먼저 저축조합 결성을 장려한 배경을 검토해보자.[49]

1938년 5월 정무총감은 「저축장려계획요강(貯蓄獎勵計劃要綱)」을 통첩했는데, 저축을 장려해야 하는 이유를 두 가지 들고 있다.[50] 첫째는 국채(國債)의

---

49) 문영주, 「1938~45년 '국민저축조성운동'의 전개와 금융조합 예금의 성격」, 『한국사학보』 14, 2003 ; 문영주, 「일제하 도시금융조합의 운영체제와 금융활동(1918~1945)」, 고려대학교 박사 학위논문, 2004 참조.

소화와 생산력 확충 자금의 공급을 위한 것이다. 총동원체제의 추진으로 산업 생산력의 확충이 긴요한 과제가 되었는데, 이들 자금의 원천은 국민의 저축에 의한 자금의 축적에 의하지 않을 수 없다고 보았다. 두 번째의 이유로는 물가 앙등의 억제를 들었다. 저축으로 통화팽창을 억제하고, 소비를 축소시켜 군수 자재를 확보하는 것이 필요하다는 것이었다. 요컨대 총동원체제의 구축에 필요한 생산력 확충 자금의 확보와 총동원체제 구축에 악영향을 끼칠 수 있는 물가 앙등의 억제를 위해서 일반 민중들의 통화를 흡수하는 강력한 '저축장려운동'을 정동운동의 전개와 아울러 추진했던 것이다.

저축장려를 위해 취한 방책은 경제적인 능력이나 소득이 있는 곳에 원천저축을 강요하여 저축을 지속할 수 있는 방법을 강구하는 것이었다.[51] 저축장려 방식은 원천저축을 동원한 강제저축이었던 것이다. 하지만 이러한 강제저축을 총독부는 총동원체제하의 일종의 공덕(公德)이라고 주장했다. 원래부터 저축이란 개인적 미덕이었지만 특히 이런 시국에서는 국가를 위한 공덕이 된다는 것이다. 이 시기 저축장려운동의 성격을 '공공성을 의탁한 강제'로 규정할 수 있다.

저축조합은 저축장려운동을 담당하는 조직으로서 설치되기 시작했다.[52] 저축조합은 농산어촌의 부락에는 진흥회, 공려조합, 향약 등 기존 단체를 이용하여 조직하게 하며, 만약 기존 단체가 없는 부락에는 직접 저축조합을 설립하도록 했다. 또한 농어민에 대해서는 저축장려의 방법으로 종래부터 실시해온 부업장려, 수확시의 저금, 절미저금(節米貯金), 공동판매 때의 저금 등 개인 저축에 속하는 것 외에 공동 경작지로부터의 수익금, 애국일 등의 공동출역 임금 등을 공동저축하게 했다. 이처럼 초기의 저축조합은 임의단체였고, 농촌의 저

---

50) 政務總監 通牒,「貯蓄獎勵에 관한 件」(1938. 5. 21), 朝鮮金融組合聯合會,『國民貯蓄造成運動에 관한 資料』(제1집), 1940, 19~21쪽.

51) 朝鮮總督府財務局,「五億貯蓄을 目的으로」, 朝鮮金融組合聯合會,『國民貯蓄造成運動에 관한 資料』(제1집), 1940, 10~13쪽.

52) 政務總監 通牒,「貯蓄獎勵에 관한 件」(1938. 5. 21), 朝鮮金融組合聯合會,『國民貯蓄造成運動에 관한 資料』(제1집), 1940, 19~21쪽.

〈4-24〉 저축조합 설치 상황(1941년)

구분	관공서, 학교, 군대	회사, 공장 상점(시국)	기타 회사, 공장, 상점	町·洞里· 부락 단위	기타	합계
조합 수	10,988	623	3,660	73,168	6,443	94,882
조합원 수	576,972	109,082	239,129	3,368,862	350,156	4,644,201
저축액(원)	48,042,399	15,123,559	34,135,528	165,743,491	12,383,501	275,428,478

(자료) 朝鮮金融組合聯合會,『國民貯蓄造成運動에 관한 資料』(제2집), 1941, 33쪽.

축조합은 농촌진흥운동을 이용하도록 되어 있었다. 총독부 역시 저축장려운동
은 정동운동 및 농촌진흥운동과 표리일체의 관계를 가지면서 추진되어야 한다
고 보고 있었다. 1938년 이후 1941년까지 설치된 저축조합 상황은 표〈4-24〉
와 같다.

먼저 표〈4-24〉에 나타나 있지 않은 1941년 3월 현재 저축조합의 설립 상
황을 보면 정·동리·부락 단위 저축조합의 수가 7만 3천여 개인 것에 비해
1940년 3월 당시 정·동리·부락 단위 저축조합 수는 7만 1,231개에 달한다.[53]
이를 보면 이미 1940년 이전에 거의 모든 부락에 저축조합이 설립되어 있었고
이후에도 저축조합은 조금씩 확대 설치되고 있었던 것이다. 다시 표〈4-24〉로
돌아가보자. 1941년 3월 현재 정·동리·부락 단위의 조합 수는 전체의 77%를
차지하고 있으며, 저축액은 전체 저축조합 저축액의 60%를 차지하고 있다. 저
축조합만을 두고 보면 지역단위 저축조합, 그중에서도 특히 농촌 부락 단위의

---

53) 朝鮮金融組合聯合會,『國民貯蓄造成運動에 관한 資料』(제1집), 1940, 38~40쪽. 앞서 본 바
와 마찬가지로 1938년 저축장려운동 실시 초기에는 농촌진흥운동을 추진하는 부락 단체 주도로
저축장려운동이 진행되었지만 1940년 이전의 어느 시점에 농촌진흥운동 조직과는 별도의 저축
조합을 설립하는 것으로 방침이 전환했다. 하지만 그 시점을 구체적 자료로 확인하지는 못했다.
한편 위의 통계는 정·동리·부락을 단위로 한 저축조합, 즉 지역단위 저축조합 전체를 망라하고
있어 농촌 지역의 저축조합 수를 알려주는 것은 아니다. 그러나 농촌 지역의 부락 숫자가 압도
적으로 많았을 것으로 보이므로 농촌 지역 부락단위 저축조합의 추세를 보여주는 데는 부족함이
없다.

저축조합이 조합의 수로나 저축액수로 보아 절대적인 지위를 차지하고 있었던 것이다. 총독부는 농어촌 방면의 저축은 도시에 비하여 매우 순조롭게 진행되고 있다고 1939년에 보고하고 있는데,[54) 이는 농촌의 부락 단위 저축조합을 통한 것이었다.

저축조합은 1941년 10월 「국민저축조합령」의 발포로 국민저축조합으로 변했다. 국민저축조합은 저축을 장려하기 위하여 가입 조합원의 저축을 알선하도록 한 단체였다.[55) 농촌에서는 1개 또는 몇 개의 정·동리·부락이나 애국반을 하나의 단위로 설정하여 국민저축조합을 설립하도록 했다.[56) 요컨대 전 한국인을 어딘가의 국민저축조합에 가입하도록 하고, 각자의 능력에 따라 조합에 가입하여 능력저축(能力貯蓄)을 하도록 한다는 두 가지 취지에서 국민저축조합을 설립한 것이다.[57) 이리하여 저축조합에는 법적 근거가 부여되었고, 조합이 알선하는 일정한 조건을 구비하는 저축에 대해서는 세금을 면제했으며, 조합에 대한 보조금이나 장려금을 교부할 수 있는 길이 열렸다.[58) 국민저축조합이 설립되기 이전인 1941년 2월 현재 저축조합의 상황을 보면, 금융조합 지도하의 저축조합이 전체 저축조합 8만 2,915개에 대하여 6만 4,448개로 77%를 차지하고 있다. 이로 보면 국민저축조합이 설립되기 이전의 저축조합운동은 금융조합의 지도로 추진되고 있었다고 할 수 있다.[59) 그러나 「국민저축조합령」의 발포로 금융조합 지도하의 임의 저축조합은 모두 국민저축조합으로 규정되었다.

국민저축조합의 설치 이후에도 강제저축은 계속 추진되었는데, 그 가운데 저

---

54) 政務總監 通牒, 「貯蓄獎勵에 관한 件」(1939. 6. 7), 朝鮮金融組合聯合會, 『國民貯蓄造成運動에 관한 資料』(제1집), 1940.

55) 「國民貯蓄組合令」(1941. 10. 30), 朝鮮金融組合聯合會, 『國民貯蓄造成運動에 관한 資料』(제5집), 1944, 25~26쪽.

56) 「國民貯蓄組合令 施行規則」(1941. 10. 30), 朝鮮金融組合聯合會, 『國民貯蓄造成運動에 관한 資料』(제5집), 1944, 27~30쪽.

57) 岡村峻, 「朝鮮國民貯蓄組合令의 槪要」, 『國民貯蓄組合令에 관한 資料』, 1941, 10~20쪽.

58) 岡村峻, 「朝鮮國民貯蓄組合令의 槪要」, 『國民貯蓄組合令에 관한 資料』, 1941, 10~20쪽.

59) 岡村峻, 「朝鮮國民貯蓄組合令의 槪要」, 『國民貯蓄組合令에 관한 資料』, 1941, 1~3쪽.

축추진원제도가 있다. 1944년 9월 저축추진원제도를 설치하여 부락 단위 강제 저축을 더욱 강화하고자 했다. 부락 단위 저축추진원의 자격은 농민에 대하여 지도력을 가졌다고 인정되는 지방의 명망가, 예를 들어 독농가(篤農家)나 일부 지주, 부락민으로부터 신뢰를 받고 있는 구장 등으로 설정되었다.[60] 즉 농촌의 중견인물을 저축을 강제하기 위한 저축추진원으로 활용하고자 했던 것이다. 또한 1944년에는 이른바 결전체제를 확립하기 위하여 저축총궐기 태세를 수립하자는 주장이 제기되었다.[61] 요컨대 저축총궐기 태세란 국민총력운동의 일환으로서 모든 노동력을 최대한으로 활용하여 생산을 증대하고, 극도의 내핍생활을 강요함으로써 저축을 강제하고자 하는 것이었다. 즉 일상의 생활신체제를 구축하는 운동과 저축운동을 연결하고자 했던 것이다. 저축은 단순한 개인의 미덕이 아니고 숭고한 국민의 의무이며, 저축하고 남은 잔액으로 생활하는 것이 당연한 것이었고, 가진 현금은 될 수 있는 한 모두 저축할 것이 강요되었다. 그러므로 각종 물자와 임금 등의 암거래와 국채와 채권의 저가 투매 등의 행위는 철저히 배제되어야 했다.[62]

이리하여 「국민저축조합령」 발포 이후 저축은 급격하게 증가하게 되는데,

---

60) 財務局長 通牒 「貯蓄推進員 設置要綱」(1944. 9. 1), 朝鮮金融組合聯合會, 『國民貯蓄造成運動에 관한 資料』(제5집), 1944, 34~36쪽.

61) 그 내용은 다음과 같다. 1) 國民皆勞의 취지를 철저히 하여 한 사람의 無爲遊休者가 없도록 할 것. 2) 早起에 힘쓰고 寸陰을 아껴 생산에 노력하는 풍조를 양성할 것. 3) 농한기 부업의 장려와 과잉 노동력의 활용에 유의하고 空地의 철저한 이용을 강조할 것. 4) 부인의 근로관념을 함양하여 능률의 증산과 생산의 증가에 노력할 것. 5) 의식주에 대한 불평불만을 일소하고 決戰的 생활태도를 확립할 것. 6) 먼저 納稅와 貯蓄을 한 뒤에 殘餘로써 내핍생활의 실천에 挺身할 것. 7) 소비절약 저축실행에 배치되는 일체의 낭비, 사치, 향락의 추방은 물론 관혼장제의 낭비를 수반하는 舊慣이나 일체의 非戰時的인 색채를 拂拭하고 手製品의 활용을 도모할 것. 8) 허례를 절대 폐지하고 사교의례에서도 철저하게 간소화를 도모할 것. 9) 결전생활의 확립을 위하여는 가정에서는 주부의 자각에 의하는 바가 크므로 생활쇄신 계발운동에 구체적 방책을 강구할 것. 國民總力朝鮮連盟 通牒, 「1944년도 國民貯蓄增强方策要綱」(1944. 6. 7), 朝鮮金融組合聯合會, 『國民貯蓄造成運動에 관한 資料』(제5집), 1944, 4~13쪽.

62) 國民總力朝鮮連盟 通牒, 「1944년도 國民貯蓄增强方策要綱」(1944. 6. 7), 朝鮮金融組合聯合會, 『國民貯蓄造成運動에 관한 資料』(제5집), 4~13쪽.

〈4-25〉 저축조합 설치 상황(1943년)

구분	地域組合	職域 組合		산업단체 조합	기타 조합	합계
		관공서 학교	기타			
조합 수	72,445	10,308	4,953	3,182	26,541	117,429
조합원 수	4,316,818	440,836	466,012	219,297	2,795,746	8,238,709
저축액(원)	724,306,263	110,884,999	82,967,710	23,907,376	32,512,182	974,578,530

(자료) 朝鮮金融組合聯合會, 『國民貯蓄造成運動에 관한 資料』(제5집), 1944, 93~98쪽.

먼저 1943년 저축조합의 설립 상황을 통하여 저축의 변화 양상을 검토해보자. 표 〈4-25〉에는 나타나 있지 않지만, 전체 지역조합 가운데 군·도 소재 조합은 조합 수 6만 5,511개, 조합원 수 376만 2,754명, 저축 현재고 6억 4,083만 8,427원이다. 따라서 표 〈4-25〉의 전체 조합 수인 117,429개에서 군·도 소재 조합 수 6만 5,511개를 제외한 나머지를 부(府) 소재 저축조합이라고 볼 수 있다.

1943년 말 현재 농촌 지역 소재 저축조합의 수는 6만 5,511개로서, 이 수는 대체로 부락연맹의 수와 근사하고, 저축조합의 설립 단위는 부락연맹임을 방증하고 있다. 이를 표 〈4-25〉의 수치와 비교하면, 전체 조합 가운데 부락 단위 국민저축조합의 비율은 약 56% 정도이고, 저축액은 전체의 약 66%를 차지하고 있다. 표 〈4-24〉에 나타난 1941년의 상황과 비교하면 농촌 지역의 저축조합은 수적으로는 비율이 감소했지만 저축액에서는 오히려 상승하고 있다. 그리고 부락 단위 국민저축조합의 조합당 평균저축액은 1만 원을 약간 상회하며, 조합원 1인당 저축액은 160원을 상회한다. 총력전체제하 저축조합과 저축액의 전체적인 상황은 표 〈4-26〉과 같다.

1938년의 저축액이 2억 원인 데 비해 1943년의 저축액은 15억 원으로서 기하급수적으로 증가했다. 1944년에는 23억의 목표액을 설정하고 있다. 저축조합의 실적은 1942년에는 약 29%에 지나지 않았으나, 1943년에는 약 64%로 상승하고 있다. 저축의 증가에서 저축조합이 차지하는 역할은 절대적이었

〈4-26〉 전체 저축과 저축조합 저축 실적(1938~1944년)

연도	실적	金融組合	貯蓄組合
1938	271,748	48,232(17.7)	–
1939	390,021	73,933(19.0)	–
1940	576,339	124,711(21.6)	155,336(26.9)
1941	754,854	148,837(19.7)	275,428(36.4)
1942	995,175	165,817(16.7)	284,604(28.5)
1943	1,524,119	368,931(24.2)	974,579(63.9)
1944	2,300,000	547,490(23.8)	미상

(자료) 朝鮮金融組合聯合會, 『國民貯蓄造成運動에 관한 資料』(제5집), 1944, 85~90쪽, 〈표 1〉과 〈표 3〉 에서 작성.
(비고) 단위는 천 원, 1944년은 목표액, ( ) 안은 전체 저축액에 대한 비율.

다. 1944년 한국 재주자 1인의 저축 평균 연액은 약 75원에 해당한다고 추정하고 있는데,[63] 부락 단위 저축조합의 조합원 1인당 저축액이 약 160여 원이었음에 비교하면 1가족 평균 가족원이 4인이라고 하더라고 한 가족당 300여원에 해당하므로, 농촌 저축은 상대적으로 빈약했던 셈이다.

저축조합의 저축 증가는 주로 원천저축을 이용한 저축 강제의 방식을 이용하고 있었다. 농촌 지방에서는 부락연맹, 식산계, 청년단, 부녀회 등의 단체저금과 공판농작물의 원천저축 또는 부업장려를 통한 현물저축 등을 실시했다.[64] 1940년 8월부터 벼, 대맥, 소맥, 나맥, 라이맥, 면화 등에 대하여 판매가의 1할 이상에 해당하는 금액을 공제하여 원천저축을 강요했다. 1940년부터 1할 이상의 공제 비율을 정했는데, 이 비율은 점점 상승하여 1944년에는 벼 한 가마당 3원 70전으로까지 상승했다.[65]

나아가 1941년부터 공동판매하는 농산물 특히 벼에 대한 이중가격제를 실

63) 國民總力朝鮮連盟 通牒, 「1944년도 國民貯蓄增强方策要綱」(1944. 6. 7), 4~13쪽.
64) 이송순, 「일제 말기 전시농업통제정책과 조선 농촌경제 변화」, 고려대학교 박사학위논문, 2003 참조.
65) 朝鮮金融組合聯合會, 『國民貯蓄造成運動에 관한 資料』(제5집), 1944, 39~40쪽 참조.

〈4-27〉 농림수산물 원천저축 상황(1941~1943년)

연도	공판액	원천저축금	비율(%)
1941	597,547,765	73,561,291	12
1942	530,006,828	66,013,746	12
1943	783,154,768	176,751,044	23

(자료) 朝鮮金融組合聯合會, 『國民貯蓄造成運動에 관한 資料』(제5집), 1944, 100~101쪽의 표 9에서 작성.

시행다. 즉 국채 부담으로 판매 가격을 인상하고 소비자 판매 가격은 거치(据置)하는 것인데, 이중가격제는 일반물가를 안정시키고 생산자에 대하여 상대적으로 불리한 가격을 조정함으로써 미곡 증산을 도모하고자 하는 의도에서 나온 정책이었다. 조선에서는 매상 가격의 인상분을 출하장려금이라고 하고, 생산자에 대한 장려금은 생산장려금으로 불렀는데, 이를 통제미에 대한 장려금으로 일괄 규정했다. 결국 생산자가 벼를 공출하는 경우 생산장려금과 출하장려금의 합계액 곧 벼의 경우 1941년 현재 1석당 2원을 받았고, 소작미에 대해서도 생산장려금이 교부되었던 것이다. 이리하여 생산자에게 이익을 주려 했고, 지주는 오로지 출하장려금으로 벼의 경우 1941년 현재 1석당 50전을 교부하도록 했다. 결국 지주에게는 미곡 공출자로서의 지위를 명확히 한 것이다. 소작미에 대한 생산장려금은 지주가 일단 소작인에게 지급하고 나중에 지주는 양곡조합으로부터 대체한 생산장려금을 받도록 했다.[66)]

이후에는 대맥과 소맥에 대해서도 장려금을 지불했는데, 이렇게 되자 공판 농산물과 이중곡가제에 의한 장려금의 지불로 인하여 팽창하는 농촌의 통화 즉 농촌구매력의 흡수가 가장 큰 문제가 되었다. 이리하여 원천공제의 비율도 더욱 높아지게 되었다. 보조금의 8할을 공제하여 저축을 강제하기도 했다. 그러면 원천저축의 공제 비율이 전체 공판액의 얼마 정도를 차지하고 있었는가를 표 〈4-27〉을 통하여 검토해보겠다.

---

66) 大熊良一, 「신년도 食糧對策과 農村購買力 吸收問題」, 『朝鮮』 1941. 11, 35쪽.

표 〈4-27〉은 농림수산물 전체에 대한 것이지만, 이를 통해 공판 농산물의 원천저축 비율을 확인하는 데는 어려움이 없다. 1941년과 1942년에는 12%였지만, 1943년에는 23%를 공제하여 원천저축으로 할당하고 있다. 공판액의 23%를 공제한다는 것은 특히 소작 빈농에게는 가혹한 것이었음에 틀림없지만, 이는 상층농이나 소지주에게도 마찬가지였을 것이다. 이를 표 〈4-25〉의 1943년 말 당시 부락 단위 저축조합의 저축액 6억 4,083만 8,427원과 비교하면, 원천저축액이 전체 저축조합 저축액의 약 18%를 차지하고 있다.

이 원천저축은 부락 단위 농산물의 공동판매를 알선하고 있던 식산계와 저축조합이 협력하여 담당했다. 이처럼 농촌자금 흡수 경로는 주로 식산계와 저축조합이라는 부락 단체 – 금융조합 – 조선금융조합연합회라는 루트를 통한 것이었다. 모든 한국인은 국민저축조합에 가입이 강제되었고 이를 통하여 원천저축의 방법으로 대부분의 잉여가 저축조합을 거쳐 금융기관으로 흡수되고 있었다. 이제 물가억제를 위한 통화의 흡수가 아니라 생존의 조건마저 위협받을 정도로 저축이 강제되었다고 할 수 있다. 농업생산물 공출제도의 확립과 강제저축의 강력한 전개는 농촌 내의 어떠한 잉여의 잔류도 허용하지 않는 것이었다. 지주뿐만 아니라 모든 농민의 금융생활을 국가적 체제 아래로 귀속시키고 있었다. 이는 농촌을 극도의 피폐한 상황으로 몰아넣었고, 어떠한 이식활동의 여지도 불가능하게 하는 것이었다. 이런 강제저축의 상황은 1943년 12월 이후 조선 내 각 금융기관의 예금 총계가 대출 총계를 초과하기에 이른 것으로 잘 반증된다.[67] 표 〈4-28〉은 금융조합의 예금이 대출을 월등하게 초과하고 있는 상황을 잘 보여준다.

예금이 대출을 초과하게 된 가장 주요한 요인으로 작용한 것은 금융조합의 예금이었다. 즉 대중적 집적기관이 압도적으로 예금 초과를 주도하고 있었던

---

67) 鈴木武雄,「朝鮮統治の性格と實態」,『日本人の海外活動に關する歷史的調査』, 日本大藏省管理局, 1946, 64~65쪽.

〈4-28〉 한국 내 금융기관의 예금과 대출 비교(1945년 1월 말)

구분	예금	대출
각종 은행	3,488(백만 엔)	3,719
금융조합	1,663	534
신탁회사	157	70
동양척식회사	17	225
우편저금	526	–
은행 이외 소계	2,363	829
총계	5,851	4,548

(자료) 鈴木武雄,「朝鮮統治の性格と實態」,『日本人の海外活動に關する歷史的調査』, 日本大藏省管理局, 1946, 64~65쪽.

것이고, 이런 대중적 축적자금은 식산은행의 채권에 투자하든가 아니면 일본의 전시금융채권이나 흥업채권(興業債券)에 투자하는 등의 방법으로 간접적으로 군수산업에 투자되고 있었다.[68] 이로써도 금융조합이 주도하고 있던 저축조합의 강제성을 잘 확인할 수 있다.

1942년의 한 조사자료는 농촌 촌락의 이런 경제적 사정을 잘 보여주고 있다. 전북 옥구군의 둔산 부락에는 위친계(爲親契)와 상여계(喪輿契)라는, 상호부조를 위해 조직된 영세한 계가 활동하고 있었을 뿐 볼 만한 계나 부락 내부 조직은 더 이상 존재하지 않았다. 다만 모든 부락민은 식산계에 가입해 있었다. 볼 만한 계조직은 없었으며 둔산 부락의 계집단은 옛날에 비하여 점차 쇠퇴의 일로를 걷고 있었는데, 이는 부락민의 경제생활의 빈궁화에 기인하는 것으로 영쇄(零碎)한 금전의 여유마저 없다는 것을 말하는 것이었다. 이런 경향은 조선의 다른 부락에서도 마찬가지일 것이라고 조사자는 추정하고 있다. 그리고 가장 오래된 오락이나 단순한 회합기관으로서의 계도 매우 희귀한 것이

---

68) 鈴木武雄,「朝鮮統治の性格と實態」,『日本人の海外活動に關する歷史的調査』, 日本大藏省管理局, 1946, 61~69쪽 참조.

되었다.[69]

식산계와 저축조합은 각기 다른 계기로 촌락에 설치되기 시작했다. 식산계는 주로 금융조합 산하에 조직되었으며, 촌락의 구매와 판매사업을 장악함으로써 생산 과정의 한 축을 통제했다. 저축조합은 처음부터 촌락의 생산 잉여를 흡수하기 위한 의도로 조직된 것이었다. 식산계와 저축조합은 거의 대부분의 부락에서 결성되었으며, 특히 구장이 부락연맹과 식산계의 이사장을 겸임하도록 하고, 저축추진원을 부락의 중견인물이 담당하도록 함으로써, 식산계와 저축조합은 촌락의 총동원체제에 확고하게 편입되었다. 이리하여 촌락의 모든 생산 잉여는 식산계와 저축조합을 통하여 총동원기구로 흡수되었다. 공출제도와 원천저축을 통한 저축 강제는 어떤 생산의 잉여도 촌락에 잔류하는 것을 허용하지 않았다. 그리하여 촌락민의 생존은 심각하게 위협받았다. 이런 금융기구의 장악을 통한 생산 잉여의 흡수 과정은 생산기구의 장악을 위한 한 축을 형성하는 것이었다.

4. 촌락노동의 동원

촌락의 총동원체제는 식산계와 저축조합을 통하여 촌락금융을 흡수함으로써 생산의 통제를 달성할 수 있었다. 생산 통제의 메커니즘은 노동의 통제를 통하여 완성될 수 있는 것이었다. 공동작업반과 근로보국대를 통하여 노동의 통제기구는 수립되었다. 촌락의 총동원체제는 공동작업반과 근로보국대라는 총동원 노동기구를 통하여 생산을 통제할 수 있게 되었던 것이다. 공동작업반은 두레 공동노동의 전통을 이어받은 것으로 간주되었고, 근로보국대를 결성하는 데 토

---

69) 京城帝國大學 南鮮農村調査隊 社會調査班, 「屯山部落의 社會學的 硏究 — 南鮮農村調査報告
    (2)」, 『朝鮮』 1943. 8, 35~46쪽.

대가 되었던 부역 관행도 공공적 미풍으로 칭송되었다. 하지만 생산의 효율성을 제고시키는 데에 전통을 응용하는 것은 별로 도움이 되지 않았다. 그리하여 군사조직을 도입하여 효율성을 높이고자 했다.

공동작업반의 결성 과정은 어떠했을까? 1930년대 중반 이후 농촌의 광범한 노동력 유출이 노동력 부족 현상을 심화시켰다.[70] 한편으로 근로보국대의 광범한 동원이 이루어지고 있었으며 다른 한편으로는 공동작업반의 결성이 급속하게 추진되었다. 우선 공동작업반 결성이 추진된 촌락사회의 배경을 검토해보자. 농업노동과 공장노동의 임금 차이는 농촌 노동력의 광범한 유출을 조장하고 있었다. 공장의 임금은 농촌처럼 계절적으로 제약을 받지 않을 뿐만 아니라 비교적 고임금이 지불되었다. 그 때문에 농촌 노동력은 대량으로 공장 지역으로 전출했다. 그런데 농촌 노동력은 점점 이탈했지만, 다른 한편 무엇보다도 이런 노임노동에 의존해야 하는 농가의 수가 증가하는 경향도 있었다. 농업의 재생산에서 가장 치명적인 것은 오히려 안정 농가의 다수의 청소년이 도회의 상공업으로 전출하는 경향이었다고 한다. 빈농 출신은 대개 무교육자로서 공장노동을 감당할 수 없었다. 이런 사정 때문에 한국 농촌에서는 안정 농가의 청소년이 다수 공장노동자로 흡수되었다. 그런데 이런 안정 농가로부터의 다수의 청소년이 이촌하면 안정 농가는 바로 불안정하게 되고 결국 가족 노동력만으로 경영하던 농가도 이후 임금노동에 의존할 수밖에 없게 되는 것이다. 이리하여 농촌 노동력의 유출은 가속화되었던 것이다.[71] 물론 이 배경에는 광범한 농촌

---

70) 1930년대 중반 이후 농촌 노동력의 대량 유출은 다음의 두 가지 메커니즘에 의한 것이었다. 하나는 농촌의 과잉인구 해소를 명분으로 추진되었던 만주 이민이고, 다른 하나는 전시 총동원계획에 의하여 斡旋, 募集, 徵用 등의 방법으로 토건노동, 광산, 공장 등으로 이출한 경우이다. 이에 대해서는 康成銀, 「戰時下日本帝國主義の朝鮮の農村勞動力收奪政策」, 『歷史評論』 355, 1979 ; 廣瀨貞三, 「「官斡旋」と土建勞動者－「道外斡旋を中心に」, 『朝鮮史研究會論文集』 29, 1991 ; 海野福壽, 「朝鮮の勞務動員」, 『岩波講座 近代日本と植民地』 5卷, 1993 ; 곽건홍, 『일제의 노동정책과 조선노동자』, 신서원, 2001 ; 안자코 유카, 「총동원체제하 조선인 노동력 '강제동원'정책의 전개」, 『한국사학보』 14, 2003 등 참조.
71) 印貞植, 『朝鮮農村再編成の研究』, 人文社, 1943, 81~109쪽. 이 시기 농촌 노동력의 자유의지

〈4-29〉 농업노동자 1일 최고임금 제한(1940년)

구분	남자	여자	加給 4할의 경우	
			남자	여자
함남북 평남북	1원 25전	95전	1원 75전	1원 33전
경기 황해 강원	1원 10전	85전	1원 54전	1원 19전
경남북 전남북 충남북	1원	75전	1원 40전	1원 5전

(자료) 朝鮮金融組合聯合會, 『農業勞務者의 賃金에 관한 調査』, 1942, 21~23쪽.

노동력의 강제 유출이 있었음은 물론이다.

이리하여 농업노동에 대한 임금이 철저히 통제되었다. 일본에서는 총동원체제로 돌입하면서 1939년부터 「임시임금조치령(臨時賃金措置令)」을 발포하여 노동자의 임금을 강력하게 통제하기 시작했다. 이를 바탕으로 한국에서도 농회(農會) 등의 주요 단체를 임금통제의 대상으로 선정했다. 이런 조치의 연장선 위에서 1940년 7월 「농업노무자(農業勞務者)의 임금협정기준(賃金協定基準)」이라는 것이 만들어지게 되었다. 이에 의하여 농업노동자의 하루 최고임금의 범위는 표 〈4-29〉와 같이 제한되었다.

남부 지역은 하루에 1원, 북부 지역은 1원 25전으로 농업노동자의 최고임금이 제한되었다. 이는 당시의 현실로서도 매우 낮은 수준이었다.[72] 위의 임금협정 기준의 주요 내용은 다음과 같은 것이었다. 첫째, 위의 제한은 만 18세 이상의 한국인 남녀로서 농업에 종사하기 위하여 고용되어 정액제의 임금을 받는

에 의한 이출이 과소평가되어서는 안 될 것이다.

72) 경기도의 경우 1942년 농업노동자의 최고임금이 1원 50전으로 인상되었는데, 이것도 공장노동자의 임금 수준에 비하면 대단히 낮은 것이었다고 한다. 그러나 이는 1937년 이전에 비하면 3배 이상 등귀한 것이었으므로 농업노동자를 고용하는 중상농층으로서는 매우 부담스러운 것이었다. 印貞植, 『朝鮮農村再編成の研究』, 人文社, 1943, 81~109쪽.

자에 대하여 적용하도록 했다. 둘째, 임금은 휴게 시간을 포함한 하루 총 취로(就勞) 시간 12시간 이내를 기준으로 최고액을 정하고, 임금의 최고액은 위 표의 범위 내에서 정하도록 했다. 하루 총 취로 시간이 12시간을 초과하는 경우에는 한 시간마다 최고액에 12분의 1에 상당하는 금액을 가산하도록 했다. 그리고 11월부터 2월까지는 10시간을 기준으로 삼도록 했다. 또한 농번기의 기경(起耕), 파종(播種), 삽앙(插秧), 제초(除草), 수확(收穫), 탈곡(脫穀) 등 주요 작업에 대해서는 최고액의 4할 이내를 가산한 임금을 지급할 수 있도록 하여 농번기 노동력 수급을 다소 용이하도록 조치했다.[73] 이처럼 농업노무자의 임금은 철저하게 통제되었다.

그러면 공동작업반 구성은 어떤 방식으로 추진되고 있었는지를 살펴보겠다. 농촌 노동력의 부족 현상이 심각하게 드러나고 있던 1941년경부터 본격적으로 공동작업반 구성이 정책적으로 유도되었다. 「1941년도 춘계 농촌노무 조정상황」[74]을 보면, 1941년 춘계 농번기부터 부락 단위 공동작업의 촉진 강화에 중점을 두고 속히 공동작업반을 편성함과 아울러 작업반 간부에 대한 훈련을 철저히 하여 적기작업(適期作業)을 실시하도록 했다. 공동작업반은 먼저 농가의 노동력, 경지 면적, 구역, 거리, 공동작업반이 이용할 수 있는 농기구, 역축(役畜) 등을 고려하여 부락 애국반을 단위로 4월 말까지 작업별로 편성하도록 했다. 그리고 작업의 종류에 따라 한 부락에 여러 개의 작업반을 편성하는 경우에는 부락을 단위로 편성하게 했으며, 모내기와 보리베기에 중점을 두도록 하고 특히 부인 공동작업반과 학생 아동반의 편성도 적극적으로 추진하도록 지시했다.[75] 이와 아울러 공동작업반 간부에 대한 강습을 적극적으로 추진하고, 강

---

73) 朝鮮金融組合聯合會, 『農業勞務者의 賃金에 관한 調査』, 1942, 21~23쪽.

74) 朝鮮總督府農林局, 「農村勞務調整狀況」, 『朝鮮總督府調查月報』 1942. 3, 9~40쪽. 全家勞動의 강조, 共同作業과 共同榮農施設의 장려, 耕地와 耕作權의 조정, 農業勞動力의 이동 등과 공동작업반의 편성은 농촌 노동력 조정 방책의 하나로 장려되었지만, 역시 공동작업반이 농촌 노동력 조정 방책의 핵심적 지위를 차지하고 있음에 틀림없다.

75) 婦人勞動을 동원하여 共同作業班을 구성하도록 했지만, 이를 위해서는 共同託兒와 共同炊事가

습회에 소요되는 경비는 생산력 확충, 단기강습회의 경비와 농회나 읍면 등의 경비로 충당하도록 했다. 부락 내에서 노동력을 자급할 수 없을 때나 노동력이 과잉일 때는 동리·읍면·군 상호 간에 노동력 이동계획을 수립하여 종합적으로 조정하도록 했다.[76] 이처럼 1941년을 계기로 공동작업반 편성의 대체적인 골격이 형성되었다. 애국반을 단위로 공동작업반을 조직하되, 한 부락에 여러 개의 작업반이 있는 경우에는 부락 단위의 작업대를 편성하고, 모내기와 보리베기에 작업의 중점을 두며, 부인과 아동의 노동도 적극적으로 이용하도록 요구하고 있는 것이다.

경기도 이천군의 공동작업반 편성 사례를 살펴보자. 이천군에서는 1941년 「공동작업반 규약」을 하달하여 실시하도록 했는데 그 내용은 다음과 같은 것이었다. 공동작업반은 남자는 물론 작업 능력을 가진 부녀자 전부로 조직하며, 작업반은 애국반으로 나누어 실시하도록 했다. 그리고 공동작업반은 경우(耕牛)의 공동사역, 농번기 공동작업, 탁아소 개설, 주식(晝食) 냉반(冷飯) 실시 등을 의무적으로 지키도록 했다. 부락연맹 이사장이 전체 사항을 지도 통제하도록 하고, 각 작업반장에게는 작업 사무 및 지휘·규율·통제하는 임무를 부여했다. 그리고 이상의 규정을 위반하는 자는 반에서 제명한다고 규정하여 강력한 규제를 실시하고 있다. 이천군 부발읍(夫鉢邑) 고백리(高白里)의 「공동작업반원 명부」를 보면 제1반은 남자반으로 13명이며, 제2반은 여자반인데 역시 13명으로 구성되어 있다.[77]

1941년의 조선 전체의 공동작업반 편성 상황은 표 〈4-30〉과 같다. 1941년 이면 이미 공동작업반의 편성은 전국적으로 일반화된 상황이었음을 이 표를 통

아울러 요구되었다. 공동작업 - 공동취사 - 공동탁아를 부인 공동노동의 삼위일체라고도 했다. 이에 대해서는 강정숙, 「일제 말(1937~1945) 조선 여성정책」, 『아시아문화』 9, 1993 참조. 이 밖에 여성의 동원에 대해서는 樋口雄一, 「太平洋戰爭下の女性動員 - 愛國班を中心に」, 『朝鮮史硏究會論文集』 32, 1994 참조.

76) 朝鮮總督府農林局, 「農村勞務調整狀況」, 『朝鮮總督府調査月報』 1942. 3.
77) 「共同作業班規約」, 이천시사편찬위원회 소장, 『夫鉢邑 高白里 윤씨가 소장 근대문서』.

〈4-30〉 공동작업반의 편성과 작업 상황(1941년)

구분		작업반 편성 부락 수 또는 학교 수	부락 또는 학교 평균 작업반 편성 수	1반당 작업 인원수	평균 작업 기간	총면적에 대한 비율
모내기	남자작업반	35,148	3	21	11	0.30
	여자작업반	29,867	3	18	10	0.15
	남녀작업반	11,304	3	23	10	0.13
	학생, 생도, 아동작업반	4,077	5	49	5	0.03
	전체	80,396	3	20	7	0.61
보리베기	남자작업반	29,568	3	20	7	0.18
	여자작업반	26,500	3	17	6	0.12
	남녀작업반	9,414	2	20	6	0.07
	학생, 생도, 아동작업반	2,620	4	50	4	0.01
	전체	68,102	3	20	6	0.38

(자료) 朝鮮總督府農林局,「農村勞務調整狀況」,『朝鮮總督府調査月報』 1942. 3. 9~40쪽.

해서도 확인할 수 있다. 이천군에서처럼 일방적으로 강제되었기 때문일 것이다. 공동작업반이 편성된 부락 수는 학교를 포함하여 모내기 작업에는 8만여 개, 보리베기 작업에는 6만 8천여 개에 달하여, 이는 앞서 본 부락연맹이 결성된 동리 수를 상회한다. 거의 대부분의 촌락에 작업반이 편성되었던 것이다. 한 동리 내의 작업반의 개수는 평균 3개이고, 반당 작업 인원은 평균 20명이다. 일관된 시책에 의하여 작업반이 편성되고 있었음을 확인할 수 있다. 대체로 20명의 인원이 작업을 진행하는 데 가장 효율적이었을 것이다. 그리고 남자 작업반, 여자 작업반, 혼성 작업반이 모두 편성되고 있다. 다음으로 평균 작업 기간은 6일 내지 7일이었다. 공동작업반에 의해서 작업이 이루어진 농지의 면적은 모내기의 경우 전체의 61%, 보리베기의 경우 38%에 달하고 있어 공동작업반의 공동노동이 농촌노동에서 아주 높은 비중을 차지하고 있음을 알 수 있다. 공동작업반이 종래 두레 공동노동을 대체할 수 있을 정도의 지위를 이미 차지하게 되었다고도 할 수 있겠다. 이제 경북 지방의 1941년과 1942년의 공동작업반 편성 상황을 비교함으로써, 공동작업반 편성의 내용을 검토해보겠다.

〈4-31〉 공동작업반의 편성과 작업 상황(경북, 1941년)

구분		작업반 편성 부락 수 또는 학교 수	부락 또는 학교 평균 작업반 편성 수	1반당 작업 인원수	평균 작업 기간	총면적에 대한 비율
모내기	남자작업반	3,292	10	16	10	0.24
	여자작업반	2,606	6	16	8	0.17
	남녀작업반	751	8	16	10	0.08
	학생, 생도, 아동작업반	310	6	39	5	0.01
	전체	6,959	8	16	9	0.50
보리베기	남자작업반	3,121	10	16	8	0.16
	여자작업반	2,466	8	16	7	0.10
	남녀작업반	913	3	14	7	0.03
	학생, 생도, 아동작업반	176	6	41	3	0.01
	전체	6,676	8	15	7	0.32

(자료) 朝鮮總督府農林局, 「農村勞務調整狀況」, 『朝鮮總督府調查月報』 1942. 3. 9~40쪽.

표 〈4-31〉과 〈4-32〉를 통해서 1941년과 1942년의 경북 지방 공동작업반 편성 상황을 비교하면 다음과 같은 사실을 확인할 수 있다. 먼저 작업반을 편성하는 부락과 학교의 수가 급증하고 있다는 점인데, 모내기 때는 무려 2,500여 개가 늘어나는 것으로 보아 옛 두레의 편성처럼 구동리 하부 단위의 자연촌락 단위로 작업반 편성이 이루어지고 있음을 보여준다. 이는 부락당 평균 작업반 편성 수에서도 확인할 수 있다. 1941년 부락당 평균 작업반 편성 수는 8개인데, 1942년의 경우 표 〈4-32〉에서 부락당 평균 작업반 편성 수를 정확히 확인할 수는 없지만 전체적으로 5개 내외로 줄어들었음을 추측할 수 있다. 곧 작업반의 규모가 소규모화하고, 그 단위는 자연촌락 중심으로 이행하는 것으로 요약할 수 있을 터인데, 이를 통해 공동작업반의 편성에 종래의 공동작업조직이 활용되고 있었음을 확인할 수 있다. 다음으로 총면적에 대한 비율도 엄청나게 늘어났음을 알 수 있는데, 이는 공동작업반을 중심으로 주요 작업이 수행되고 있었음을 확인시켜준다. 이처럼 공동작업반 결성은 전 지방으로 일반화되었으며, 거기에는 전통적 공동노동조직이 원용되고 있었고, 작업반은 더욱 소규

구분		작업반 편성 부락 수 또는 학교 수	부락 또는 학교 평균 작업반 편성 수	1반당 작업 인원수	평균 작업 기간	총면적에 대한 비율
모내기	남자작업반	4,075	6	13	9	3.27
	여자작업반	3,475	5	13	8	1.65
	남녀작업반	1,648	5	16	7	1.15
	생도작업반	347	4	32	3	0.17
전체		9,545	−	−	−	6.24
보리베기	남자작업반	3,969	6	11	7	3.30
	여자작업반	3,444	5	11	6	1.80
	남녀작업반	1,189	5	15	6	0.98
	생도작업반	346	6	22	6	0.16
전체		8,948	−	−	−	6.14

(자료) 『朝鮮總督府調査月報』, 15-2, 1944. 41~46쪽.

모화했으며, 특히 주요 영농작업은 공동작업반을 중심으로 수행되고 있었다.

다음으로 농촌 노동력 조정의 한 방안으로 강조되고 있던 농촌 노동력의 이동 상황을 살펴보자. 표 〈4-33〉에서 보는 바처럼 전체적으로 48만여 명의 농촌 노동력 이동이 나타나고 있어 노동력 부족을 타개하기 위한 촌락 간 노동력 이동이 상당히 활발하게 추진되고 있었음을 알 수 있다. 노동력 이동으로 말미암아 농촌 노동력 부족 현상이 평북 지방에서 발생했으나 전체적으로는 아주 미미한 상황이었고, 오히려 일부 지방에서는 노동력이 남아도는 상황이 발생하기도 했다. 이처럼 농촌 노동력 부족 현상은 공동작업반 편성과 노동력 이동으로 적극적으로 보완되고 있었다.

이로 본다면 1942~1943년을 경계로 전국적으로 공동작업반을 운영하게 되며, 공동작업반의 조직은 촌락 사정에 따라 구 단위로 또는 애국반 단위로도 조직되었음을 확인할 수 있다. 하지만 이는 공동작업반 구성의 난맥상을 드러내는 것일 따름이었다. 공동작업반을 통한 농촌 노동력의 전면적 동원은 많은 문제를 낳고 있었다.

⟨4-33⟩ 농촌 노동력의 이동 상황(1941년)

도명	부족 인구	노동력 충족 인원	부족 인원에 대한 충족 인원 과부족
경기	4,099(인)	4,099	-
충북	10,902	10,902	-
충남	20,820	20,936	116(과)
전북	23,670	26,530	2,860(과)
전남	4,662	4,662	-
경북	1,000	1,000	-
경남	17,163	17,163	-
황해	243,050	243,050	-
평남	33,259	33,259	-
평북	17,970	15,910	*2,060(부족)
강원	85,573	85,573	-
함남	17,239	17,239	-
함북	520	520	-
계	479,927	480,843	916(과)

(자료) 朝鮮總督府農林局, 「農村勞務調整狀況」, 『朝鮮總督府調査月報』, 1942. 3. 9~40쪽.

　　무휴식의 장시간 노동이 염천(炎天)에서 계속되면 농민의 보건에 미치는 치명적인 악영향은 말할 나위도 없지만, 농업노동의 생산성으로 보아도 노동 시간이 연장됨에 따라 능률이 반비례적으로 저하하는 것이 보편적이다. 그 때문에 두레와 같이 하루 취업 시간 중에 네 시간 내지 다섯 시간의 휴식 시간을 주는 것은 불가능하지만 적당한 휴식 시간을 배정하는 것은 노동 능률의 증진에서 필요한 조건이다. 노동의 단순한 강화가 특히 임산부인의 경우에 사산율이나 육아의 사망률을 높여 국민후생상 두려운 결과를 초래하는 것은 이미 전문가에 의해 강조되어온 바이다.[78]

---

78) 印貞植, 『朝鮮農村再編成の研究』, 人文社, 1943, 81~109쪽.

이 인용문을 통해 공동작업반 운영이 초래하고 있던 문제의 원인을 확인할 수 있다. 공동작업반은 휴식 없이 장시간 노동으로 진행되고 있었으며, 그리하여 노동 능률이 떨어지고 노동의 생산성이 전체적으로 하락하고 있었던 것이다. 무리한 장시간 노동은 특히 부인의 건강에 치명적인 영향을 미치고 있었다. 이와 아울러 공동작업반은 고유한 내적 모순을 안고 있었다. 계층에 따른 이해의 불일치가 나타날 수밖에 없었기 때문이다. 농업노동에 따른 임금을 받는 계층인 농업노동자 및 빈농과, 이들을 고용하는 중상층농 사이의 이해의 불일치가 공동작업반의 갈등을 야기할 가능성은 언제나 잠복해 있었던 것이다.[79]

공동작업반의 동원과 아울러 농촌 노동력을 더욱 대규모로 그리고 효율적으로 동원하기 위해서 부락을 단위로 근로보국대를 조직했다. 근로보국대는 종래의 부역과 공동노동조직의 관행을 결합한 것이었다. 부역노동을 더욱 효율적으로 조직하고 동원할 필요성은, 1934년경을 전후하여 남부 지방의 농촌 노동력을 북부의 공업지대로 동원하기 위하여 개발한 '관알선(官斡旋)'이라는 방식이 1930년대 후반 노동력 부족 현상으로 타격을 받게 되자 촉발되었다. 곧 이 알선 인부의 부족분에 대한 타개책을 강구할 필요 때문에 근로보국대의 결성이 기도되었던 것이다.[80] 노동력 부족 현상을 타개하기 위한 강제동원의 방식으로 추진되었던 것이 근로보국대였다. 하지만 총독부는 이를 종래의 부역노동으로부터 정당성을 끌어내고자 했고, 부역노동의 동원 방식을 활용하고 있었다. "근로보국운동은 부역정신을 봉사의 정신으로 이끌어 전체적·국가적·조직적

---

79) 공동작업반은 농번기 농촌 노동력의 부족 현상에 대응하여 "협동하여 대응한다는 촌락 구성원들의 소박한 상부상조의 정신" 곧 촌락을 위한다는 정신이 작용하여 계층 분화에 의한 작업반 내부의 잠재적인 대립을 억제하고 있었다고 한 松本武祝의 견해에는 동의하기 어렵다. 松本武祝, 『植民地權力と朝鮮民衆』, 社會評論社, 1998, 219~222쪽 참조. 여성과 아동노동에 대한 무차별적 동원과 무휴식의 강제노동이 오히려 생산성을 하락시키고 있었다는 점을 간과하고 있기 때문에 이런 추측이 가능한 것이 아닐까 한다.

80) 宮孝一, 「朝鮮の 皆勞運動」, 『朝鮮』 1941. 11, 1~6쪽. 근로보국대의 결성에 대한 개괄적 이해로는 이만열, 「일본군 '위안부' 정책 형성의 조선 측 역사적 배경」, 『일본군 '위안부' 문제의 진상』, 역사비평사, 1997 참조

활동으로 고양하고, 황국신민으로서의 심신을 단련하여 근로를 애호하고 나태를 배격하며 국가에 봉사하는 정신을 앙양하는 바에 그 대정신이 있다"[81]라는 정무총감의 발언이 이런 정황을 잘 보여준다.

1938년부터 근로보국대는 본격적으로 조직되어 동원되기 시작했다. 정동연맹은 「국민정신총동원 근로보국단운동 실시요강」을 발령하여 근로보국대를 결성할 것을 지시하고 있다. 근로보국대는 다음과 같은 원칙하에 결성되었다. 만 20세부터 만 40세까지의 남녀 모두가 참가하는 것을 기본으로 하며, 청년단, 갱생공려부락, 갱생지도부락 등에서 먼저 결성하도록 했다. 그리고 기존 부역이 도로 부역을 중심으로 한 것이었듯이 근로보국대도 일단 출발은 부역과 동일한 작업 위주로 선정했다. 다만 농번기에는 영농 개선에 관계 있는 부락의 일제 작업 곧 모내기, 병충해 구제 등의 작업으로 대신할 수 있도록 했다.[82] 근로보국대는 종래의 부역을 훨씬 더 가혹한 방식으로 집합화·강제화·제도화한 것이었다. 그리고 노동 동원 기간이나, 사용 시간의 제한 등을 규정하고 있지 않아서 임의적이고 강제적인 방식으로 동원될 여지를 남겨두고 있었다.

이런 정동연맹의 근로보국단 설치 규정에 의거하여 가장 특징적인 근로보국단을 결성했던 곳이 경기도 여주군이었다. 여주에서는 정동연맹의 지시가 있기 전에 이미 면 단일의 근로보국단을 결성하여 양평군 철도공사에 백 명의 봉사대를 선발 파견한 상태였다.[83] 이후 위의 지시에 근거하여 먼저 면을 단위로 '면근로보국단(面勤勞報國團)'을 결성했다. 그리고 근로 훈련을 위하여 출동하는 것을 근로보국단 출동대라고 규정했다. 근로보국대의 조직과 병행하여 부인 근로보국대와 공동작업반도 결성되었다. 1938년부터 1939년 사이에는 아직 공동작업반 조직이 시도되지 않았기 때문에 이런 현상이 생긴 것으로 보이는

---

81) 國民精神總動員忠淸南道聯盟, 『國民精神總動員聯盟要覽』, 1939, 55~61쪽.

82) 國民精神總動員忠淸南道聯盟, 『國民精神總動員聯盟要覽』, 1939, 55~61쪽.

83) 土持生, 「勤勞奉仕하는 젊은이를 방문하고 - 京畿道驪州郡勤勞報國團視察記」(1), 『朝鮮地方行政』 1938. 9, 48~53쪽.

데, 출동대를 제외한 부인근로보국대와 작업반은 앞으로 공동작업반으로 바뀌게 될 것이었다. 조직의 미분화 상태에서 나온 것이 출동대와 구별되는 두 개의 조직이었는데, 이런 의미에서도 여주에서의 사례는 근로보국대 조직의 세련화 과정을 잘 보여주고 있다.

이처럼 근로보국대를 처음으로 체계적으로 동원한 곳이 경기도였고, 여주군은 그 모범사례로 거론되었다. 그러나 1939년까지는 도 단위의 조직적 운동이 전개되었던 곳은 경상남도 정도에 지나지 않았다. 경상남도에서는 1938년 5월부터 조직에 착수했는데, 여기에서는 농촌진흥운동을 기반으로 그를 추진하려 했던 것이 특징이었다. '성단봉사작업단(成團奉仕作業團)'이라는 것이 바로 부락진흥회를 기초로 한 도 단위의 근로보국대 조직이었다.[84] 그리고 전남에는 담양군 애국정신대라는 군 단위 근로보국대 조직이 있었지만, 도 단위의 조직은 여기에서도 1939년까지는 설치되지 않았다. 그 밖에 함남, 강원도, 충남, 충북 등의 지역에서 근로보국대 결성을 위한 다양한 움직임이 일고 있었다.[85]

하지만 농촌 노동력의 부족 현상이 더욱 심각해지면서 1941년 전국적·통일적인 근로보국대 조직이 시도되었다. 일본에서는 이미 1940년 가을에 「근로신체제요강(勤勞新體制要綱)」을 발포하고, 이어 1941년 9월에 그 구체화를 위하여 「국민근로보국대에 관한 칙령안 요강」을 포함한 5개의 칙령안 요강을 결정했다. 이 칙령안 요강은 국가총동원법에 기초하여 칙령으로 공포되어 한국에도 시행되도록 강제되었다.[86] '국민개로(國民皆勞)'의 이름으로 이루어진 전국적 근로보국대의 편성 상황을 검토해보자. 먼저 편성 순서로, 근로보국대의 협력을 받고자 하는 자, 예를 들어 민간, 군수공장, 농회, 광산 등에서 주무대신(主

---

84) 「우리 道의 勤勞奉仕運動」, 『朝鮮』 1939. 11, 17~56쪽. 경남의 경우에도 도 단위의 조직이 있었지만, 1940년에도 출동대 조직이 활동하지 않았다는 보고가 있는 것으로 보아 이 조직이 제대로 작동한 것은 아니었던 것으로 보인다. 宮孝一, 「朝鮮의 皆勞運動」, 『朝鮮』 1941. 11.

85) 「우리 道의 勤勞奉仕運動」, 『朝鮮』 1939. 11.

86) 森谷克己, 「國民皆勞의 意義」, 『朝鮮』 1941. 11, 20~26쪽.

務大臣)이나 지방장관(地方長官)에 대하여 국민근로보국단체 협력을 신청하도록 했다. 그러면 주무대신이나 지방장관은 여기에 기초하여 시정촌장, 청소년단장, 학교장, 기타 단체의 자에 대하여 그때마다 국민근로보국대의 편성을 명령하고, 명령을 받은 시정촌장, 청소년단장, 학교장 등은 작업 기한 등에 따라 본인의 연령, 직업, 신체 상태, 희망 등을 참작하여 참가자를 선정하고 본인에게 통지하도록 했다.[87] 민간, 군수공장, 농회, 광산 등에서 이용할 수 있도록 규정함으로써 이제 부역노동의 대체물이 아니라 부족 노동력의 제도적 보완물로 근로보국대를 이용하고자 하는 의도를 명확히 엿볼 수 있겠다.

1941년에 발포된 「근로보국대조직요강(勤勞報國隊組織要綱)」을 통하여 근로보국대의 조직 대강을 검토해보겠다. 첫째, 각 애국반으로부터 연령 만 14세부터 40세 미만의 남자반원과 연령 만 14세부터 25세 미만의 미혼 여자반원을 선정하여 정·동리·부락연맹 단위로 근로보국대를 조직하도록 했다. 만 40세 이상의 남자반원과 25세 이상의 여자반원이라도 지원에 의하여 대원으로서 적당하다고 인정되면 추가할 수 있었다. 그리고 농산어촌에서는 연령의 범위를 만 60세 미만으로 조정할 수 있도록 했다. 둘째, 중대·소대·분대를 설치할 수 있도록 했다. 중대·소대·분대를 설치할 때는 그 각각에 대장을 두고 애국반장이나 적임자 중에서 대장을 선임하도록 했다.[88] 여기에서 주목해야 할 점은 근로보국대의 조직이 명확히 군사조직을 지향하고 있었다는 점이다. 군사조직으로 편제함으로써 동원을 강제하고, 노동 능률을 제고하려는 의도를 가지고 있었던 것이다. 이후 「근로보국대준칙(勤勞報國隊準則)」이 결정되는데, 그를 보면 2~4분대로 1소대, 2~3소대로 1중대를 편성하고, 1분대의 대원 수는 대개 25명으로 한다고 규정하고 있어, 완전한 군대조직을 지향하고 있었음을 확인할 수 있다.[89]

---

87) 「半島의 가을에 높이 넘치는 國民皆勞의 旗幟」, 『國民總力』 1941. 10, 20~24쪽.
88) 「勤勞報國隊 組織要綱」, 『國民總力』 1941. 10, 99~100쪽.
89) 「勤勞報國隊準則 決定」, 『國民總力』 1941. 11, 79~80쪽.

다음으로 작업의 대상으로는 국가적 봉사작업과 공공적 봉사작업의 두 가지를 두었다. 먼저 국가적 봉사작업으로는 물자 공출에 관한 근로작업, 군사원호 근로작업, 군사상 또는 국가적으로 필요한 토목, 건축, 운반 작업, 방호(防護)에 관한 근로, 물자 증산에 관한 근로작업, 기타 국가의 요청에 의한 근로작업으로 설정하고 있다. 다음으로 공공적 봉사작업으로는 도로·교량 건설과 수리, 하천의 수리, 위생에 관한 근로, 공공건축물 건설에 관한 근로, 황무지 개척, 기타 향토개발에 관한 근로 등이었다.[90] 그리고 근로보국대에 참가하는 경우 보상을 받지 않는 것이 원칙이지만 작업 장소로 가는 여비와 숙박 등의 실비와 작업의 종류 및 참가하는 자의 사정 등을 감안하여 협력을 받는 자 즉 공장 사업장 등이 수당을 지급할 수 있도록 했다. 근로보국대는 정·동리·부락연맹 단위로 조직하고, 다시 이를 결집하여 부·읍·면 단위로 조직하여 상위 연맹의 지시에 따라 수시로 필요한 장소로 출동하도록 했다. 그리고 종래의 각종 근로보국대는 이 조직에 포섭하도록 했다.[91]

그러나 무료동원도 있었지만 실제로는 대체로 1일 1인 30전 정도의 일급을 지급받았으며, 따로 여비를 지급받는 경우도 있었다. 군 단위로 무차별적으로 순번을 정하여 1개월 정도의 기간 동안 동원되었다. 군과 국가의 작업뿐만 아니라 민간업자도 동원의 주체가 될 수 있었다.[92] 이런 점에서 보면 과거의 부역에 비하여 동원 기간이 파격적으로 길어지고, 임금이 지급되는 경우가 많았다는 점에서 큰 차이를 가지고 있었다. 그리고 1개월여의 기간 동안이나 동원된다는 것은 농민들에게는 크나큰 부담이 되지 않을 수 없었다. 근로보국대는 이런 점에서는 부역보다 훨씬 강화된 강제적 노동수탈의 한 방식이었다고 규정할 수 있다.

한편 근로보국대 조직령이 발포된 이후에도 부락 단위에서는 근로보국대와

90) 「勤勞報國隊 組織要綱」, 『國民總力』 1941. 10.
91) 「半島의 가을에 높이 넘치는 國民皆勞의 旗幟」, 『國民總力』 1941. 10, 20~24쪽,
92) 宮孝一, 「朝鮮의 皆勞運動」, 『朝鮮』 1941. 11, 1~6쪽.

〈4-34〉 도내 동원 수(1938~1944년)

시기	1938년	1939년	1940년	1941년	1942년	1943년	1944년
인원수 (명)	74,194	113,006	170,644	313,731	333,976	685,733	2,454,724 (888,612)

(자료) 日本大藏省管理局, 『日本人の海外活動に關する歷史的調查』, 1946, 47~75쪽.
(비고) 1944년의 통계는 두 가지가 같은 자료집에 실려 있는데 이 중 많은 수를 택한다. 1944년 245만
4,724명 가운데, 도내 관알선은 49만 2,131명(20%), 근로보국대는 192만 5,272명(78.5%), 모집은
3만 7,321명(1.5%)을 각각 차지하고 있다.

공동작업반이 명확히 분리되어 인식되지는 않았다. 1942년 전라북도의 지시
사항을 보면 그런 점을 확인할 수 있다. 전라북도에서는 1942년 4월 「근로보
국대강화철저방침(勤勞報國隊强化徹底方針)」이라는 지시를 내려보냈는데 근로
보국대와 공동작업반을 구분하여 근로보국대원의 명부를 철저히 작성해두라는
내용이었다.[93] 근로보국대 동원이 부역이라는 미풍(美風)을 빙자하여 자의적이
고 모호한 상태에서 이루어지고 있었음을 짐작할 수 있겠다. 한편 전라북도에
서는 1942년에 도외(道外)로 동원하는 근로보국대로서 근로특별대가 조직되기
도 했다. 이는 근로보국대원 중 거주지 밖으로 출근할 수 있는 사람을 중심으
로 편성하도록 했다.[94] 이제 근로보국대 동원의 규모를 도내 동원 인원수를 나
타낸 표 〈4-34〉를 통해 검토해보겠다.

1941년 이후 도내 동원 인원수는 급속히 증가했다. 1944년의 경우 19세부
터 55세까지의 농촌 가동 인구수 240만여 명을 훨씬 상회하는데, 이는 전년의
4배에 가까운 수치이다. 이 가운데 근로보국대는 192만 5,272명으로 78.5%를
차지한다. 또 근로보국대는 모집과 알선을 합친 수치의 약 4배에 달한다. 한편
1940년의 경우 근로보국대로 동원된 연인원이 65만 2,481명이었다는 통계가

---

93) 허수열, 「조선인 노동력 강제동원의 실태」, 『일제의 한국식민통치』, 정음사, 1985, 337쪽.
94) 민족문제연구소 편, 『일제하 전시체제기 정책사료총서』 노무 13권, 한국학술정보, 2000,
415~416쪽 참조.

있다.95) 이를 표 〈4-34〉에 제시된 1940년의 도내 동원 인원수와 비교하면, 근로보국대로 동원된 인원은 도내 동원의 약 4배에 이른다. 1940년의 도내 동원 수치는 모집과 알선을 합친 숫자일 것이다. 이와 아울러 1940년의 통계와 1944년의 통계를 비교하면, 표 〈4-34〉의 1943년까지의 수치에는 근로보국대로 동원된 노무자가 포함되어 있지 않음을 알 수 있다. 이러한 사실을 통해 1943년까지의 도내 동원 수치의 4배에 가까운 인원이 근로보국대로 동원되었다고 추정할 수 있다. 이 비율로 1938년 이후 1943년까지의 도내 동원 인원을 기준으로 근로보국대로 동원된 인원을 환산하면 적어도 6백만 명을 상회하는데, 여기에 1944년의 190만여 명을 더하면 8백만 명에 육박하는 것이다. 이는 어디까지나 추정치에 지나지 않지만, 근로보국대로 동원된 인원이 엄청난 규모에 달하고 있었다는 사실을 확인하는 데에 어려움은 없을 것이다.

전쟁이 진행되면서 군수 관련 토건공사가 증가하고 이에 따른 노동력 부족을 근로보국대라는 형식을 통해 강제로 동원하고 있었던 것이다. 하지만 이 동원은 이제 아무런 최소한의 법령조차도 갖추지 못한 노동력의 '무법적 강제동원'이었음이 분명하다. 이에 따라 근로보국대의 노동동원은 많은 문제점을 양산하고 있었다. 평남 지방과장은 근로보국대의 동원이 2개월 교대제로 실시되고 있었고, 노무관리가 매우 나쁘기 때문에 동원된 사람들이 많은 불만을 품고 있음을 전하고 있다. 그 대안으로 그는 청부제를 제안하고 있다. 2개월간 일하는 것이 아니라 청부제로 그것만을 마치면 언제라도 돌아오게 하면 2개월의 일을 20일에 마칠 수 있다고 보았던 것이다.96) 요컨대 청부제로 만들어 능률적으로 일하게 하고 근로보국대에 보내는 횟수를 적게 함으로써 농민들의 불만을 해소할 필요가 있다는 것이었다.

농촌 노동력이 대량으로 외부로 유출되자 총독부는 촌락의 노동력을 동원하

---

95) 宮孝一,「朝鮮의 皆勞運動」,『朝鮮』 1941. 11.

96)「末端行政을 말한다」,『朝鮮行政』 1945. 1, 38~48쪽.

여 노동의 효율성을 강화하려 했다. 공동작업반과 근로보국대는 이리하여 조직
된 것이었는데, 모두 두레와 부역이라는 공공적 공동노동의 전통을 부활하여
조직되었다는 점이 강조되었다. 공동작업반과 근로보국대는 그 차이가 인식되
지 않은 채 모호한 상태에서 자의적으로 동원되고 있었다. 근로보국대가 법제
화된 후에도 혼란은 계속된 것으로 보이는데, 이는 특히 노동력 동원의 자의성
때문에 초래된 것이었다. 특히 근로보국대는 무법적으로 강제동원되고 있었으
며, 군사적 방식으로 조직되었다. 근로보국대에 군사조직을 도입한 것은 노동
의 효율성을 제고하기 위한 것이었다. 그러나 이런 방식의 노동 동원으로 동원
의 규모가 커졌음에도 불구하고 그 자의성과 강제성 때문에 노동의 능률은 떨
어지고 생산성은 하락했다. 공동작업반과 근로보국대가 조직됨으로써 촌락의
노동기구도 총동원체제에 편입되었다. 노동기구의 총동원체제로의 편입은 생산
의 통제 메커니즘의 한 축을 구성하는 것이었다. 이리하여 노동 통제는 금융
통제와 아울러 총동원기구의 생산통제의 한 축을 구성하게 되었다.

이제 촌락의 총동원체제 구축에 대한 위의 논의를 요약하고 그 의미를 살펴
보도록 하겠다. 이 시기 촌락의 총동원조직은 이전에 분화된 촌락조직을 바탕
으로 재구축되었다. 그리하여 가장 질서정연하게 촌락조직의 역할은 구분되었
다. 공익기구는 부락연맹에 흡수되었다. 이리하여 부락연맹 산하에 촌락의 총
동원기구는 완벽하게 통합되었다. 이처럼 촌락의 총동원체제가 구축됨으로써
촌락조직의 역할은 질서정연하게 구분되었고, 그럼에도 유기적으로 부락연맹
산하에 통합되었다. 행정동리는 거의 무용지물이 되었으며, 부락연맹은 구동리
수준에서 복구되었다. 또한 다른 모든 촌락조직도 부락연맹으로 흡수되었다.

그럼에도 부락연맹은 촌락 내에서 많은 갈등을 유발하고 있었다. 또한 부락
연맹은 군사적 조직을 지향했고, 생산력의 향상을 최고의 가치로 표방하고 있
었다. 촌락 내 생활기구도 애국반이 결성되면서 이에 흡수되었다. 애국반은 전
통적 인보조직의 부활을 내걸고 조직되었으며, 생활개선을 내건 생활신체제 구
축의 기초조직이 되었다. 생활신체제는 절약과 간소화 그리고 황민의식의 앙양

을 통한 규율화를 두 축으로 삼고 구성되었다. 생활의 통제는 규율화의 과정이었던 것이다. 또한 촌락의 모든 금융은 식산계와 저축조합을 통해 국가로 흡수되었다. 식산계는 생산과 소비의 효율화를 내걸고, 유사-전통적 인보조직의 이념을 바탕으로 조직된 것이었다. 저축조합은 모든 생산 잉여를 남김없이 흡수할 수 있었다. 이에 따라 모든 촌락 금융기구는 약화, 소멸되었다. 마지막으로 촌락의 노동기구도 공동작업반과 근로보국대로 재편되었다. 이들 조직은 두레와 부역이라는 유사-전통적 가치의 복구를 내걸고서 공동체적 연대를 이용하여 군사적 방식으로 촌락 노동력을 '강제' 동원했다. 이런 강제는 공동체적 연대라는 자율성의 이름 아래 가려 있었지만, 이런 노동력 강제동원은 노동력의 효율을 떨어뜨리는 것에 지나지 않았다.

이리하여 공익기구가 가지고 있던 촌락의 공익-공공성은 총동원 국가기구의 공공성으로 포섭되었고, 공공성은 천황제국가의 이상을 위하여 희생되었다. 그리고 모든 자본주의적 상품기구도 국가기구에 포섭되었다. 향약과 인보조직, 두레와 부역이라는 유사-전통은 전통의 부활로 칭송되었고, 이는 동양적 이상으로 포장되었다. 하지만 그 속내는 군사조직의 효율성을 지향하는 것이었다. '군사화된 전통'이라는 이름을 촌락의 총동원조직에 붙여줄 수 있다. 소비의 통제는 일상의 통제를 위한 메커니즘으로 이용되었다. 금융과 노동의 통제를 통하여 생산의 통제를 달성할 수 있었다. 이리하여 생산과 소비 곧 일상의 전 영역은 총동원기구에 의해 통제되었다. 그리고 촌락의 생산 잉여는 완벽하게 총동원기구를 통하여 국가로 흡수되었다.

그러나 이런 모든 메커니즘의 구축은 위로부터 일방적으로 강요된 것이었다. 이리하여 일상적 저항의 가능성은 언제나 농후하게 잠복해 있었다. 경제경찰(經濟警察)의 창설은 역설적으로 저항의 일상화를 보여준다. 그리하여 촌락의 총동원조직은 그 조직 목표로 설정되어 있던 생산성의 향상을 달성하지 못했다. 동원의 강제성은 효율성을 오히려 하락시켰으며, 여기에 생산자원도 효과적으로 배분하지 못함으로써 생산성은 결국 하락하지 않을 수 없었다. 결국 전쟁은 패배로 끝났지만 전쟁을 위해 총동원된 한국의 촌락에는 어떤 이득도 가져다주지 않았다. 촌락의 '모든' 노동력이 동원되었지만 수입이나 경제적 생활 수준은 오히려 하락했다. 모든 수입은 국가로 흡수되었고, 최저생활만이 유지되었다. 그리고 촌락정치는 후퇴했고, 촌락은 심각한 분열 상태로 빠져들었다. 유지나 중견인물은 구장이나 기타 총동원조직으로 흡수되었으며, 촌락의 매개기능은 약화되었다.[97] 총동원이 해제되면 촌락은 어떤 모습으로 남게 될 것인가?

모든 조직은 총동원조직으로 흡수되었다. 그럼에도 이는 단지 단기간의 제도적인 것에 지나지 않았다. 유사-전통적 가치를 내걺으로써 공동체의 연대망은 크게 훼손되지 않았고, 촌락의 기본적 생활구조는 그대로 유지되었다. 그리하여 해방 후에 원래의 상황은 다시 복구될 수 있었다. 촌락의 분화와 개별화는 진행되었지만, 집단주의적·군사주의적 가치의 세례를 받음으로써, 촌락 내부의 새로운 가치체계와 조직망은 만들어지지 않았다. 이는 1960년대 이후 산업화의 영향으로 농촌이 해체될 때까지 유지되었다.

---

97) 총동원체제하 한국의 촌락에는 한국인에 대한 물질적인 동기부여를 통해서 자발적으로 정책에 협력하도록 하는 국면이 존재했고, 그 때문에 전시통제경제도 일정한 성과를 거뒀다고 보는 견해가 있다. 松本武祝, 『植民地權力と朝鮮民衆』, 社會評論社, 1998, 207~247쪽. 공동작업반이나 供出에서의 部落生産責任制 등을 통하여 주어진 물질적 동기부여를 통해서 상부상조의 정신에 바탕을 두고 촌락을 위한다는 목표에 입각해서 촌락민들의 자발성을 끌어낼 수 있었고, 총동원조직의 말단에서 협력하면서 근대화-과학화-문명화 등의 私事化 이데올로기에 입각하여 구조론적으로 농업근대화론을 주장하고 있던 중견인물이 촌락을 주도할 수 있게 되었다고 하는 두 가지 논리가 그 주장의 근거를 이루고 있다. 그러나 이는 촌락의 총동원조직에 관통하고 있던 유사-전통을 자발성으로 오인하고, 군사적 조직을 통한 효율성 증대의 추구를 근대화론으로 착각한 데서 기인하는 것이겠다. 그러나 이 시기에도 경제적 합리성의 추구가 농촌 내부에서 확산되고 있었고, 이를 통하여 조선 농촌의 이데올로기가 변하고 있었다는 마쓰모토 다케노리(松本武祝)의 견해는 인정할 수 있다.

결론

결론

지금까지 통감부가 설치되어 일제가 한국의 지방행정을 장악한 이래 식민통치가 종식되기까지의 촌락정책을 살펴보고, 이를 통하여 식민지기 한국의 촌락은 어떤 방식으로 그 구조와 성격을 변화시키고 있었는가를 살펴보았다. 이제지금까지 살펴본 바를 간단히 요약하고 그 의미를 되새겨봄으로써 해방 후 촌락의 성격을 전망해보고자 한다.

통감부 설치기 지방행정제도 개편의 초점은 군(郡)의 권한을 박탈하고 그에대신하여 면(面)을 말단 행정구역으로 삼는 것이었다. 이는 군의 이서의 권한을박탈하고 이를 바탕으로 국왕－관찰사－수령의 체제를 확립하려 한 갑오기의지방제도 개정과는 명확히 다른 것이었다. 지역적 통일성을 확보하고 있는 군에 대신하여 식민통치에 적합한 말단 행정기구를 수립하려는 것이었다. 면을말단 행정기구로 확립하고 군을 기형적으로 약화시키는 조치는 지방행정제도의 새로운 위계구조를 창출하려는 것이었다. 이 시기에는 면장제를 강화하는조치로 일단 나타났지만 결국 면제를 실시하려는 의도를 가진 것이었고, 도－면으로 이어지는 지방행정의 2급제(二級制)를 확립하려는 의도가 숨어 있었다.

이런 성과를 바탕으로 통감부는 한국의 지방행정제도를 변화시키고, 이를 바탕으로 면제를 실시하여 촌락지배를 효과적으로 수행하고자 했다. 면제는 면을 촌락지배의 전면에 내세우고 이를 제도화하고자 한 것으로, 일본에서 시행하고 있던 정촌제(町村制)를 한국에 적용하려 한 것이었다. 군을 무력화시키고 도와 면을 강화하여 지방행정의 2급제를 정착시키려는 구도는 지배의 전 시기에 걸쳐 지방행정과 지방지배정책에서 관철되고 있었다. 그러므로 지방지배정책의 핵심적 성격은 면제의 실시에서 확인할 수 있다. 총독부는 면의 폐합을 단행하고 면 행정에 문서주의를 전면적으로 도입함으로써 면제 실시의 기반을 닦았다. 이는 지방행정에서 시간적 동일성과 공간적 동질성을 확보함으로써, 면에 관료행정을 도입하는 바탕을 마련한 것이었다. 이로써 비인격적 지배관계를 수립하려는 의도를 가진 것이 바로 면제였다. 그리하여 면에는 독자적 재정권이 부여되었는데, 취약한 면 재정을 확대하기 위해서는 촌락의 재원을 흡수해야만 했다. 그러므로 면의 재정적 독립성이 확보되는 것은 자치단체로서의 면의 통합성이 높아지는 것을 의미하는 것이었다. 그러나 이런 모든 과정은 원활하게 진행되지 못했다.

군의 행정적 권한을 약화시켜 결국은 폐지시키고, 면의 독립성을 높여감으로써 지방행정에서 도-면의 2급제를 정착시키려는 총독부의 의도는 달성되지 못했다. 결국 군과 면 모두 잠정적이고 과도적인 행정기관으로 머물러 있을 수밖에 없었다. 군이 제도적·정책적으로는 폐지될 것이지만 잠정적으로 유지된다는 '정책적 잠정성'을 대표한다면, 면은 독립적인 자치기구로 성립되어야 하지만 그에 이르지 못한 '현실적 과도성'을 대표하는 것이었다. 군은 제도적인 폐지를 전제한 것이었던 반면, 면은 제도적으로 어느 정도 독자성을 가지고 촌락을 그 하위로 포섭하는 행정기관이자 독자적 자치단체로서의 성격을 가지는 것으로 의도되었다. 그러나 현실적으로는 이러한 정책적 목표가 달성될 수 없었다. 면에는 독자적 재정 운용의 능력이 어느 정도 주어졌지만, 자치기구로서의 성격은 결국 주어지지 않았다. 면 운영의 측면에서도 촌락을 현실적으로 포섭, 통합할 수 있는 수준에는 미치지 못했다.

면제 실시와 아울러 동리 폐합을 통하여 행정동리를 편제하고 구장을 제도화였다. 비교적 폭넓게 인정되던 법인으로서의 동리의 법적 능력이 1920년대 이후 동리의 행위능력과 소송의 당사자능력이 차츰 부정되면서 법적으로도 면의 통합성을 높이려는 의도는 뒷받침되었다. 그럼에도 전체의 20% 이르는 동리에서는 미미한 수준에서나마 동리유재산을 소유하고 있었다. 이런 두 과정은 구동리의 자치권을 제약하려는 총독부의 정책적 의도가 매우 제한적이었음을 보여주며, 종래의 자치 단위를 지칭하는 부락이 정책적으로 이용된 것은 동리유재산의 부분적인 소유와도 배치되지 않는 것이었다. 그리하여 대개 구동리를 중심으로 한 자치적 단위를 지칭하는 부락이 정책적 단위로 주목되었고, 부락은 특히 총동원체제하에서 적극적으로 이용되었다. 식민지배를 통하여 구동리는 오히려 그 단체적 성격을 공고히 하게 되었다.

촌락의 자치성을 촌락정치라는 개념을 통해 살펴볼 수 있다면, 면제 실시와 더불어 제도화한 구장이든 1920년대 이후 총독부가 정책적으로 양성하고 있던 중견인물이든 촌락정치에 유효하게 개입하지는 못했다. 구장과 중견인물로 대표되는 중간지배층은 오히려 행정관청의 입장을 대변하는 측면이 강했으므로 촌락 운영의 이원구조는 계속 유지되었고, 유지로 대표되는 지위집단으로서의 중간지배층의 영향력도 계속 유지되었기 때문이다. 구장은 총동원체제기에 유급제로 전환됨으로써 면의 행정체계에 완전히 편입되어버렸고, 그리하여 중간지배층으로서의 매개성은 오히려 약화되고 있었다. 하지만 중견인물은 관공리 경험을 축적하면서 지위집단으로서의 경험과 가치를 축적해 나가고 있었다. 중견인물은 1920년대 후반 이후 총독부에 의하여 적극적으로 육성되어 촌락정치의 담당자로서의 역할이 기대되었지만 그 기대에 부응하지 못했다. 특히 총동원체제기에는 저급한 인물을 대상으로 중견인물을 속성으로 육성했으며, 이렇게 육성된 중견인물에게는 총동원체제의 말단에서의 역할이 강요되었다. 그리하여 중견인물의 매개적 역할은 더욱 축소되고 경화되었으며, 촌락의 매개적 역할도 줄어들었을 따름이다.

면제 실시를 계기로 동계류조직을 비롯한 촌락의 각종 조직은 크게 동요하고 있었고, 그 성격이 변화하고 있었다. 동계류조직의 동요는 촌락과의 괴리를 심화시켰다. 동계류조직이 촌락과 괴리되면서 조합적 성격이 강화되었지만, 오히려 촌락의 여타 조직은 분화, 성장하고 있었다. 이런 촌락조직을 생활기구, 생산기구, 금융기구로 분류할 수 있다고 보았다. 1920년대 이후 모범부락 설정 정책과 새로운 향약 실시 정책으로 동계류조직, 즉 공익기구는 종래의 공공적 성격은 더욱 약화되었으나, 촌락 내의 다양한 사업을 실시하는 주체로서 복합적 성격은 강화되었으며 계약적 조직으로 변해가고 있었다. 공익기구의 이런 성격 변화는 또한 촌락조직의 분화를 더욱 촉진하는 역할을 했다. 촌락조직의 분화를 추동한 것은 행정력과 자본력이었다. 촌락의 금융기구는 더욱 증가하여 식리적 성격을 강화했고, 촌락금융의 일부를 담당하고 있었다. 면제 실시로 인한 촌락의 변화와 사회계층의 분화로 인해 두레는 급속히 쇠퇴했고 대신 노동청부조직이 남부 지방을 중심으로 확산되었다. 이와 아울러 촌락 내 영농조직은 증가했다. 총독부의 생활개선정책은 전통의 이용과 억제라는 방식으로 새로운 전통을 만들어 나가고 있었으며, 이는 점차 촌락에 수용되고 있었다. 이처럼 공익기구는 성격이 변화하면서도 총독부의 정책과 부합하는 수준에서 명맥을 유지하고 있었고, 나머지 금융기구, 생활기구, 생산기구도 분화를 심화시키고 있었다. 농촌진흥운동은 공익기구에 촌락조직을 통합한다거나, 농가 위주의 정책을 내걸고 공동경작을 조장하고 있었다는 등의 모호하고 혼란한 측면은 있었지만, 공동경작이 확산되고 인보조직을 적극적으로 이용하고 있었다는 점에서는 총동원체제기 촌락 동원을 준비하는 과도적 성격을 띠고 있었다.

총동원체제기 촌락의 총동원조직은 이전에 분화된 촌락조직을 바탕으로 재구축되었다. 그리하여 촌락조직의 역할은 이 시기에 가장 질서정연하게 구분되었다. 공익기구는 부락연맹에 흡수되었다. 행정동리는 거의 무용지물이 되었으며, 부락연맹은 구동리를 중심으로 설치되었다. 촌락의 총동원체제가 구축됨으로써 촌락조직의 역할은 질서정연하게 구분되었고, 그럼에도 유기적으로 부락연맹 산하에 통합되었다. 이리하여 공익기구가 가지고 있던 촌락의 공익, 공공성은 총동원 국가기구의 공공성으로 포섭되었고, 공공성은 천황제국가의 이상을 위하여 희생되었다. 모든 자본주의적 상품기구도 국가기구에 포섭되었다. 향약과 인보조직, 두레와 부역이라는 유사-전통은 전통의 부활로 칭송되었고 동양적 이상으로 포장되었지만, 군사조직의 효율성을 지향하는 것에 지나지 않았다. 생산과 소비 곧 일상의 전 영역은 총동원기구에 의해 통제되었다. 그리고 촌락의 생산잉여는 완벽하게 총동원기구를 통하여 국가로 흡수되었다.

이 책에서는 식민지기의 지방행정과 촌락의 성격 변화를 설명하기 위하여 세 개의 촌락 국면구조를 설정했다. 도-면 2급제를 실시하려 한 것은 군의 일향지배(一鄕支配)를 해체하려는 것이었으며, 여기에는 이미 면을 중심으로 한 촌락의 국면구조가 예비되어 있었다. 면을 중심으로 촌락을 행정적으로 통합하려는 총독부의 의도는 촌락의 대표성을 면으로 귀속시키려는 것으로서, 촌락을 행정적으로 폐합하고 구장을 제도화하며, 동계류조직 곧 공익기구를 재편하려는 정책으로 표현되고 있었다. 곧 제도화된 면을 외연으로, 촌락을 행정적으로 재편함으로써 촌락조직을 재편, 통합하려는 의도를 가진 것이 면제였다. 이리하여 제도적으로는 이미 면-촌락-촌락조직으로 위계화되어버렸다. 이런 제도적 위계화는 촌락민들의 입장에서는 면은 행정지배의 측면을, 그리고 촌락은 행정지배와 촌락의 생활을 매개하는 측면을 가지는 것으로 비쳐졌을 것이다. 이리하여 제도화된 면, 면의 행정지배와 촌락생활을 매개하는 촌락, 촌락의 자치와 생활을 대변하는 촌락조직이라는 삼국면구조가 자리잡게 되는 것이다.

면제가 실시됨으로써 촌락의 이런 삼국면구조가 자리잡게 되었다. 1910년대는 이를 제도화하는 시기였다. 1920년대 이후에는 면의 제도화 수준을 높이고 촌락조직을 변화시킴으로써 촌락을 면으로 통합시키려는 다양한 시도가 있었음에도 그리 성공적이지 못했다. 총독부는 구동리의 단체적 성격이 유지되고 있음을 간파하고 이를 촌락정책에 이용했으며, 그럼으로써 오히려 면-촌락-촌락조직의 국면구조는 공고하게 자리잡았다. 총동원체제기에는 면-부락연맹을 통하여 촌락을 수직적으로 통합함으로써 촌락 동원의 효율성을 높이려 했다.

　제도화된 면은 촌락을 제도화하고 통합함으로써 지방지배를 확립하려는 의도를 가진 것이었다. 면이 촌락을 통합할 수 있다는 것은 촌락이 담당하고 있던 공공적 기능을 면이 흡수 통합하여 대표한다는 것을 의미한다고 할 때, 면은 그리 성공적으로 이런 역할을 수행하지 못했다. 또한 행정동리의 역할이 무력화됨으로써 구동리의 자치성을 지칭하는 '부락'을 행정적으로 이용해야 했다. 구장이든 중견인물이든 촌락의 중간지배층도 촌락정치에 유효하게 개입할 수 없게 되었다. 그리하여 부락을 행정 단위로 편입하고 구장과 중견인물을 행정적으로 이용함으로써 촌락의 매개기능을 확보할 수밖에 없었다. 그리하여 촌락 자체는 지배와 자치 사이에서 동요하고 있었다. 촌락의 동계류조직, 곧 공익기구는 공공적 역할이 약화되고 조합적 성격이 강화되었으며 행정지배의 기초 단위로 이용되고 있었지만, 최소한의 역할과 성격은 유지되고 있었다. 또한 촌락 내부에서 생활, 생산, 금융의 역할을 수행하는 각종 조직의 분화는 심화되고 있었다. 이리하여 촌락조직의 자율적 성격은 행정지배의 집요한 침투에도 불구하고 유지되었다. 이는 촌락민이 지배에 대응하는 하나의 방식이기도 했다.

　촌락조직은 지속성을 가지고 있었지만, 행정적으로 제도화된 면은 매우 취약한 성격을 가진 것이었다. 촌락조직의 지속성은 내부적으로 분화를 거듭하고 있었음에도 유지되고 있었다. 반면에 면은 제도화된 것으로 언제든지 변화할 수 있는 가능성을 가지고 있었다. 그리하여 촌락의 매개기능은 양자 사이에서 그 역할을 조정해가야만 했다. 촌락조직이 총동원체제기에 가장 큰 변화를 겪은 것으로 보이지만 촌락의 기본적 편제는 유지되었고 각종 조직은 다만 총동원기구에 흡수되어 있었을 뿐이었다. 이에 촌락조직은 총동원이 해제되면 언제라도 회복이 가능한 성격으로 유지되었다고 할 것이다. 식민지배하에 확립된 촌락의 각 국면은 이처럼 서로 다른 지속성의 구조를 가지고 있었다.

　총동원이 해제되면서 해방 후 남한에서는 식민지기에 확립된 군-면-동리의 구조가 그대로 유지되었다. 군과 면은 모두 잠정적이고 과도적인 성격을 가지고 있었지만 그대로 제도화되었으며, 동리는 면의 하위에서 자율적 구조를 유지했다. 1952년부터 먼저 면이 자치단체로 설정되어 1961년까지 면의회 의원과 면장 선거가 실시되었다. 1970년대까지도 면은 시장권(市場圈)이나 군(郡)보다는 훨씬 심리적 측면이나 집단의 귀속의식이라는 점에서 통일성이 높았다.[1] 1961년 이후 면 대신 군을 자치단체로 정했지만 군의회는 구성되지도 않았고 군수직은 계속 임명되었다. 자치단체로서의 성격을 박탈당한 이후 면의 재정은 군에 의존할 수밖에 없게 되었다.[2] 한 사례 조사에 의하면 1960년대에 이후 촌락민들은 면의회와 군의회가 모두 설치될 필요가 있다고 응답했다고 한다.[3] 이로 본다면 군과 면은 일반 대중들에게 거의 동등하게 인식되고 있었다. 1960년대 이후 산업화와 도시화의 영향으로 촌락의 사회적 통일성이 약화되고 촌락의 사회적 관계는 특히 농업생산관계의 측면에서 촌락의 영역을 넘어서 확대되고 있었다. 하지만 1980년대까지도 사회관계나 집단이 우선은 촌락의 범위 안에서 지역성을 가지고 누적되어 촌락의 사회적 통일성은 유지되고 있었다.[4] 그러나 촌락의 해체가 더욱 가속화되고 있으며 군과 면에 자치의회가 구성되어 있는 현 상황에 비추어본다면, 앞으로는 면의 사회적 통일성이 더욱 높아질 것으로 예상할 수 있겠다. 산업화·도시화를 통한 촌락의 해체는 근본적으로 촌락의 국면구조 자체를 붕괴시키는 것일 수밖에 없다.

　북한에서는 한국전쟁 직후 면을 폐지했으며, 군을 농업협동화의 기초구조로 활용했다. 북한에서는 군의 역할이 복구된 반면 식민지기에 제도화된 면은 폐

1) 최재석, 『韓國農村社會研究』, 일지사, 1975(1990, 53~103쪽).
2) 양회수, 『韓國農村의 村落構造』, 고려대학교출판부, 1967, 495~528쪽.
3) 이만갑, 『工業發展과 韓國農村』, 서울대학교출판부, 1984, 340~370쪽.
4) 최재석, 『韓國農村社會變動研究』, 일지사, 1988, 9~52쪽. 사회적 통일성을 생활규범에서의 통일성을 의미한다고 할 때, 面이나 행정부락, 시장권 등의 통일성은 자연부락이나 구동리의 통일성에 비해 현저하게 희박하다는 1970년대의 사례가 보고되고 있다. 최재석, 『韓國農村社會研究』, 일지사, 1990, 53~103쪽.

지되었다. 제도화된 면을 쉽사리 해체하고 군을 복구할 수 있었다는 점으로 보아, 식민지기에 시도된 면의 제도화가 가진 통합성의 수준을 확인할 수 있다. 이는 면의 과도적 성격을 보여주는 것이자 제도적 취약성을 드러내는 것이라 할 것이다. 하지만 북한에서도 촌락은 농업협동화의 기초단위로 이용되었다.

한편 총독부는 촌락지배에서 처음부터 향약정신을 강조했으며, 나중에는 인보조직과 두레 등도 '전통'으로 동원했다. 하지만 그 전통은 이미 변화된 전통이었고, 지배에 유효하게 동원될 수 있는 전통이었다. 1930년대에 제정되고 총동원체제기에 강화된 의례준칙은 변화된 전통의 면모를 잘 보여주고 있다. 반면 서구 근대적 규율은 더욱 강화되었는데 특히 총동원체제기에 강조된 황민정신(皇民精神)은 규율화의 극단적인 형태를 보여주는 것이었다. 변화된 전통이란 바로 규율화된 전통을 의미하는 것이었다.

참고문헌·찾아보기

【참고문헌】

1. 신문잡지류

『大韓每日申報』,『皇城新聞』,『大韓自强會月報』,『大韓協會報』,『西友』,『毎日申報』,『東亞日報』,『朝鮮日報』,『財務週報』,『財務彙報』,『財政經過報告』,『度支部公報』,『法學協會雜誌』,『朝鮮總督府月報』,『朝鮮彙報』,『朝鮮』,『朝鮮總督府調査月報』,『總動員』,『國民總力』,『朝鮮總督府統計年報』,『朝鮮總督府施政年報』,『朝鮮行政』,『朝鮮地方行政』,『地方行政』,『朝鮮金融組合聯合會調査彙報』,『朝鮮農會報』,『金融組合』,『殖銀調査月報』,『司法協會雜誌』,『警務彙報』,『高等外事月報』,『新民』,『實生活』.

2. 총독부 측 단행본 및 문서류 자료

『各道觀察使會議槪要』, 1908.
京畿道 內務部 社會科, 『京畿道農村社會事情』, 1924.
慶尙南道, 『卒業生指導更生をめじゃして』, 1933.
慶尙北道, 『農村中心人物臨地指導要項』, 1935.
慶尙北道, 『農村振興施設要項』, 1933.
慶尙北道, 『面里員選奬事績』, 1913.
京城府時局總動員課, 『愛國班に就て』, 1939.
古庄逸夫, 『朝鮮地方制度講義』, 1925.
國民精神總動員忠南道聯盟, 『國民精神總動員聯盟要覽』, 1939.
國民總力朝鮮聯盟, 『半島の國民總力運動』, 1943.
國民總力朝鮮聯盟 編, 『朝鮮に於ける國民總力運動史』, 1945.
吉田寬二郞, 『改正邑面制釋義』, 1933.
吉村傳, 『面行政指針』, 1916.
藤戶計太, 『無盡と契の硏究』, 大東學會, 1929.
服部暢, 『朝鮮及朝鮮人の經濟生活』, 帝國地方行政學會朝鮮本部, 1931.
不動産法調査會, 『調査事項說明書』, 1906.

不動產法調査會, 『韓國不動產に關する慣例』 第二緝, 1907.

不動產法調査會, 『韓國不動產に關する調査記錄』, 1906.

不動產法調査會, 『韓國に於ける土地に關する權利一斑』, 1907.

司法協會, 『司法協會決議回答集綠』, 1932・1938(a).

山崎延吉, 『農村非常時農民道の眞髓』, 1934.

山道襄一, 『朝鮮半島』, 1911.

森田芳夫, 『朝鮮に於ける國民總力運動史』, 1945.

石森久彌, 『朝鮮統治の目標』, 1933.

善生永助, 『朝鮮の契』, 朝鮮總督府, 1926.

善生永助, 『朝鮮の小作慣習』, 1929.

善生永助, 『朝鮮の聚落』(前篇, 中篇), 朝鮮總督府, 1933.

小野寺二郎, 『朝鮮の農業計劃と農產擴充問題』, 1943.

小田內通敏, 『朝鮮部落調査の過程』, 1922.

松岡修太郎, 『朝鮮行政法提要』, 1944.

水野錬太郎, 『自治制精髓』, 1910.

神尾太治平, 『朝鮮不動產證明令義解』, 1912.

鈴木武雄, 『朝鮮金融論十講』, 1940.

迎日郡, 『郡行政一斑』, 1931.

越智唯七 編, 『朝鮮全道府郡面里洞名稱一覽』, 1917.

義州憲兵隊本部 平安北道警察部, 『平安北道舊慣調査』, 1913.

李覺鍾, 『契に關する調査』, 1926.

李覺鍾, 『朝鮮の小作制度』, 1923.

日本法律研究會, 『改正朝鮮地方制度』, 1931.

任洪淳, 『朝鮮行政要覽』, 朝陽出版社, 1929.

張之必 編述, 南宮檍 校閲, 『地方自治制論』, 唯一書館, 1908

田內武, 『朝鮮施政十五年史』, 朝鮮每日新聞社, 1915.

帝國地方行政學會, 『朝鮮地方行政例規』, 1927.

帝國地方行政學會朝鮮本部, 『朝鮮農村振興關係例規』, 1939.

帝國地方行政學會朝鮮本部, 『朝鮮地方行政公論』, 1928.

朝鮮高等法院, 『朝鮮高等法院判例要旨類集』, 1937(B)・1943(D).

朝鮮金融組合聯合會, 『金融組合關係例規集』, 1927.

朝鮮金融組合聯合會, 『金融組合聯合會五周年情勢』, 1938.

朝鮮金融組合聯合會, 『金融組合業務案內』, 1938.

朝鮮金融組合聯合會, 『金融組合に關する逸話』, 1923.

朝鮮金融組合聯合會, 『農業勞務者の賃金に關する調査』, 1942.

朝鮮金融組合聯合會, 『殖產契と其の事務』, 1937.

朝鮮金融組合聯合會, 『朝鮮簡易保險模範部落』, 1937.

朝鮮金融組合聯合會, 『朝鮮金融組合聯合會10年史』, 1944.

朝鮮金融組合聯合會, 『朝鮮金融組合聯合會調査資料』(3～33), 1934～1944.

朝鮮金融組合聯合會, 『朝鮮庶民金融概況』, 1931.

朝鮮金融組合聯合會, 『組合員は斯として身を起す』, 1934.

朝鮮金融組合聯合會, 『國民貯蓄造成運動に關する資料』 1-5, 1940～1944.

朝鮮金融組合聯合會, 『國民貯蓄組合令に關する資料』, 1941.

朝鮮農會, 『優良農村と篤農家』, 1931.

朝鮮農會, 『朝鮮の小作慣習』, 1930.

朝鮮無盡協會, 『朝鮮無盡沿革史』, 1934.

朝鮮新聞社, 『朝鮮統治の回顧と批判』, 1936.

朝鮮總督府 京畿道, 『朝鮮總督府京畿道府郡鮮人書記講習會講演集』, 1914.

朝鮮總督府 內務局 社會科, 『優良部落事績』, 1930.

朝鮮總督府 內務局 社會科, 『優良部落調』, 1928.

朝鮮總督府 內務局, 『面經費ニ關スル調査書』, 1913～1919.

朝鮮總督府 內務局, 『朝鮮地方制度輯覽』, 1941.

朝鮮總督府 農林局, 『部落生產擴充計劃概要』, 1942.

朝鮮總督府 農林局, 『中堅人物養成施設要覽』, 1942.

朝鮮總督府 臨時土地調査局, 『土地調査參考書』, 1911.

朝鮮總督府 中樞院, 『民事慣習回答彙集』, 1933.

朝鮮總督府 中樞院, 『小作慣習調査書』, 1930.

朝鮮總督府 中樞院, 『第22會中樞院會議參議答申書』, 1941.

朝鮮總督府 中樞院, 『朝鮮舊慣制度調査事業概要』, 1938.

朝鮮總督府 中樞院, 『中樞院會議答申錄』, 1933.

朝鮮總督府 學務局, 『朝鮮社會敎化要覽』, 1937·1942.

朝鮮總督府, 『改正地方制度概要』, 1922.

朝鮮總督府, 『農山漁村於にける契』, 1937.

朝鮮總督府, 『農山漁村振興關係例規集』, 1937.

朝鮮總督府, 『農山漁村振興運動功績者名鑑』, 1937.

朝鮮總督府, 『農山漁村に於ける中堅人物養成施設の概要』, 1936.

朝鮮總督府, 『農村更生の指針』, 1934.

朝鮮總督府, 『道農務課長農業技術官訓示指示注意事項』, 1920·1922·1924·1927.

朝鮮總督府, 『道農務課長諮問事項答申書』, 1924.

朝鮮總督府, 『道農務課長協定事項』, 1924.

朝鮮總督府, 『道長官會速記錄』, 1916.

朝鮮總督府, 『道知事提出意見』, 1919·1920.

朝鮮總督府, 『道知事會議諮問事項答申書』, 1925.

朝鮮總督府, 『道參與官會同諮問事項答申書』, 1934.

朝鮮總督府, 『臨時恩賜金由來及其事業概要』, 1911.

朝鮮總督府, 『民政事績一斑』, 1912.

朝鮮總督府, 『半島の國民總力運動』, 1941.

朝鮮總督府, 『普通學校卒業生指導施設要項』, 1933.

朝鮮總督府, 『北鮮開拓實行事務打合會同總督訓示農林局長訓示』, 1937.

朝鮮總督府, 『小農に對する少額生業資金貸付說明書』, 1929.

朝鮮總督府, 『小農に對する少額生業資金貸付說明書』, 1929.

朝鮮總督府, 『朝鮮各道に於ける優良面調查』, 1911.

朝鮮總督府, 『朝鮮慣習調查報告書』, 1910·1912·1913.

朝鮮總督府, 『朝鮮國民の納稅逸話』, 1924.

朝鮮總督府, 『朝鮮國稅及地方稅負擔額調』, 1924.

朝鮮總督府, 『朝鮮道府邑面制關係法規』, 1931.

朝鮮總督府, 『朝鮮部落調查報告』, 1924

朝鮮總督府, 『朝鮮部落調查豫察報告』, 1923.

朝鮮總督府, 『朝鮮部落調查特別報告』, 1924

朝鮮總督府, 『朝鮮稅制整理經過概要』, 1935.

朝鮮總督府, 『朝鮮小作法令輯』, 1933.

朝鮮總督府, 『朝鮮小作に關する法令』, 1931.

朝鮮總督府, 『朝鮮地方稅制整理經過概要』, 1937.

朝鮮總督府, 『朝鮮地方制度改正ニ關スル意見』, 1911.

朝鮮總督府, 『朝鮮地方制度視察報告書』, 1934.

朝鮮總督府, 『朝鮮總督府道府郡書記講習會講演錄』, 1911~1919.

朝鮮總督府, 『朝鮮總督府社會敎育資料』, 1937.

朝鮮總督府, 『朝鮮總督府第九回地方行政講習會講演集』, 1921.

朝鮮總督府, 『朝鮮總督府地方改良講習會講演集』, 1922~1924.

朝鮮總督府, 『朝鮮總攬』, 1933.

朝鮮總督府, 『朝鮮行政區域名稱一覽』, 1912·1924·1929·1934.

朝鮮總督府, 『朝鮮に於ける地方制度の沿革』, 1926.

朝鮮總督府, 『朝鮮の契』, 1926.

朝鮮總督府, 『朝鮮の小作慣行』, 1932.

朝鮮總督府, 『地方行政例規』, 1915·1927.

朝鮮總督府, 『學校卒業生指導に關する講習會竝協議會集錄』, 1931.

朝鮮總督府, 『現行小作及管理契約證書實例集』, 1931.

趙聲九, 『地方行政論』, 中央書館, 1908.

早川保次, 『朝鮮不動產登記の沿革』, 1921.

中村進吾, 『朝鮮施政發展史』, 朝鮮發展社, 1936.

『地方制度調查』, 1906.

地方行政研究會, 『朝鮮地方制度類纂』, 1941.

車田篤, 『朝鮮地方自治制要義』, 1931.

車田篤, 『朝鮮地方自治制精義』, 1933.

村山智順, 『部落祭』, 1937.

度支部 司稅局, 『面に關する調查』, 1908.

坂本嘉一, 『朝鮮土木行政』, 1939.

八尋生男, 『朝鮮の農家更生運動』, 1934.

平安南道大 同郡研究會, 『面制提要』, 1926.

韓國內部, 『顧問警察小誌』, 1910.

玄釆, 『地方自治制論』, 1908.

〈 國史編纂委員會所藏 舊中樞院文書 中〉

金漢睦, 『慶尙南道慶尙北道管內契親族關係財產相續の槪況報告』, 1911.

平木勘太郎, 『公州地方における特別調查報告書』, 1922.

『釜山地方における慣習調查報告書』, 1922.

趙範夏, 『調查報告書』, 1923.

『齋藤實文書』, 高麗書林 影印出版, 1987.

近藤釼一, 『太平洋戰下の朝鮮』, 友邦協會, 1964.

友邦協會, 『日本統治下における朝鮮の法制』, 1969.

友邦協會, 『朝鮮總督府官制とその行政機構』, 1969.

田保橋潔, 『朝鮮統治史論稿』, 1972.

日本大藏省管理局, 『日本人の海外活動に關する歷史的調查』, 朝鮮編(上·下), 1985.

민족문제연구소 편, 『일제하 전시체제기 정책사료총서』, 한국학술정보, 2000.

3. 연구논저

1) 저서

고석규, 『19세기 조선의 향촌사회 연구』, 서울대학교출판부, 1998.

곽건홍, 『일제의 노동정책과 조선노동자』, 신서원, 2001.

김도형, 『대한제국기의 정치사상연구』, 지식산업사, 1994.

김영희, 『일제시대 농촌통제정책 연구』, 경인문화사, 2003.

金玉根, 『日帝下 朝鮮財政史 論考』, 일조각, 1994.

김필동, 『차별과 연대』, 문학과지성사, 1999.

김필동, 『한국사회조직사 연구』, 일조각, 1992.

다카시 후지타니 지음, 한석정 옮김, 『화려한 군주』, 이산, 2003.

文定昌, 『軍國日本 朝鮮强占三十六年史』 상·중·하, 柏文堂, 1965.

미야다 세쓰코(宮田節子) 지음, 이형랑 옮김, 『조선민중과 황민화정책』, 일조각, 1997.

朴慶植, 『日本帝國主義의 朝鮮支配』, 청아출판사, 1986.

박명규·서호철, 『식민권력과 통계』, 서울대학교출판부, 2003.

박명규, 『한국 근대국가 형성과 농민』, 문학과지성사, 1997.

박섭, 『한국 근대의 농업변동』, 일조각, 1997.

박은경, 『일제하 조선인 관료 연구』, 학민사, 1999.

빈센트 S. R 브란트 지음, 김관태 옮김, 『한국의 촌락』, 시사문제연구사, 1975.

손정목, 『韓國開港期都市社會經濟史研究』, 일지사, 1982.

손정목, 『한국지방제도·자치제도사 연구』(상), 일지사, 1993.

신행철, 『제주 농촌 지역사회의 권력구조』, 일지사, 1989.

양회수, 『韓國農村의 村落構造』, 고려대학교출판부, 1967.

오성철, 『식민지 초등교육의 형성』, 교육과학사, 2000.

윤해동, 『식민지의 회색지대』, 역사비평사, 2003.

이경란, 『일제하 금융조합 연구』, 혜안출판사, 2002.

이만갑, 『工業發展과 韓國農村』, 서울대학교출판부, 1984.

이수건, 『조선시대 지방행정사』, 민음사, 1989.

이영호, 『한국 근대 지세제도와 농민운동』, 서울대학교출판부, 2001.

이존희, 『朝鮮時代地方行政制度研究』, 일지사, 1990.

이준식, 『농촌사회변동과 농민운동』, 민영사, 1993.

이해준, 김인걸 외 저, 『조선시기 사회사 연구법』, 한국정신문화연구원, 1993.

이해준, 『조선시기 촌락사회사』, 민족사, 1996.

이희권, 『조선 후기 지방통치행정 연구』, 집문당, 1999.

전경수, 『한국인류학 백년』, 일지사, 1999.

정진영, 『조선시대 향촌사회사』, 한길사, 1998.

정태헌, 『일제의 경제정책과 조선사회』, 역사비평사, 1996.

조경준, 『한국 지방재정사』, 유풍출판사, 1993.

조동걸, 『韓國近現代史의 理解와 論理』, 지식산업사, 1998.

조동걸, 『韓國民族主義의 發展과 獨立運動史研究』, 지식산업사, 1993.

趙東杰, 『韓國民族主義의 成立과 獨立運動史研究』, 지식산업사, 1989.

조석곤, 『한국 근대 토지제도의 형성』, 해남, 2003.

주강현, 『한국의 두레』 2, 집문당, 1996.

지수걸, 『일제하 농민조합운동 연구』, 역사비평사, 1993.

최유리, 『일제말기 식민지배정책 연구』, 국학자료원, 1997.

최재석, 『韓國農村社會變動研究』, 일지사, 1988.

최재석, 『韓國農村社會研究』, 일지사, 1975.

한국역사연구회 조선시기 사회사연구반, 『조선은 지방을 어떻게 지배했는가』, 아카넷, 2000.

한국역사연구회, 『한국역사입문』 3, 풀빛, 1996.

홍성찬, 『韓國近代 農村社會의 變動과 地主層』, 지식산업사, 1992.

홍순권, 『한말 호남지역 의병운동사 연구』, 서울대학교출판부, 1994.

*　　　*　　　*

姜再鎬, 『植民地朝鮮の地方制度』, 東京大出版會, 2001.

久間健一, 『朝鮮農業の近代的樣相』, 西ケ原刊行會, 1935.

宮嶋博史, 『朝鮮土地調査事業史の研究』, 東京大學出版部, 1991.

文定昌, 『朝鮮農村團體史』, 1942.

浜口裕子, 『日本統治と東アジア社會－植民地朝鮮と滿洲の比較研究』, 勁草書房, 1996.

四方博, 『朝鮮社會經濟史研究』, 國書刊行會, 1976.

松本武祝, 『植民地權力と朝鮮民衆』, 社會評論社, 1998.

松本武祝, 『朝鮮農村の〈植民地近代〉經驗』, 社會評論社, 2005.

鈴木榮太郎, 『朝鮮農村社會の研究』(『鈴木榮太郎著作集』 5), 未來社, 1973.

印貞植, 『朝鮮農村再編成の研究』, 人文社, 1943.

鄭鍾休, 『韓國民法典の比較法的研究』, 創文社, 1989.

2) 논문

강길원, 「일제하 한국 농촌의 실태－소위 농촌진흥운동기의 전라북도 지방을 중심으로」, 『전라문화논총』 1, 1968.

강정숙, 「일제말(1937~1945) 조선 여성정책」, 『아시아문화』 9, 1993.

高翔龍, 「名義信託論의 재검토 소고」, 『곽윤직교수화갑기념민법학논총』, 1985.

고영복, 「부락공동체를 중심으로 한 행정침투의 효과적 방안」, 『지방행정』 150, 1966.

구영희, 「1920~30년대 일제의 지방통치정책」, 연세대학교 사학과 석사학위논문, 1986.

권태억, 「1904~1910년 일제의 한국침략구상과 '시정개선'」, 『한국사론』 31, 1994.

권태억, 「갑오개혁 이후 공문서체계의 변화」, 『규장각』 17, 1994.

권태억, 「동화정책론」, 『역사학보』 172, 2001.

권태억, 「통감부 설치기 일제의 조선근대화론」, 『국사관논총』, 1994.

김경일, 「일제하의 농업과 공동노동조직」, 『현대자본주의와 공동체이론』, 한길사, 1987.

김경일, 「朝鮮末에서 日帝下의 農村社會의 洞契에 관한 연구」, 『한국학보』 35, 1984.

김익한, 「1930년대 일제의 지방지배와 면 행정」, 『한국사론』 37, 1997.

김익한, 「일제하 한국 농촌사회운동과 지역 명망가」, 『한국문화』 17, 1996.

김인걸, 「조선 후기 향촌사회 변동에 관한 연구」, 서울대학교 박사학위논문, 1991.

김재순, 「일제의 公文書制度 장악의 운용과 실제」, 『한국문화』 16, 1994.

김재호, 「甲午改革 이후 근대적 재정제도의 형성 과정에 관한 연구」, 서울대학교 박사학위논문, 1997.

김태웅, 「1894~1910년 지방세제의 시행과 일제의 조세수탈」, 『한국사론』 26, 1991.

김태웅, 「개항 전후-대한제국기의 지방재정 개혁 연구」, 서울대학교 박사학위논문, 1997.

嶋陸奧彥, 「한국농촌 촌락구조 연구노트」, 『한국문화인류학』 15, 1983.

도면회, 「1894~1905년간 형사재판제도 연구」, 서울대학교 박사학위논문, 1998.

마쓰모토 다케노리(松本武祝), 「전시동원체제하 조선에 있어서 읍면 직원의 대일협력」, 『대동문화연구』 48, 2004.

문영주, 「1938~45년 '국민저축조성운동'의 전개와 금융조합 예금의 성격」, 『한국사학보』 14, 2003.

문영주, 「일제 말기 금융조합 농업대출금의 운용 실태와 성격」, 『역사문제연구』 6, 2001.

문영주, 「일제하 도시금융조합의 운영체제와 금융활동(1918~1945)」, 고려대학교 박사학위논문, 2004.

문영주, 「조선총독부의 농촌지배와 식산계의 역할(1935~1945)」, 『역사와 현실』 46, 2002

박이택, 「植民地期 赴役의 推移와 그 制度的 特質」, 『경제사학』 33, 2002.

박찬승, 「일제하 '지방자치제도'의 실상」, 『역사비평』 13, 1991.

박현수, 「일제의 朝鮮調査에 관한 연구」, 서울대학교 인류학과 박사학위논문, 1993.

박혜숙, 「일제하 農村契에 관한 일 연구」, 숙명여자대학교 석사학위논문, 1984.

변승웅, 「대한제국정부의 經本禮參政策과 儒生層의 신교육참여」, 『건대사학』 7, 1989.

변승웅, 「한말 사립학교 설립동향과 애국계몽운동」, 『국사관논총』 18, 1990.

신용하, 「두레와 농악의 사회사」, 『한국사회연구』 2, 한길사, 1984.

심희기, 「종중재산 분쟁의 원인」, 『민족문화논총』 14, 1993.

안병욱, 「19세기 향회와 민란」, 서울대학교 박사학위논문, 2000.

안자코 유카, 「총동원체제하 조선인 노동력 '강제동원'정책의 전개」, 『한국사학보』 14, 2003.

염인호, 「일제하 지방통치에 관한 연구」, 연세대학교 사학과 석사학위논문, 1983.

윤수종, 「한국 농업생산에서의 노동조직의 변화 과정에 관한 연구」, 서울대학교 박사학위 논문, 1990.

윤정애, 「한말 지방제도 개혁의 연구」, 『역사학보』 105, 1985.

윤해동, 「식민지근대와 대중사회의 등장」, 『국사의 신화를 넘어서』, 휴머니스트, 2004.

윤해동, 「식민지 인식의 회색지대」, 『당대비평』 12(2000년 겨울호), 2000.

윤해동, 「일제의 지배정책과 촌락재편」, 『역사비평』 28, 1995.

윤해동, 「'통감부 설치기' 지방제도의 개정과 지방지배정책」, 『한국문화』 20, 1997.

윤해동, 「한국 역사에서 사회사란 무엇인가」, 『사회사로 보는 우리 역사의 7가지 풍경』, 역사비평사, 1999.

이기훈, 「1910~1920년대 일제의 농정수행과 지주회」, 『한국사론』 33, 1995.

이기훈, 「일제하 농촌 보통학교의 '졸업생' 지도」, 『역사문제연구』 4, 2000.

이만열, 「일본군 '위안부' 정책 형성의 조선 측 역사적 배경」, 『일본군 '위안부' 문제의 진 상』, 역사비평사, 1997.

이상찬, 「1894~5년 지방제도 개혁의 방향」, 『진단학보』 67, 1986.

이상찬, 「1896년 의병운동의 정치적 성격」, 서울대학교 박사학위논문, 1996.

이상찬, 「1906~1910년의 地方行政制度 변화와 地方自治論議」, 『한국학보』 42, 1986.

이송순, 「일제말기 전시농업통제정책과 조선 농촌경제 변화」, 고려대학교 박사학위논문, 2003.

이영훈, 「18~19세기 大渚里의 身分構成과 自治秩序」, 『맛질의 농민들』, 일조각, 2001.

이윤상, 「1984~1910년 재정제도와 운영의 변화」, 서울대학교 박사학위논문, 1996.

이윤상, 「日帝에 의한 植民地財政의 形成過程」, 『韓國史論』 14, 1986.

이정은, 「일제의 지방통치체제 수립과 그 성격」, 『한국독립운동사연구』 6, 1992.

이태진, 「17, 18세기 香徒組織의 분화와 두레의 발생」, 『진단학보』 67, 1989.

이하나, 「1910~32년 日帝의 朝鮮農村 再編과 '模範部落'」, 연세대학교 석사학위논문, 1994.

임대식, 「1930년대 말 경기지역 조선인 대지주의 農外投資와 지방의회 참여」, 『한국사론』 34, 1995.

임석회, 「한국행정구역체계의 문제점과 개편의 방향」, 『대한지리학회지』 29-1, 1994.

임성모, 「만주국 협화회의 총력전체제 구상 연구」, 연세대학교 박사학위논문, 1998.

정근식, 「한국의 근대적 시간체제의 형성과 일상생활의 변화」, 『사회와역사』 58, 2000.

정문종, 「1930년대 조선에서의 농업정책에 관한 연구－農家經濟安定化政策을 중심으로」, 서울대학교 박사학위논문, 1992.

정연태, 「일제의 한국 농지정책」, 서울대학교 박사학위논문, 1994.

정연태, 「조선 말 일제하 자산가형 지방유지의 성장 추구와 이해관계의 중층성」, 『한국문 화』 31, 2003.

정종휴,「獨逸과 日本의 總有理論史」,『法史學硏究』14, 1993.

조석곤,「토지조사사업에 있어서의 근대적 토지소유제도와 지세제도의 확립」, 서울대학교 박사학위논문, 1995.

주강현,「두레공동노동의 사적 검토와 생산문화」,『노동과 굿』, 학민사, 1989.

지수걸,「1932~35년간의 朝鮮農村振興運動－植民地體制維持政策으로서의 機能에 관하여」,『한국사연구』46, 1984.

지수걸,「구한말 일제 초기 유지집단의 형성과 鄕吏」,『한국 근대 이행기 중인 연구』, 연세대학교 국학연구원, 1999.

지수걸,「일제시기 충남 부여·논산군의 유지집단과 혁신청년집단」,『한국문화』36, 2005.

지수걸,「일제하 공주 지역 유지집단 연구(1)」,『역사와 역사교육』창간호, 1996.

지수걸,「일제하 공주 지역 유지집단 연구(2)」, 우송조동걸선생정년기념논총 간행위원회,『한국 민족운동사 연구』, 1997.

지수걸,「일제하 공주 지역 유지집단 연구(3)」,『역사와 역사교육』2, 1997.

지수걸,「일제하 공주 지역 유지집단의 도청 이전 반대운동」,『역사와 현실』20, 1996.

지수걸,「일제하 전남 순천 지역의 소작인조합운동과 '관료－유지 지배체제'」,『한국사연구』97, 1997.

지수걸,「일제하 충남 서산군의 '관료－유지지배체제'」,『역사문제연구』3, 1999.

최원규,「한말 일제초기 토지조사와 토지법 연구」, 연세대학교 박사학위논문, 1994.

최재석,「한국농촌의 권력구조 연구」,『아세아연구』51, 1974.

한긍희,「1935~37년 일제의 심전개발정책과 그 성격」,『한국사론』35, 1996.

한긍희,「일제하 전시체제기 지방행정 강화정책 : 읍면 행정을 중심으로」,『국사관논총』88, 2000.

허수열,「조선인 노동력 강제동원의 실태」,『일제의 한국 식민통치』, 정음사, 1985.

허영란,「전시체제기(1937~1945) 생활필수품 통제 연구」,『국사관논총』88, 2000.

홍성찬,「한말 일제하 향리층의 변동과 문명개화론」,『한국사연구』90, 1995.

홍순권,「일제 초기의 면 운영과 '조선면제'의 성립」,『역사와 현실』23, 1997.

*　　　*　　　*

「朝鮮農村の中堅人物－京畿道驪州郡の場合」,『朝鮮學報』141, 1991.

康成銀,「戰時下日本帝國主義の朝鮮の農村勞動力收奪政策」,『歷史評論』355, 1979.

姜鋌澤,「朝鮮に於ける共同勞動の組織とその史的變遷」,『農業經濟硏究』17卷 4號, 1941.

廣瀨貞三,「「官斡旋」と土建勞動者－道外斡旋を中心に」,『朝鮮史硏究會論文集』29, 1991.

金翼漢,「植民地期朝鮮における地方支配體制の構築過程と農村社會變動」, 東京大學校 博士學位論文, 1995.

大河純夫, 「外國人の私權と梅謙次郞(1)」, 『立命館法學』 1997. 3.

大河純夫, 「外國人の私權と梅謙次郞(2)」, 『立命館法學』 1997. 5.

大和和明, 「植民地期朝鮮地方行政に關する一試論」, 『歷史評論』 1988. 5.

富田晶子, 「農村振興運動下の中堅人物の養成」, 『朝鮮史研究會論文集』 18, 1981.

山田正浩, 「朝鮮における1914年の行政區劃改正について－郡區劃の檢討を中心に」, 『歷史地理學紀要』 17號, 1975.

宣在源, 「植民地と雇用制度」, 東京大學校 博士學位論文, 1996.

松本武祝, 「植民地期朝鮮における朝鮮人下級職員の意識構造」, 『歷史學研究』 2005. 1.

松田利彦, 「朝鮮植民地化の過程の警察機構」, 『朝鮮史研究會論文集』 31, 1991.

辻弘範, 「植民地期實力養成運動における連續と轉換: 載寧青年會幹部の地域有力者層による活動(1920～1927)」, 『朝鮮史研究會論文集』 37, 1999.

鄭光燮, 「統監政治下の地方行政制度」, 富士ゼロクス小林節太郞記念基金, 1993.

鄭然泰, 「日帝の地域支配・開發と植民地的近代性－浦口商業都市江景地域の事例」, 宮嶋博史・金容德 編, 『近代交流史と相互認識 Ⅱ－日帝支配期』, 慶應義塾大學出版會, 2005.

趙慶喜, 「植民地動員のコミュニケーション戦略」, 『東京大社會情報研究所紀要』 61, 2001.

池秀傑, 「日帝時期の在朝鮮(邑單位)日本人社會と朝鮮の地方自治－忠淸南道公州・大田・鳥致院事例を中心に」, 宮嶋博史・金容德 編, 『近代交流史と相互認識 Ⅱ－日帝支配期』, 慶應義塾大學出版會, 2005.

青野正昭, 「植民地期朝鮮において農村再編成政策の位置付け－農村振興運動期を中心に」, 『朝鮮學報』 136, 1990.

樋口雄一, 「太平洋戰爭下の女性動員－愛國班を中心に」, 『朝鮮史研究會論文集』 32, 1994.

板垣龍太, 「農村振興運動における官僚制と村落－その文書主義に注目して」, 『朝鮮學報』 175, 2000.

板垣龍太, 「植民地期朝鮮における識字調查」, 『アジア アフリカ言語文化研究』 58, 1999.

板垣龍太, 「植民地期朝鮮の地域社會における有志の動向」, 『東アジア近代史』 6, 2003.

海野福壽, 「朝鮮の勞務動員」, 『岩波講座 近代日本と植民地』 5, 1993.

*   *   *

Shin and Han, Colonial Corporatism : The Rural Revitalization Campaign, 1932~1940, Gi-wook Shin and Michael Robinson eds., *Colonial Modernity in Korea*, Harvard University Press, Cambridge and London, 1999.

【찾아보기】

440

444